북핵 30년의 허상과 진실

한반도 핵게임의 종말

이 도서의 국립중앙도서관 출판예정도서목록(CIP)은 서지정보유통지원시스템 홈페이지(http://seoji.nl.go.kr)와
국가자료공동목록시스템(http://www.nl.go.kr/kolisnet)에서 이용하실 수 있습니다.
(CIP제어번호 : 양장 CIP2018036960 반양장 CIP2018036961)

| 이용준 지음 |

북핵 30년의 허상과 진실

한반도 핵게임의 종말

Truth and Delusions behind 30 years of
North Korean Nuclear Saga:
The End of Nuclear Game on the Korean Peninsula

한울
아카데미

차례

제4부 제2차 북핵위기와 6자회담

제5부 제3차 북핵위기와 '핵무력 완성'

서언

　로마 역사를 들여다보면, 로마 시대 전체의 1%도 안 되는 짧은 기간에 불과한 카이사르$^{Julius Caesar}$ 시대의 역사가 책 몇 권의 분량에 달하는 반면, 다른 시대의 역사는 단 몇 줄도 채우기 어려운 경우가 많다. 그것은 카이사르의 시대가 중요한 것 못지않게 그 시기에 남겨진 역사의 기록이 그만큼 상세하고 충실했기 때문이다. 카이사르 시대의 역사는 로마군과 적군의 전투대형과 시시각각 전개되는 전투상황은 물론 이동경로, 진군속도, 진지구축 형태부터 쌍방 군대의 계급별 사상자 수, 보급부대가 싣고 간 군수물자의 품목별 규모까지 믿을 수 없을 만큼 상세한 기록으로 남아 있다.

　조선 시대의 우리 조상들은 임금의 일거수일투족을 상세하게 기록한『조선왕조실록』이라는, 세계 역사상 유례없는 방대한 기록을 남겼다. 왕의 언행을 사실 그대로 기록하는 과정에서 수많은 사관들이 죽임을 당했음에도 그들은 기록을 멈추지 않았다. 역사의 진실을 후세에 남겨야 한다는 일념 때문이었다.

　이와 대조적으로, 해방 이후 지난 70여 년간의 우리 현대사를 규정하는 특징 중의 하나는 정사正史가 없는 역사라는 점이다. 홍보성 자료나 말초적 문서는 산더미처럼 많아도 사안의 진정한 실체에 관한 공식 기록은 찾아보기 힘들고, 자화자찬의 회고록이나 단편적 후일담은 많아도 객관적인 역사의 기록은 드물다. 특히 잘못되거나 실패한 정책에 관한 기록은 거의 찾아볼 수 없다.

과거 우리나라의 어느 대통령은 조상들의 선례를 본받아 대통령 재임기간 중 자신의 모든 공식 언행을 기록으로 남기도록 하는 용기를 발휘했으나, 그 기록들은 퇴임과 더불어 사라졌다. 정도의 차이는 있을지 모르나 역대 다른 정부들의 경우도 사정은 대체로 유사했다. 그처럼 정사가 없는 역사이기에, 대한민국의 역사는 시대상황과 정권의 향배에 따라 위조도 변조도 은닉도 손쉽게 이루어지고 있다.

필자가 이 글을 쓴 이유는 1990년대 이래 한반도의 운명을 속박해온 북한 핵문제라는 멍에를 해결하기 위해 한국 정부와 국제사회가 겪어온 희망과 좌절, 성공과 실패의 과정을 객관적인 역사의 기록으로 남기기 위한 것이다. 이를 통해 우리 시대 역사의 한 단면에 보다 정확하게 접근할 수 있고, 한반도 문제의 미래에 대처하기 위한 지혜와 교훈을 얻는 데도 적지 않은 도움이 될 수 있을 것이기 때문이다.

북한 핵문제가 1989년 국제사회의 현안으로 부상한 지 28년 만인 2017년 말 북한은 수소탄 핵실험과 대륙간탄도미사일(ICBM) 시험발사 성공을 계기로 "국가 핵무력 완성"을 공식 선포했다. 28년간의 복잡다단한 핵개발 게임에서 북한이 마침내 승리하여 핵보유국으로 등극하는 순간이었다. 국제사회가 북한의 핵보유를 용인하건 불용하건, 북한이 핵보유국이 되었다는 것은 이제 부인할 수 없는 사실로 우리 앞에 성큼 다가왔다.

필자는 2010년 『게임의 종말: 북핵 협상 20년의 허상과 진실, 그리고 그 이후』 초판을 출간하면서 언젠가 북한이 핵개발 게임에서 패하여 핵무장을 포기하게 되는 게임의 종말이 오기를 기대했었다. 그러나 아쉽게도 한국과 국제사회는 지난 약 30년의 세월 동안 온갖 오판과 시행착오와 고의적 방치를 반복한 결과로 북한의 핵개발을 저지하는 데 실패했고, 북한은 결국 그 게임에서 승리했다. 그리하여 북한 핵문제를 둘러싼 북한과 국제사회 간의 치열했던 전략게임은 북한의 승리로 사실상 막을 내리게 되었다.

이러한, 우리가 기대하지 않았던 게임의 종말은 어쩌면 오래전부터 이미 예정되어 있었던 것인지도 모른다. 과거 우리나라의 어느 정부는 북한 핵문제가 마치 존재하지 않는 양 모르는 체하기도 했고, 어느 정부는 핵문제가 모두 해결이라도 된 듯이 과장된 홍보를 하기도 했다. 그러나 지난 30년간 북한 핵문제는 단 한 번도 해결되거나 해결의 문턱에 접근한 적이 없었고, 단 한순간도 상황이 호전됨이 없이 지속적으로 북한의 핵개발에 유리한 방향으로 진행되어왔을 뿐이었다.

북한이 2017년 말 핵개발 완성을 선포한 이후 미국과 북한 사이에 후속협상이 진행되고 있기는 하나, 이는 점점 정체불명의 협상이 되어가고 있다. 당초 미국이 주도하는 듯 보이던 후속협상은 철저히 북한이 짜놓은 각본과 룰에 따라 움직이고 있고, 게임의 결과를 뒤엎을 만한 반전의 조짐은 보이지 않는다. 북한이 곳곳에 파놓은 함정에 빠져 허우적거리는 미국 트럼프 행정부는 제재조치라는 한 가닥 밧줄에 모든 희망을 건 채 벼랑 끝에 매달린 형국이다.

이처럼 지난 약 30년의 게임이 북한의 승리로 사실상의 종말을 맞은 현 시점에서 그간 북한 핵문제라는 초대형 현안이 겪어온 험난했던 역사를 전반적으로 재조명해보는 것은 우리 시대 역사의 객관적 진실에 보다 가까이 다가간다는 측면에서 중요한 의미가 있을 것으로 생각된다. 이 책은 필자가 2010년 발간했던 『게임의 종말: 북핵 협상 20년의 허상과 진실, 그리고 그 이후』의 개정판 형식이나, 그간 상황이 많이 변화하여 개정의 폭이 대단히 큰 관계로 『북핵 30년의 허상과 진실: 한반도 핵게임의 종말』이라는 변경된 새 제목으로 출간하게 되었다.

흔히들 외교를 "선택의 예술"이라고 말한다. 해방 후 약 70년에 걸친 우리 외교에서 오랫동안 우리에게 수많은 어려운 선택을 강요해온 사안 중 하나로 단연 북한 핵문제를 꼽을 수 있을 것이다. 과거의 선택과 현재의 선택, 현재의 가치와 미래의 가치, 국가이익과 국제적 이해, 여론의 평가와 역사의 심판 등 여러 요소들 간에 상당한 불일치가 존재할 수 있다는 점에서, 북한 핵문제는 외교적 선택에 수반되는 다양한 어려움을 고루 내포하고 있다. 이러한 이유로, 북한 핵문제를 둘러싸고 지난 30년간 전개되어온 외교적 행위의 불투명성과 복잡성에도 불구하고, 이 문제는 대한민국의 현대 외교사에서 가장 중요한 사료적 가치를 내포하고 있다.

누구나 판단의 자유를 가지고 있고 모든 견해는 존중될 가치가 있다. 그러나 그러한 판단이나 견해는 반드시 실체적 진실에 기초한 것이어야 한다. 현실과 희망사항을 혼동해서는 안 되며, 판단은 항상 냉엄한 현실과 사실의 토대 위에서 이루어져야 한다. 우리의 희망 섞인 기대에도 불구하고 현실은 항상 그 자체로서 엄존하기 때문이다. 이 책은 사람들이 북한 핵문제라는 거대하고 복잡한 문제에 객관적으로 접근하기 위해 요구되는 가장 중요하고도 불가결한 요소인 '역사의 진실'을 독자들에게 제공해줄 것이다.

2018년 11월

이용준

제 1 부

올바른 이해를 위하여

인류는 자신이 이룩한 진보의
무게에 눌려 신음한다.
자신의 미래가 스스로에게 달려 있음을 깨닫지 못한 채.

_앙리 베르그송, 『도덕과 종교의 두 원천』 중에서

핵무기, 무엇이 문제인가?*

핵무기의 등장과 확산

떠오르는 태양의 나라에서 무서운 불이 일어나리라.
북극을 향해 소음과 빛이 뻗어나가리.
죽음의 원 안에서는 비명이 들리리니
전쟁과 불, 기아, 죽음이 그들을 기다리리라.

입구에서, 그리고 두 도시에서
일찍이 보지 못한 두 개의 재앙이 닥치리라.
쇠[鐵]가 아닌 것에 강타당한 사람들이 기아와 전염병을 만나
불멸의 신에게 도움을 호소하리라.

　　파멸의 묵시록과도 같은 이 시구詩句는 히로시마와 나가사키의 원폭 피해

---

* 이 부분은 필자가 2004년 출간한 『북한핵: 새로운 게임의 법칙』 중 「대량파괴무기, 무엇이 문
　제인가?」 부분을 일부 수정해 인용한 것이다.

를 예언한 것으로 해석되는 16세기 프랑스 예언가 노스트라다무스Nostradamus 의 4행시들이다.[1] 두 도시가 겪은 참담한 비극을 통해 핵무기가 인류 역사에 등장한 이래, 핵무기를 개발하고 보유하려는 인간의 노력은 지금도 도처에서 부단히 계속되고 있다.

인류의 역사는 전쟁의 역사라는 말이 있다. 전쟁의 역사는 무기 개발의 역사이기도 하다. 인류 역사상 무기 개발은 보다 효과적으로 보다 많은 인명을 살상할 수 있는 무기를 보다 값싸게 생산하는 방향으로 기술이 진보되어왔다.

기원전 1500년경부터 수백 년간 그리스 에게 해 지역의 맹주 노릇을 하며 찬란한 청동기 문명의 꽃을 피웠던 미케네 문명은 철제 무기로 무장한 도리아인에게 멸망당했다.[2] 철제 무기가 청동 무기보다 전쟁에 유리했던 이유는 간단하다. 철제 무기는 청동 무기보다 더 단단할 뿐 아니라 가격도 훨씬 저렴해서 적은 돈으로 많은 군대를 무장시킬 수 있었기 때문이다.

스페인이 16세기 초 신대륙을 정복할 당시, 인구 100만 명의 아즈테카Azteca는 불과 600명의 코르테스Hernán Cortés 병사들에 의해 정복되었고, 피사로Francisco Pizarro가 잉카제국을 정복할 때 동원했던 병력은 겨우 180명이었다. 그것이 가능했던 가장 큰 이유는 무엇보다도 그들이 보유했던 소총과 대포의 위력이었다. 18세기 이래 유럽 열강이 아시아, 중동, 아프리카를 식민지화한 것도 전적으로 무기의 우월성 때문이었다.

---

1 노스트라다무스의 이 예언시에서 "떠오르는 태양의 나라"는 일본을, "불멸의 신"은 일본 천황을 의미하는 것으로 해석된다. 노스트라다무스는 16세기 르네상스 시대 프랑스의 의사이자 점성가로서, 1568년 출간된 그의 예언서는 특히 나폴레옹, 히틀러의 등장과 케네디 암살을 정확히 예언한 것으로 유명하다.
2 미케네는 기원전 13세기에 있었던 10년에 걸친 유명한 트로이 전쟁에서 그리스 연합군의 맹주 역할을 수행하기도 했다. 트로이 전쟁을 기록한 호머의 서사시 『일리아드』에 나오는 그리스군 총사령관 아가멤논은 미케네의 왕이었다.

역사상 무기개발 경쟁이 가장 치열했던 시기는 두 차례의 세계대전 기간이었다. 지뢰, 탱크, 미사일, 전투기, 잠수함 등 많은 신무기의 개발이 모두 이 시기에 이루어졌고, 대량파괴무기(WMD)라 불리는 화학무기, 생물무기도 이때 등장했다. 그리고 그 절정은 단연 대량파괴무기의 꽃으로 불리는 핵무기의 등장이었다. 무기 개발의 역사가 보다 싸고 쉬운 방법으로 최대한 많은 사람을 죽이기 위한 것이었음을 상기할 때, 핵무기는 이러한 인류의 어두운 소망을 궁극적으로 실현시킨 꿈의 무기였다.

핵무기란 한 개의 원자가 특정 조건하에서 두 개의 상이한 원자로 쪼개질 때, 즉 핵분열 반응을 일으킬 때 발생하는 막대한 에너지를 이용한 폭탄이다. 농축우라늄 1g이 완전 핵분열할 때 생성되는 에너지는 석유 9드럼 또는 석탄 3톤을 연소시킬 때 나오는 에너지와 동일하다고 한다. 이러한 핵분열 반응을 천천히 일으켜 그 열에너지를 평화적으로 이용하는 것이 원자력에너지이고, 한꺼번에 반응시켜서 폭발에너지를 군사적 목적에 사용하는 것이 핵무기이다. 원자력의 평화적 이용과 군사적 이용은 결국 종이 한 장 차이에 불과하다.

핵무기 개발은 제2차 세계대전 당시 나치 독일이 가장 먼저 연구를 시작했으나 성공하지 못했고, 독일 패망 직후인 1945년 미국이 최초로 개발에 성공했다. 미국이 1945년 핵무기를 처음 제조했을 당시, 현재의 화폐 기준으로 약 500억 달러(55조 원)가 소요되었는데, 이 중 90%가 고농축우라늄과 플루토늄 추출에 사용되었다.

미국이 일본에 투하한 단 두 발의 핵무기로 인해 히로시마에서는 13만 5천 명이, 나가사키에서는 6만 4천 명이 사망했고, 부상자는 그보다 훨씬 많았다. 핵무기의 이런 막강한 위력은 전쟁 상대국으로서는 대응이 전혀 불가능한 도전이었고, 인류가 개발한 그 어떤 다른 무기로도 이에 대항하는 것이 불가능했다. 이러한 핵무기의 등장은 이를 보유하지 못한 국가들에게는 악

원자력의 평화적 이용과 군사적 이용

원자력에너지의 이용은 평화적 이용과 군사적 전용 가능성이라는 두 가지 측면을 내포하고 있다. 원자로 내에서 핵분열을 조금씩 서서히 일으키면 그 열을 이용해 원자력발전소나 항공모함 등의 에너지원으로서 이용할 수 있는 반면, 핵분열을 한꺼번에 급속히 일으키면 핵폭발을 일으켜 가공할 무기로 돌변하게 된다. 우라늄이나 플루토늄을 낮은 농도로 농축시키면 원자력발전소의 연료가 되고, 고농도로 농축하면 핵무기의 원료가 된다.

 문제는 원자력의 평화적 이용이건 군사적 이용이건 그 시설과 공정상 별다른 근본적 차이가 있는 것은 아니라는 점이다. 원자력의 평화적 이용과 군사적 이용의 차이는 이를 사용하는 인간의 의도의 차이일 뿐, 시설이나 물질 자체가 원천적으로 다른 것은 아니다. 같은 권총일지라도 이를 방어용으로만 쓰면 호신용이고 범죄를 위한 공격용으로 쓰면 범죄용이 되는 것과 마찬가지다.

 핵무기에 장착된 고농축우라늄을 희석시키면 원자력발전소의 연료로 사용이 가능하고, 원자력발전소의 원자로에서도 마음만 먹으면 핵무기용 핵물질을 생산할 수 있다. 예컨대 영변 원자로에 발전시설을 연결하면 이를 전력생산용으로 이용할 수 있고, 신포지역에 경수로발전소를 건설하더라도 마음만 먹으면 이를 통해 대량의 핵무기용 플루토늄을 생산할 수 있다.

 이러한 이유로 IAEA는 원자력의 군사적 이용을 막기 위해 전 세계 원자력발전소에 대해 부단히 정기, 비정기 핵사찰을 실시하고 있다.

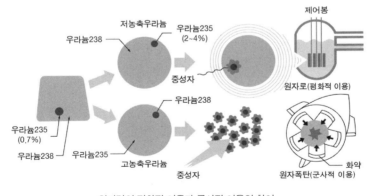

원자력의 평화적 이용과 군사적 이용의 차이

몽일 수밖에 없었고, 그 때문에 각국이 앞 다투어 핵무기 개발에 나서는 악순환이 계속되었다.

그 결과, 미국에 이어 소련(1949년), 영국(1952년), 프랑스(1960년), 중국(1964년)이 그 뒤를 따랐다. 점점 더 많은 나라들이 핵무기를 보유하게 되자 핵을 보유한 나라와 보유하지 못한 나라 간의 전략적 불균형은 점차 심각한 문제로 대두되었고, 이에 따라 지구상 도처에서 핵개발 움직임이 가속화되었다.

이 문제를 해결하기 위해 국제사회는 두 가지 조치를 취하게 되었다. 그 하나는 기존의 핵보유국 5개국 외에는 핵무기 개발과 보유를 금지하는 핵비확산협정(NPT)의 채택이었고, 이는 현재도 국제 비확산체제의 근간을 이루고 있다. 다른 하나는 미국이 도입한 개념으로서, 핵무기를 보유하지 않은 동맹국이 다른 핵보유국으로부터 공격을 받을 경우 미국이 핵무기 사용을 대행해준다는 '핵우산' 개념의 도입이었다. 이는 미국의 동맹국들이 방어적 목적을 명분으로 독자적 핵개발을 하지 않도록 억제하기 위한 조치였다.

그러나 그 이후로도 핵무기를 보유하려는 각국의 시도들은 끊임없이 이어져서, 국제 비확산체제의 장벽을 뚫고 이스라엘, 인도, 파키스탄, 북한 4개국이 추가로 핵무기 개발에 성공했고, 남아공은 비밀리에 핵무기를 제조했다가 이를 자진 신고하고 폐기했다. 이란은 아직 핵무기 개발의 미련을 버리지 않고 국제사회와의 줄다리기를 계속하고 있고, 리비아, 이라크, 시리아 등은 미국의 제재와 이스라엘의 방해공작으로 핵개발을 도중에 포기했다.

핵무기의 기능적 양면성

세계 역사에 이렇게 등장한 핵무기는 과연 인류에게 재앙을 가져왔을까?

일본의 경우를 제외하면 꼭 그런 것도 아니었다. 두 차례의 세계대전을 포함하여 몇 년이 멀다 하고 전쟁에 시달려 왔던 유럽은 아이러니컬하게도 2만 개 이상의 핵무기가 첨예하게 대치했던 냉전체제하에서 반세기가 넘는 기나긴 평화시대를 구가할 수 있었다. 대처Margaret Thatcher 전 영국 수상의 말처럼, 제2차 세계대전 후 유럽은 양 진영에 배치되었던 무수한 핵무기 덕분에 새로운 전쟁을 피할 수 있었다.

핵무기가 세계 평화에 기여한 긍정적 측면을 옹호한 대표적인 사람은 저명한 역사학자 아널드 토인비Arnold Toynbee였다. 그는 핵무기가 지닌 가공할 파괴력 때문에 역설적으로 핵무기를 보유한 강대국들 간의 전쟁이 불가능해졌고, 따라서 핵무기의 등장이 세계평화 유지에 큰 공헌을 한 것으로 평가했다. 승자와 패자의 구별도 없고 전선과 후방의 구별도 없이 함께 멸망하게 될 핵전쟁의 공포가 역설적으로 평화를 지키는 역할을 했다는 것이다.

굳이 토인비의 논리를 빌리지 않더라도, 핵무기 보유가 방어적 목적의 국가안보에 유용하다는 인식은 널리 퍼져 있다. 아랍제국의 공격을 막기 위해 핵무장을 단행한 이스라엘이 그러하고, "미국의 침략을 막기 위해" 핵무장이 필요하다는 북한의 논리도 그러하며, 1970년대 중반 북한의 남침 움직임에 대응해 핵개발을 추진했던 박정희 정부의 의도 역시 같은 것이었다. 만일 이라크가 핵무기 개발에 성공했다면 미국이 이라크 공격을 쉽사리 단행할 수 있었을까를 생각하면 대답은 자명하다.

평화는 이상인 동시에 적나라한 현실의 소산이기도 하다. 국가 간의 불신과 반목이 완전히 해소되기 어려운 국제정치의 현실을 고려할 때, 평화는 선의의 산물이라기보다는 '공포의 균형'의 산물이라고 볼 수 있다. 제2차 세계대전 이후 다분히 강대국들 간의 핵균형에 의해 평화가 유지되고 있는 현 국제질서를 바라볼 때 더욱 그러하다.

만일 핵무기가 없었다면 반세기에 걸친 냉전시대에 미국과 소련이 단 한

번의 직접충돌도 없이 냉전시대를 마무리하는 것이 과연 가능했을지 의문이다. 그 시대의 평화를 지탱했던 가장 중요한 버팀목은 아이러니컬하게도 '핵전쟁의 공포'였다.

냉전시대의 미국과 소련은 인류를 몇 번이나 멸망시키고도 남을 만한 1만 개 내외의 핵무기를 각각 보유하고 있었다. 이는 적의 선제공격에서 생존한 극히 일부분의 핵무기만으로도 상대방을 멸망시킬 수 있는 보복능력을 보유함으로써 '공포의 균형'을 유지하기 위한 것이었다. 지금도 미국과 러시아의 핵잠수함들은 수백 개의 핵탄두가 장착된 장거리미사일들을 가득 싣고 심해저와 북극해 빙하 밑을 잠행하면서 본부의 발사명령을 기다리고 있다.

'공포의 균형'을 통한 평화 추구의 극치는 미국과 소련 간의 요격미사일(ABM) 협정이었다. 1972년 서명된 이 협정은 양국이 핵무기 방어에 필요한 요격미사일을 100개 이상 배치할 수 없도록 제한하고 있었다. 쉽게 말해서, 핵전쟁 발발 시 적국이 발사할 1만 개의 핵무기 중 100개만 막고 나머지는 모두 그대로 맞으라는 얘기였다. 그래야 보복공격의 공포 때문에 어느 쪽도 선제 핵공격을 할 수 없기 때문이었다.[3]

오늘날 이러한 개념의 핵억지력nuclear deterrence은 핵보유국들 사이에서만 유효한 것이 아니라, 미국이 동맹국에게 제공하는 핵우산을 통해 한국, 일본, 동남아, NATO 제국을 포함한 수많은 비핵국가들에게도 확대 적용되고 있다. 이러한 이유로 오늘날 핵무기는 사실상 사용이 불가능한 정치적 무기

---

3 1980년대 레이건 행정부의 전략방위구상Strategic Defense Initiative에 대한 소련의 격렬한 저항과 미국의 미사일방어(MD) 체계 구축에 대한 중국, 러시아의 반발은 이러한 공포의 균형이 깨어짐으로써 미국이 선제 핵공격의 자유를 갖게 될 가능성에 대한 우려를 반영하는 것이었다. 레이건 행정부가 추진했던 전략방위구상(SDI)은 수많은 군사위성과 레이저를 이용하여 적국이 발사한 핵무기를 우주공간에서 100% 파괴하고자 하는 최첨단 방어체계였다. 그러나 이는 미국이 소련을 경제적으로 파탄시키기 위해 허위로 추진했던 기만전술이었던 것으로 훗날 밝혀졌다.

화 되고 있는 것이 사실이다. 핵무기를 먼저 사용하는 것은 자살행위이기 때문이다.

그러나 문제는 이러한 '공포의 균형' 논리가 모든 국가에게 적용되는 것은 아니라는 점이다. 이 논리가 적용되지 않는 국가가 핵무기를 보유하게 될 경우 핵무기가 실제로 사용되는 결과가 초래될 수도 있기 때문에, 핵무기가 더 이상 확산되는 것을 방지하기 위한 국제사회의 다양한 노력이 전개되고 있다.

국제사회가 가장 우려하는 것은 무모하고 예측 불가한 이른바 '불량국가 rogue state'들이 핵무기를 보유할 가능성이다. 이들이 핵무기를 보유하게 될 경우, 주변국에게 이를 실제로 사용하거나 핵위협을 가할 가능성이 우려되기 때문이다. 더욱 심각한 문제는 그들이 핵무기나 핵물질을 테러지원국이나 국제테러단체, 극렬 반군세력 등에 제공 또는 판매할 가능성이다. 만일 핵무기가 알카에다, IS 등 극렬 테러집단에 제공될 경우 어떤 일이 발생할지는 누구나 쉽게 예상할 수 있을 것이다.

이러한 이유로 국제사회는 북한의 핵개발에 대해 특별한 우려를 갖고 있다. 이는 북한 정권의 폐쇄적이고 호전적이고 예측 불가한 행태, 핵무기 운반이 가능한 1000기 내외의 북한 탄도미사일들, ICBM(대륙간탄도미사일) 개발을 향한 부단한 노력, 오랜 미사일 불법수출 행적, 과거의 국제테러 지원기록 및 여타 테러지원국들과의 긴밀한 유대관계, 그리고 위폐, 마약 수출과 같은 각종 국제적 불법행위 관여 등에서 볼 수 있는 북한 정권의 독특한 성격 때문이다.

그에 더하여, 외화부족에 시달리는 북한이 경제적 이유로 핵물질이나 핵무기를 해외에 판매할 가능성도 심각한 우려의 대상이다. 2007년 9월 이스라엘의 시리아 알키바르Al-Kibar 원자로 건설현장 공습을 계기로 드러난 북한과 시리아 간의 비밀 핵협력은 이러한 국제사회의 우려가 단순한 기우만은 아님을 말해준다.

국제 비확산체제의 역할과 한계

핵확산 방지를 위해 국제사회에는 물샐틈없는 통제와 감시 체제가 설치되어 있다. 여기에는 핵비확산협정(NPT)을 비롯한 각종 국제협정과 쌍무협정을 통한 핵무기, 핵물질, 핵기술의 엄격한 통제, 국제원자력기구(IAEA)의 핵사찰, 전략물자 및 이중용도물품 수출통제, 대량파괴무기 확산방지구상(PSI)의 출범 등이 포함된다. 이 때문에 핵무기를 아무도 모르게 숨어서 개발하는 것은 거의 불가능하게 되었다.

그러나 국제 비확산체제의 가장 큰 한계성은 현행 주권국가 체제하에서 대량파괴무기 비확산이 각 개별국가들의 자발적 가입과 협력에 의존할 수밖에 없다는 점이다. 물론 참여하지 않으면 유엔 등 국제사회로부터 그에 따른 정치적, 경제적 불이익이 부여되지만, 참여 그 자체가 모든 국가의 의무는 아니다.

핵비확산 체제의 근간인 NPT(핵비확산협정)는 모든 주권국가에게 가입이 개방되어 있고, 각 국가는 가입 여부를 스스로 결정할 자유가 있다. 가입하지 않는 것은 자유지만, 그에 따른 불이익은 감수해야 한다. 예컨대 NPT에 가입하지 않은 나라는 다른 NPT 회원국들로부터 핵발전용, 연구용, 또는 상업용의 핵시설이나 핵물질, 핵기술을 제공받을 수 없으며, 따라서 원자력 발전소 건설도 원자력 연구도 불가능하다. 또한 국제사회로부터 지속적으로 핵무기 개발 의혹의 대상이 되기 마련이다.

인류 역사상 거의 모든 군축협정은 불평등협정이었다. 현존하는 국가 간의 군비격차를 유지하면서 전반적인 군비통제를 실시하고, 나아가 새로운 강자의 출현을 방지하자는 것이 역사상 수많은 군축협정들의 기본 취지였다. 20세기 초 신흥강국 일본의 부상을 막기 위한 1921년의 워싱턴 해군군축협정과 1930년의 런던 해군군축협정은 그 대표적인 사례였다. 이는 결국

핵보유국nuclear-weapon state의 의무사항
 - 핵비보유국에 대한 핵무기, 핵폭발장치 및 핵물질 이전 금지(제1조)
 - 평화적 핵이용 및 핵군축 노력 의무(제4, 5, 6조)

핵비보유국non-nuclear-weapon state의 의무사항
 - 핵보유국으로부터 핵무기, 핵폭발장치 및 핵물질 도입 금지(제2조)
 - 자체적 핵폭발장치 제조 금지(제2조)
 - 원자력의 군사적 이용 포기 및 IAEA 핵사찰 수용(제3조)

훗날 태평양전쟁 발발의 단초가 되었다.

핵비확산 체제의 주축인 NPT 협정 역시 새로운 핵보유국의 출현을 막기 위한 대표적인 불평등협정으로 평가되고 있다. 1970년 발효된 NPT 협정은 회원국을 핵보유국과 핵비보유국으로 구분하여 각기 상이한 의무를 규정하고 있다. 핵보유국은 핵비보유국에 핵무기와 그 부품 및 제조기술을 제공하지 않을 의무만 가진 반면, 핵비보유국은 핵보유국으로부터 핵무기나 그 제조기술을 이전받지 못할 뿐 아니라 자체적인 핵무기 개발도 할 수 없다. 또한 이를 검증받기 위해 IAEA와 안전조치협정Safeguards Agreement을 체결하고 빈번한 핵사찰을 받아야 한다.

NPT 협정의 이러한 불평등성에도 불구하고 여러 가지 이유로 지구상의 거의 모든 국가들이 이에 가입했으나 인도, 파키스탄, 이스라엘, 쿠바 4개국은 끝내 가입하지 않았다. 이들 국가들이 NPT에 가입하지 않은 것은 그 자체가 핵무기를 개발하겠다는 강력한 의지의 표현이었으며, 실제로 이들 중 쿠바를 제외한 3개국은 이미 핵무기를 보유하고 있다.

북한은 1985년 NPT에 가입했으나 2003년 탈퇴를 선언했다. 북한은 과거 1993년 3월에도 NPT 탈퇴를 선언한 바 있었으나, 미국과의 협상에 따라 탈

대량파괴무기(WMD) 비확산체제 개관

명칭	출범	관할대상	주요 미가입국
핵비확산조약(NPT)	1970년	핵무기	북한, 인도, 파키스탄, 이스라엘, 쿠바
화학무기금지협정(CWC)	1997년	화학무기	북한, 이스라엘, 시리아, 이라크
생물무기금지협정(BWC)	1975년	생물무기	이스라엘, 이집트, 시리아
포괄적핵실험금지조약(CTBT)	미발효	핵무기	북한, 인도, 파키스탄
국제원자력기구(IAEA)	1956년	핵무기	북한
대량파괴무기 확산방지구상(PSI)	2003년	WMD, 미사일	중국, 베트남, 파키스탄 등
핵공급국그룹(NSG)	1978년	핵무기	폐쇄적 그룹
쟁거위원회(ZC)	1974년	핵무기	폐쇄적 그룹
호주그룹(AG)	1985년	생화학무기	폐쇄적 그룹
미사일기술통제체제(MTCR)	1987년	미사일	폐쇄적 그룹

퇴의 효력 발생을 중지시킨 바 있었다. 물론 NPT로부터 탈퇴하는 것도 주권국가의 권리라 볼 수 있다. 그러나 NPT 탈퇴는 핵무기 개발을 강행하겠다는 의지의 표현으로 해석되므로 그에 따른 국제적 비난과 압력은 피할 수 없다.

핵개발 금지를 규정한 이러한 NPT 협정과는 별도로, 핵물질이나 핵시설을 생산하는 주요 공급국들 간에 별도의 수출통제체제가 수립되어 이중적 보장장치를 형성하고 있다. 생산하는 국가끼리 담합하여 아예 팔지를 않는다면 그보다 더 효과적인 통제체제는 없기 때문이다. 그중 대표적인 것은 핵비확산을 위한 'NSG^Nuclear Suppliers Group'와 '쟁거위원회^Zangger Committee', 미사일 기술의 확산방지를 위한 'MTCR^Missile Technology Control Regime' 등이다.

2

북한 핵문제가 내포하는 의미

한국 외교와 북한 핵문제

흔히들 외교를 "선택의 예술"이라고 말한다. 이미 존재하는 대안들 중에서 선택만 하면 되니 얼핏 들으면 쉬운 일 같지만 사실은 지극히 어려운 일이다. 왜냐하면 이것은 이미 존재하는 대안들 중에서만 선택이 가능하고 현실적으로 존재하지 않는 제3의 대안을 창조해내는 것은 불가능하다는 뜻이기도 하기 때문이다.

문제는 현실적으로 존재하는 대안들 중에 우리의 희망과 욕구를 모두 충족시킬 만한 입에 맞는 대안은 사실상 존재하지 않는다는 점이다. 어떤 선택을 하든지 그에 따른 득과 실이 병존하게 마련이며, 여기에 선택의 어려움이 있다. 그렇다고 선택을 하지 않을 수도 없다. 우리가 선택을 하지 않으면 상대방이 먼저 선택을 하게 될 것이기 때문이다.

외교와 관련된 국내외적인 문제들은 모두 이러한 선택의 문제에서 비롯된다. 선택의 문제에 있어서 정답이란 존재하지 않는다. 현재의 좋은 선택이 미래에는 화근이 될 수도 있고, 미래를 위한 최선의 선택이 현시점에서는 큰 부담이 될 수도 있다. 심사숙고하여 결정한 최선의 선택이 국내외적인 비난에 직면할 수도 있고, 반대로 그릇된 외교적 선택이 엉뚱하게도 여론의 호평을 받는 경우도 있다.

그러기에 외교적 선택이란 그에 따른 현재와 미래의 국가이익과 손실뿐 아니라 현시점의 대중적 평가와 미래의 역사적 평가까지 동시에 감안해야 하는 어려운 문제이다. 더욱이 현재의 이익과 미래의 이익이 상이할 수도 있고 현재의 대중적 평가가 반드시 미래의 역사적 평가와 일치하는 것은 아니기에, 선택은 어려운 과제가 될 수밖에 없다.

1989년 북한 핵문제가 국제적 현안으로 처음 제기된 이래 현재까지 약 30년의 기간 동안 한국의 외교는 수없이 많은 어려운 선택을 해야만 했다. 그러한 선택은 북한의 태도 여하에 따라, 한국과 미국 정부의 정치적 성향에 따라, 그리고 여론과 국민감정의 기복에 따라 영향을 받았다.

어느 경우에도 정답은 존재하지 않았고 차선책과 차차선책만이 있을 뿐이었다. 현재의 선택과 그것이 미래에 미칠 영향 사이에는 많은 괴리가 존재했고, 현재의 평가와 미래의 예상되는 평가 사이에도 적지 않은 괴리가 있었다. 최선의 선택이 존재함에도 불구하고 다른 요인들로 인해 이를 선택할 수 없는 경우도 적지 않았다. 그러기에 북한 핵문제는 한국 외교가 절감해야 했던 무기력함과 좌절감의 원천이기도 했다.

설득을 할 것인가, 압박을 가할 것인가? 미국과 공조를 할 것인가, 중국과 협조를 할 것인가? 핵문제 해결을 우선시할 것인가, 남북관계를 우위에 둘 것인가? 현상타파를 통한 모험적인 조기 해결을 시도할 것인가, 해결의 길이 멀더라도 현상유지를 통한 상황의 안정적 관리에 중점을 둘 것인가? 북한의 핵무장을 절대 용납하지 않는다는 원칙을 우선시할 것인가, 평화적 해결 원칙을 우선시할 것인가? 북한의 핵개발로 인해 사문화된 남북 비핵화공동선언은 폐기할 것인가, 또는 한반도 비핵화의 상징물로 존속시킬 것인가?

이러한 수많은 선택의 기로에서 한국 외교가 내려야 했던 결정은 국내외 여론의 집중포화를 받기도 했고, 국내정치적 논쟁에 휘말리고 한미 갈등의 제물이 되기도 했다. 때로는 북한의 비핵화에 관한 한국 정부의 진정성 여하에 대한 의구심이 국제사회에서 심각하게 제기되기도 했다.

이 과정에서 파생된 가장 심각한 문제는 무엇보다도 한미관계의 갈등과 이완이었다. 1950년 한국전쟁 이래 미국의 대한반도 정책에서 최대 관심사는 북한과 관련된 안보현안들이었고, 1990년대 이후로는 그중에서도 특히 북한 핵문제가 미국의 핵심 관심사였다. 그러기에 미국이 동맹국인 한국에 대해 가장 많은 기대를 걸었던 것은 북한 핵문제의 해결을 위한 협력이었다.

그러나 때로 미국은 동맹국인 한국으로부터 협조를 얻는 것이 쉽지 않은 상황에 봉착했다. 그것은 단순한 정책상의 이견 때문이 아니라 사안의 본질에 관한 기본적 인식의 차이 때문이었다. 미국이 북한 핵문제에 대응함에 있어서 동맹국인 동시에 핵심 당사자이기도 한 한국과의 심각한 이견에 직면했을 때, 한미관계의 냉각을 해결할 수 있는 방법은 별로 없었다. 이러한 동맹관계의 상처는 경제관계 등 다른 분야에서의 협력으로 대체되거나 만회되기 어려웠다.

남북한 관계와 북한 핵문제

2003년 북경에서 개시된 '북한 핵문제에 관한 6자회담'은 1990년대 말 제네바에서 개최된 '한반도 평화체제에 관한 4자회담'과 더불어 한반도 문제의 불가피한 국제화 추세를 상징한다. 한반도 문제의 국제화가 반세기에 걸친 한반도 문제의 궁극적 해결에 도움이 될지 부담이 될지에 관해서는 논란의 여지가 있을 수 있으나, 한반도 문제의 국제화는 이미 돌이킬 수 없는 현실로 다가와 있다.

과거 한국 정부는 전통적으로 "한반도 문제는 한국민이 스스로 해결한다"는 기본 시각을 가지고 한반도 문제의 과도한 국제화를 경계해왔다. 한국 정부가 미국과 일본의 한반도 문제 개입을 경계해왔듯이, 북한 역시 그들의 전통적 우방국인 중국이나 러시아가 한반도 문제에 관여하는 것을 어떻게든 피하고자 했다.

그러나 제네바 4자회담과 북경 6자회담은 주변 4개국이 한반도 문제에 공식적으로 깊이 관여하게 되는 자연스러운 명분과 계기를 제공했다. 한반도 문제가 이처럼 국제화됨에 따라, 국제사회의 시각과 입장은 관련 현안들의 향방에 중요한 변수로 자리를 잡아가고 있다. 그리고 그것은 점차 한반도 문제에 관한 한국 정부의 정책과 행동을 제약하는 요소가 되고 있기도 하다.

지난 약 30년간 북한 핵문제는 남북한 관계의 획기적 개선과 발전을 추구했던 한국의 역대 정부들에게 넘어갈 수도 피해갈 수도 없는 운명적인 멍에였다. 노태우 정부는 그 때문에 남북 고위급회담 과정을 포기해야 했고, 김영삼 정부가 출범 초기에 미전향장기수 송환 등을 통해 추구했던 전향적 대북정책은 북한 핵문제의 소용돌이 속에 실종되었다. 한반도 냉전체제 해체와 획기적 교류협력을 추구했던 노무현 정부 역시 북한 핵문제의 악화로 번번이 발목을 잡혔고, 그 늪에서 끝내 벗어날 수 없었다.

북한 핵문제가 남북관계에 미치는 이러한 심대한 파급 영향으로 인해, 한국민의 의지나 희망 여하와 관계없이 북한 핵문제가 해결되지 않는 한 남북관계의 진전에는 명백한 한계가 존재했다. 설사 남북관계가 북한 핵문제를 우회하여 어느 정도 진전을 이루게 되더라도 이는 언제 무너질지 모르는 사상누각일 뿐이었다. 과거 노태우 정부 이래 한국의 일부 정권들은 핵문제를 남겨둔 채 이를 우회하여 남북관계를 파격적으로 개선해보려는 정책을 누차 시도했으나, 결국은 모든 것이 다시 핵문제로 귀착되었을 뿐이었다.

한반도의 안보상황을 악화시키고 남북관계에 불확실성을 초래하고 있는 북한 핵문제가 미결사안으로 남아 있는 한, 한반도의 진정한 평화정착도 남북관계의 비약적 발전도 기대하기 어려운 것이 피할 수 없는 현실이다.

미·중의 아시아전략과 북한 핵문제

북한 핵문제는 단순한 핵확산 문제나 한반도 안보문제의 차원을 넘어 미국과 중국의 세계전략과도 밀접한 관계를 갖고 있다. 국제 비확산체제의 수호를 위해 한반도의 현상을 타파해서라도 북한의 비핵화를 관철하려는 미국의 세계전략과, 북한의 비핵화 필요성에는 원칙적으로 공감하나 그보다는 북한의 생존과 현상유지에 훨씬 관심이 많은 중국의 아시아전략 사이에는 커다란 간격이 존재한다.

북한 핵문제에 관한 중국 정부의 정책 기조는 "대화와 협상을 통한 핵문제의 평화적 해결"이지만, 협상을 통한 해결이 불가능한 상황이 도래할 경우의 대안은 준비되어 있지 않다. 특히 북한의 안보나 체제 유지에 영향을 미칠 수 있는 해결 방안에 대해 중국은 확고한 반대 입장을 고수하고 있다. 북한에 대한 중국의 이러한 현상유지 정책은 대만 문제에 대한 미국의 현상유지 정책과도 일맥상통하는 바가 많다.

북한 핵문제에 관한 6자회담은 이러한 미국과 중국의 상반된 아시아전략이 소리 없이 충돌하는 장이기도 했다. 북한 핵문제의 해결 과정에서 중국과 러시아가 표방한 원칙은 "북핵 문제의 평화적 해결"이었고 미국과 일본이 추구한 원칙은 "북핵 문제의 철저한 해결"이었다. 많은 외교적 수사들로 포장되고 장식된 이 두 개의 상반된 원칙은 깊고 넓은 이견의 바다를 사이에 두고 6자회담 기간 내내 날카롭게 대립했다.

한국의 경우는 정부의 성향과 여론 동향에 따라 정책이 궤도를 달리해왔으며, 때로는 이 두 개의 상충되는 원칙 사이에서 절묘한 곡예를 벌이기도 했다. 노태우, 김영삼, 이명박, 박근혜 정부는 핵문제의 철저한 해결에 보다 무게를 둔 반면, 김대중, 노무현 정부는 다분히 평화적 해결 원칙을 더욱 중시했다. 중국-러시아로 연결되는 하나의 축과 미국-일본으로 연결되는 또 하나의 축이 6자회담 구도 내에 공존하던 현실을 감안할 때, 그 사이에서 한국의 입장이 차지하는 비중은 결코 적지 않았으며, 양측의 세력균형에 결정적인 영향을 미치곤 했다.

이처럼 진영 간의 이해가 충돌하는 예민한 상황하에서 한국 정부가 취하게 되는 정책적 선택은 단순히 북한 핵문제에 관한 정책에 국한되기 어려웠고, 미국과 중국의 상이한 아시아전략 사이에서 한국이 어느 쪽으로 기울어 있는가를 판단하는 가늠자가 되기도 했다. 이 때문에 북한 핵문제에 대한 한국의 정책은 불가피하게 이들 두 나라와의 관계 전반에 심대한 영향을 미칠 수밖에 없었다.

3

핵문제의 이해를 위한 기초지식

    북한 핵문제에 관한 상세 기술에 들어가기에 앞서, 초심자가 핵문제를 이해하는 데 있어 필요로 하는 최소한의 군사적, 과학기술적 전문지식을 먼저 설명하고자 한다. 여기 기술된 내용들은 이 분야에 생소한 독자들이 쉽게 이해할 수 있도록 최대한 단순화시킨 지식들이며, 보다 상세하고 정확한 내용은 나중에 본문 또는 주석을 통해 추가로 설명할 예정이다.

핵무기의 종류

    일반적으로 우리가 매스컴 등을 통해 종종 듣는 핵무기의 종류에는 원자탄, 수소탄, 전술핵무기 등 세 가지가 있다. 그중 가장 초보적인 핵무기인 **원자탄**은 한 개의 원자가 여러 개의 원자로 쪼개질 때 방출되는 강력한 에너지를 이용해 핵폭발을 일으키는 것인데, 이를 물리학 용어로 '핵분열'이라고 한다. 여기에 사용되는 물질은 우라늄(U)과 플루토늄(Pu) 두 가지인데, 우라늄으로 만든 원자탄을 '우라늄탄'이라 부르고 플루토늄으로 만든 원자탄을 '플루토늄탄'이라 부른다.

이 두 가지는 만드는 방식이 전혀 다르다. 플루토늄 방식은 값싸고 원시적인 방식이고 우라늄 방식은 고가의 첨단 방식이다. 미국이 1945년 일본 히로시마에 투하한 원자탄은 우라늄탄이고, 나가사키에 투하한 원자탄은 플루토늄탄이었다. 북한이 1990년대 초 이래 영변 핵시설을 이용해 만든 핵무기는 플루토늄탄이었으나, 2000년대 초 이후에는 첨단 우라늄농축시설을 갖추고 우라늄탄을 대량 생산하고 있다.

이처럼 핵분열 반응을 이용해 폭발을 일으키는 일반 원자탄과는 달리, **수소탄**은 그 정반대의 개념인 '핵융합 반응'을 이용한 핵무기로서, 몇 개의 수소원자가 융합되어 제3의 다른 원자로 변환될 때 방출되는 에너지를 이용해 원자탄보다 훨씬 큰 폭발을 일으킨다. 일반 원자탄의 위력이 보통 20kt(TNT 2만 톤의 폭발력) 정도인 데 반해, 수소탄의 일반적 위력은 1Mt 내지 20Mt (TNT 100만~2000만 톤의 폭발력)이다. 이는 히로시마 원폭의 50~1000배에 달하는 가공할 파괴력이다.[4]

주요 핵보유국들이 현재 실전배치하고 있는 핵무기들은 대부분 일반 원자탄이 아니라 수소탄이다. 일반적으로 최초 핵실험 성공 후 5년 정도가 지나면 수소탄 개발이 가능하며, 북한은 2017년 9월의 제6차 핵실험에서 수소탄 실험에 성공한 것으로 추정된다.

이러한 대형 전략핵무기들과 비교할 때, **전술핵무기**는 성격이 전혀 다르다. 전술핵무기는 핵무기의 위력을 최소화하여 국지적 전투에서 재래식 무

---

4 수소탄에 사용되는 수소 원자는 통상적인 수소 원자보다 중성자 수가 많은 중수소이다. 중수소는 물 1리터에 약 0.03g이 포함되어 있는데, 이 양만 가지고도 서울~부산을 두 번 이상 왕복할 수 있는 양의 휘발유(300리터)와 맞먹는 에너지를 낼 수 있다. 이춘근, 『과학기술로 읽는 북한 핵』(생각의나무, 2005), 33~34쪽.

기와 유사한 용도로 사용하기 위해 제작되었다. 통상 1kt(TNT 1천 톤 상당의 폭발력) 이하로 제작되며, TNT 1톤 위력의 초소형 전술핵무기까지 개발된 것으로 알려져 있다. 이처럼 소량의 핵물질로 핵분열 반응을 일으키는 것은 매우 어려운 첨단기술이기 때문에, 현재 극소수 기술선진국들만 전술핵무기를 보유하고 있다.[5]

전술핵무기에는 핵포탄, 핵지뢰, 핵배낭 등 여러 형태가 있다. 이는 동서 냉전 당시 미국이 주로 소련 등 공산권 국가들의 압도적인 기갑부대 전력에 대처하기 위해 개발한 것으로서, 대규모 적 기갑부대가 밀집한 지역에 투하해 이들을 일거에 파괴하기 위한 전술적 용도의 무기였다. 같은 이유로 과거 한반도에도 미국의 전술핵무기가 배치되어 있었던 것으로 알려져 있다.

한편, 핵무기와 혼동하기 쉬운 무기에 '**열화**劣化 **우라늄탄**'이라는 것이 있는데, 이는 핵무기나 핵분열과는 아무 관련이 없는 재래식 무기다. 자연 상태의 천연우라늄에는 핵연료나 핵무기의 원료인 U^{235}가 0.7% 포함되어 있는데, 열화우라늄은 이를 추출해내고 남은 부산물로 제조한다. 우라늄은 지구상에 천연상태로 존재하는 원소 중 가장 무거워서 이것으로 탄환을 만들 경우 투과력이 매우 강하기 때문에, 탱크 등 장갑차량을 관통하는 효율적인 무기가 되고 있다. 걸프전 당시 미군 전차들은 열화우라늄탄으로 이라크군 T-72 탱크들을 초토화시켰다.

---

5 미국은 동서냉전이 종료된 직후인 1991년 말 냉전체제 해체에 따른 자발적 핵감축의 일환으로 해외에 배치된 전술핵무기를 전면 철수했다. 그에 따라 한반도 핵무기도 철수되었고, 그해 12월 18일 한국 정부는 한국 내 핵무기 부재를 공식 선언했다.

핵무기 제조과정

여기서는 앞에서 언급한 플루토늄탄과 우라늄탄의 제조과정을 아주 간략히 기술하고자 한다. **플루토늄탄**은 원자로$^{nuclear\ reactor}$에서 핵연료를 연소시키고 남은 폐연료봉$^{spent\ fuel}$으로부터 추출된 특정한 플루토늄 원소(플루토늄238)를 이용해 제조한다. 이 방식은 기술적으로 가장 쉽고 원시적인 핵무기 제조 방식이다.

이런 방식의 핵무기 제조는 지구상의 대부분의 원자로와 원자력발전소에서도 가능하다. 1000MW 용량의 한국표준형 경수로에서도 이론상으로는 매년 약 150kg의 핵무기용 플루토늄을 생산할 수 있고 이는 플루토늄탄 20~25개를 만들 수 있는 양이다. 그러나 이 방식으로 핵무기를 제조하려면 대규모의 플루토늄재처리시설이 건설되어야 하기 때문에 남의 눈을 피해 핵무기를 몰래 제조하는 것이 사실상 불가능하다.

국제원자력기구(IAEA)는 시험용원자로나 원자력발전소 보유국들의 비밀스러운 핵무기 개발을 막기 위해 전 세계 모든 원자로와 원자력발전소를 몇 개월 단위로 직접 방문해 조사하고 있고, 감시카메라를 설치해 24시간 실시간으로 감시하고 있다.

이러한 플루토늄탄과는 달리, **우라늄탄**은 자연 상태의 우라늄으로부터 몇 가지 공정을 거쳐 곧바로 핵무기 제조에 필요한 특정 우라늄 원소(우라늄235)를 추출해내어 제조한다. 이 방식은 플루토늄 방식보다 훨씬 발전된 첨단 방식으로서, 대부분의 핵보유국들은 현재 이 방식으로 핵무기를 제조하고 있다.

이 방식은 생산설비의 가격이 비싸고 수많은 첨단부품들을 조달해야 하는 어려움이 있다. 그러나 이 시설은 시설규모가 매우 작고 은닉이 용이하여 일단 시설이 설치된 후에는 핵무기의 은밀한 대량 생산이 가능하다. 북

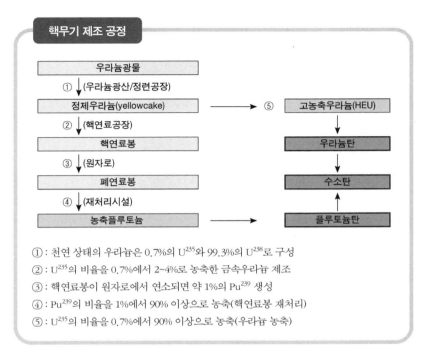

핵무기 제조 공정

우라늄광물	
① ↓ (우라늄광산/정련공장)	
정제우라늄(yellowcake)	→ ⑤ 고농축우라늄(HEU)
② ↓ (핵연료공장)	↓
핵연료봉	우라늄탄
③ ↓ (원자로)	↓
폐연료봉	수소탄
④ ↓ (재처리시설)	↑
농축플루토늄	→ 플루토늄탄

① : 천연 상태의 우라늄은 0.7%의 U^{235}와 99.3%의 U^{238}로 구성
② : U^{235}의 비율을 0.7%에서 2~4%로 농축한 금속우라늄 제조
③ : 핵연료봉이 원자로에서 연소되면 약 1%의 Pu^{239} 생성
④ : Pu^{239}의 비율을 1%에서 90% 이상으로 농축(핵연료봉 재처리)
⑤ : U^{235}의 비율을 0.7%에서 90% 이상으로 농축(우라늄 농축)

한은 1990년대 초 핵개발 초기단계에는 플루토늄 방식을 채용했으나, 2000년대 초부터는 우라늄 방식으로 핵무기를 제조하고 있다.

핵무기 운반체계(미사일)

핵무기의 운반체계delivery system로 활용되는 미사일은 비행방식에 따라 탄도미사일ballistic missile과 순항미사일cruise missile로 구분된다. **탄도미사일**은 고전적 방식의 미사일로서, 야구공을 던질 때와 같이 로켓 추진체에 의해 비스듬히 상공으로 발사되어 최고 정점에 이른 후 포물선을 그리며 자유낙하하는 미사일이다. 로켓 추진체의 출력과 발사 각도에 의해 사거리range가 결정된다.

제2차 세계대전 당시 나치 독일이 개발한 V2 로켓이 최초의 탄도미사일이었다. 북한이 보유한 스커드미사일, 노동미사일, 중장거리 미사일 등은 모두 탄도미사일이다.

일반적으로 사거리가 3000km 이상인 중장거리 탄도미사일은 크기가 매우 크고 무겁기 때문에 거기에 재래식 TNT 탄두를 탑재해서 발사한다는 것은 전쟁의 경제학상 말이 되지 않는다. 따라서 중장거리 탄도미사일의 용도는 핵무기와 같은 대량파괴무기 수송이 사실상 유일한 목적이다. 북한이 보유하거나 개발 중인 중장거리 탄도미사일들도 대부분 핵무기나 화학무기 탑재가 주목적이다.

한편, 순항미사일cruise missile은 1980년대 미국이 처음 개발한 첨단 미사일로서, 제트엔진을 추진체로 하는 일종의 무인비행체(UAV)이다. 나치 독일이 영국 공습에 사용했던 V1 로켓이 그 효시다. 1991년 걸프전과 2003년 이라크 전쟁에서 이라크를 초정밀 폭격하는 데 두각을 나타냈던 사거리 3000km의 토마호크 미사일이 대표적인 순항미사일이다.

순항미사일의 사거리는 100km 이내의 단거리부터 3000km 정도까지 다양하며, 목표물과 주변 지형을 사전에 입력시켜 발사하고 GPS 등을 이용해 부단히 위치를 수정하면서 날아가기 때문에 정밀도가 매우 높다. 그러나 순항미사일은 탑재할 수 있는 탄두중량payload이 작기 때문에 핵무기 운반용으로는 그리 적합하지 않다. 현재 북한의 미사일 전력은 탄도미사일 위주인 반면, 한국의 미사일 전력은 크루즈미사일을 주축으로 하고 있다.

미사일방어 체계

미사일방어Missile Defense 체계는 적국이 자국을 향해 발사하는 탄도미사일

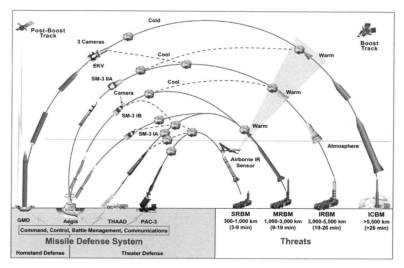

미국의 미사일방어 체계(미국 미사일방어국 자료)

을 파괴하기 위한 방어체계로서, 지난 수십 년의 연구개발 결과 현재 저고
도방어(PAC-3), 고고도방어(THAAD), 해상방어(SM-3), 외기권방어(GMD) 등
4단계의 고도별 방어체계가 실용화되어 있다.

일반적으로 사거리 1000km 미만의 단거리미사일(SRBM)은 비행고도가
50km 이하로 낮은 관계로 패트리어트 미사일 PAC-3가 요격한다. 이것을
"저고도방어"라 한다. 패트리어트 미사일은 초속 4km 속도로 날아가 적 미
사일을 직접충돌방식hit to kill으로 파괴하는데, 한국에도 공군 비행장 등에 패
트리어트 미사일이 배치되어 있다.

이 미사일은 사거리가 짧아 다른 곳으로 날아가는 미사일을 격추할 수는
없고, 그것이 설치되어 있는 시설에 대한 자체방어 역할을 수행할 수 있을
뿐이다. 예컨대 오산 미군기지에 설치된 패트리어트 미사일은 오산의 미공
군 비행장을 보호하기 위한 것이며, 수원이나 평택 등 다른 주변도시로 향
하는 적군 미사일을 요격하는 것은 불가능하다.

북한의 노동미사일과 같은 사거리 1000~3000km의 준중거리미사일(MRBM)은 최고 비행고도가 50km를 초과하여 PAC-3의 사정거리를 벗어나기 때문에, 40~150km 고도를 커버하는 사드(THAAD)가 요격을 담당한다. 이를 "고고도방어"라 한다. 사드의 유효사거리는 200km이며, 초속 8km 속도로 날아가 적 미사일을 직접충돌방식으로 파괴한다.

북한의 화성-12 미사일 등 사거리가 3000~5500km에 달하는 중거리미사일(IRBM)은 비행고도가 150km를 훨씬 상회하여 THAAD의 요격고도를 벗어나게 되므로, 해상 이지스함에 설치된 SM-3 요격미사일이 70~500km 상공에서 요격을 한다. 이를 "해상방어"라 한다.

최근 미국과 일본이 공동 개발한 신형 SM-3(블록 2A)는 요격고도가 무려 1500km에 이르러, ICBM(대륙간탄도미사일)의 요격도 일부 가능하다. 태평양에 배치된 미국과 일본의 이지스함들은 태평양을 건너오는 러시아, 중국, 북한의 탄도미사일 공격에 대비하여 대부분 10기 내외의 SM-3 요격미사일을 장착하고 있다.

SM-3의 사정 고도를 벗어나는 사거리 5000km 이상의 ICBM(대륙간탄도미사일)의 경우는 알래스카와 캘리포니아에 설치된 외기권 요격체계인 GMD^{Ground-based Midcourse Defense}가 고도 500~2000km 외기권에서 직접충돌방식으로 파괴하게 된다. 이를 "외기권방어"라 한다.

이 4단계의 요격시스템은 상호 연계하에 적 미사일의 고도에 맞추어 유기적으로 요격을 실시한다. 예컨대 동아시아의 어느 국가로부터 미국을 향해 핵미사일이 발사될 경우, 이 미사일은 다음의 4단계 순서에 따라 미사일 방어체계의 요격을 받는다.

① 태평양을 건너 미국으로 향하는 적국의 장거리미사일은 고도 70~500km 지점에서 가장 먼저 태평양 도처에 산재된 미국 이지스함들로부터 SM-3 미사일에 의한 요격을 받는다.

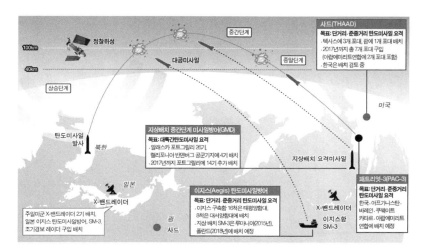

미국의 아태지역 미사일방어 체계

② SM-3가 요격에 실패할 경우, 두 번째 단계로 캘리포니아와 알래스카
지상에 설치된 GMD 방어망의 GBI 요격미사일이 고도 500~2000km
상공에서 이를 요격한다.

③ 적국 미사일이 요행히 이를 피해 미국을 향해 하강할 경우, 세 번째 단
계로 고도 40~150km 상공에서 THAAD 미사일의 공격을 받는다.

④ 그 단계에서도 생존한 미사일은 고도 50km 이하에서 패트리어트 PAC-3
미사일의 마지막 요격을 받는다.

일본의 경우도 미국과 유사한 미사일방어 체계가 구비되어 있다. 중국이나
북한의 미사일 공격이 있을 경우, 미사일 상승단계와 하강단계의 70~500km
상공에서 일본 이지스함에 적재된 SM-3 미사일에 의한 요격이 이루어지고,
여기서 생존해 일본 영토로 하강하는 미사일은 40~150km 상공에서 THAAD
미사일이, 고도 50km 이하에서는 패트리어트 PAC-3 미사일이 요격을 한다.

러시아는 1990년대부터 자체 미사일방어망을 구축해왔으며, S-300, S-400
등 미국과 쌍벽을 이루는 첨단의 요격미사일을 생산하고 있다. 한국의 사드

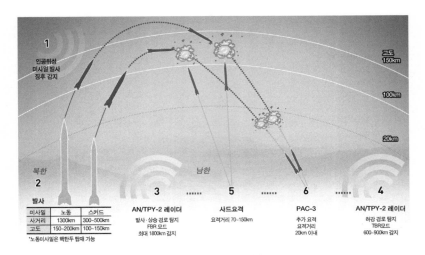

한국의 미사일방어 체계

(THAAD) 배치에 극력 반대하던 중국도 2014년부터 동부해안에 미사일방어
망 설치를 추진하여, 2018년 6월 "러시아판 사드"라 불리는 S-400 "트리움프"
6개 포대를 한반도 인근의 산둥반도 등에 배치했다. S-400은 레이더 탐지거
리와 미사일 사정거리가 미국의 THAAD 체계보다 훨씬 광범위하다.

반면 한국은 주한미군기지 등 특정 지역에만 패트리어트 PAC-3 미사일
이 배치되어 있고 고고도 방어체계는 성주의 THAAD 1개 포대뿐이어서, 북
한과 더불어 동북아 국가들 중 가장 취약한 미사일방어망을 보유하고 있다.
THAAD 1개 포대에는 6개의 발사대에 48기의 요격미사일이 장착되어 있는
데, 이는 북한이 남한을 향해 실전배치한 1000개 내외의 탄도미사일을 방어
하기에 턱없이 부족한 규모다.

제 2 부

북한 핵문제의 서막

누구나 현실을 볼 수 있는 것은 아니다.
대부분의 사람들은
자신이 보고 싶은 현실만을 본다.

_율리우스 카이사르

1

북한 핵개발 계획의 기원

북한 핵프로그램의 태동

북한 핵문제가 최초로 국제사회에 공개되어 사람들의 관심을 끌기 시작한 것은 프랑스 상업위성 SPOT 2호의 영변 핵시설 사진이 공개된 1989년 9월 15일부터였다. 핵무기 개발을 향한 북한의 야심찬 대장정이 시작된 이래 그것이 국제적으로 현안issue이 되기 시작한 것도 그때부터였다.

그러나 실제로 북한의 핵프로그램은 그보다 이미 수십 년 전에 시작되었다. 핵무장을 향한 북한의 대장정은 한국전쟁이 종료된 지 불과 2년밖에 지나지 않은 1955년 시작되었다. 그 시기부터 전개된 북한과 소련 간의 핵협력의 역사를 음미하는 것은 매우 중요하다. 그 이유는 그것이 북한의 시각에서 보는 북한 핵문제를 이해할 수 있는 첩경이기 때문이다. 북한 핵문제의 서막을 구성하는 이 초기단계의 북한 핵활동에는 이야기의 주인공인 북한 당국의 의지와 정신이 가장 방해받지 않고 왜곡되지 않은 순수한 형태로 배어 있다.

그 시기의 역사는 북한의 핵개발이 1990년대 초 냉전체제 해체에 따라 급조된 계획이 아니라 얼마나 오랜 세월에 걸쳐 심혈을 기울여 추진되어왔던 것인가를 보여준다. 또한 그러한 이유 때문에 북한이 핵포기의 결단을 내리는 것이 얼마나 어려운 일인가를 객관적으로 이해할 수 있는 중요한 단초를 제공하고 있다.

북한은 1955년 북한 과학원 내에 핵물리연구실을 설립한 데 이어, 1956년 3월 소련과 「원자력의 평화적 이용에 관한 협정」을 체결했고, 소련으로부터 원자력 연구에 필요한 물자와 기술을 지원받아 1962년 영변에 원자력연구소를 설립했다. 그와 병행하여 약 300명의 북한 핵전문가들이 소련의 핵연구단지에 파견되어 집중적인 교육을 받았다.

또한 이 협정에 따라 1963년부터 러시아 기술진에 의해 평양 북방 92km 지점의 평안북도 영변에 2MW 용량의 소형 연구용원자로 IRT-2000이 건설되기 시작했고, 이는 1965년 완공되어 가동에 들어갔다. 이에 앞서 1964년 영변에는 종합적인 원자력연구단지가 설치되었다.

북한의 독자적 핵무장 추구

북한이 핵무기 개발에 진지한 관심을 갖기 시작한 것은 1960년대 초였다. 1961년 쿠바 미사일 사태 당시 소련이 미국의 위협에 굴복하는 것을 목격한 김일성은 미국의 핵공격에 대비한 지하요새를 구축하는 동시에 독자적인 핵무기 보유를 추진했다. 중국이 1964년 핵실험에 성공하자 북한은 중국에게 핵무기 기술의 공유를 수차 요청했으나 중국은 이를 거부했다.[1] 중

---

1 Joel Wit, Daniel Poneman & Robert Gallucci, *Going Critical: The First North Korean Nuclear*

국의 협조를 얻기가 어려워지자 김일성은 1967년 소련을 극비리에 방문하여 핵무기 개발을 위한 기술지원을 요청했지만 역시 거절당했다.[2]

중국과 소련으로부터 핵개발 지원을 거부당한 북한은 부득이 독자적인 핵무장을 추구하게 되었는데, 그 기술적 토대는 소련이 1960년대에 북한에 제공한 핵기술이었다. 북한은 소형 연구용원자로 IRT-2000의 건설과 운용 과정을 통해 핵물리학에 관한 많은 지식을 습득했고, 이는 10여 년 후인 1970년대 말 영변에서 독자적 핵시설들을 건설하는 기술적 토대가 되었다.

IRT-2000의 건설과 교육을 위해 파견된 소련의 핵 기술자들은 1965년 원자로의 완공과 더불어 모두 북한을 떠났으나, 북한은 독자적 핵능력을 계속 발전시켜 당초 2MW 용량이던 IRT-2000을 5MW로 확장했고, 나중에 이를 다시 7MW로 확장했다.[3]

북한의 보다 본격적인 핵무기 개발은 1970년대 말 개시되었다. 1979년 평안북도 영변에서 5MW 실험용원자로가 중국과 러시아도 모르게 비밀리에 건설되기 시작했다. 5MW 원자로는 북한의 초기 핵무기 개발의 핵심이 되는 시설로서, 북한은 영국과 프랑스의 핵무기 제조용 원자로 설계도를 모방해 독자적으로 건설한 이 원자로를 통해 초기 핵무기 개발에 필요한 핵물질들을 생산해냈다.

1983년부터는 핵무기 기폭장치를 제조하기 위한 고폭약high explosive 실험이 5MW 원자로 인근 고폭실험장에서 시작됨으로써 핵무기 개발이 보다 본격

Crisis (2004), p. 3.

2 후나바시 요이치, 『김정일 최후의 도박』(2007), 613쪽.

3 IRT-2000 원자로는 비교적 순수한 형태의 소형 연구용원자로로서, 북한의 연료봉 재처리와 관련하여 자주 거론되는 5MW 실험용원자로와는 별개의 것이다. 5MW 원자로는 훗날 북한이 핵무기 개발을 위한 핵물질 추출용으로 자력으로 건설한 원자로이다. 북한은 IRT-2000 원자로 건설 시 NPT에는 가입하지 않았으나, 소련의 요구에 따라 IAEA와 「부분안전조치협정」을 체결하여 IRT-2000에 국한하여 IAEA의 핵사찰을 받았다.

화되었다. 1986년 문제의 5MW 원자로가 완공되어 가동에 들어갈 무렵, 북한은 영변 핵단지에 추가로 재처리시설과 50MW 원자로를 건설하기 시작했다.

북한 핵문제의 부상

프랑스 상업위성 SPOT 2호가 1989년 영변 핵시설 사진을 언론에 공개함으로써 북한의 비밀스러운 핵무기 개발활동이 세상에 알려지기 시작했지만, 미국 정보기관은 이미 7년 전인 1982년부터 평안북도 영변에서 진행되고 있는 비밀스러운 건설공사 현장을 밀착 감시하고 있었다. 당시 미국 첩보위성이 포착한 주요 핵시설 건설 상황은 다음과 같았다.[4]

① 1982년 4월, 영변에서 원자로로 추정되는 구조물의 건설 광경이 최초로 포착되었다.
② 1984년 6월, 원자로, 냉각탑 등 원자로임을 확연히 알 수 있을 만큼 공사가 진척되었으며, 그 구조는 영국과 프랑스에서 1950년대에 핵무기 생산을 위해 건설했던 구식 원자로와 놀라울 만큼 유사했다.
③ 1986년 3월, 영변의 강가 모래사장에서 고폭실험의 흔적들이 발견되었다. 과거의 위성사진을 다시 판독한 결과, 1983년부터 같은 장소에서 고폭실험

---

4 여기 기술된 미국 첩보위성 정보는 Don Oberdorfer, *The Two Koreas: A Contemporary History* (Addison Wesley, 1997), pp. 250~251에 기술된 사항을 요약한 것이다. Joel Wit, Daniel Poneman & Robert Gallucci, *Going Critical: The First North Korean Nuclear Crisis* (2004)는 관계자 면담을 토대로 미국 첩보위성이 최초로 5MW 원자로 공사를 포착한 시점이 1980년이었다고 기술하고 있다. 이는 오버도퍼의 저서에 기술된 1982년보다도 2년이 더 이른 시점이다.

의 흔적이 발견되었다.[5]

④ 1986년 3월, 크기가 축구장 두 배에 달하는 용도 미상의 건물이 영변에 새로 건설 중인 것을 발견했다.

⑤ 1987년 2월, 새로 건설 중인 건물 내에 재처리시설의 전형적 형태인 두꺼운 방사능 차폐벽들이 설치되고 있는 것이 확인되었다.

⑥ 1988년, 또 하나의 훨씬 큰 원자로가 인근에 건설되고 있음이 최초로 발견되었다.

당시 영변에서 진행되고 있던 이러한 일련의 비밀스러운 건축 공사가 무엇을 의미하는지 미국 전문가들이 이해하는 것은 그리 어려운 일이 아니었다. 위의 시설들 중에서 ①, ②는 5MW 원자로이고, ③은 고폭실험장, ④와 ⑤는 재처리시설, 그리고 ⑥은 50MW 원자로였다. 5MW 원자로는 1986년 완공되어 바로 가동에 들어갔고, 50MW 원자로와 재처리시설은 1995년 완공을 목표로 공사가 진행 중이었다.

그 후 평안북도 태천에서는 규모가 훨씬 큰 200MW 용량의 원자로가 1990년대 하반기 완공을 목표로 건설되기 시작했다.[6] 북한은 또한 1991년 10월 함경북도 화대군에서 중거리미사일 발사기지 건설을 시작했고, 길주군 풍계리 일대에서는 핵실험장 용도의 지하시설을 건설하기 시작했다.[7]

북한이 건설 중이던 핵시설들은 핵무기 생산을 자급자족하기 위해 필요

---

5 핵폭발을 위해서는 순간적인 고압과 고온의 환경이 필요한데, 이를 위해 사용되는 고성능 폭약을 고폭약high explosives이라 하며, 이를 이용한 핵무기 기폭장치의 실험을 고폭실험이라 한다. 핵무기에 사용되는 핵분열 물질의 양이 불과 6~20kg임에도 불구하고 실제 핵탄두의 무게가 수백 kg 또는 수 톤에 달하는 것은 고폭약을 포함한 기폭장치 때문이다.

6 북한은 1990년대 초 IAEA의 핵사찰을 받을 당시 영변의 핵시설들이 군사적 목적이 아닌 순수한 전력생산용이라고 주장했으나, 영변의 원자로들은 전력생산을 위한 터빈발전기나 송전선을 전혀 갖추지 않은 군사용원자로였다.

7 한용섭, 『북한핵의 운명』(박영사, 2018), 19쪽.

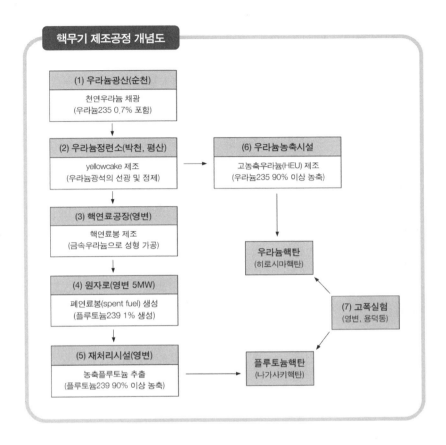

핵무기 제조공정 개념도

(1) 우라늄광산(순천)
천연우라늄 채광
(우라늄235 0.7% 포함)

(2) 우라늄정련소(박천, 평산)
yellowcake 제조
(우라늄광석의 선광 및 정제)

(6) 우라늄농축시설
고농축우라늄(HEU) 제조
(우라늄235 90% 이상 농축)

(3) 핵연료공장(영변)
핵연료봉 제조
(금속우라늄으로 성형 가공)

우라늄핵탄
(히로시마핵탄)

(4) 원자로(영변 5MW)
폐연료봉(spent fuel) 생성
(플루토늄239 1% 생성)

(7) 고폭실험
(영변, 용덕동)

(5) 재처리시설(영변)
농축플루토늄 추출
(플루토늄239 90% 이상 농축)

플루토늄핵탄
(나가사키핵탄)

한 모든 요소를 구비하고 있었다. 그중 일부 시설은 핵의 평화적 이용과 군사적 이용이 중첩되는 영역이었으나, 일부 시설들은 순수한 핵무기 제조에만 필요한 시설이었다. 따라서 누가 봐도 북한의 핵시설들은 핵무기 제조를 위한 용도임이 명백했다.

당시 북한이 이미 보유하고 있거나 건설 중이던 시설들을 핵무기(플루토늄탄) 제조공정과 대비해보면 이해가 훨씬 쉬울 것이다. 도표상의 핵무기 제조공정 중에서 (1)~(4) 과정은 원자력의 평화적 이용과 핵무기 제조 과정이 중첩되는 영역이고, (5)~(7) 과정은 순수하게 핵무기 제조를 위한 과정이다.

특히 재처리시설의 존재는 북한의 핵무기 개발 의도를 입증하기에 충분했다. 물론 핵재처리를 통해 원자력 발전에 필요한 핵연료를 재생산하는 기술이 일본, 캐나다 등 일부 국가에서 개발된 것은 사실이지만, 북한은 이러한 재생핵연료를 사용할 수 있는 원자로를 보유하고 있지 않았다. 따라서 북한의 재처리시설은 핵무기 개발 외에는 용도가 없었다.

미국은 이에 관한 정보를 누구와도 공유하지 않고 철저한 대외보안을 유지했으나, 북한의 핵시설 건설이 완성단계에 접어들자 국제사회에서의 공론화를 통해 이를 저지하고자 부득이 이를 관계국들에게 통보하기에 이르렀다.

한국, 일본, 중국, 러시아 등 주변국들은 1989년 상반기에 들어와서야 미국의 통보를 받고 비로소 북한 핵문제라는 생소한 문제를 처음으로 인지하게 되었다. 이것이 이른바 '북한 핵문제'라는 국제적 현안의 시작이었다. 그러나 그 당시 어느 누구도 이 문제가 30년 이상이나 미결과제로 남아 한반도 안보에 커다란 멍에가 되리라고는 상상도 못했을 것이다.

북한은 왜 핵무장을 추구했는가?

북한이 이러한 핵개발을 본격적으로 추진했던 당시의 시대적 배경을 잘 이해하는 것은 매우 중요하다. 왜냐하면 그것은 북한이 어떤 상황하에서 어떤 이유와 목적으로 핵무기 개발을 추구했는지를 정확히 이해할 수 있는 첩경이 되기 때문이다.

북한이 그토록 오랜 세월 동안 핵무장을 집요하게 추진해온 배경과 관련하여, 뜻밖에도 많은 사람들이 이를 수세적, 방어적 목적으로 이해하는 경향이 있다. 냉전체제가 붕괴되고 소련이 해체되는 불리한 국제적 상황하에서 북한이 생존과 자위를 위해 핵무장을 추진해왔다는 것이다.

그러나 북한이 당초 핵무장을 추진했던 이유는 사실 그 정반대였다. 북한의 핵무장 움직임이 시작된 1970년대 후반의 국제정치 상황을 보면, 북한이 수세에 처하기는커녕 국제정치적으로 공산진영과 북한의 위세가 역사상 최고조에 이른 시기였고, 따라서 북한이 안보 위협을 느낄 만한 이유는 전혀 없었다.

1970년대 후반은 냉전체제하에서 소련을 필두로 하는 공산진영의 위세가 극에 달하여 누구도 소련의 붕괴를 상상조차 하지 못하던 시기였고, 제4차 중동전쟁(1973년), 베트남, 캄보디아, 라오스 등 인도차이나의 공산화(1975년), 베냉, 모잠비크, 앙골라, 에티오피아, 소말리아 등 아프리카 제국의 연쇄적 공산화(1975~1976년), 니카라과 공산화(1979년), 이란 회교혁명(1979년), 소련의 아프가니스탄 침공(1979년) 등으로 인해 정치적으로나 군사적으로나 미국과 서방진영이 크게 열세에 몰리던 시기였다.

한반도의 상황 역시, 북한이 베트남의 공산화를 계기로 무력남침을 염두에 두고 남침땅굴 건설(1974년), 박정희 대통령 암살 시도(문세광 사건, 1974년), 판문점 도끼만행사건(1976년) 등 공세적이고 호전적인 대남 정책을 구사하던 시기였다. 1975년 중국을 방문했던 김일성은 무력남침을 위한 중국의 지원을 요청하면서, "한반도 전쟁 재발 시 잃는 것은 휴전선이요, 얻는 것은 통일"이라고 호언장담했고, 이는 각국 언론에 크게 보도되었다.

그와는 반대로 당시 한국의 박정희 정부는 1976년 카터 행정부의 주한 미 지상군 전면철수 계획 발표로 극도의 수세에 몰려 있었다. 그 시기는 모든 주변 상황이 북한에게 유리하던 시기였고, 생존의 위기에 몰린 것은 북한이 아니라 남한이었다.

이처럼 국제정치적 상황이 과거 어느 때보다도 북한에게 유리하게 돌아가던 시기에 북한은 독자적 핵무기 개발 계획을 행동에 옮기기 시작했던 것이다. 따라서 현재의 북한에게 핵무기가 어떤 의미를 갖든지 간에, 북한이 핵무기 개발을 추구했던 초창기의 정책적 선택은 대단히 공세적인 대남전략과 대외전략의 소산이었으며, 최소한 북한의 생존이나 체제 유지를 위한 방어적 목적은 아니었다는 점을 유념할 필요가 있다.

2
사면초가에 몰린 핵개발의 꿈

두 갈래의 야심찬 핵개발 계획

영변에서의 군사적 핵활동과는 별도로, 1980년대에 들어와 에너지난이 심화된 북한은 국내 매장량이 풍부한 우라늄을 이용한 전력생산이 가장 경제적인 방법이라고 판단하여 소련의 원조를 통한 원자력발전소 건설을 본격 추진하기 시작했다.

소련이 북한의 원조요청을 수락함에 따라 1985년 12월 소련과 북한 간에 「원자력발전소 건설에 관한 경제기술협력협정」이 체결되었다. 이는 440MW 용량의 소련산 원자력발전소 4기를 건설하는 내용이었다. 협정 체결과 동시에 북한은 소련의 요구에 따라 핵비확산협정(NPT)에 정식 가입했다. 그 계획은 수년 후 수정되어, 440MW의 흑연로 4기 대신 650MW의 소련산 최신형 경수로 3기(총 1950MW)를 건설하는 것으로 변경되었다. 이는 아마도 1985년 발생한 소련의 체르노빌 원전사고 때문이었던 것으로 추측된다.[8]

이 원자력발전소 건설을 위해 1986년부터 소련 기술자들이 대거 파견되었고, 1992년 초에는 함경남도 신포에 발전소 부지 선정까지 마쳤다. 그 시기는 북한이 영변 지역에서 핵무기 개발을 위해 독자적 기술로 건설하던 비밀 핵시설들이 막 완공되어가던 시기였다.

이처럼 북한의 핵개발 계획은 북한 영토의 동쪽과 서쪽에서 각기 다른 목적과 방식으로 진행되었다. 신포의 소련 경수로 3기는 순수 전력생산용으로 추진되었고, 영변의 흑연로 3기(5MW, 50MW, 200MW)는 핵무기 생산용으로 소련과 중국도 모르게 비밀리에 건설되었다.

북한 핵문제를 둘러싸고 남북한이 상호핵사찰 문제에 관한 줄다리기를 계속하던 1992년경 이따금 북한과 러시아 간의 핵협력에 관한 얘기가 흘러나오기는 했으나 별다른 주목을 받지는 못했다. 제네바합의 서명 직후인 1995년 KEDO(한반도에너지개발기구)[9]가 함경남도 신포에 경수로 부지를 선정할 때에도 러시아의 동향에 관한 말들이 가끔 흘러나왔으나, 별로 중요한 고려 대상은 아니었다.

훗날 점차적으로 알려진 일이지만, 북한 핵문제가 국제적 현안으로 급부상해가던 1990년대 초 함경남도 신포에서는 러시아형 원자력발전소를 건설하는 계획이 북한과 러시아 간에 상당히 구체적으로 진행되고 있었다. 러시

---

8 제네바합의 협상 당시, 북한은 핵동결로 인한 전력생산 피해가 1950MW라고 주장하면서 2000MW 규모의 경수로 제공을 요구했다. 이는 북한이 러시아로부터 도입하려다 좌절된 경수로 3기의 용량(650MW×3=1950MW)과 정확히 일치한다.

9 KEDO[Korean Peninsula Energy Develpment Organization]는 1994년의 제네바합의에 의거하여 북한에 경수로를 지원하기 위한 목적으로 1995년 3월 창설된 국제기구 형태의 조직으로서, 뉴욕에 사무국을 두고 한·미·일 3국 정부로 구성된 이사회의 결정에 따라 경수로 건설과 관련된 사항들을 집행했다. 그 밖에 EU, 캐나다, 호주, 영국, 프랑스, 인도네시아, 폴란드, 체코, 아르헨티나, 칠레 등 10여 개국이 회원국으로 참여하여 수십만 내지 수백만 달러의 재정적 기여를 제공했다. KEDO는 1997년 함경남도 신포에서 2000MW 용량의 경수로 공사를 시작했으나, 2002년 말 제네바합의가 붕괴되자 이사회의 결정으로 공사가 잠정 중단되었고, 2006년에는 경수로 사업이 완전 종결되었다. 공사가 종결될 때까지 34%의 공정이 완료되었고 총 15억 달러의 공사비(이 중 한국 정부 부담분은 10.5억 달러)가 투입되었다.

아 경수로가 들어서기로 예정되었던 자리는 훗날 KEDO가 제네바합의에 따라 경수로를 건설하게 된 바로 그 자리였다. 말하자면, 러시아 경수로를 지으려던 자리에 '한국표준형 경수로'라는 이름의 미국 경수로가 KEDO에 의해 착공된 것이었다.

이처럼 약 10년의 시차를 두고 영변과 신포에서 각각 추진된 북한의 군사용 핵개발과 평화적 핵개발, 즉 전력생산용 핵개발 사이에는 처음부터 아무 상관관계가 없었다. 그럼에도 북한은 훗날 미국과의 제네바 핵협상(1993~1994년)에서 영변 핵시설을 포기하는 데 따른 '전력생산 손실'을 이유로 1950MW의 경수로를 제공해줄 것을 요구했다.

그러나 영변에서의 '전력생산 손실'이라는 것은 아무 근거가 없는 주장이었고, 사실은 영변 핵시설과 무관하게 소련으로부터 도입하려던 신포 원자력발전소(1950MW)를 미국이 무상으로 대신 지어달라는 요구였다. 미국은 북한의 이러한 의도를 모른 채, 북한이 제네바합의에 따라 영변에서 포기하게 될 원자로 3기 용량(5MW+50MW+200MW=255MW)의 8배에 달하는 2000MW의 경수로 제공을 약속하는 실책을 저질렀다.

영변 핵시설에 대한 국제적 압력

북한 영토의 동서 양쪽에 핵시설을 동시에 건설하려던 북한의 웅대한 꿈은 1990년대 초에 들어와 커다란 도전과 시련에 직면하게 되었다. 그러한 시련은 공교롭게도 양쪽에서 거의 같은 시기에 시작되었다.

1989년에 들어와서 영변에 건설 중인 핵시설들이 핵무기 개발용임이 명백해지고 핵무기 제조용 농축플루토늄 생산이 곧 개시될 것으로 전망됨에 따라, 미국은 1989년 2월 이 사실을 소련과 중국에 통보했고 5월에는 한국 정부에도 통보했다. 그해 9월에는 프랑스 상업위성 SPOT 2호가 촬영한 영변 핵시설 전경이 세계 언론에 공개되었다. 이것이 바로 이른바 '북한 핵문제'의 시작이었다.

미국은 북한의 핵무기 개발을 저지하기 위해 1990년대 벽두부터 북한과 IAEA 간의 안전조치협정 체결을 촉구하기 시작했다. 그것은 당시 북한이 NPT 회원국이었음에도 불구하고 동 협정에 따른 안전조치협정 체결 의무를 이행하지 않고 있었기 때문이다. 안전조치협정이란 NPT 회원국이 IAEA와 별도 협정을 맺어 IAEA로부터 정기적 핵사찰을 받도록 의무화하는 내용의 협정이다.

북한이 NPT 협정에 가입한 것은 1985년 원자력발전소 건설 협정을 체결하기 위한 전제조건으로 소련이 제시한 요구에 따른 것이었다. 북한으로서는 신포에서의 원자력발전소 건설을 위해 부득이 NPT에 가입한 것이었는데, 불똥이 엉뚱하게도 영변의 비밀 핵시설로 튀게 된 것이다. 결국 북한은 국제적 압력에 굴복하여 IAEA와 안전조치협정을 체결하고 1992년부터 영변의 비밀 핵시설들에 대한 IAEA의 사찰을 받게 되었다.

신포 원자력발전소 건설 계획의 무산

공교롭게도 영변에서의 군사용 핵개발이 시련에 직면한 것과 정확히 같은 시기에, 신포의 원자력발전소 건설 계획은 전혀 다른 이유로 종말을 맞게 되었다.

문제는 돈이었다. 북한이 과거 소련의 지원을 받을 때는 상환 부담이 없는 우호적 장기차관의 방식, 즉 사실상의 무상원조 방식으로 경협이 진행되었으나, 1991년 12월 소련이 붕괴되고 개혁파의 옐친대통령이 통치하는 러시아 공화국이 출범한 이후에는 그런 혜택을 기대할 수 없었다. 러시아 정부는 북한에 대한 신포 핵발전소 무상제공 계획을 백지화하고, 그간의 부지조사site survey에 따른 용역비 수백만 달러의 지불을 북한에 요구했다.

이러한 상황을 이해하기 위해서는 그 시기의 특별한 시대적 상황을 유념할 필요가 있다. 당시는 국제적으로는 한·소 수교(1990년 9월)에 이어 소련이 해체되고(1991년 12월), 소련을 승계한 러시아에는 옐친 대통령의 우파정권이 등장했으며, 북한의 반대에도 불구하고 중국이 방관하는 가운데 남북한의 유엔 동시가입(1991년 9월)이 이루어지고, 북한의 동맹국인 중국이 한국과 수교(1992년 8월)를 하는 등 한반도 주변 정세가 세기적 소용돌이에 휘말린 시기였다.

한 가지 더 첨언하면, 그 시기(1991~1992년)는 러시아와 중국이 과거 사회주의 국가들 간의 특수한 연대에 기초하여 시행되던 우호적 구상무역 방식에서 벗어나 북한에 대해 경화결제를 요구한 시기이기도 했다. 그것은 양국이 전통적으로 북한에 제공해왔던 사실상의 무상원조가 하루아침에 전면 단절되는 것을 의미했다.[10]

러시아의 원전 부지조사 대금 지불요구에 대해, 북한은 러시아가 구소련의 채권을 승계할 권한이 없다는 이유로 지불을 거절했다. 그에 따라 1992년 5월 신포 핵발전소 건설 계획이 전면 중단되고 러시아 기술진은 철수했다. 공교롭게도 그 시기는 바로 영변 핵시설에 대한 IAEA의 최초사찰이 개시된

---

10 냉전시대에 소련과 중국은 북한에 많은 경제적, 군사적 차관을 제공했으나, 그것은 대부분 상환을 전제로 한 것이 아니었기 때문에 서류상으로만 부채가 남아 있는 사실상의 무상원조였다. 이들과 북한 간의 무역 역시 북한이 거의 일방적으로 수입을 하는 형태였으나, 수입과 수출 간의 차액을 경화로 결제할 부담이 거의 없이 서류상으로만 부채로 기록되는 사실상의 무상원조가 대부분이었다. 냉전체제의 붕괴 이후 북한을 비롯한 사회주의 국가들의 경제난이 가속화된 것은 바로 이러한 무상원조의 소멸 때문이었다.

시점이기도 했다. 그리고 그로부터 불과 3개월 후인 8월경 영변 핵시설에서 플루토늄 대량추출의 단서가 발견됨에 따라 북한에 대한 국제사회의 압력이 급속도로 가중되어갔다.

기로에 선 북한의 선택

더 이상 기댈 언덕이 없어지고 미래의 희망도 상실된 상황하에서 미국, 한국, IAEA, 유엔 안보리 등 국제사회의 거센 압력에 직면한 북한이 선택 가능한 길은 단 두 가지뿐이었다. 즉, 대남 군사적 열세의 영구화를 의미할지도 모르는 핵포기를 선택할 것인가, 아니면 더욱 큰 파멸을 의미할지도 모르는 무모한 항거를 선택할 것인가의 두 가지였다.

북한이 선택한 길은 불행히도 후자였다. 그것은 안보문제에 관한 북한의 과거 행적에 비추어 볼 때 어쩌면 지극히 당연하고도 자연스러운 선택이었는지도 모른다. 당시 북한의 핵개발 의도가 얼마나 강력했고 이를 위해 다른 분야의 희생을 얼마나 감내할 준비가 되어 있었는지는 분명하지 않다. 그러나 냉전체제 해체와 더불어 점차 심화되어가던 북한의 국제적 고립이 핵개발 의지를 더욱 부채질했으리라는 점은 미루어 짐작할 수 있다.

1990년 중반 셰바르드나제Eduard Shevardnadze 소련 외교장관이 한국과의 수교 방침을 북한에 사전 통보하기 위해 평양을 방문했을 때, 김영남 외무성 부상은 소련이 한국과 수교할 경우 "북한은 핵무기 개발을 자제하겠다는 소련과의 약속에 더 이상 구속되지 않을 것"이라고 위협했다.[11] 북한은 중국

---

11 Don Oberdorfer, *The Two Koreas: A Contemporary History* (Addison Wesley, 1997), p. 216.

이 1992년 한국과의 수교 방침을 통보했을 때에도 같은 입장을 표명했던 것으로 알려져 있다.

한편, 그 당시 진행되고 있던 북한과 소련 간의 핵협력은 훗날 북한 핵문제에 관한 러시아 정부의 입장에 묘한 파장을 남겼다. 1994년 제네바합의가 서명되자 북한은 러시아와의 원자력발전소 건설협정을 폐기했고, 그 후 KEDO는 당시 러시아 기술자들이 원자력발전소 부지로 선정했던 바로 그 자리에 '한국형 경수로'를 건설하기 시작했다. 러시아인들이 부지조사를 위해 체류했던 금호지구 영빈관은 KEDO 요원들과 한국 기술진으로 북적거렸다.

거의 10년 전부터 북한 내 원자력발전 사업을 주도해온 러시아로서는 무척 가슴 아픈 일이었을 것이다. 러시아의 관점에서 보자면, KEDO의 경수로 사업은 신포에 건설 예정이던 러시아 원전이 '한국형'이라는 가면을 쓴 미국 원전으로 교체되는 것을 의미했기 때문이다.

KEDO가 창설되고 회원국 모집이 한창이던 1995년 러시아 정부는 신포 원전부지에 대한 그간의 부지조사site survey 자료를 현물로 KEDO에 제공하는 조건으로 별도의 재정적 부담 없이 KEDO에 가입하기를 희망했다. 러시아는 KEDO의 자금 지원으로 러시아형 원전 건설이 계속 진행되기를 내심 기대하고 있었고, 북한도 미국 및 KEDO와의 경수로 노형爐型 협상에서 러시아형 원전의 건설을 강력히 요구하고 있었다.

당시 KEDO 회원국은 실질적 재정기여를 제공하는 국가들에 국한되었기 때문에, 재정적 기여 없는 무임승차를 추구했던 러시아의 KEDO 가입 제의는 한미일 3국에 의해 거부되었다. 이것이 러시아의 분노를 사서 결국 그 이후 북한 핵문제에 대한 러시아의 냉소적 태도를 야기하는 결과를 초래했다.

러시아는 그 후에도 수년 동안 러시아 극동지역에 원자력발전소를 건설하여 북한에 송전하는 방안, 경수로 대신 러시아산 가스를 활용한 화력발전소를 건설하는 방안 등 경수로 사업이 유산될 경우에 대비한 여러 대안들을 공개적으로 제시하고는 했는데, 이는 여전히 그들의 가슴에 남아 있던 신포 프로젝트에 대한 애착 때문이었는지도 모른다.

3

북한의 핵시설과 미사일 현황

북한 핵문제를 둘러싼 북한과 국제사회의 본격적인 대결을 기술하기에 앞서, 그 당시 북한의 핵시설과 핵무기 개발 능력, 그리고 핵무기 운반체계 (미사일) 제조 능력이 어떠했는지를 여기에 먼저 기술하고자 한다.

영변 원자로와 부대시설

원자력의 평화적 이용과 비평화적 이용이 종이 한 장 차이에 불과하듯이, 원자력을 평화적으로 이용하는 시설과 핵무기를 만드는 시설 역시 종이 한 장 차이에 불과하다. 시설의 내용은 사실상 거의 동일하며, 단지 이를 어떤 목적으로 사용하고 그에 대한 국제사회의 감시를 받는가의 여부만이 차이점이라고 할 수 있다.

북한의 핵시설 현황을 열거해보면 핵무기 생산을 자급자족할 수 있는 모든 요소가 구비되어 있음을 한눈에 알 수 있다. 설계, 규모, 운용 등에서 핵

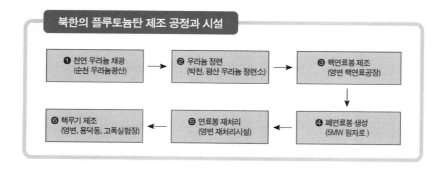

북한의 플루토늄탄 제조 공정과 시설

```
❶ 천연 우라늄 채광      →   ❷ 우라늄 정련           →   ❸ 핵연료봉 제조
(순천 우라늄광산)            (박천, 평산 우라늄 정련소)        (영변 핵연료공장)
                                                              ↓
❻ 핵무기 제조       ←   ❺ 연료봉 재처리         ←   ❹ 폐연료봉 생성
(영변, 용덕동, 고폭실험장)     (영변 재처리시설)              (5MW 원자로 )
```

의 평화적 이용과 거리가 멀어 보이는 시설들이 있고, 순수 핵개발용 시설
도 발견된다. 북한의 핵시설들을 플루토늄핵탄 제조공정에 대비시켜보면
위의 그림과 같다.

이 중에서 ①~④ 과정은 원자력의 평화적 이용과 핵무기 제조 과정이 중
첩되는 영역이고, ⑤~⑥ 과정은 순수하게 핵무기를 제조하기 위한 과정이
다. 연료봉 재처리를 통해 원자력 발전에 필요한 핵연료를 재생산하는 기술
이 일부 국가에서 개발된 것은 사실이지만, 북한은 이러한 재생연료를 사용
할 수 있는 원자로나 기술을 보유하고 있지 못하다. 따라서 북한의 재처리
시설은 핵무기 제조 외에는 용도가 없다.

그럼에도 불구하고 북한은 영변의 핵시설이 모두 전력생산을 위한 평화
적 용도의 핵시설이라고 강변했다. 김일성 주석이 직접 나서서 "북한은 핵
무기를 개발할 의지도 능력도 필요도 없다"고 주장했고, 중국과 러시아는
이러한 북한 주장에 동조했다. 한국 정부와 학계 내에도 미국이 남북관계
진전을 막기 위해 북한 핵문제를 과대포장하고 있다고 믿은 사람들이 적지
않았다.

그러나 2002년 말 핵동결 파기 후 북한의 핵개발 의도는 노골화되어 마침
내 2006년 10월 핵실험을 단행하기에 이르렀고, 이로 인해 북한의 핵무장
계획 여부에 대한 오랜 논쟁은 종식되었다. 영변 핵시설은 어느 모로 보나

처음부터 핵무기 개발을 목표로 건설된 것이었다. 이들의 제원을 살펴보면 그것들이 처음부터 원자력의 평화적 이용과는 거리가 먼 시설이었음을 어렵지 않게 알 수 있다.

4기의 원자로

핵개발 의혹과 관련하여 국제사회의 감시 대상이 되는 북한 원자로는 총 4기이다. 영변에 IRT-2000과 5MW 원자로 등 2개의 흑연로가 가동되어왔고, 제네바합의로 핵동결이 실시될 당시 50MW(영변)와 200MW(태천)의 대형 흑연로를 추가로 건설 중이었다.

IRT-2000 연구용원자로는 1965년 소련이 영변에 건설한 것으로서, 당초 2MW 용량이었으나 북한이 자체 기술로 두 차례에 걸쳐 출력을 각각 4MW, 7MW로 증강시켰다. 10% 농축우라늄을 연료로 사용하는 경수로 방식의 원자로이며, 북한이 NPT에 가입하기 이전인 1977년부터 IAEA와의 부분핵안전협정에 따른 정기 핵사찰을 받아왔다. 그럼에도 불구하고 북한이 이를 이용해 소량의 플루토늄을 비밀리에 생산한 바 있음을 1992년 시인함에 따라 IAEA 사찰의 문제점이 드러나기도 했다.

영변의 **5MW 실험용원자로**는 영국이 1950년대에 핵무기용 플루토늄 생산을 위해 가동했던 '콜더홀^{Calder Hall} 원자로'를 모델로 하고 있으며, 1979년부터 자체 기술로 소련도 모르게 극비리에 건설하여 1986년 10월 본격 가동에 들어갔다.[12]

---

12 참고로, 5MW 원자로의 용량은 북한이 1992년 이를 IAEA에 신고할 당시 전력생산용 원자로라고 주장하면서 원자력발전소의 용량산출 방식(전력생산량 기준)에 따라 5MW라고 신고한 데 따른 것이다. 그러나 이 원자로는 실제로는 전력생산용 원자로가 아닌 실험용원자로이며, 실험용원자로의 용량산출 방식(원자로출력 기준)에 따르면 용량이 IRT-2000의 3배가 넘는 약 25MW에 달한다.

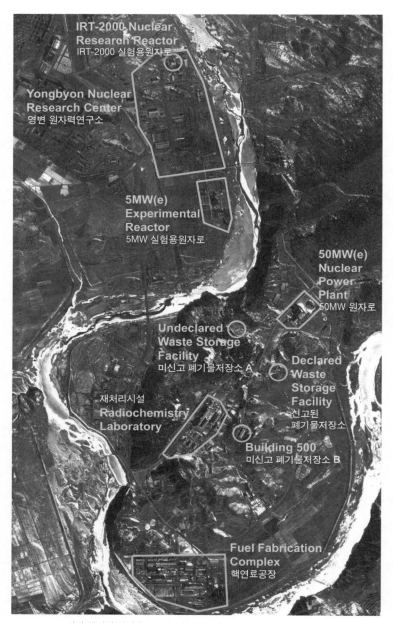

영변 핵시설 전경(Center for Nonproliferation Studies 자료 사진)

북한은 당시 영국이 대외에 공개했던 원자로의 설계도면을 토대로 5MW 원자로를 건설한 것으로 추정된다. 이 모델은 핵무기용 플루토늄 생산을 목적으로 설계한 원자로이기 때문에 열효율이 매우 낮아서(20%) 발전용으로는 부적합하나, 핵무기용 플루토늄 제조에는 매우 효과적인 모델이다. 이 원자로에서는 연간 평균 핵무기 1개분(6~8kg)의 플루토늄을 생산할 수 있다.

그 밖에도 1994년 제네바합의 협상 당시 2개의 대규모 원자로가 완공을 불과 1~2년 앞두고 공사가 진행 중이었다. 1985년 착공된 영변의 **50MW 원자로**는 1995년에, 1989년 착공된 평북 태천의 **200MW 원자로**는 1996년에 각각 완공될 전망이었다. 1992년 IAEA에 신고할 당시 북한은 이들을 전력발전용이라고 주장했으나, 전력생산을 위한 터빈발전기나 송전선을 설치하려던 흔적은 어디에도 없었다.

50MW 원자로와 200MW 원자로가 완공될 경우, 연간 농축플루토늄 생산 추정량은 각각 55kg과 210kg이었다.[13] 이는 핵무기를 매년 33~44개 생산할 수 있는 플루토늄의 양이다. 50MW 원자로는 프랑스가 1960년대 초 핵무기용 플루토늄 생산용으로 건설했던 'G-2 모델'의 흑연로이고, 200MW 원자로는 5MW와 동일한 '콜더홀 모델'이었다. 이들은 제네바합의로 건설이 동결되었다가 2002년 12월 동결 해제되었으나, 공사가 재개되지는 않았다.

원자로 부대시설

영변 원자로를 가동시키기 위한 부대시설로서 우라늄광산, 우라늄정련소, 핵연료봉 공장 등이 있다. 북한은 평남 순천에 천연우라늄을 캐기 위한 두 개의 우라늄 광산을 보유하고 있으며, 순천, 선봉, 홍남, 평산, 평원 등지에 고품위 우라늄 약 2600만 톤이 매장되어 있다.

---

13 이춘근, 『과학기술로 읽는 북한 핵』(생각의나무, 2005), 81쪽.

이 중 채굴 가능한 우라늄은 약 400만 톤 정도로 추정된다. 북한은 우라늄광산에서 채광된 우라늄 원광을 정련하기 위한 2개의 우라늄정련소를 평안북도 박천과 황해북도 평산에 운영 중이다. 우라늄정련은 채광된 우라늄을 가공하여 불순물을 제거하고 0.7%의 U^{235}와 99.3%의 U^{238}로 구성된 노란색의 분말인 '정제우라늄^{yellowcake}'을 제조하는 공정이다.

영변의 핵연료봉 공장에서는 정제된 우라늄을 섭씨 600도로 가열하여 U^{235}의 비율이 0.7%에서 2~4%로 상향된 이산화우라늄으로 변환시킨 후, 이를 천연금속우라늄으로 고형화하여 연료봉을 제작한다.[14] 5MW 원자로에는 중량이 50톤에 달하는 8000개의 핵연료봉이 장착되며, 북한은 과거 2~5년 주기로 연료봉을 교체해왔다. 영변 핵연료봉 공장은 제네바합의에 따른 핵동결 조치로 가동이 중단되었다가 2002년 12월 동결이 해제되었다. 그 밖에 그 당시 북한에는 15개의 핵 연구시설이 있었고, 핵 전문인력은 고급인력 200명을 포함하여 약 3000명에 달하는 것으로 알려져 있었다.

재처리시설과 고폭실험장

앞에 언급한 북한의 핵시설들은 모두 핵무기와 무관하게 어느 나라에나 있을 법한 핵시설들이다. 핵무기 개발을 위한 북한의 비밀스러운 활동은 그 다음부터 시작된다. 영변의 '재처리시설'은 핵의 평화적 이용과 군사적 이용 사이를 가로지르는 경계선이다. 북한은 1990년대 초 플루토늄 재처리를 통

---

14 참고로 5MW 원자로의 연료봉은 천연우라늄으로부터 생성된 금속우라늄을 직경 3cm, 길이 3cm의 원통형 막대로 성형한 후 이를 길이 50cm의 원통형 마그네슘 케이스에 일렬로 넣어 제작한다.

해 핵무기용 농축플루토늄을 은밀히 제조하고 이와 관련된 증거의 말소를 시도함으로써 금단의 선을 넘어섰다.

북한은 영변 핵단지 내에 길이 180m, 폭 20m, 높이 6층의 거대한 재처리시설을 보유하고 있었다. 세 개의 핫셀hot cell로 구성된 이 시설의 연간 재처리 능력은 약 200~300톤으로 추정되었는데, 이는 5MW 원자로의 연료봉 8000개를 연간 4~6회 재처리할 수 있는 용량이었다. 북한이 이처럼 대규모의 재처리시설을 건설한 것은 후속 원자로인 50MW와 200MW 원자로 연료봉의 재처리까지 염두에 두고 건설했기 때문인 것으로 추정된다. 북한은 1992년 IAEA와의 안전조치협정에 따라 핵시설을 최초로 신고할 당시 방사화학실험실Radiochemistry Laboratory이라는 묘한 명칭으로 이를 신고했으나, IAEA 사찰 결과 전형적인 재처리시설로 확인되었다.

핵개발과 관련된 또 하나의 시설로서 '고폭실험장'을 들 수 있다. 고폭실험High Intensive Explosive Test이란 고성능 폭약을 폭파시켜 100만분의 1초의 정확한 타이밍에 플루토늄이 핵폭발을 일으킬 수 있는 고온과 고압의 환경을 조성하는 실험인데, 이는 핵무기 제조 과정에서 핵실험의 직전단계로 간주되고 있다. 북한은 영변 핵시설단지 인근과 용덕동(영변 북서쪽 40km)에 두 개의 고폭실험장을 운영하고 있었다.

북한은 1983년부터 140여 회의 고폭실험을 통해 핵무기 기폭장치(고폭장치) 제조 기술을 연구했다. 1983년부터 1994년 사이에 영변에서 70여 차례 고폭실험을 실시한 바 있으며, 제네바합의에 따른 핵동결 기간인 1997년부터 2002년 9월 사이에도 평북 구성시 용덕동에서 70여 차례의 고폭실험을 실시했다.[15]

---

15 2003년 7월 10일 고영구 국정원장의 국회 정보위원회 답변. 7월 11일 자 ≪중앙일보≫ 보도 참조.

북한의 핵물질 보유현황

1993년 북한이 NPT를 탈퇴한 이래 영변 핵시설에 대한 IAEA의 핵사찰이 없었던 까닭에, 북한이 보유한 플루토늄의 구체적인 양은 검증된 바 없다. 각국 정부나 연구소들은 가용한 정보를 토대로 여러 가지 가정을 대입시켜 플루토늄 추출량을 추정하고 있을 뿐이다. 북한은 그동안 4단계에 걸쳐 영변의 원자로에서 인출된 연료봉을 재처리하여 무기급 플루토늄을 추출했다.

첫째 단계는 1992년 IAEA의 최초 핵사찰을 받기 이전에 이루어진 것으로 추정되는 재처리이다. 이 시기의 플루토늄 추출량에 대해서는 여러 의견이 있으나, 5MW 원자로를 1986년 가동 개시한 후 1989년 3월에 연료봉을 전면 교체한 것으로 가정할 때(900일 가동 기준), 약 10~12kg의 농축플루토늄을 추출했으리라는 것이 일반적 견해이다.

둘째 단계는 2002년 말 제네바합의가 붕괴된 이후의 사항이나, 편의상 여기에 함께 기술한다. 북한은 1994년 5월 인출하여 수조에 9년간 보관해왔던 8000개 연료봉을 제네바합의 붕괴 직후인 2003년 6월(북한 주장) 재처리했다. 1989년 6월 연료봉을 장입한 후 1994년 5월 연료봉 무단인출을 강행할 때까지 약 5년간 연소시킨 8000개 연료봉은 연소기간이 긴 관계로 플루토늄 추출량도 많았다. 플루토늄의 구체적 양에 관해서는 설이 구구하나, 여기서는 동 분야의 전문가인 헤커Siegfied Hecker 교수가 2005년 11월 발표한 연구결과에 따라 이를 25kg으로 가정하고자 한다.[16]

셋째 단계는 2003년 2월 5MW 원자로에 연료봉을 새로 장착하여 2005년

---

16 8000개의 연료봉 재처리 시 추출된 핵물질의 양에 관해서는 헤커 교수의 25kg 견해 외에도 17~27kg 추출설, 24~32kg 추출설, 21~25kg 추출설 등 여러 가지 견해가 있으나, 어느 것이 더 옳다고 판단할 구체적 근거는 없으며 모두 추정치이다.

북한의 농축플루토늄 추출량(추정)

구분	1단계 재처리	2단계 재처리	3단계 재처리	4단계 재처리	합계
원자로 연소기간	1986. 10~ 1989. 3	1989. 6~ 1994. 4	2003. 2~ 2005. 4	2006~ 2007. 7	
재처리 시기	1992년 이전	2003. 6 (북한 발표)	2005. 7 (북한 발표)	2009. 8 (북한 발표)	
플루토늄 추출량	10~12kg	25kg	10~14kg	6~7kg	51~58kg
비고	미국 정부 발표	헤커 교수 추산	헤커 교수 추산	국제사회 추산	핵무기 7~9개분

4월까지 약 2년간 연소시킨 후 2005년 7월(북한 주장) 재처리한 핵물질이다. 이때 추출된 플루토늄의 양에 관한 헤커 교수의 추산치는 10~14kg이다.

넷째 단계는 2006~2007년에 걸쳐 약 1년간 연소시킨 후 2007년 영변 핵시설에 대한 불능화조치 차원에서 인출한 연료봉으로서, 북한 측 발표에 따르면 제3차 북핵위기 발생 당시인 2009년 4월부터 8월에 걸쳐 재처리가 이루어졌다. 이들 연료봉으로부터 추출한 플루토늄의 양은 6~7kg으로 추산된다.

한편, 북한이 보유한 핵물질이 이보다 훨씬 많다는 확인되지 않은 주장도 있다. 미국 의회조사국의 닉시Larry A. Niksch 박사는 1993년도 러시아 정보보고서를 인용하여 북한이 과거 구소련으로부터 56kg의 플루토늄을 제공받은 적이 있다는 주장을 제기한 바 있다.[17] 또한 파키스탄의 칸A. Q. Khan 박사는 《워싱턴포스트》 보도에 인용된 비밀비망록에서, 자신이 1999년 원심분리기 인도를 위해 북한을 방문했을 당시 북한 측의 안내로 어느 산악 터널을

---

17 Larry A. Niksch, *North Korea's Nuclear Weapons Program*, Congressional Research Service, updated Aug. 27, 2003 참조. Bruce Bennett, *North Korea's WMD Capability and the Regional Military Balance: A US Perspective* (2009)에서 재인용.

답사했으며 그곳에서 미사일에 바로 장착될 준비가 된 완제품 핵무기 3개를 목격했다고 밝혔으나, 그 진위 여부는 확인되지 않았다.[18]

북한의 핵무기 운반체계(미사일)

여기서는 북한의 핵무기 개발과 불가분의 관계가 있는 핵무기 운반수단, 즉 미사일 분야의 능력에 관해 설명하고자 한다. 북한은 세계 미사일 확산에 있어서 독보적인 공급자의 위치에 있으며, 이라크, 리비아, 시리아, 이란 등에 미사일과 미사일 기술을 수출했다. 그 때문에 북한의 미사일 능력은 핵무기 개발 의혹과 더불어 중요한 국제적 관심사가 되고 있다.

북한의 미사일 개발 역사는 1970년대로 거슬러 올라간다. 북한은 1970년대 중반 이집트로부터 소련산 스커드Scud 미사일을 구입한 후 이를 분해하여 역설계하는 방식으로 미사일 제조 기술을 터득했다. 이런 방식으로 1984년 사거리 300km의 Scud-B 미사일을 모방 생산한 데 이어서 1986년에는 사거리 500km의 Scud-C 미사일 개발에도 성공했다. 이에 따라 미사일 수출은 북한의 주요 외화획득원으로 부상했다. 북한이 미사일을 수출한 나라는 대부분 시리아, 이란, 리비아 등 중동 국가들인 관계로, 북한의 미사일 수출은 국제사회에서 중동의 안보, 특히 이스라엘의 안보와 관련된 현안으로 다루어졌다.

그러한 북한의 미사일 문제가 중동의 문제로부터 동북아시아의 문제로 비화된 것은 1993년 5월 사거리 1000~1300km의 준중거리미사일(MRBM)인

---

18 2009년 12월 28일 자 《워싱턴포스트》 기사 "Pakistani scientist depicts more advanced nuclear program in North Korea" 참조.

노동미사일의 시험발사에 성공하면서부터였다. 제1차 북핵위기의 와중에 성공적으로 시험발사된 노동미사일이 일본열도 전체와 주일 미군기지를 사정거리에 두게 되면서 북한의 미사일 위협이 동북아시아의 중요한 안보문제로 대두되었다.

특히 그 당시는 북한의 NPT 탈퇴로 북한 핵문제가 위기로 치닫고 있을 때였고, 북한의 "일전불사" 위협이 연일 계속되고 있던 시기였다. 이 때문에 북한이 일본을 향해 쏘아 올린 노동미사일은 일본 정부와 국민들에게 비상한 충격을 주었고, 이는 훗날 일본이 미사일방어 체계 구축을 서두르는 계기가 되었다.

현재 북한은 600~800기의 스커드미사일과 200~300기의 노동미사일을 실전 배치하고 있는데, 사거리 300~700km의 스커드미사일은 한국을, 사거리 1000~1300km의 노동미사일은 일본과 한반도 남단을 겨냥하고 있을 것으로 추정된다. 북한이 극심한 경제난에도 불구하고 거액을 들여 1990년대 말부터 단행했던 이들 미사일의 실전 배치는 공교롭게도 한국 정부가 햇볕 정책을 통해 대북한 경제지원을 강화해나가던 시기에 이루어졌다.

북한이 핵무기를 스커드나 노동미사일에 탑재하기 위해서는 탄두중량을 1톤(스커드미사일의 경우) 이하로 줄이는 기술의 개발이 이루어져야 하며, 이는 당시 북한의 기술력으로는 요원해 보이기도 했다. 그러나 김정은의 권력 승계 후 2017년 실시된 제6차 핵실험을 계기로 북한은 이 기술의 확보에 성공한 것으로 평가되고 있다.

노동미사일을 능가하는 중장거리미사일 개발은 1998년의 대포동1호 미사일 시험발사를 필두로 제네바합의 이행 기간 중에 본격화되었으며, 김정은 집권기인 2017년 마침내 미국 전역을 사정거리에 두는 사거리 1만 3000km의 ICBM 시험발사가 성공리에 이루어졌다.

제 3 부

제1차 북핵위기와 제네바합의

우리는 지성으로 이 세상을 정복해야 하며,
거기서 일어나는 공포감에
비굴하게 압도되어서는 안 된다.

_버트런드 러셀, 『나는 왜 기독교도가 아닌가?』 중에서

1
남북한과 IAEA의 진실게임

한국의 무관심과 IAEA의 고독한 싸움

1989년 9월 프랑스 상업위성 SPOT 2호에 의해 북한 핵문제가 세상에 알려지고 북한의 핵개발 의혹이 국제사회의 현안으로 제기됨에 따라, 그 이후 1994년 제네바합의로 북한 핵문제가 일단 봉합될 때까지 5년간 남북한과 미국, IAEA 4자 간에 전개된 복잡하기 그지없는 진실게임의 막이 올랐다.

그 당시 한국과 북한, 미국과 북한, IAEA와 북한 간에 전개되었던 복잡다단한 숨바꼭질과 진실게임의 주제는 단 한 가지였다. 그것은 북한이 과연 핵무기를 실제로 개발할 의도를 갖고 있는가 하는 것이었다. 미국과 IAEA는 북한이 핵무기 개발 의도를 갖고 있다는 강한 의구심을 가지고 그 증거를 찾는 데 몰두했고, 북한은 김일성까지 직접 나서서 "핵무기를 개발할 의사도 능력도 필요도 없다"는 입장을 반복했다.

그럼에도 불구하고 북한 핵문제 게임이 처음부터 그리 복잡했던 것은 아니었고, 초기 2년간은 그저 찻잔 속의 태풍에 불과했다. 1990년 초부터 IAEA

를 중심으로 북한의 핵개발 의혹이 서서히 거론되기 시작했으나, 한국도 미국도 이에 직접 개입하지 않았고 IAEA 혼자 북한을 상대로 힘겹고 고독한 싸움을 벌이고 있었다.

북한과 IAEA 간의 공방전이 1990년과 1991년에 걸쳐 계속되는 동안, 미국은 북한과의 직접접촉을 일체 거부하는 전통적 외교정책에 따라 대북한 협상에도 압력에도 개입하지 않았다. 또한 한국의 노태우 정부는 1990년 9월 개시된 남북 고위급회담(총리회담)에 미칠 악영향을 고려하여 이 논란에 개입하지 않으려 애썼고, 북한 핵문제에 초연한 입장을 보였다.

당시 북한 핵문제에 관한 국제사회의 최대 관심사는 IAEA와 북한 간의 안전조치협정Safeguards Agreement 체결 문제였다. 모든 NPT 회원국은 가입 후 18개월 내에 IAEA와 안전조치협정을 체결하고 핵사찰을 받도록 의무화되어 있었다. 그러나 북한은 1985년 IAEA에 가입한 이래 4년이 되도록 이를 체결하지 않고 있었다. 이는 분명 북한이 무언가를 숨기고 있다는 증거였다.

IAEA는 이사회 결의 등을 통해 북한의 안전조치협정 서명을 강력히 요구했고, 1989년 12월부터 이듬해 7월까지 북한과 IAEA 간에 협정 체결을 위한 협상이 진행되었다. 이러한 IAEA의 요구에 대해, 북한은 1990년 2월 IAEA 이사회를 통해 ① 비핵국가에 대한 핵보유국의 핵위협 금지, ② 한반도 핵무기 철수, ③ 북한 핵무기 불사용 보장(NSA Negative Security Assurance) 등 정치적 요구를 협정체결의 전제조건으로 제기하여 협상은 공전되고 있었다.

한편, 이즈음 한국의 노태우 정부는 소련의 붕괴와 북방정책을 통한 대공산권 수교 열풍의 회오리를 몰아 나름대로 한반도 문제에 관한 큰 그림을 그려가고 있었다. 노태우 정부의 대북한 정책은 한마디로 대북한 포위정책이었다. 북한이 한국을 통하지 않고서는 한국의 우방국들과 거래를 할 수 없도록 함으로써 북한으로 하여금 남북대화에 진지한 자세로 응하지 않을 수 없도록 만든다는 것이 기본 방침이었다. 이 때문에 한국 정부는 소련, 중국을 포함한 공산국가들과의 수교를 차례로 실현시켜 나가면서도 한국의 우방인 미국이나 일본, 서유럽 제국이 북한과 대화하거나 관계를 개선하는 데는 반대하고 있었다.

노태우 정부는 출범 직후인 1988년 "한국의 우방국이 북한과 수교하는 데 반대하지 않는다"는 당시로서는 꽤나 혁명적인 입장을 담은 이른바 '7.7 선언(민족자존과 통일번영에 관한 대통령 특별선언)'을 발표했으나, "남북관계 진전에 도움이 된다면"이라는 조건이 나중에 슬며시 추가되었다. 요컨대 당시 한국 정부의 의도는 북한이 남한과 대화를 하지 않고서는 설 땅이 없도록 만들자는 것이었다.

같은 이유로 한국 정부는 1990년 이래로 무르익어 가던 일본의 대북한 수교 움직임에 대해 내심 상당한 불쾌감을 갖고 있었다. 당시 한국의 어깨 너머로 일본과 북한이 벌이고 있던 수교협상과 이에 따른 수십억 달러 규모의 배상금 협상이 타결될 경우 북한이 남북대화에 더 이상 흥미를 느끼지 않게 되리라는 우려 때문이었다.[1]

노태우 정부의 대북한 정책에서 또 하나의 중요한 원칙은 "한반도 문제는 남북한이 외부의 관여나 간섭 없이 직접 해결해야 한다"는 것이었다. 이러한 '한반도 문제의 당사자 해결 원칙' 때문에 노태우 정부는 제3국의 한반도 문제 관여에 대해 극도의 거부감을 보였다. 물론 미국의 경우도 예외는 아니었다. 이는 냉전시대 전반을 통해 유지되었던 남·북·미 관계의 기본 구도이기도 했다.

미국은 북한 핵문제가 해결기미를 보이지 않자 북한과 직접 만나 압력을

---

1 이러한 가운데, 북한이 일본 여학생 요코다 메구미를 납치했다는 정보가 한국 정부에 의해 언론에 누출되었으며, 이는 일본 국내에서 비상한 반응을 불러 일으켰다. 이는 당시 진행 중이던 일북 수교협상을 파국에 이르게 만들었고, 일본과 북한 사이의 최대 현안으로 남게 되었다.

1989. 2. 1	한·헝가리 수교(공산국가와의 최초 수교)
1989. 5	미국, 한국 정부에 북한의 핵개발 동향 최초 통보
1990. 6. 4	한·소련 최초 정상회담(수교문제 협의)
1990. 9. 3	한·소련 수교
1990. 9. 4~7	제1차 남북 고위급회담(총리회담)
1991. 9. 17	남북한 유엔 동시가입
1991. 12. 31	남북 비핵화공동선언 합의(판문점 남북 핵협상)
1992. 2. 19	남북 기본합의서 발효(제6차 남북 고위급회담)
1992. 8. 24	한·중 수교
1992. 9. 28	한·중 최초 정상회담
1992. 12. 17	남북 상호핵사찰 협상(남북 핵통제공동위) 결렬
1992. 12. 21	남북 고위급회담 종결(북한, 제9차 회담 취소통보)

가해보고자 했고 이러한 뜻을 몇 차례 완곡하게 한국 정부에 전달해오기도 했으나, 한국 정부의 입장은 요지부동이었다. 그 당시에는 대북정책 문제에 관한 한미 공조라는 것은 상상도 할 수 없었다.

한국 정부는 남북한 관계와 관련된 중요 사항을 사전 또는 사후에 단순히 미국 정부에 통보해주는 데 대해서도 상당히 인색했다. 그 대표적인 예로서, 1992년 5월 4차례에 걸친 한국과 중국 정부 사이의 비밀 수교협상이 개시되었을 때 한국 정부는 그 사실을 미국에 철저히 비밀에 부쳤음은 물론, 수개월의 협상 끝에 수교의정서가 가서명된 이후에도 거의 한 달이 지나서야 이를 미국에 통보한 바 있었다.

한국 정부의 이런 정책이 효험이 있었는지 아니면 북한 스스로 살길을 찾기 위해서였는지는 모르지만, 북한은 한국 정부가 1988년 12월 28일 제의한 남북 고위급회담 개최에 긍정적으로 호응하기 시작했다. 그리하여 1990년 6월의 샌프란시스코 한·소 정상회담(노태우-고르바초프)에 이어서 같은 해

9월 한·소 수교가 이루어지고 12월 노태우 대통령이 소련을 방문하는 등 한반도 주변정세가 북한에 불리하게 돌아가는 상황하에서, 마침내 1991년 9월 남북한 총리 간에 제1차 남북 고위급회담이 개최되었다. 1989년 북한 핵문제가 세간의 관심사로 대두된 지 꼭 2년 만의 일이었다.

IAEA가 북한과 안전조치협정을 체결하기 위해 고군분투하던 시기는 바로 이처럼 노태우정부의 대북정책이 막 결실을 맺기 시작하려는 시점이었다. 불과 3~4년 전인 1987년 말 북한의 대한항공 여객기 폭파사건(김현희 사건)으로 남북관계가 극도의 경색국면에 처했던 점을 생각하면, 그러한 남북관계의 진전은 한국 정부로서는 포기하기 어려운 귀중한 진전이었다.

그 때문에 한국 정부는 미국이 북한 핵문제의 심각성을 누차 설명하고 관심을 촉구했음에도 불구하고 이를 애써 외면하고 있었다. 한국 정부에 대한 미국의 요청사항은 두 가지였다. 첫째, 북한 핵문제의 심각성을 감안하여 남북관계 진전과 북한 핵문제 해결을 동시에 추진해야 한다는 것이었고, 둘째, 미국이 북한과 직접 만나 핵문제에 대한 강력한 경고를 전달하기를 희망한다는 것이었다. 그러나 한국 정부는 이 두 가지를 모두 거부했다.

당시 한국 정부로서는 기본적으로 북한 핵문제를 국제문제가 아닌 한반도 문제의 일부로 인식하고 있었다. 따라서 미국이 이 문제에 깊이 관여하는 것을 탐탁하게 여기지 않았다. 이에 대한 한국 정부의 생각이 조금씩 변하기 시작한 것은 세 차례의 남북 고위급회담을 통해 남북 기본합의서의 밑그림이 어느 정도 그려지고 북한을 압박하여 남북한의 유엔 동시가입까지 달성한 1991년 늦가을에 이르러서였다.

남북 핵협상

1991년 중반 영변 핵재처리시설의 완공이 임박해오자, 미국은 보다 강력한 어조로 북한 핵문제에 대한 우려를 전달해왔다. 남북대화 진전에 앞서 핵문제를 우선적으로 해결해야 한다는 것이었다. 그것은 당시의 노태우 정부로서는 받아들이기 어려운 요구였다. 한국 내 북한 전문가들 사이에서는 미국이 핵문제를 구실로 남북관계 개선과 통일과정을 가로막으려 하는 것이 아닌가 하는 의구심까지 제기되었다.

한국 정부는 딜레마에 빠졌다. 이미 국제적으로 큰 현안이 되고 있던 북한 핵문제를 당사자인 한국이 마냥 모르는 체 할 수도 없었고, 그렇다고 남북관계 개선을 언제 끝날지도 모르는 핵문제 해결 이후로 미룰 수도 없었다. 또한 핵문제 때문에 미국을 한반도 문제에 개입시키는 선례를 만드는 것도 원치 않았다.

장고 끝에 한국 정부가 내린 결정은, 남북대화를 계속 진행하면서 북한 핵문제를 남북대화의 테두리 내에서 해결하겠다는 것이었다. 이는 남북대화 진전과 핵문제 해결을 동시에 추진하는 한편, 미국이 별도의 채널로 북한과 핵문제를 직접 협의하는 것을 방지하자는 취지였다.

두 마리 토끼를 동시에 잡으려는 노태우 정부의 노력은 이렇게 시작되었다. 미국도 IAEA를 통한 북한 핵문제 해결에는 한계가 있음을 잘 알고 있었기에, 남북 상호핵사찰 실현에 기대를 걸고 이에 기꺼이 동의했다. 그런 배경하에서 남북한 핵협상이 추진되기 시작했다.

그에 앞서 수개월 전 북한은 주한미군 핵무기의 철수만 확인되면 IAEA와 안전조치협정을 맺고 핵사찰을 받겠다는 입장을 비공식 채널로 한국 정부에 전달해왔다. 그러한 북한의 약속을 어디까지 신뢰할 수 있을지는 알 수 없었지만, 주한미군이 보유하고 있던 전술핵무기의 운명은 한국 정부의 의지와는 상관없이 미국에 의해 일방적으로 결정되었다.

부시 대통령은 당시의 냉전체제 종식 분위기에 편승하여 핵군축 문제를 전향적으로 해결하기 위해, 1991년 9월 27일 해외에 배치된 모든 미국 전술 핵무기의 일방적 철수를 선언했다. 한국 정부는 어차피 도래할 불가피한 현실을 대북협상에 활용하기 위해 그해 11월 8일 일방적으로 '비핵화선언'을 발표했고, 이어서 12월 18일에는 한국 영토 내에 핵무기가 하나도 없음을 확인하는 '핵부재선언'을 발표했다.

이러한 배경하에서 그해 12월 26일 남북 핵협상이 판문점에서 개시되었다. 3차에 걸쳐 개최된 협상은 불과 엿새 만인 12월 31일 타결되어 '남북 비핵화공동선언' 문안이 합의되었고, 이듬해 1월 20일 정식 서명되었다. 비핵화공동선언 문안 협상을 통해 북한은 핵개발 포기를 약속했음은 물론, 한국 측이 요구한 핵재처리 금지와 우라늄농축 금지 조항을 받아들였고 남북한 상호핵사찰에도 동의했다.

비핵화공동선언의 합의 외에도, 양측은 남측의 핵심 관심사인 안전조치협정 서명 문제와 북측의 핵심 관심사인 1992년도 팀스피리트 훈련 중단 문제를 맞교환하는 형식으로 협상을 타결했다.[2] 이 합의에 따라, 한국 정부는 이듬해인 1992년 1월 7일 팀스피리트 훈련 중단을 발표했고, 북한도 같은 날 외교부 대변인 성명을 통해 안전조치협정에 서명하고 IAEA 핵사찰을 수

---

2 팀스피리트Team Spirit 한미 합동훈련은 북한의 남침에 대비하여 매년 초 실시되던 군사훈련으로서, 유사시 미국의 증원군 파병과 이를 이용한 반격작전이 훈련의 핵심이었다. 팀스피리트 훈련이 진행되는 한 달 남짓한 기간 동안 북한에서는 이에 대한 대응훈련이 실시되는 관계로 군사적으로나 경제적으로나 어려움이 많았고, 따라서 북한은 매년 연말이 되면 이듬해 초 실시될 팀스피리트 훈련 취소를 위해 심혈을 기울였다. 이 때문에 당시의 남북관계에서 팀스피리트 훈련은 한국이 대북협상에서 매년 한 번씩 갖게 되는 커다란 협상무기였다. 이 훈련은 김영삼 정부에 들어와서 대북한 유화 제스처의 일환으로 영구 폐지되었고, 한국 정부가 보유하고 있던 최대의 대북 협상도구는 이로 인해 상실되었다.

용한다는 방침을 천명했다. 북한은 약속대로 1월 30일 IAEA와 안전조치협정을 체결했다.[3]

이것으로 지난 2년간 문제가 되어온 북한 핵문제 관련 현안이 남북협상을 통해 모두 타결되었다. 사실 그것은 예상 밖의 큰 성과였다. 팀스피리트 합동군사훈련을 1992년 한 해 중지하는 대가로 북한-IAEA 안전조치협정 체결이 실현되었고, 비핵화공동선언을 통해 북한의 비핵화 원칙을 확보함은 물론, NPT 협정상 합법적으로 허용되는 사항인 플루토늄재처리와 우라늄농축까지 포기하게 하는 성과를 올렸으니, 실로 예상 밖의 수확이었다.

커다란 진통이 예상되던 플루토늄재처리시설과 우라늄농축시설 금지 조항을 당시 북한이 별다른 반대 없이 선뜻 받아들인 것은 참으로 뜻밖의 일이었다. 그러나 그 당시 이미 영변에 재처리시설을 보유하고 있던 북한이 그처럼 쉽게 그 조항에 동의한 것을 보면, 아마도 북한은 처음부터 비핵화공동선언을 이행할 생각이 없었던 것 같다.

---

3 안전조치협정Safeguards Agreement이란 NPT 회원국이 NPT 협정 제3조 1항에 따라 NPT 협정의 성실한 준수 여부를 검증받기 위해 IAEA와 체결하는 협정이다. IAEA는 이 협정에 의거하여 NPT 회원국의 핵시설에 대한 사찰을 실시한다. 안전조치협정 체결은 핵무기를 보유하지 않은 모든 NPT 회원국들의 당연한 의무사항으로 규정되어 있다.

남북 상호핵사찰 협상의 주요 쟁점

쟁점	한국	북한
사찰 원칙	대등한 '상호주의' 원칙	'의심 동시해소' 원칙 (상호주의 반대)
사찰 방법	정기사찰과 특별사찰 병행 실시	특별사찰 반대
사찰 대상	모든 핵물질, 핵시설 및 핵 관련 군사기지(성역 불허)	모든 주한미군 기지를 포함하되 북한 군사기지는 사찰 제외

    IAEA 핵사찰의 한계성을 보완할 수 있을 것으로 예상된 남북 상호사찰에 합의한 것도 큰 성과였다. IAEA의 핵사찰은 당사국이 신고한 시설에 한하여 사찰이 가능하고, 이를 보완하기 위한 특별사찰 역시 당사국의 동의가 있어야 사찰을 할 수 있는 한계성이 있었다. 그런데 남북 상호핵사찰은 IAEA 사찰의 이러한 맹점을 보완할 수 있는 여지가 컸기에, 미국도 이에 대해 큰 기대를 걸고 있었다.

    1992년 2월 19일 제6차 남북 고위급회담에서는 남북 기본합의서와 더불어 남북 비핵화공동선언이 동시에 발효되었고, 한 달 후인 3월 19일에는 남북 핵통제공동위원회가 구성되어 남북 상호핵사찰의 이행을 위한 협상이 개시되었다. 핵통제공동위원회는 이듬해인 1993년 1월 말까지 본회의 13회, 위원장 접촉 1회, 위원접촉 8회 등 총 22회의 회의를 통해 상호사찰의 범위, 방법, 절차 등에 관한 협상을 벌였다.

    상호사찰 협상에서 한국 측은 불시사찰 형식의 특별사찰을 포함하여 연간 최대 48회의 빈번한 상호사찰을 주장한 반면, 북한은 1개월 전 사전통보를 조건으로 하는 연 2회의 다분히 형식적인 사찰 실시를 주장했다. 한국 측이 의심시설에 대한 성역 없는 사찰을 주장한 반면, 북한은 상대방이 동의하는 시설에 대해서만 사찰을 실시해야 한다는 입장이었다. 또한 북한은 남한의 모든 미군기지가 핵기지이므로 사찰대상에 포함시켜야 한다고 주장하면서도, 핵 관련 의혹이 있는 북한 군사기지에 대한 대칭적 사찰에는 반대했다.

미북 고위급접촉

당시 미국은 북한 핵문제에 직접 개입할 방안을 계속 모색하고 있었고, 미북 직접협상에 반대하는 한국 정부의 입장을 감안하여 이를 우회하는 다자적 접근법을 구상했다. 베이커James Baker 미국 국무장관은 남북한과 주변 4국 간의 6자회담(2+4 회담) 개최를 추진키로 방침을 정하고, 1991년 말 방한을 통해 이를 한국 정부에 제기하기에 앞서 그해 11월 동 구상을 국제정치 학술지 ≪포린 폴리시Foreign Policy≫ 겨울호에 실명으로 기고했다.

미국 국무장관이 특정 대외정책을 학술지를 통해 공개적으로 제안한 것은 매우 이례적인 일이었다. 그것이 한국 정부의 반발을 우려하여 직접 거론하지 못하고 간접적 방법을 택한 것인지, 아니면 공개적 기고를 통해 이를 기정사실화하려 했던 것인지는 분명하지 않다.

베이커 국무장관의 그러한 공개적 제안이 거부될 경우 초래될 미국의 체면손상을 감안한다면 한국 정부로서는 이를 쉽게 거부하기 어렵다는 것이 외교가의 상식이었다. 그러나 노태우 정부의 청와대는 이를 일언지하에 거부했다. 베이커 장관이 그 얘기를 하려고 방한하는 것이라면 대답은 자명하니 오지 않아도 좋고, 만일 서울에 와서 그 구상을 공식 제의한다면 한국 정부로서는 이를 공개적으로 거부할 것이라고 경고했다. 결국 베이커 장관은 방한 시 그 얘기를 꺼내지도 못했다.

이처럼 6자회담 구상이 한국 정부에 제의조차 되지 못한 채 폐기되자, 미국은 그 대안으로서 "북한 핵문제에 대한 미국의 단호한 입장을 단지 북한에 전달하기 위해" 국무부 고위층이 직접 북한의 고위선과 만나 메시지를 전달하기를 희망한다는 입장을 그해 말 한국 정부에 전달해왔다. 한국 정부는 이를 내심 탐탁지 않게 생각했으나, 여러 까다로운 조건들을 달아 이에 동의했다.

당시 한국 정부가 제시한 조건들은 오버도퍼의 『두 개의 한국The Two Koreas』
에 상세히 기술되어 있듯이, ① 단 한차례의 접촉에 국한되어야 하고, ② 메
시지를 전달하고 반응을 듣기만 해야지 북한과 협상을 해서는 안 되며, ③ 북
한에 전달할 내용은 사전에 한국 정부에 제시하여 동의를 받아야 한다는 것
등이었다. 지금 생각하면 너무 가혹한 조건이었다는 느낌이 들지만, 그 당
시 미국 정부는 한반도 문제에 관한 한국 정부의 배타적 권한을 전적으로
인정하는 것이 오랜 관행이었다. 그러한 관행은 훗날 김영삼 정부에 들어와
서 북한 핵문제에 관한 미북 협상이 개시됨에 따라 영원히 사라지게 되었다.

이런 과정을 거쳐 마침내 1992년 1월 22일 뉴욕에서 아널드 캔터Arnold
Kanter 국무부 정무차관과 김용순 노동당 국제부장 간에 사상 최초의 미북 고
위급접촉이 실시되었다. 미국은 뉴욕 고위급접촉에서 한국 정부가 요구한
까다로운 조건들을 충실히 이행했다. 동 접촉은 양측이 모두 사전 준비된
발언자료에 따라 충실하게 진행했기 때문에 상당히 경직되고 절제된 분위
기였다. 미측은 북한과의 접촉에서 남북 비핵화공동선언을 충실히 이행할
것을 촉구했을 뿐, 어떠한 반대급부도 제시하지 않았고 관계정상화 문제도
일체 언급하지 않았다.[4]

그럼에도 불구하고 노태우 정부는 그 후 다시는 미북 고위급접촉을 허용
하지 않았다. 그해 10월경 영변의 은폐된 폐기물저장소에 대한 특별사찰 문
제로 협상이 난관에 처했을 때, 김용순은 캔터 차관과의 제2차 접촉을 제의

---

4 Joel Wit, Daniel Poneman & Robert Gallucci, *Going Critical: The First North Korean Nuclear Crisis*(2004), p. 12. 당시의 대북한 협상에서 반대급부를 제공하지 않는다는 것은 당연한 원칙이었다. 남북 고위급회담이나 남북 상호사찰 협상에서도 팀스피리트 훈련의 일시적 중단 외에는 어떠한 반대급부도 제시되지 않았다. 반대급부의 개념이 도입된 것은 1993년 시작된 미북 제네바회담이 사상 처음이었고, 이 때문에 반대급부 제공을 전제로 하는 제네바 합의는 미국 의회에서 신랄한 공격을 받았다.

82 제3부 제1차 북핵위기와 제네바합의

해왔다. 그러나 미국 정부는 한국 정부의 반대에 따라 동 제의를 거부했다.

IAEA의 대북한 핵사찰

남북한 상호핵사찰 협상과 병행하여, IAEA의 대북한 핵사찰도 비교적 순조롭게 진행되었다. 1992년 1월 30일 서명한 IAEA와의 안전조치협정이 4월 20일 발효되자, 북한은 동 규정에 따라 5월 4일 모든 보유 핵시설과 핵물질에 관한 최초보고서Initial Report, 즉 핵신고서를 IAEA에 제출했다. 그리고 그에 이어서, 최초보고서에 포함된 북한 측 신고내용의 진위를 검증하기 위한 IAEA의 제1차 임시핵사찰이 5월 25일부터 6월 5일까지 실시되었다.

한 가지 놀라웠던 점은, 북한이 신고한 핵시설 리스트를 접수하고 보니 그간 미국이 첩보위성 사진 판독을 통해 추정했던 각 시설별 기능, 성능, 용량과 놀라울 만큼 정확히 일치했다는 점이다. 이는 IAEA 사찰을 통해 북한 핵시설의 전모가 드러남에 따라 점점 명확해졌다.

북한이 처음 IAEA에 제출한 핵시설 리스트에는 가장 중요한 '재처리시설'이 누락되어 있었다. IAEA가 재처리시설을 신고대상에 포함시킬 것을 요구하자, 북한은 재처리시설은 존재하지 않는다고 주장했다. 재처리시설임에 틀림없는 축구장 두 개 크기의 거대한 핵시설을 신고서에 포함시킬 것을 요구하자, 북한은 뒤늦게 '방사화학실험실Radiochemistry Laboratory'이라는 묘한 명칭으로 이를 신고했다.

이처럼 1992년 내내 북한과 연결된 3개의 채널이 비교적 무난하게 계속 가동되었다. ① 남북 고위급회담을 통한 남북한 간 분야별 부속합의서 협의, ② 남북 핵통제공동위원회를 통한 남북 상호핵사찰 협의, 그리고 ③ 북한-IAEA 채널을 통한 IAEA 핵사찰 실시 및 관련 절차 협의가 그것이었다.

협상마다 이견도 적지 않았지만, 그처럼 많은 협상채널이 정상적으로 가동되고 있다는 사실 자체가 희망적인 요소였다.

북한은 기대 이상으로 IAEA 사찰단에게 상당히 협조적이었다. 어떻게든 IAEA의 의심을 사지 않고 사찰을 무난히 마무리 지으려는 기색이 역력했다. IAEA도 북한의 태도에 대체로 만족하는 분위기였다. 그럴 것을 왜 이제껏 사찰을 안 받으려고 그리도 버텼는지 이상할 정도였다. 북한이 이처럼 순순히 핵사찰을 받아들인 것은 상황을 어떻게든 적당히 넘길 수 있으리라 판단했기 때문이었던 것 같지만, 피할 수 없는 진실의 순간이 다가오고 있었다.

2

드러난 진실과 파국의 시작

파국으로 간 북한의 진실게임

IAEA는 북한의 영변 핵시설에 대해 세 차례나 임시핵사찰을 실시했으나 별다른 의심점을 발견하지 못했다. 그리하여 북한의 핵신고가 정확하다는 결론에 거의 도달하고 있었다. 그러나 미국은 이에 동의하지 않았다. 미국은 북한의 신고내용에 관한 여러 의혹들을 한국 정부와 IAEA 측에 지속적으로 제기했으나, 그러한 의혹을 뒷받침할 만한 구체적 근거는 제시하지 못하고 있었다.

남북 상호사찰 협상도 나름대로 완만하게나마 진전을 보고 있었지만, 미국은 IAEA 핵사찰의 한계성을 보완하고 나아가 핵사찰 제도에 하나의 모범적 선례를 남기기라도 하려는 듯 북한이 수용할 가능성이 극히 희박한 강제적이고도 물샐틈없는 사찰방식의 도입을 강력히 주장했다. 미국이 남북 상호사찰의 모델로 제시한 것은 과거 소련과의 SALT 협정(전략무기제한협정)에 적용되던 고난도의 상호사찰 규정이었다.[5] 그러나 북한이 그러한 사찰규정을 수용할 가능성은 너무도 희박해 보였다.

그 때문에 다분히 민족주의적 성향을 띠고 있던 노태우 정부 내에서는 미국의 의도에 대한 의문과 의구심이 빠르게 확산되어갔고, IAEA도 미국의 지나치게 강경한 태도를 불만스럽게 생각하고 있었다. 한편, 미국은 미국 나름대로 한국 정부가 남북대화 진전을 위해 핵문제를 적당히 얼버무리고 넘어갈 것을 우려하여 의혹과 감시의 눈초리를 늦추지 않았다.

한미 양국 간에 그처럼 팽팽한 신경전이 계속되고는 있었지만, 양측의 자제로 갈등이 표면화되지는 않았다. 그러는 가운데서도 남북 고위급회담과 상호핵사찰 협상이 그런대로 조금씩 진전을 이루어가고 있었고, 남북관계 진전과 북한 핵문제 해결을 동시에 달성하려던 노태우 정부의 야심찬 꿈은 거의 성공할 듯 보였다.

IAEA 역시 미국의 의혹 제기에도 불구하고 북한 핵시설에 대한 임시핵사찰에서 별다른 의심점을 발견하지 못하고 있었다. 미국 정부는 ① 미신고 폐기물저장소 보유 의혹, ② 핵사찰 이전에 5MW 연료봉을 이미 한 차례 이상 재처리했을 가능성, ③ 북한이 이 때문에 5MW 원자로 연료봉의 샘플채취를 고의적으로 방해하고 있을 가능성 등 여러 가지 의심스러운 사항들을 IAEA에 제기했으나, 그러한 의혹은 사찰과정에서 어느 것도 사실로 입증되지 못했다.

IAEA는 1992년 8월의 제3차 임시핵사찰(1992. 8. 29~9. 12)에서도 북한의 불법적 핵활동에 관한 특별한 증거를 발견하지 못하자, 이러한 평가를 곧 공식 발표할 태세를 보이고 있었다. IAEA의 이러한 움직임으로 인해 미국

---

5 미국이 제시했던 특별사찰 제도란 상대국이 합의사항을 위반하고 있다는 의혹이 있을 경우 이를 확인하기 위해 최단시간의 사전통보 후 의심지역에 긴급사찰단을 일방적으로 파견할 수 있는 제도로서, 이는 당시 미국과 소련 간의 SALT II 협정(제2차 전략무기제한협정)에서 활용되고 있던 검증제도였다.

과 IAEA 사무국 사이에 갈등이 고조되기도 했으나, 북한의 핵무기 개발 의혹이 별다른 근거가 없다는 IAEA의 입장은 단호했다. IAEA의 사찰 동향을 숨죽이고 바라보던 한국 정부는 이러한 IAEA의 평가에 안도하면서, 북한의 핵개발 의혹이 곧 사실무근으로 판명되고 남북관계 개선에 박차를 가할 수 있게 되리라는 희망에 부풀었다.

그러나 곧 진실의 순간이 다가왔다. 상황이 불리하게 돌아가고 있음을 감지한 미국 정부는 마침내 그해 9월 모든 희망적인 관측들을 일거에 뒤엎을 마지막 카드를 뽑았다. 그것은 미국이 그간 수집해온 북한의 핵개발 관련 첩보위성 사진들이었다. 미국은 자국의 정보수집 능력에 대한 보안을 유지하기 위해 구체적 증거 제시를 자제해왔으나, 다른 선택의 여지가 없는 불가피한 상황이 되자 이를 부득이 한국 정부와 IAEA에 공개한 것이었다.

미국이 제공해온 첩보위성 자료에는 재처리시설 인근에 위치한 2개의 폐기물저장소를 은폐하기 위한 북한 당국의 고된 노력이 동영상으로 고스란히 담겨 있었다. 그것은 의심할 수도 변명할 수도 없는 너무도 명백하고도 확실한 은폐의 증거였다. 미국이 제시한 증거는 한마디로 더 이상의 설명이나 질문이 필요 없는 자료였다.

당시 한국 정부 내에는 핵문제의 해결보다 남북관계 개선에 우선순위를 두는 사람들이 다수를 점하고 있었고, 이들은 당초부터 미국이 제기한 북한의 핵개발 의혹을 별로 신뢰하지 않았다. 그러나 그러한 적나라한 증거 앞에서 누구도 뭐라 할 수가 없었다.

북한은 재처리시설과 50MW 원자로 사이의 고체폐기물저장소로 추정되는 건물(1976년부터 사용)을 흙으로 덮고 그 위에 나무를 심어 숲으로 위장했으며, 재처리시설과 파이프라인으로 연결되어 있어 액체폐기물저장소(1990년 9월 완공)로 추정되고 있던 재처리시설 동쪽의 건물(Building 500)은 흙으로 덮은 후 위에 다른 건물을 지어 지하로 은폐시켰다. 이에 더하여 북한은

북한의 핵폐기물저장소 은폐 현황

북한은 고체폐기물저장소로 추정되는 폐기물저장소 A를 흙으로 덮고 나무를 심어 숲으로 위장했고, 액체폐기물저장소로 추정되는 폐기물저장소 B는 흙으로 덮은 후 위에 다른 건물을 지어 은폐했다. 사진 우측 중앙의 '신고된 폐기물저장소'는 위장을 하기 위해 새로 급조하여 지은 건물로 추정된다.[6]

이 두 개의 은폐된 폐기물저장소 사이에 새로운 폐기물저장소를 급조하여 IAEA에 신고했는데, 이는 명백히 IAEA 사찰관들을 호도하기 위한 목적이었다.[7]

이러한 북한의 기발한 은폐 노력은 세 차례에 걸친 임시핵사찰 과정에서 IAEA를 속이는 데 성공하여 핵시설 신고의 검증과정을 거의 무사통과할 뻔했다. 그러나 문제는 그 모든 은폐과정을 미국 첩보위성이 낱낱이 들여다보고 있었다는 점이었다.

고의적으로 은폐한 미신고시설이 존재한다는 것은 중대한 문제였다. 그

---

6 사진은 미국 Center for Nonproliferation Studies의 인터넷 자료화면 중 일부를 발췌한 것이다.

7 이러한 미측 정보의 내용에 관해서는 Don Oberdorfer, *The Two Koreas: A Contemporary History*(1997)와 Joel Wit, Daniel Poneman & Robert Gallucci, *Going Critical: The First North Korean Nuclear Crisis*(2004)에 상세하게 기술되어 있다.

것은 북한이 영변에서 무언가 비밀스럽고 불법적인 활동을 하고 있다는 움직일 수 없는 증거였다. 더욱이 2개의 은폐된 시설 중 최소한 1개(Building 500)는 구조상 액체폐기물저장소임에 틀림없었고, 이것이 은폐되었다는 것은 북한이 IAEA에 신고한 분량 이상의 핵재처리를 실시했음을 의미하는 것이었다.[8]

한편, 그와 유사한 시기에 IAEA도 방사화학실험실에서 채취한 샘플의 분석 결과 북한이 신고한 플루토늄 추출량과 IAEA의 추정치 간에 "중대한 불일치discrepancy"가 존재함을 발견했다. 북한의 신고에 따르면 1990년 방사화학실험실에서 단 1회의 재처리를 통해 80g의 플루토늄을 추출했다고 했으나, 샘플 분석 결과 최소 3회(1989년, 1990년, 1991년)에 걸쳐 10~12kg의 플루토늄이 추출된 것으로 드러났다.

이러한 모든 정황이 의미하는 바는 명백했고, 더 이상의 설명이 필요 없었다. 북한은 영변 핵시설을 이용해서 비밀리에 핵무기를 만들고 있었던 것이다. 이에 따라 북한 핵문제를 보는 국제사회의 시각도 변했다. 종래에는 북한의 핵무기 프로그램 보유 여부를 확인하는 것이 관심사였으나, 이제는 플루토늄을 얼마나 추출했고 그것으로 핵무기 개발을 어느 정도 진행시켰는가 하는 것이 관심의 초점이 되었다.

IAEA는 플루토늄 추출의 구체적 시기와 양을 검증하기 위해 이 폐기물저장소들에 대한 사찰을 요구했다. 그러자 그때까지 사찰에 협조적이던 북한은 태도를 돌변하여, 그것들이 핵시설이 아닌 군사시설이라는 이유로 사찰을 거부했다. 점차 팽팽한 긴장이 조성되었고, 그러한 긴장은 그 이듬해 북한이 NPT 탈퇴를 결행할 때까지 계속 고조되어갔다.

---

8 플루토늄재처리는 잘게 자른 연료봉을 질산 용액 등으로 용해시켜 실시하는 화학적 과정이기 때문에, 액체폐기물이 존재한다는 것은 플루토늄재처리의 명백한 증거였다.

한국 정부의 방향전환

 IAEA에서 은폐된 2개의 폐기물저장소 문제가 제기되자 이는 곧바로 남북 핵통제공동위원회에도 파급되어 첨예한 쟁점으로 부상했다. 한국 측은 북한이 은폐했던 2개의 미신고시설(액체폐기물 저장소)에 대한 IAEA 사찰 수락을 강력히 요구했으나, 북한 측은 군사시설이라는 구실을 들어 완강히 거부했다.

 남북 상호사찰 협상 역시 사찰의 범위, 빈도, 방식 등을 둘러싸고 6개월 이상 설전이 계속되었으나, 북한은 실효성 있는 상호사찰을 받지 않으려는 의도를 명백히 드러내고 있었다. 그것은 그들에게 숨겨야만 할 무엇인가가 있음을 의미하는 강력한 증거였다.

 그러한 상황이 전개되자, 노태우 정부는 부득이 두 마리 토끼 사냥을 포기하고 북한 핵문제의 해결을 우선시하는 방향으로 가닥을 잡아갔다. 북한이 실제로 핵무기를 개발하고 있다는 의혹이 확인된 이상, 남북대화의 맥을 살리기 위해 핵문제 해결을 더 이상 미룰 수는 없다는 인식 때문이었다. 노태우 정부의 강경한 대북정책 기조에 비추어 볼 때, 의혹이 사실로 확인된 북한의 핵개발 문제를 과거처럼 방치하는 것이 더 이상 가능하지도 않았다.

 한편, 그즈음 남북 고위급회담은 더 이상 진척이 어려운 한계에 도달해 있었다. 남북 기본합의서에 이어 상세한 분야별 부속합의서까지 채택되었으나, 막상 이행단계가 되자 북한은 이를 회피하면서 끝없이 새로운 합의서만을 양산하려는 의도를 드러냈다. 남북 기본합의서가 서명되고 나면 분야별 부속합의서를 만들자고 하고, 부속합의서가 끝나면 분야별 공동위원회 구성 합의서를 만들자고 하고, 그것도 끝나면 이행합의서를 만들자는 식이었다.

 남북 비핵화공동선언의 경우도 마찬가지였다. 북한은 이 합의서를 통해 핵재처리시설을 보유하지 않겠다고 약속했으나, 그 합의가 이루어진 시점에 이미 핵재처리시설을 보유하고 있었고, IAEA 사찰 결과 재처리시설의 존재가 확인되었음에도 불구하고 북한은 이에 관해 아무 설명이 없었다. 결국 북한은 합의를 이행할 의사가 없다는 얘기였다.

그 때문에 당시 남북관계 전문가들은 남북 간에 더 이상 합의할 문서가 남지 않게 될 때, 즉 이행이 불가피한 단계가 올 때 남북대화는 단절될 수밖에 없으리라는 점을 피부로 느끼기 시작했다. 북한이 핵문제와 관련하여 한국 정부의 발목을 잡고자 그간 의도적으로 남북대화에 적극 응했으리라는 의혹도 제기되었다. 그래서 핵문제가 아니더라도 이제 남북대화가 단절되는 것은 시간문제라는 인식이 한국 정부 내에 확산되었다.

그해 12월 노태우 대통령의 임기 종료를 2개월여 앞둔 한국 정부는 양자택일을 하지 않을 수 없는 어려운 선택에 직면하게 되었다. 그것은 이듬해 초에 실시될 1993년도 팀스피리트 훈련Team Spirit Exercise 실시 문제였다. 남북대화를 살리기 위해서는 훈련을 취소해야 했고, 북한에 대해 핵사찰 수용 압력을 넣기 위해서는 이를 강행해야 했다. 미국 정부는 아무 의사표시 없이 한국 정부의 결정에 따르겠다고 했다.

1993년도 팀스피리트 훈련을 당초 계획대로 강행할 경우 남북대화가 단절될 가능성이 매우 높은 상황이었지만, 설사 팀스피리트 훈련을 취소하더라도 남북대화는 어차피 곧 단절될 운명이라는 시각이 지배적이었다. 또한 팀스피리트 훈련 취소가 핵협상에 별다른 긍정적 영향을 미칠 조짐도 없었다.

한국 정부는 북한의 의중을 확인하기 위해 남북 상호사찰 규정이 합의될 경우 훈련을 취소하겠다는 입장을 북측에 전달했다. 그러나 북한 측은 "팀스피리트 훈련을 먼저 취소하면 좋은 결과가 있을 것"이라는 아리송한 반응을 보일 뿐이었다. 어찌 보면 북한은 단지 팀스피리트 훈련을 취소시키기 위해 협상 결렬을 고의로 지연시키고 있는 듯 보였다. 이에 따라 노태우 정부는 그해 12월 모든 것을 각오하고 훈련을 당초 계획대로 실시하기로 결정했다.

이 결정으로 남북관계는 돌아오지 못할 강을 건너게 되었고, 북한은 예상대로 그해 12월 중순으로 예정된 제9차 남북 고위급회담의 취소를 통보해왔다. 그것이 1년 반에 걸쳐 개최된 남북 고위급회담의 종말이었다.

남북 핵통제공동위원회를 통한 상호사찰 협상 역시 10개월에 걸친 기약 없는 회담 끝에 이듬해인 1993년 1월 25일 막을 내렸다. 팀스피리트 훈련 문제로 협상이 깨졌다기보다는, 상호사찰 방식에 관한 이견이 너무도 명확해서 피차 더 이상 할 말이 없었다.

여기서 잠시 팀스피리트 훈련이 남북한 관계에서 커다란 비중을 차지하고 있던 배경에 관해 설명을 하고자 한다. 당시 매년 연말이 되면 북한은 이듬해 초 실시될 팀스피리트 훈련 취소를 위해 심혈을 기울였다. 때로는 양보할 사항이 있어도 이를 훈련 취소와 연계하기 위해 일부러 시기를 늦추기도 했다.

그 때문에 당시의 남북관계에서 팀스피리트 훈련은 한국이 대북협상에서 매년 한 번씩 갖게 되는 커다란 협상무기였다. 북한이 이 훈련을 그처럼 싫어했던 것은 북한의 주장처럼 그것이 '핵전쟁 연습'이었기 때문이 아니라 다른 이유가 있었다.

팀스피리트 훈련이 진행되는 한 달 남짓한 기간 동안 북한에서는 대응훈련이 실시되는 관계로 고초가 많았다. 북한군은 그동안 어렵게 비축한 유류와 군수물자를 소모해야 했고, 주민들은 모든 생산활동을 중단해야 했으며, 당과 정부의 간부를 포함한 전 주민이 방공호에서 추운 겨울을 나야 했다. 북측 협상대표들이 사석에서 하는 말에 따르면, "전신에 동상과 피부병이 생기는 모진 고통"을 겪어야 한다고 했다.

이러한 이유 때문에 한국 정부는 한미 연합작전 능력을 향상시키는 목적 외에도 북한에 심리적 압력을 가하거나 북한군의 전쟁물자를 소모시키기 위해서라도 특별한 사유가 없는 한 매년 한 번씩 훈련을 실시했고, 북한은 이를 취소시키기 위해 온갖 노력을 기울였다. 그러나 이 훈련은 훗날 김영 삼 정부에 들어와서 대북한 유화 제스처의 일환으로 영구 폐지되었다.[9]

특별사찰 문제와 북한의 NPT 탈퇴

1993년 초 한미 양국에서 공히 새 정부가 한 달 간격으로 출범함에 따라 북한 핵문제는 새로운 환경을 맞게 되었다. 노태우 정부가 물러나고 1993년 2월 25일 김영삼 정부가 출범했지만, 긴박하게 돌아가는 북한 핵문제는 새 정부에게 숨 돌릴 틈을 주지 않았다. IAEA와 국제사회는 미신고 폐기물저 장소에 대한 특별사찰을 북한에 거듭 요구하고 있었고, 이에 더하여 노태우 정부가 결정하고 떠난 팀스피리트 훈련이 북한을 압박하고 있었다.

한국과 미국의 정부가 동시에 교체되는 혼란스러운 정권교체기에 북한 핵문제는 IAEA의 손에 맡겨져 있었고, 남북대화가 단절되고 미북 대화도 없는 상황하에서 2개 미신고시설에 대한 특별사찰 문제를 둘러싼 IAEA와 북한 간의 핏발 선 공방이 계속되었다.

IAEA가 2개 미신고시설에 대한 특별사찰을 요구하자, 북한은 "회원국(미

---

9 한국 정치사에서 김영삼 정권은 보수정권으로 평가되고 있지만, 출범 초기에는 상당히 파격 적이고 전향적인 대북한 정책을 추구했다. 출범 직후 진보성향 인사를 통일부장관에 임명했 고, 남파간첩인 장기수 이인모를 북한에 송환하여 영웅대접을 받도록 했으며, 북한이 몽매에 도 그리던 미북 직접협상을 허용했고, 남북 간의 오랜 현안이었던 팀스피리트 훈련의 영구중 단을 단행하는 등 북한 당국의 오랜 열망 중 상당 부분을 충족시켜주었다.

국)이 제공한 정보(첩보위성 사진)에 의거해 사찰을 하려는 IAEA의 불공정성"을 비난하면서 이를 거부했다. 이에 앞서 미국은 특별사찰 문제에 대한 국제적 여론을 환기하기 위해, 2월 22일 IAEA 이사회에서 북한의 핵시설 은닉장면을 담은 미국 첩보위성 화면을 공개했었다. 국제회의에 첩보위성 화면이 등장한 것은 1962년 쿠바 미사일사태 이후 30년 만에 처음이었다.[10]

한편, 그러한 혼돈의 와중에 2월 25일 새로 출범한 한국의 김영삼 정부는 출범 직후부터 노태우 정부와는 거의 정반대의 대북정책을 추구했다. 노태우 정부의 대북한 압박정책을 전면 수정하여, 북한에 대해 먼저 유화적인 제스처를 보임으로써 북한의 호응을 유도해나간다는 방침이었다. 아울러 북한 핵문제에서도 노태우 정부가 미북 협상을 무리하게 막음으로써 핵문제 해결이 지연되었다는 시각에 입각하여, 미북 직접협상을 통해 문제를 해결하자는 생각이었다.

김영삼 정부는 1993년 2월 출범과 더불어 미국 정부에게 미북회담을 통한 핵문제의 해결을 요청했다. 그러나 미북 협상을 그토록 희망했던 공화당 행정부와는 달리, 새로 출범한 민주당의 클린턴 행정부는 미북 직접협상을 꽤나 주저했고 이를 수락하는 데는 상당한 시간이 소요되었다.

그러나 김영삼 정부가 추구한 이러한 정책변화의 잉크가 채 마르기도 전인 3월 12일 북한은 NPT 탈퇴를 선언했고, 이것이 제1차 한반도 핵위기의 시작이었다. 긴급 소집된 IAEA 특별이사회는 이 문제를 즉각 유엔 안보리에 회부했고, 이 때문에 김영삼 정부는 출범 초기부터 자리를 잡을 여유도 없이 미증유의 어려움에 처하게 되었다. 새 정부가 출범한 지 불과 15일 만의 일이었다.

---

10 Joel Wit, Daniel Poneman & Robert Gallucci, *Going Critical: The First North Korean Nuclear Crisis*(2004), p. 20.

미신고시설 특별사찰 관련 주요 일지

1992. 12. 22	IAEA, 2개 미신고시설 사찰 요구
1992. 1. 5	북한, IAEA의 사찰요구 거부
1992. 1. 12	IAEA, 2개 미신고시설 특별사찰을 위한 협의 요청
1992. 1. 14	북한, IAEA의 협의요청 거부
1992. 2. 10	IAEA, 대북한 특별사찰 요구 서한 발송
1992. 2. 15	북한, 특별사찰 수락불가 회신
1992. 2. 25	IAEA 이사회, 특별사찰 촉구 결의 채택
1992. 3. 18	IAEA 특별이사회, 북한의 NPT 탈퇴선언 철회와 안전조치협정 이행 촉구
1992. 4. 1	IAEA 특별이사회, 북한의 NPT 탈퇴 문제를 유엔 안보리에 회부
1992. 4. 1	NPT 협정 기탁국(미국, 영국, 러시아), NPT 탈퇴선언 철회를 촉구하는 공동성명 발표
1992. 4. 8	유엔 안보리, 북한의 NPT 회원국 의무이행 필요성을 재확인하는 의장성명 발표

출범하자마자 큰 난관을 맞은 김영삼 정부는 북한과의 전향적 관계개선을 통해 이를 해결해보고자 했다. 그래서 북한이 NPT에서 탈퇴한 지 겨우 일주일밖에 안 된 시점에 국내 반대여론을 무릅쓰고 대북한 화해 제스처로 남파간첩 출신 미전향장기수 이인모를 북송하는 '대범한 정치적 결단'을 내렸다. 그러나 북한은 그것을 "주체사상의 위대한 승리"라고 선전함으로써 김영삼 정부의 국내적 입지를 더욱 어렵게 만들었다.[11] 이에 대한 김영삼 정부의 배신감으로 인해 남북한 간의 감정적 골은 점점 깊어만 갔고, 이는 향후 핵문제 해결에도 적지 않은 장애가 되었다.

북한의 NPT 탈퇴라는 급박한 도전에 직면하게 되자, 북한 핵문제는 사실상 한국 정부의 손을 떠나 미국과 국제사회의 논리에 따라 움직이기 시작했

---

11 *Ibid.*, p. 30.

다. NPT 협정에 따르면 회원국의 탈퇴는 3개월이 지나야 발효되기 때문에 6월 12일 이전에 북한의 탈퇴 선언을 번복시키는 것이 급선무였다. 이를 위해 IAEA와 유엔 안보리가 긴박하게 움직였다.

그간 북한 핵문제의 협상 창구가 되어온 남북 핵협상과 북한-IAEA 협상이 거의 같은 시기에 붕괴되고 사안이 유엔 안보리 차원의 문제로 비화되자, 몇 달간 협상의 공백상태가 초래되었다. 한미 양국 정부가 공히 정권교체 후 각종 대외정책이 막 자리를 잡아가는 태동단계에 있었기 때문에 이러한 공백상태가 초래할 수 있는 잠재적 위험성은 매우 컸다. 협상이 꼭 중단 없이 항상 지속되어야 하는 것은 아니지만, 대화채널 자체가 단절되어 있다는 것은 심각한 문제였다.

유엔 안보리에 상정된 북한 핵문제가 가게 될 경로는 뻔했다. 먼저 NPT 탈퇴 철회를 촉구하는 결의를 채택한 후, 그것이 이행되지 않으면 다음 단계로 경미한 경제제재 결의, 그리고 그다음에는 보다 강력한 경제제재 결의가 기다리고 있었다. 그것은 유엔 안보리의 교과서적인 수순이었다. 물론 북한의 강력한 후원자인 중국이 이를 방관하지 않을 것이므로 유엔 안보리가 제재조치를 취하는 데는 한계가 있었지만, 그렇다고 해서 북한이 NPT 협정을 노골적으로 위반하고 공공연히 핵무장을 추진하는 것이 명백한 마당에 국제사회가 이를 방관할 수만은 없었다. 그것은 NPT 체제의 장래와도 직결된 국제사회의 긴급한 현안이었다.

한편, 클린턴 행정부는 미북 협상을 통해 북한 핵문제를 직접 협상하는 문제를 놓고 숙고를 거듭한 결과 이를 수락하기로 결정하고, 4월 중순 중국 외교부를 통해 북한과의 고위급회담을 제의했다. 미국이 굳이 북한과 협상을 해야 하는가에 대해 내부적으로 반론도 있었으나, 북한의 IAEA 탈퇴 발효시한인 6월 12일이 다가옴에 따라 더 기다릴 여유가 없었다.

미국은 미북회담에 들어가기에 앞서 5월 11일 유엔 안보리에서 북한의

NPT 탈퇴선언 재고와 안전조치협정 이행을 촉구하는 안보리 결의 825호를 통과시켰다. 이는 북한이 중국의 거부권 행사에 의존할 수 없음을 보여주기 위한 조치였다. 중국은 결의안에 거부권을 행사하지 않고 기권했으나, 기권이 국제사회의 의지에 반대한다는 의미는 아니라는 입장을 공개적으로 표명했다.[12]

---

12 *Ibid.*, p. 45~46.

3
벼랑 끝의 북한과 미북 협상

미국의 손에 맡겨진 북한 핵문제

북한이 NPT를 탈퇴한 지 2개월여 만인 6월 2일 마침내 최초의 미북회담이 뉴욕에서 개최되었다. 북한 핵문제 협상을 미국이 대행하기 시작한 이 시기는 한반도 문제에 관한 '한미 공조'의 역사적인 출발점이기도 했다. 최초의 한미 공조는 북한 핵문제만을 대상으로 했으나, 클린턴 행정부 기간 중 미사일 문제와 대북한 식량지원 문제, 한반도 평화체제 문제 등 한반도 문제 전반으로 점차 공조의 폭이 확대되었다.

대북협상의 채널이 사상 처음으로 남북협상에서 미북협상으로 넘어가는 과정은 무척 예민한 과정이었다. 김영삼 정부가 당초 생각한 것은 미국에 핵문제 해결을 위한 협상을 의뢰하는 대리협상 정도의 개념이었고, 한국이 주도적 역할을 해야 한다는 입장이었다. 미국 정부도 한반도 문제 해결에 있어서는 어디까지나 한국이 주도적 역할을 수행하고 미국의 역할은 한국을 보조하는 것으로 보여야 한다는 점을 잘 알고 있었다.[13]

그러나 시간이 지남에 따라 상황은 한미 양국의 당초 의도와는 다른 방향으로 진행되었다. 핵문제의 협의주체가 일단 미국으로 넘어가자 그것은 점차 미국 자신의 협상이 되었고, 한번 한국의 손을 떠난 협상은 다시는 한국의 손에 돌아오지 않았다. 미국이 대북한 협상을 직접 수행함에 따라 한국은 북한 핵문제 협상구도에서 점차 멀어졌고, 북한은 그 뒤로 다시는 한국을 핵협상 파트너로 인정하지 않았다.

미국도 처음에는 한국을 대신해서 핵협상을 한다는 기분으로 임했지만, 그들의 인식 속에서 그것은 점차 미국 자신의 협상이 되었고, 이에 따라 미국이 한국과 공유하는 정보의 양은 점차 줄어갔다. 물론 협상전략에 관해 한미 간에 협의는 빈번히 이루어졌으나, 그것은 미국이 한국의 의견을 성의 있게 경청하고 필요시 반영하는 정도였다. 무엇보다 중요한 차이는 미국은 대북한 협상에 직접 참석을 하고 한국은 나중에 그들이 설명해주는 것을 받아 적어야 한다는 점이었다.

그러나 매일 몇 시간 동안 열리는 회담 내용을 모두 있는 그대로 정확히 알려준다는 것은 현실적으로 불가능했다. 그래서 회담의 내용에 대한 결과 브리핑을 둘러싸고 한미 외교관들 사이에 신경전이 오갔다. 한국 정부 내에서는 미국이 협상내용 중 일부를 숨기고 있다는 의혹이 종종 제기되었다.

당시 미 국무부 관계자들은 미국이 대북협상에 관한 모든 것을 한국과 공유했으나 한국 정부가 이를 못 믿고 미국을 의심한다고 불평했다. 물론 의심이 과도했던 사례도 없지는 않았다. 그러나 한국 정부도 아무 근거 없이 그런 의심을 한 것은 아니었다. 더욱이 그들이 불러주는 회담 결과에는 그들의 의도 여하와 관계없이 회담 내용에 대한 미국 정부의 선입견과 희망사항이 반영되기 마련이었다. 양국 정부 수뇌 간에 이견이 있을 경우는 그런

---

13 *Ibid.*, p. 47.

현상이 더 심해질 수밖에 없었다. 그 극치는 제네바합의가 타결된 1994년의 제3단계 미북회담이었다.

김영삼 정부가 미국 정부에 대리협상을 의뢰한 것은 미국이 본격 개입하면 북한 핵문제가 금방 쉽게 해결될 수 있으리라는 막연한 기대 때문이었다. 그러나 그것은 오판이었다. 미국의 해결 능력에 대한 한국 정부의 과신은 머지않아 오류로 판명되었고, 한국 정부는 그에 대한 대가를 치러야 했다.

제1단계 미북회담

1993년 6월 2일부터 11일까지 뉴욕에서 제1단계 미북회담이 갈루치[Robert Galucci] 국무부 정치군사차관보와 북한 외교부의 실세인 강석주 부부장 간에 개최되었다. 미북 당국 간에 공식협상이 개최된 것은 1953년의 한반도 정전협정 체결 이래 무려 40년 만이었다. 그러한 회담은 북한이 수십 년간 염원해온 일이기도 했다.

미북회담의 급선무는 6월 12일로 예정된 북한의 NPT 탈퇴발효일이 도래하기 전에 탈퇴를 철회시키는 일이었다. 제1단계 미북회담에서는 북한의 NPT 탈퇴발효일을 불과 하루 앞두고 "NPT 탈퇴를 잠정적으로 유보"한다는 내용으로 합의가 이루어져, 6월 11일 양측의 공동성명[Joint Statement] 형식으로 발표되었다. 미측은 당초 NPT 탈퇴 선언의 완전 철회를 주장했으나 북한의 완강한 반대로 이를 관철하지 못했고, "북한의 NPT 탈퇴 발효를 잠정적으로 보류"한다는 가처분신청과도 같은 엉거주춤한 합의가 이루어졌다.

이것으로 북한의 NPT 탈퇴가 발효되는 것은 일단 막았으나, 이 조치는 훗날 북한이 "NPT 회원국도 아니고 비회원국도 아닌 특수지위"라는 구실로 NPT 협정상의 의무를 자의적으로 무시하는 고질적인 부작용을 낳았다.[14]

---

14 NPT 협정은 탈퇴 통보 후 3개월이 경과되어야 탈퇴 효력이 발효되도록 규정되어 있다. 그

제네바합의 이행 기간 내내 비엔나와 영변에서는 이를 둘러싼 IAEA와 북한의 공방전이 계속되었고, 미국이 나서서 북한의 입장을 두둔하고 비호하는 촌극도 종종 벌어졌다.

한편, 이 회담에서 강석주는 북한의 흑연로들을 대체하기 위해 핵확산 위험이 덜한 경수로를 제공할 필요성을 처음으로 미측에 제기했으나, NPT 잔류 문제가 급선무였기 때문에 제대로 논의되지는 못했다. 영변 핵시설을 경수로로 교체한다는 개념은 1992년 5월 블릭스[Hans Blix] IAEA 사무총장이 방북했을 때 북한 측이 처음 거론했고, 같은 해 7월 김달현 북한 부총리가 산업시찰을 위해 한국을 방문했을 때에도 제기한 바 있었다.

제2단계 미북회담

제2단계 미북회담은 그다음 달에 장소를 제네바로 옮겨 7월 14일부터

것은 NPT 회원국이 어떤 이유에서건 협정상의 의무를 모면하기 위해 갑자기 탈퇴를 선언하더라도 3개월간은 협정상의 의무가 지속되도록 하기 위한 고려였다. 1993년 3월 12일 탈퇴를 선언한 북한의 경우 탈퇴가 발효되는 것은 6월 12일부터였다. 탈퇴 발효를 하루 앞두고 탈퇴 효력 정지가 선언된 북한의 경우 법적 해석상으로는 아직 엄연한 NPT 회원국으로서 협정상의 의무를 지니고 있었으나, 북한은 "NPT 회원국도 아니고 비회원국도 아닌 특수지위"임을 주장하면서 협정상의 의무 이행을 거부했다.

19일까지 개최되었다. 양측은 IAEA 사찰 재개와 남북 비핵화공동선언 이행 문제를 중점 논의한 결과, 핵문제의 해결을 위해 남북협상과 북한-IAEA 협상을 재개하기로 하고 이를 언론발표문Press Statement 형식으로 발표했다.

이때까지만 해도 미국은 북한 핵문제와 관련된 협상조건을 직접 북한과 협상해서 타결하기보다는 기존의 IAEA 채널과 남북한 채널을 통한 협상을 지원하고 고무하는 정도의 간접적 역할에 치중하고 있었다. 미국이 모든 것을 직접 결정하고 협상하기 시작한 것은 1994년 7월 시작된 제3단계 미북회담 때부터였다.

제2단계 회담에서 북한은 뉴욕회담 시 제기했던 경수로 문제를 보다 구체적으로 다시 거론했다. 강석주는 북한이 현재의 핵시설을 경수로로 대체할 준비가 되어 있다고 하면서 미국의 경수로 제공 보장을 요구했다. 북한 측은 경수로 제공 보장이 없는 한 IAEA와 특별사찰을 위한 협상을 진행할 수 없다고 하면서, 어떤 경우에도 경수로 기술이 완전 이전된 다음에나 IAEA의 특별사찰을 받을 수 있다고 주장했다.[15]

---

15 Joel Wit, Daniel Poneman & Robert Gallucci, *Going Critical: The First North Korean Nuclear Crisis*(2004), p. 71~73.

미국은 이에 대한 언질을 주지 않고 북한 핵문제의 궁극적 해결책의 일환으로 경수로 도입을 지지하고 이를 위한 협의 용의를 표명하는 선에서 언론 발표문에 합의를 했다. 이는 그 후 북한이 경수로 제공을 당연한 보상조치로 간주하도록 하는 원인을 제공한 셈이 되고 말았다.

벼랑 끝으로 가는 북한

두 차례의 미북회담을 통해 미국은 생각보다 수월하게 핵심 문제들에 대한 합의를 이끌어낼 수 있었다. 북한의 NPT 탈퇴를 완전히 철회시키지는 못했으나 일단 탈퇴를 보류시키는 데는 성공을 했고, 남북협상과 IAEA 사찰의 재개에 합의한 것도 큰 성과였다. 합의사항이 이행되기만 하면 모든 상황을 1992년 가을 정도 수준으로 회복시킬 수도 있었다.

이러한 미북 합의에 의거하여 그해 8월 초 IAEA 사찰단이 방북하여 핵사찰을 시도했고, 남북 핵협상을 위한 남북한 간 특사교환 구상이 한국 정부에 의해 추진되었다. 이로 인해 잠시나마 모든 것이 정상을 찾아가는 듯했다. 그러나 북한에게 있어서 합의와 합의의 이행은 별개의 문제였다. 북한은 단지 미국과의 대화를 지속하기 위해 마지못해 한국이나 IAEA와 접촉하고 있을 뿐이었다.

미북 합의에 따라 IAEA 사찰단이 8월 3일 북한에 도착했으나, 북한은 감시카메라의 배터리와 테이프 교체 외에는 허용할 수 없다고 하면서 5MW 원자로와 재처리시설에 대한 접근을 거부했다. 북한은 NPT 탈퇴의 효력정지라는 특수한 지위에 있으므로 통상적 사찰은 받을 수 없다는 입장이었다. 이 문제를 해결하기 위해 IAEA와 북한 간에 회담이 개최되었으나, 아무 성과가 없었다.

이에 따라 IAEA 이사회(9월)와 총회(10월)는 북한의 핵사찰 수락을 촉구하는 결의를 채택했고, 유엔총회에서도 11월 1일 북한의 IAEA 핵사찰 수락을 촉구하는 결의안이 찬성 140, 반대 1(북한), 기권 1(중국)이라는 압도적 표차로 통과되었다. 이는 당시 북한이 국제적으로 얼마나 고립된 상황에 처해 있었는지를 단적으로 보여주는 대목이다.

진전이 없는 것은 남북협상도 마찬가지였다. 1993년 10월 중 특사교환을 위한 남북 실무접촉이 세 차례 실시되었으나, 북한이 팀스피리트 훈련 취소와 국제공조체제 포기를 사전 보장할 것을 요구함에 따라 회의는 거듭 공전되었다. 이에 한국 정부는 북한을 압박하기 위해 팀스피리트 훈련 카드를 꺼내들었다. 북한이 IAEA 사찰을 수락하지 않는 한 1994년도 팀스피리트 훈련을 예정대로 실시한다고 공개적으로 천명한 것이다.

이처럼 상황이 악화되고 남북협상과 북한-IAEA 협상이 모두 파탄에 이르자, 미국은 이듬해인 1994년 2월 22일부터 25일까지 뉴욕에서 북한과 실무회담을 갖고 북한의 합의 이행을 설득했다. 이 협상에서 북한은 1994년도 팀스피리트 훈련의 취소와 제3단계 미북회담 개최를 새로운 조건으로 요구했다. 협상 결과 양측은 그간 쌍방이 제기해온 핵심관심사 4개를 묶어 3월 3일을 기해 동시에 이행하기로 합의했다. 이른바 '4개항 동시이행조치' 합의였다.

> (1) 안전조치의 계속성 유지를 위한 IAEA 사찰 개시
> (2) 특사교환을 위한 남북한 실무접촉 재개
> (3) 1994년도 팀스피리트 훈련 중단 발표
> (4) 제3단계 미북회담을 3월 21일 개최하기로 발표

이것으로 일단 위기가 진정되는 듯했으나, 이 새로운 합의 역시 이전의 합의와 같은 운명이 기다리고 있었다. 미북 합의에 따라 IAEA 사찰단이 3월

초 영변을 방문했을 때, 북한은 합의사항을 재차 무시하고 재처리시설에 대한 사찰을 거부했다.

북한과의 끝없는 숨바꼭질에 지친 IAEA는 3월 15일 사찰단을 철수시키는 한편, 그달 21일에는 IAEA 특별이사회 결의를 통해 "북한의 과거 핵활동 규명이 불가능하다"라고 공식 선언했다.

한편, 남북 협상은 IAEA의 경우보다 사정이 더욱 나빴다. 미북 간 합의에 따라 남북 실무협상이 1994년 3월 3일 판문점에서 재개되었으나, 북한은 ① 모든 핵전쟁 연습 중지(한미 합동군사훈련 중지를 의미), ② 국제공조체제 포기, ③ 패트리어트 미사일 등 신형무기 반입 중지, ④ "핵무기를 가진 자와는 악수할 수 없다"는 김영삼 대통령 발언의 공식 취소 등 4개항을 특사교환 협의 개시의 선결요건으로 요구했다. 이는 특사교환을 위한 실질적 논의를 할 의사가 없다는 명백한 의사표시였다.

이를 둘러싼 남북한 사이의 공방이 계속되던 중, 3월 19일 북측 대표 박영수는 남측 대표에게 "남한은 전쟁의 비싼 대가를 깊이 생각해야 한다. 서울은 여기에서 멀지 않다. 전쟁이 나면 서울은 불바다가 될 것이다. 그러니 당신이 살아남기는 어려울 것이다"라고 극언을 했고 회담은 즉시 결렬되었다.

이에 격분한 한국 정부는 동 발언의 녹화화면을 TV뉴스로 보도했고, 이는 전 세계 매스컴에 보도되었다. 이로 인해 한미 양국의 대북한 비난 여론이 비등했다. 이날의 회담은 그렇지 않아도 다 죽어가던 '4개항 동시이행조치'의 관뚜껑에 최후의 못을 박는 결과가 되었다.

결국 제2단계 미북 고위급회담에서 합의된 남북 협상과 북한-IAEA 협상이 모두 실패로 돌아갔고, 이에 따라 3월 21일로 예정되었던 제3단계 미북 회담 계획도 취소되었다. 북한이 1993년 3월 NPT에서 탈퇴한 후 거의 1년간 시간만 허비한 채 모든 것이 다시 원점으로 돌아온 것이었다. 이에 따라 상황은 급속히 악화되었고, 한반도에는 다시 위기가 조성되었다.

그 후 한국 정부는 북한과의 협상을 포기하고 특사교환 불추진 방침을 천명했다. 그것은 북한 핵문제와 관련하여 그나마 한국에 남아 있던 최후의 작은 역할마저 사라졌음을 의미했고, 그 이후 협상은 전적으로 미북 구도로 넘어갔다. 이것이 한국 정부가 추구했던 "북한 핵문제 해결을 위한 한국의 주도적 역할"의 종말이었으며, 그 후 한국이 그러한 역할을 재개할 기회는 영원히 다시 찾아오지 않았다.

마지막 카드를 던진 북한

영변을 방문했던 IAEA 사찰단이 북한의 거부로 재처리시설 사찰에 실패하고 철수함에 따라, 1994년 3월 21일 개최된 IAEA 특별이사회는 북한 핵문제를 유엔 안보리에 회부하기로 결의했다. 유엔 안보리의 제재조치를 추진하기 위한 수순이었다.

3월 19일을 기점으로 서울과 워싱턴의 분위기는 급변했다. 영변을 방문했던 IAEA 사찰팀이 재처리시설 사찰에 실패하고 3월 15일 철수한 지 며칠후, 그리고 남북회담에서 북한 대표단의 "불바다" 발언이 있었던 날인 3월 19일 클린턴 대통령은 국가안보회의를 개최하여 더 이상 북한과의 외교적 협상이 불필요하다는 결론을 내리고, 북한 핵문제를 유엔 안보리에 회부하기로 결정했다.[16]

한국 정부는 같은 날 전군에 특별경계강화령을 시달하는 한편, 그간 반대해왔던 주한미군의 패트리어트 미사일 배치를 수락했다. 클린턴 대통령이 수일 전 제의해왔던 팀스피리트 훈련 재개 제안도 수락했다.[17] 양국이 오랜

---

16 Don Oberdorfer, *The Two Koreas: A Contemporary History*(Addison Wesley, 1997).

만에 이견 없이 한마음으로 북한에 대한 강력한 대응책을 추진해나갔다. 그간 대북한 강경조치에 소극적이던 국무부는 언제 그랬냐는 듯이 단호한 태도로 유엔을 통한 제재조치를 추진했다. 미국 국방부 역시 조용하고도 은밀하게 유사시에 대비한 만반의 준비를 갖추어나갔다.

유엔 안보리에서 대북한 제재조치가 상임이사국들 간에 본격 논의되기 시작하자, 북한은 "유엔의 제재조치를 선전포고로 간주하겠다"고 거듭 위협했다. 이런 관계로, 미국은 안보리 제재조치를 추진하면서 동시에 만일의 경우에 대비한 군사적 대비태세를 강화해 나갔다.

김영삼 대통령은 안보관계 장관들과 공개회의를 갖고 패트리어트 미사일 배치를 승인했다. 이에 따라 패트리어트 미사일 3개 포대가 3월 말부터 수송되기 시작했고 4월 18일 최초 선적분이 한국에 도착했다. 팀스피리트 훈련은 11월로 일정이 잡혔다. 그 밖에 84기의 스팅어 미사일, 신형 아파치헬기, 대포대anti-artillery 미사일, 두 번째 패트리어트 미사일 대대, 추가적 전투기 부품과 정비인력, 1개 여단분의 비축용 군장비 등이 속속 한국에 도착하여 배치되었다.[18]

북한은 상황의 중대성을 이해하고 바짝 긴장하고 있었다. 군사훈련을 강화하고, 보안통신망을 점검하고, 주민들을 동원해서 패트리어트 미사일 배치에 반대하는 대규모 군중시위를 벌였다. 그에 더하여 점차 도를 넘어가는 북한의 비난 공세와 "전쟁불사" 구호들은 역설적으로 북한이 당시 얼마나 어려운 상황에 처해 있었는가를 말해주고 있었다.

그러던 중 갈루치Robert Gallucci 차관보는 4월 19일 북한 강석주 차관으로부

17 Joel Wit, Daniel Poneman & Robert Gallucci, *Going Critical: The First North Korean Nuclear Crisis*(2004), p. 150.
18 *Ibid.*, p. 165.

터 메시지를 받았다. 내용은 북한이 5MW 원자로의 연료봉을 꺼내고 연료봉을 교체하기로 결정했다는 것이었으며, 그 작업을 5월 4일 개시한다는 것이었다. 미국과 IAEA가 전혀 예상하지 못했던 시기에 북한은 무모할 정도로 용감하게 마지막 카드를 뽑은 것이었다.

미국은 IAEA의 참관이 없는 가운데 연료봉을 인출하지 말도록 경고하는 한편, 추후 사찰이 재개될 경우 계측 가능성을 열어두기 위해 일부 연료봉의 분리 보관을 요구했다. 그러나 북한은 이를 모두 거부했다. 북한의 허가를 받아 뒤늦게 파견된 IAEA 사찰단이 망연자실 지켜보는 가운데 북한은 약 한 달에 걸쳐 연료봉 8000개를 마구 섞어서 인출했다.

이것은 연료봉 재처리의 증거를 인멸하겠다는 노골적 의지의 표출이었다. 허를 찔린 국제사회가 놀라 입을 벌린 채 구경만 하는 동안 북한은 뒤도 안 돌아보고 연료봉 인출 작업을 마쳤다. 이는 북한이 핵문제 처리과정에서 보여준 '벼랑끝전술brinkmanship'의 극치였고, 마치 국제사회의 인내심을 시험이라도 하는 것 같았다.

북한의 5MW 원자로 연료봉 인출은 두 가지 의미를 내포하고 있었다. 첫째는 연료봉을 원자로에서 제거함으로써 과거의 핵활동 기록을 정확히 추적하는 것이 불가능하게 되었다는 점이었고, 둘째는 인출된 연료봉을 언제라도 재처리하여 플루토늄을 추가로 추출할 준비가 갖추어졌다는 점이었다. 그 어느 것도 미국이나 IAEA로서는 묵과할 수 없는 최악의 사태였다.

이제 IAEA나 미국으로서는 더 이상 기다릴 것이 없었다. IAEA 사무총장은 "5MW 원자로에 대한 계측 가능성이 완전히 상실되었다"고 6월 2일 유엔 안보리에 보고했다. 그에 이어 6월 10일 긴급 소집된 IAEA 특별이사회는 북한에 대한 제재조치를 결의했고, 중국도 이에 반대하지 않았다. 북한은 즉각 IAEA 탈퇴로 응수했다.

상황은 파국을 향해 치닫기 시작했다. 이제 북한 핵문제의 평화적 해결을 위해 할 수 있는 조치는 남은 것이 거의 없었다. 북한 핵문제의 평화적 해결에 큰 애착을 갖고 있던 사람들까지도 이제는 북한에 대한 강력한 유엔 제재조치가 불가피하다는 쪽으로 기울고 있었다.

문제는 유엔 안보리의 대북한 제재조치가 북한의 무력대응을 촉발할 가능성이 없지 않다는 점이었다. 북한은 미국이 유엔제재를 추진할 경우 이를 선전포고로 간주하고 무력대응 하겠다고 거듭 경고하고 있었다. 이는 유엔제재를 막기 위한 북한의 단순 협박으로 간주되기는 했으나, 예측불가하고 무모하기로 정평이 난 북한이 정말로 무력을 행사할 가능성을 완전히 배제할 수는 없었다.

만에 하나 이로 인해 한국에서 전면전이 발발할 경우 미군이 입게 될 피해는 걸프전쟁(1990~1991)과 비교도 안 되는 큰 규모가 될 전망이었다. 따라서 유엔제재를 강행하려면 북한의 무력도발이 현실화될 경우에 대비한 군사적 방어태세를 먼저 갖추어야 한다는 것이 미국 정부의 판단이었다. 따라서 출범한 지 1년 남짓밖에 되지 않은 클린턴 행정부로서는 결코 쉽지 않은 결정을 내려야 할 상황이었다.

그러나 만일 미국이 북한의 전쟁위협에 굴복하여 상황을 방치함으로써 북한이 여러 개의 핵무기를 보유하는 상황이 초래된다면, 북한은 이를 장차 한국이나 미국에 대한 공공연한 위협수단으로 이용할 것이 뻔했고, 나아가 이를 외국 정부나 테러단체에 판매할 가능성도 없지 않았다. 경우에 따라서는 훗날 핵무기로 무장한 북한과 전쟁을 벌여야 하는 최악의 상황이 올 수도 있었다. 이 때문에 훗날의 더욱 큰 재앙을 막기 위해서는 위험과 희생을 감수할 수밖에 없다는 것이 미국 정부의 기본 인식이었다.

미국의 의지는 확고했다. 전쟁을 피하는 것과 전쟁위협에 굴복하는 것은 별개의 문제라는 것이 미국 조야의 기본 시각이었다. 크리스토퍼Warren Christopher 미 국무장관은 NBC 방송 인터뷰를 통해, 북한이 "제재는 곧 전쟁"이라고 위협하는 데 대해 "미국은 이를 겁내지 않을 것"이라고 말했다. ABC 방송에 출연한 공화당 매케인John McCain 상원의원과 민주당 케리Bob Kerry 상원의원도 "북한 핵문제를 해결하기 위해서는 전쟁의 위험도 감수해야 한다"라고 입을 모으는 등 미국 정치권은 여야 불문하고 클린턴 행정부의 단호한 자세를 지지하는 분위기였다.[19]

중국 정부의 태도도 눈에 띄게 변하고 있었다. 탕자쉬엔唐家璇 외교부 부부장은 6월 10일 주중 북한대사와 만난 자리에서 중국의 인내가 한계에 달했음을 암시하면서, 제재문제에 대해 중국이 할 수 있는 일은 한계가 있음을 분명히 했다. 이것은 중국이 대북한 제재결의안에 대해 거부권을 행사하지 않겠다는 메시지였다. 중국 정부의 통제를 받는 홍콩의 중국계 신문들은 중국이 유엔 제재안에 기권을 할 것이며, 한반도에서 무력분쟁이 일어나더라도 중국은 북한을 지원하지 않을 것이라고 보도했다.[20]

---

19 *Ibid.*, p. 200.
20 *Ibid.*, p. 208~209.

유엔 제재조치 추진에 대해 한국 정부도 적극 찬성이었다. 김영삼 대통령은 비공개 국무회의에서 "위기를 해결하기 위한 행동을 취할 결심을 했으며, 현 상황에서는 제재만이 유일한 방안"이라고 말했다. 대북한 제재에 필요한 모든 조치를 취하라는 김영삼 대통령의 지시에 따라 한국 정부는 6월 3일 북한과의 모든 교역을 중단하고 기업들의 대북한 접촉도 금지시켰다. 6월 13일에는 600만 명의 예비군에 대해 소집점검을 실시했다.[21]

유사시에 대비한 한국에서의 군사적 대비 태세가 속속 갖추어지고 중국까지 대북한 압박에 동참하게 됨에 따라, 이제 북한 핵문제는 대단원의 막을 향해 빠른 속도로 다가가고 있었다. 북한이 마음을 비울지 무모한 저항을 할지는 단정할 수 없었지만, 어쨌든 게임은 종반전으로 접어들고 있었다.

이견으로 얼룩진 한미 공조

북한 핵문제가 위기 상황으로 치닫게 되자, 시간이 갈수록 상황은 한국 정부의 손을 떠나 미국의 페이스로 흘러갔다. 그것은 미국이 북한 핵문제를 더 이상 한국의 문제로 간주하지 않고 미국 자신의 문제로 다루기 시작했기 때문이었다.

유엔 안보리에서 북한 핵문제가 논의되고 대북한 조치들이 추진되는 동안 한미 양국 사이에는 미묘한 시각차가 점차 드러나기 시작했다. 한국 정부는 북한의 핵개발을 원천적으로 봉쇄해야 한다는 입장인 반면, 미국은 다분히 핵무기의 대량생산 저지에 보다 역점을 두는 듯한 인상이 점점 짙어졌다. 또한 한국이 북한의 핵개발에 따른 한반도의 안보위협을 강조한 반면,

---

21 *Ibid.*, p. 196, 214.

미국은 그보다는 핵무기의 밀수출에 따른 중동지역의 안보를 더 걱정하는 기색이었다.

이것은 북한 핵문제를 한반도 문제로 인식하던 한국 정부와 이를 국제적 비확산 문제로 인식하던 미국 정부 사이에 능히 있을 수 있는 인식의 괴리였다. 미국의 협상대표인 갈루치 차관보는 비확산 문제를 관장하는 국무부 정치군사국의 수장이었고 한반도 문제에 관해서는 아는 바도 관여한 바도 거의 없었기에 그런 점이 더욱 부각되었는지도 모른다.

이 때문에 한국 정부에서는 미국의 태도에 대한 불만들이 쏟아졌다. "핵무기를 가진 자와는 악수를 할 수 없다"는 김영삼 대통령의 발언에서부터 "핵무기를 반 개도 용납할 수 없다"는 이홍구 국무총리의 발언에 이르기까지 북한 핵문제의 보다 철저한 해결을 요구하는 목소리가 연일 터져나왔다. 북한과의 하염없는 협상에만 매달릴 것이 아니라 유엔의 제재조치를 조속히 추진해야 한다는 강경론도 이어졌다. 이에 대응하여 북한으로부터는 "유엔의 제재조치가 결의될 경우 이를 선전포고로 간주한다"는 강경한 성명들이 연일 쏟아져 나왔다.

이러한 북한의 위협 때문에 미국 정부는 유엔에서의 제재조치 추진을 주저하고 협상을 통한 해결에 매달리고 있었다. 한국 정부는 이러한 미국의 소극적인 태도가 불만이었다. 그러나 그것이 초강대국 미국의 전부는 아니었다. 클린턴 행정부의 표면적인 온유함에도 불구하고 내부적으로는 모든 상황에 대비한 검토와 준비가 암암리에 이루어지고 있었다. 미국은 돌다리를 두드려보고 건너는 것도 모자라서 아예 돌다리 옆에 부교를 설치하고 건너가고자 했다. 미국이 부교를 건설하는 동안 한국은 용감하게 돌다리 위를 이리저리 뛰어다녔다. 그러나 막상 미국의 부교가 완성되었을 때 한국은 미처 돌다리를 다 두드려 보지도 못한 상태였다.

1994년 3월 IAEA와 한국 정부의 대북한 설득 노력이 모두 파국을 맞이하는 등 협상을 통한 해결 노력이 명백히 실패하고 있음에도 불구하고, 미국의 클린턴 행정부는 유엔 안보리에서의 제재조치 추진을 계속 주저하고 있었다. 그 이유가 대체 무엇이냐고 추궁하는 한국 외교관의 집요한 질문에 대해, 당시 국무부 한국과의 한 간부직원은 이렇게 말했다.

> 미국은 결코 북한의 위협을 두려워하지 않으며, 한국보다 덜 강경한 것도 아니다. 그러나 한국은 쾌속정과 같아서 (대통령의 지시에 따라) 배의 방향을 수시로 바꿀 수 있지만, 미국은 항공모함과 같아서 방향전환에 시간이 걸리고, 일단 방향을 전환하면 이를 다시 바꾸기도 어렵다. 그래서 모든 외교적 수단이 소진된 후에나 강경책으로 선회가 가능할 것이다. 대화로 해결이 안 될 경우 미국이 언젠가는 한국이 원하는 대로 강경선회를 하게 될 것이다. 그러나 미국이 일단 방향을 선회한 후에는 다시 방향을 바꿀 것을 기대하지는 않는 것이 좋을 것이다.

그것은 엄중한 경고와도 같은 말이었다. 그가 말하던 항공모함의 방향선회는 한 달도 채 지나지 않아 현실로 다가왔다. 그리고 전쟁의 공포에 휩싸인 한국 정부가 주저하는 자세를 보이기 시작한 후에도 한번 선회한 항공모함의 진로는 쉽게 바뀌지 않았다.

영변을 방문했던 IAEA 사찰팀이 재처리시설 사찰에 실패하고 철수한 지 며칠 후인 3월 19일 미국은 마침내 방향선회를 결정했다. 그것은 판문점 남북회담에서 북한 대표단의 "불바다" 발언이 있은 바로 그날이기도 했다. 미국 정부는 더 이상 북한과의 외교적 협상이 불필요하다는 결론을 내리고, 북한 핵문제를 유엔 안보리에 회부하기로 결정했다. 한국 정부가 촉구해온 미국의 단호한 대응이 비로소 막을 올린 것이었다.

미국의 방향선회에 따라 한미 양국 간의 이견은 씻은 듯 사라졌고, 양국은 오랜만에 같은 인식과 전략을 공유하고 단호한 대응을 추구해나가기 시작했다. 그러나 양국의 이러한 단호한 분위기는 오래가지 못했고, 엉뚱한 곳에서 무너져 내리기 시작했다.

주한미군이 유사시에 대비한 화력증강과 훈련점검을 실시하고 주한 미국인 소개령을 검토하기 시작하자, 한국 정부는 미국의 의도에 대해 의심을 갖기 시작했다. 한국 정부는 미국이 차제에 정말로 전쟁을 벌이려는 것이 아닌지 의구심을 갖기 시작했고, 미국이 한반도에서의 군사적 대비태세에 관한 모든 정보를 한국과 공유하지 않고 있다고 생각했다.[22] 한국 정부는 어떠한 경우에도 정말로 전쟁을 야기할 가능성이 있는 조치에는 동의할 수 없다는 입장이었다.

양국 군사당국의 생각에도 괴리가 있었다. 페리$^{William Perry}$ 국방장관은 북한이 유엔 제재조치를 전쟁행위라고 주장하고 있는 만큼, 제재조치 통과 이전에 가급적 많은 군비증강을 마치고자 했다. 미국의 군사력이 강하고 군비증강에 임하는 태도가 단호할수록 북한의 군사적 도발을 억제하는 효과가 크다고 믿었기 때문이다. 그에 따라 미국 국방부는 다음과 같은 3단계 군비증강을 계획했다.

> 1단계: 대규모 증원군 파병의 정지작업을 위한 2000명의 비전투부대 파견
> 2단계: 1만 명의 지상군, 수 개의 전투기 대대, 1개 항공모함 전단 파견
> 3단계: 5만 명의 지상군, 400대의 항공기 파견, 다수의 로켓발사대와 패트리어
>   트 미사일 배치

그러나 한국 군부는 미군의 빠른 증강을 달가워하지 않았고,[23] 일전불사

---

22 *Ibid.*, p. 218~219.
23 *Ibid.*, p. 205.

114 제3부 제1차 북핵위기와 제네바합의

의 단호한 태세를 보이던 한국 정부는 점차 전쟁의 공포에 휩싸이기 시작했다. 당시 한반도에서 벌어지고 있던 상황전개에 대해 비교적 무관심하던 서울시민들 사이에 한국 정부의 이런 위기의식이 전파됨에 따라, 생필품 사재기가 야기되는 등 서울의 분위기는 점차 동요하기 시작했다. 주한 미국대사관이 검토하던 주한 미국인 소개령은 한국 정부의 강력한 반대로 검토단계에서 취소되었다.

여기에서 잠시 이해를 돕기 위해, 한미 양국의 정권 교체에 따라 커다란 변화를 거듭했던 양국의 대북정책 기조와 이것이 북한 핵문제 해결 구도에 미친 혼란스럽고도 때로는 우스꽝스러운 파급영향에 관해 설명하고자 한다.

북한 핵문제가 30년 동안이나 지속됨에 따라 그 사이 한국과 미국에서는 정권이 몇 차례나 바뀌었고 이에 따라 북한 핵문제에 대한 양국 정부의 시각이나 정책도 수없이 바뀌었다. 북한의 핵무장을 용인할 수 없다는 기본 입장은 명목상으로나마 항상 유지되었지만, 이를 실현하기 위한 방법론에서는 도저히 같은 나라의 정부라고 보기 어려울 만큼 변화가 극심했다.

한 가지 흥미로운 것은, 정권교체에 따른 양국의 수많은 정책변화에도 불구하고 한국과 미국의 정책은 우연히도 항상 서로 반대방향으로 변화되곤 했다는 점이다. 북한 핵문제의 해결을 위해서는 한미 양국의 긴밀한 협조가 불가결한 요소라는 점을 감안할 때, 이러한 상반된 정책변화에 따른 양국 사이의 불협화음은 북한 핵문제의 해결이 장기간 지체되어온 원인 중 하나인지도 모른다.

앞서 설명했듯이, 노태우 정부 당시에는 한국이 남북대화에 강한 애착을 갖고 북한 핵문제를 비교적 온건한 입장에서 다룬 반면, 미국의 부시 행정부는 강경한 입장이었다. 다만 양국 정부가 공통적으로 포위압박 정책을 대북한 정책의 기조로 하고 있었기 때문에 별 충돌은 없었고 높은 수준의 교감을 유지했다.

1993년 초에는 한미 양국에서 거의 같은 시기에 정권이 교체되어 김영삼 정부와 클린턴 행정부가 동시에 출범했다. 과거와는 반대로 클린턴 행정부는 북한에 대해 유화적인 입장이었고, 반면에 한국의 김영삼 정부는 과거 미국의 부시 행정부에 필적할 만큼 북한에 대해 강경한 입장을 취했다.

다시 말해 한미 양국의 입장이 1993년 이전과 비교하여 정반대로 바뀌는 역할교대가 이루어진 것이었다. 그러나 1994년 초 클린턴 행정부가 인내심의 한계를 드러내면서 대북한 강경선회를 결정하자, 한국 정부는 위태로운 상황전개에 두려움을 느끼고 미국과 반대 방향으로 온건선회를 시작했다. 이러한 한미 양국 정부의 상충되는 시각과 정책은 그 후 김대중, 노무현 정부가 출범하면서 그 정도가 더욱 심해졌다.

소리 없이 움직이는 펜타곤

제1차 북한 핵위기가 전개되었던 그 시기를 통틀어 펜타곤(미국 국방부)의 움직임은 무척 인상적이었다. 한국 정부가 우왕좌왕하고 백악관과 국무부가 강경론과 온건론 사이에서 설왕설래하는 와중에도 펜타곤은 아무 말 없이 최악의 상황에 대비한 준비를 차근차근 진행시켜가고 있었다.

당시의 한반도 정세가 미국 군사당국의 최대 관심사로 급부상한 것은 틀림없었으나, 그와 관련된 모든 움직임은 철저히 비밀에 부쳐졌다. 당시 한국 정부가 미국 국방부로부터 들을 수 있었던 설명은 "어떠한 상황에도 대처할 수 있는 준비를 갖추는 것이 미군의 당연한 임무"라는 말이 전부였다.

미국 국방부는 2000년대 중반 제2차 북핵위기 당시의 네오콘처럼 대북한 강경론을 주장하지도 않았고 핵문제 논의에서 별다른 목소리조차 내지 않았다. 그럼에도 불구하고, 항상 미소를 머금은 표정에 유연하고 온건한 성품을 지녔던 페리 국방장관의 등 뒤에서 미국 국방부는 말이 아닌 행동으로 단호하고도 부산한 움직임을 보이고 있었다. 그것은 쿠웨이트에서, 이라크에서, 소말리아에서, 그리고 코소보에서 언제든 필요하면 주저 없이 칼을 뽑곤 했던 초강대국 미국의 군 지휘부 모습 그대로였다.

한국 내의 주한미군 기지에는 패트리어트 미사일, 아파치 헬기 등 첨단무기들이 조용한 가운데 속속 도착하여 배치되고 있었고, 비상용 군수물자도 소리 없이 도착하여 비축되었다. 의심할 바 없이, 펜타곤은 유엔 경제제재 조치가 강행되고 북한이 이에 반발하여 군사도발로 맞서게 되는 최악의 시나리오를 전제로 준비에 임하고 있었다. 어떤 구체적인 군사작전을 준비하기보다는 한반도에서 어떤 돌발상황이 발생하더라도 그에 대응할 수 있는 준비를 갖추어나가고 있었다.

미 국방부가 염두에 두고 있던 돌발상황의 범주에 한반도의 전면전까지 포함되어 있었는가에 대해서는 이론의 여지가 있을 수 있다. 그러나 당시 실제로 이루어지고 있던 주한 미군의 무력증강 수준은 전면전 준비에는 훨씬 못 미치는 것이었고, 다분히 북한의 부분적 무력도발에 따른 국지전 또는 우발적 무력충돌 발발 가능성을 염두에 둔 것이었다. 북한 역시 표면적으로는 현란한 대외선전을 통해 '일전불사'를 거듭 외치고 있었지만, 무력도발을 실제로 준비하는 움직임은 없었다. 당시 한반도 전쟁의 공포는 사실상 한국의 언론보도와 한국 정부 수뇌부의 머릿속에만 존재했다.

여기서 한 가지 짚고 넘어가야 할 사항이 있다. 당시 미국이 한국과 협의 없이 영변 핵시설 폭격이나 대북한 선제공격을 준비하고 있었다는 주장이 노무현 정부 기간 중 마치 확인된 사실인 양 회자되었으나, 그것은 전혀 사실이 아니었다. 물론, 펜타곤이 만일의 경우에 대비하여 영변 핵시설에 대한 폭격 시나리오의 타당성 여부를 검토한 것은 사실로 밝혀졌으나,[24] 그러한 군사작전이 실제로 계획되거나 준비된 바는 없었다.

미국이 어느 날 갑자기 한국 정부와 협의 없이 영변 핵시설을 공습할지도 모른다는 우려는 핵위기가 극에 달했던 1994년 중반 김영삼 정부의 가슴을 짓누른 악몽이었다. 그러나 그것은 다분히 전쟁의 공포에 기인한 기우에 불과했다. 한국에 수만 명의 미군과 10만 명의 미국 민간인이 체류하고 있던 당시 상황을 감안할 때, 미국이 한국 정부의 동의와 협조 없이 일방적인 군사행동을 취하는 것은 현실적으로 가능한 일이 아니었다. 그 이유는 미국이 북한에 대한 군사조치를 단행하기 위해서는 반드시 다음의 두 가지 선행조건이 충족되어야만 했기 때문이다.

첫째, 한반도에서의 전면전 발발 가능성에 대비한 만반의 군사적 대비태세가 마련되어 있어야 했다. 여기에는 주한미군 및 주일미군의 전력 증강, 유사시에 대비한 대규모 증원군 파병 준비, 증원군이 사용할 전쟁물자의 사전 비축, 주요 전략기지에 대한 패트리어트 미사일 배치 등 방어태세 강화, 미국 민간인 체류자의 철수 등이 포함된다. 걸프전과 이라크전쟁의 선례에 비추어 볼 때 여기에 소요되는 기간은 최소 4~5개월이다.

미국은 1976년 8월 발생한 북한의 '도끼만행사건' 당시 문제의 발단이 된 판문점 경내 미루나무를 톱으로 베어냈는데, 북한의 군사적 대응 가능성에 대비하여 핵무기까지 적재한 수백 대의 폭격기와 전투기로 하늘을 뒤덮은 후에야 작업을 실시했다. 그런 미국이 아무 사전준비 없이 영변을 폭격한다는 것은 상상도 할 수 없었다. 2년마다 의회선거를 겪어야 하는 미국 정치체제상 그런 무모한 모험은 불가능했다.

둘째, 이러한 모든 사전준비 조치에 대한 한국 정부의 지지와 협조가 반드시 전제되어야 했다. 만일 한국 정부가 협조하지 않는다면 미국이 유사시에 대비한 군사적 대비태세를 갖추는 것이 물리적으로 불가능하기 때문이

---

24 *Ibid.*, p. 210, 220 참조.

다. 1994년 당시 미국은 유엔 안보리의 대북한 제재결의 추진에 앞서 한반도 유사시에 대비한 만반의 준비를 갖추고자 했으나, 전면전 발생을 우려한 한국 정부의 반대로 패트리어트 미사일 배치가 수개월 지연되었고 미국인 소개령은 검토단계에서 취소된 바 있었다.

4

제네바합의로 가는 길

별안간 나타난 불청객

한국 정부의 점증하는 우려에도 불구하고 한번 방향을 선회한 항공모함의 진로는 쉽게 바뀌지 않았고, 북한의 전쟁 위협이 점차 고조되는 가운데 유엔 제재조치를 향한 미국의 단호한 행보도 점차 본격화되어갔다. 더 이상 탈출구는 없는 듯 보였다.

그러던 중 누구도 원치 않던 뜻밖의 불청객이 찾아왔다. 한반도의 핵위기가 극에 달했던 그해 6월 초 카터James Carter 전 대통령이 북한 핵문제 해결을 위한 자신의 방북을 백악관에 제의해온 것이다. 그의 방북 제의는 처음이 아니었으나, 백악관은 이를 의도적으로 무시하거나 반대해왔다. 그러나 한반도 핵위기에 개입하려는 카터의 집념은 참으로 집요했다.

그의 방북에는 두 가지 상반된 측면이 있었다. 하나는 고집이 세고 정부의 입장을 무시하는 것으로 유명한 카터가 북한에게 이용되어 엉뚱한 합의를 하게 될 경우 어렵사리 형성된 국제적 단합 분위기가 무너질 수 있다는 부정적 측면이었고, 다른 하나는 북한에게 체면을 유지하면서 물러설 퇴로를 열어줄 수도 있을 것이라는 긍정적 측면이었다.

당시 미국 정부 내에서는 국무부를 중심으로 카터 전 대통령에 대한 불신이 뿌리 깊었다. 그는 전 세계 분쟁지역을 돌아다니면서 자신의 인기를 위해 '해결을 위한 해결'을 하고 다니는 것으로 국무부 내에서 악명이 높았다. 일단 카터가 개입하여 분쟁을 일시적으로 해결하고 매스컴을 탄 이후에는 사태가 더 악화되는 일이 빈번했다는 것이 국무부 관계자들의 불만이었다. 요컨대, 그의 해결책 속에는 항상 더욱 큰 문제의 불씨가 내포되어 있다는 것이었다.[25]

그러한 이유로 크리스토퍼 국무장관은 카터의 방북에 반대했으나, 고어 Albert Arnold Gore, Jr. 부통령은 카터의 방북이 김일성에게 퇴로를 열어주는 방안이 될 수도 있다는 생각에서 그의 방북을 지지했다. 결국 클린턴 대통령이 직접 결단을 해야 하는 상황이었다. 클린턴 대통령은 카터가 미국 정부를 대표해서 북한과 협상을 하는 것이 아니라 단지 개인자격으로 방북하는 것임을 전제로 방북에 동의했다.

김영삼 대통령은 카터를 불신해 그의 방북에 반대했다. 그는 카터의 방북 결정 소식을 듣자마자 클린턴 대통령에게 전화를 걸어, 대북한 제재에 대한 국제적 지지가 증가하고 있는 판국에 카터가 방북하는 것은 실수라고 강조했다.[26] 그러나 더 이상 누구도 카터의 집요한 행보를 막을 수는 없었다.

카터는 6월 15일부터 나흘간 평양을 방문하여 김일성 주석과 회담을 가

---

25 카터에 대한 미국 정부 당국자들의 불신에 관해서는 Don Oberdorfer, *The Two Koreas: A Contemporary History*와 Joel Wit, Daniel Poneman & Robert Gallucci, *Going Critical: The First North Korean Nuclear Crisis*에 상세한 내용이 기술되어 있다.

26 Joel Wit, Daniel Poneman & Robert Gallucci, *Going Critical: The First North Korean Nuclear Crisis*(2004), p. 203~204.

졌다. 김일성은 카터에게 북한이 핵무기를 개발할 의사도 능력도 필요도 없음을 강조하면서, 북한이 현 시점에서 핵시설을 동결하고 추방 예정인 IAEA 사찰관 2명의 잔류를 허용할 용의가 있다는 의사를 밝혔다. 그는 또한 미국이 신형 경수로를 얻도록 도와주면 현재의 흑연감속원자로를 해체할 용의가 있다고 밝히고, 신형 원자로를 확보하면 NPT에 복귀할 것이며 더 이상 투명성 문제는 없을 것이라고 말했다.

카터가 김일성으로부터 들은 제의는 6월 16일 아침 전화로 백악관에 전달되었다. 카터는 북한의 제의를 전달하면서, 자신이 곧 CNN 생방송으로 이를 발표할 예정이라고 통보했다. 당시 백악관에서는 마침 국가안보회의가 개최되어 클린턴 대통령이 대북한 제재조치 추진을 최종 승인하는 참이었다.

카터가 전달해온 김일성의 제안은 미국 내 친북학자들을 통해 이미 미국 정부에 전달된 내용들이었고, 새로운 내용은 없었다. 그것들은 미국 정부가 이미 "핵문제의 해결과는 거리가 먼 제안"이라는 판단을 내린 사항이었다. IAEA 사찰관의 잔류 허용만이 새로운 내용이었으나 그것은 본질적 문제가 아니었다. 결국 새로운 것은 아무것도 없었다. 달라진 것은 카터가 이를 생방송으로 발표한다는 사실뿐이었다.[27]

카터는 곧이어 이루어진 CNN과의 생방송 인터뷰를 통해, 김일성이 IAEA 사찰단을 추방하지 않기로 했고 신형 경수로를 대가로 현재의 구형 원자로를 폐기할 용의가 있다고 말했다고 설명하고, 미국 행정부가 제재를 추진한 것은 잘못이며 자신의 방북이 위기를 완화하기 위한 매우 중요하고 긍정적인 결과를 가져왔다고 자화자찬했다. 카터의 말은 대북제재에 비판적이었

---

27 Don Oberdorfer, *The Two Koreas: A Contemporary History*(Addison Wesley, 1997), p. 330.

고 북한에 대해서는 동정적인 투였으며, 가장 중요한 플루토늄재처리 문제에 대해서는 아무 언급이 없었다.

오버도퍼의『두 개의 한국』에는 당시 미국 정부 수뇌부가 직면했던 황당한 상황이 상세히 기술되어 있다. 그가 기술한 당시 백악관의 반응을 여기에 그대로 인용한다.

> 백악관 상황실에는 카터의 CNN 인터뷰에 분노하는 분위기가 감돌았다. 그것은 미국 행정부가 1년 이상 씨름해온 문제에 대해 막 새로운 중요한 결정을 내리려는 순간에 행정부를 무대 위에 올려놓고 곤란하게 만들 것만 같았다. 한 참석자는 카터의 이러한 행동이 반역행위와도 같은 것이라고 말했고, 다른 참석자는 미국이 제재와 군비보강을 위한 방아쇠를 막 당기려는 순간 북한이 지연작전으로 나오는 것을 걱정했다.
>
> (CNN이 생중계한 인터뷰에서) 카터는 김일성의 제의를 거듭 반복하면서 그것이 "위기 해소를 위한 매우 중요하고 긍정적인 진전"이라고 선언했다. 그리고 다음 단계의 조치는 백악관이 결정할 일이라고 말하면서도, 지금 필요한 것은 그간 지연되어온 제3단계 미북 고위급회담을 개시하는 단순한 결정뿐이라고 자신의 생각을 공개적으로 천명했다.
>
> 카터의 인터뷰가 미국 내 클린턴의 모든 친구와 적들뿐 아니라 외국 관리들까지 지켜보는 가운데 생방송으로 진행됨에 따라, 외교적·군사적 위기는 새롭게 국내정치적 차원의 문제로 비화되었다. 일개 민간인 카터가 미국의 정책을 좌지우지하고 있는 듯 보이고 행정부는 구경꾼 노릇만 한 것으로 언론에 비쳐지게 된 데 대해 백악관에 모인 사람들은 경악했다.[28]

당시 백악관 회의에 참석했던 사람들은 "별로 새로운 것이 없다", "전직

---

28 *Ibid.*, pp. 330~331.

대통령이 북한의 대변인이 된 것은 문제다", "전혀 새로운 것이 없는 것을 카터가 다시 말했다고 새로운 내용이 되는 것은 아니다"는 반응을 보였고, 클린턴 대통령도 이에 동의했다.[29]

백악관에 모인 클린턴 행정부의 수뇌들은 카터의 방북으로 인해 일이 잘못 풀려가고 있다는 것을 직감했으나, 그러한 상황에서 대북한 제재조치를 계속 추진해나가기도 어려운 묘한 처지에 빠지게 되었다. 핵문제가 마치 모두 해결된 것처럼 전 세계에 선포한 카터의 제안을 묵살하기 위해서는 백악관이 상당한 국내정치적 부담을 질 수밖에 없었기 때문이다. 그래서 일단 5MW 원자로의 연료봉을 재장전하지 않는다는 조건부로 미북회담을 재개하기로 결론을 내렸다.

카터가 방북했을 당시 한반도 긴장 고조로 극도의 어려움에 처했던 김일성은 체면을 잃지 않고 협상카드도 포기하지 않으면서 위기를 모면할 방도를 찾고 있었는데, 마침 카터가 그 수단을 제공해준 것이었다.[30] 카터의 방북은 미국 내 친북학자들을 통한 김일성의 초청에 따라 이루어졌던 것으로 알려져 있다. 결국 김일성은 카터를 이용해 위기를 모면하고 별다른 추가적 양보 없이 다시 미국과의 협상을 계속할 수 있게 되었다. 당시 한반도 위기의 직접적 도화선이 되었던 북한의 핵연료봉 무단인출은 그로 인해 그대로 기정사실이 되어버렸다. 이는 북한 외교의 커다란 승리였다.

카터는 귀국길에 김영삼 대통령과 만났다. 당시 김 대통령은 북한의 제의가 지연전술에 불과하며 카터의 방북이 대북한 압박정책에 방해가 된다는 부정적인 생각을 갖고 있었다. 그는 또한 카터의 개입으로 인해 북한 핵문

---

29 Joel Wit, Daniel Poneman & Robert Gallucci, *Going Critical: The First North Korean Nuclear Crisis*(2004), p. 228.

30 Don Oberdorfer, *The Two Koreas: A Contemporary History*(Addison Wesley, 1997), p. 336.

제 처리과정에서 한국이 다시 뒷전으로 밀리게 된 점을 불쾌하게 생각하고 있었다.

그러나 카터는 한국 정부가 도저히 거절할 수 없는 비장의 카드를 들고 왔다. 김일성은 카터를 통해 김영삼 대통령에게 "언제 어디서든 조건 없이 가급적 이른 시기에" 남북정상회담에 응하겠다는 의사를 전달했던 것이다. 이 제의를 전달하자 김영삼 대통령의 반응은 급변했고, 불과 1시간 만에 "조건 없는 남북정상회담 수락"을 언론에 발표했다.[31]

카터가 워싱턴과 서울에 미친 이러한 충격들로 인해 상황은 급반전되었고, 모든 비상상황이 종결되었다. 한국 정부가 남북정상회담 수락을 공개적으로 선언한 마당에 대북한 제재조치의 추진이라는 것은 꿈도 못 꿀 일이었다. 미국 정부는 결국 핵문제를 원천적으로 해결하려던 노력을 포기하고 카터가 제시한 바와 같이 미북회담 재개를 통해 다시 북한과 협상을 벌이는 수밖에 없었다. 결국 모든 상황은 북한이 의도한 대로 돌아가게 되었다.

카터의 방문 직후 남북한은 예비접촉을 통해 7월 25일부터 27일까지 남북정상회담을 개최하기로 합의했다. 남북정상회담을 앞두고 흥분한 한국 정부는 언제 핵문제가 있었냐는 듯 축제 분위기였고, 김일성에게 줄 정상회담 선물을 준비하느라 바빴다. 쌀 50만 톤을 제공한다는 말이 나오더니, 난데없이 1000MW짜리 '한국형 경수로' 2기를 북한에 제공한다는 구상이 튀어나왔다. 당시의 분위기에서 누구도 그러한 움직임에 대해 이의를 제기할 수 없었다.

그러나 왜 2000MW를 제공하는가에 대해서는 논란의 여지가 없지 않았다. 북한이 보유한 3개 원자로를 모두 전력발전용이라고 가정하더라도 이들을 해체함으로써 상실하게 되는 발전량은 총 255MW(5MW+50MW+200MW)

---

31 *Ibid.*, p. 334.

에 불과한데 왜 그 대가로 8배에 달하는 2000MW의 경수로를 제공한다는 것인가? 그 이유는 간단했다. 당시 한국이 보유하고 있던 이른바 '한국형 경수로' 기술이란 미국 컴버스천 엔지니어링Combustion Engineering이 원천기술을 보유하고 있는 원자로 모델을 약간 개조하여 1000MW 원자로 2기를 쌍으로 건설하는 2000MW 표준설계 개념의 기술이었다. 따라서 당시 한국 원자력계는 1000MW 발전소를 한 개만 짓거나 이를 쪼개서 300MW나 500MW로 짓는 설계기술을 보유하지 못하고 있었다.[32]

이렇게 태동된 '한국형 경수로' 지원 계획은 역사적인 남북정상회담을 개최하게 된 데 대한 한국 정부의 자만심에 찬 흥분과, 어떻게든 한국 원자로의 최초 해외수출을 이루고자 하는 국내 원자력계의 오랜 숙원, 그리고 대북한 경수로 제공이 엄청난 규모의 남북교류 증대와 민족화합을 가져오리라는 남북관계 전문가들의 막연한 기대에서 비롯된 합작품이었다.

그러나 남북정상회담 계획은 7월 8일 김일성의 갑작스러운 죽음으로 무산되었고, 결국 남은 것은 신중한 검토도 없이 정상회담 선물로 급조되었던 경수로 지원 계획뿐이었다. 후에 미국이 미북 제네바합의 협상에서 북한 핵시설 해체에 대한 보상책으로 한국형 경수로 지원계획을 활용했지만, 이는 한국 정부의 당초 의도와는 상당한 괴리가 있는 결말이었다.

---

32 나중에 경수로 사업을 실제 추진하는 과정에서 밝혀진 일이지만, 1000MW 원자로 2개를 쌍으로 건설하는 개념의 한국표준형 원자로 기술이란 그것을 한국 내에서 건설할 경우에 한하여 미국 측의 특허료가 면제된 것이었고 해외 수출도 제한되어 있었다. 또한 기술 면에서도 대부분의 핵심부품들은 한국이 제조기술을 갖고 있지 못했고, 대부분 미국에서 수입하거나 미국으로부터 특허사용 허가와 설계도면을 받아 국내 또는 제3국에서 생산해야 했다.

서둘러 봉합된 제네바협상

미국 정부의 방향선회에 대해 미국 조야는 대체로 비판적인 반응이었다. 전통적으로 민주당 정책을 지지하는 ≪뉴욕타임스New York Times≫마저도 6월 18일 자 사설을 통해, "미국의 한반도 정책 변화: 클린턴 결전 직전 후퇴"라는 제하로 클린턴 행정부의 일관성 없고 유약한 정책을 비판했다. 카터가 귀국하자 그의 방북 행적에 대한 비판이 언론과 의회로부터 쏟아졌다.

카터 방북의 여파로 1994년 7월 8일 제3단계 미북회담이 제네바에서 개최되었다. 이는 제2단계 미북회담이 1993년 7월 개최된 이래 정확히 1년 만의 회담 재개였다. 그러나 회담 개최 당일 김일성이 사망함에 따라 회담은 중단되었다.

김일성 사망 후 한국 정부는 며칠간 사태를 관망하는 모습이었으나, 곧 김일성에 대한 적대적 태도를 표출하기 시작했다. 김일성에 대한 조문을 금지했고 조문을 추진하던 한국 내 주사파 세력들에 대한 검거를 실시했으며, 김영삼 대통령이 한·러시아 정상회담 때 옐친 대통령으로부터 받은 한국전쟁 관련 구소련 정부 문서들을 김일성 장례식 당일에 공개했다. 여기에는 북한의 6.25 남침에 대한 움직일 수 없는 증거들이 들어 있었다. 북한은 한국 정부의 이러한 태도를 맹비난하고 두고두고 문제 삼았다.

김일성 사망으로 하루 만에 중단된 미북회담 1차 회의는 약 한 달 만에 제네바에서 재개되었다. 8월 5일부터 12일까지 2차 회의가, 9월 23일부터 10월 17일까지 3차 회의가 갈루치 북핵담당대사와 강석주 부부장 간에 속개되어 북한의 비핵화를 위한 조건들이 논의되었다.

미국 협상팀은 영변 핵시설을 해체하고 그 대가로 경수로를 제공하는 방향으로 회담을 추진했다. 북한이 요구하는 방식으로 영변 핵시설을 해체하자면 경수로 지원을 위해 무려 40억 달러가 넘는 거금이 필요했다. 그러나 미국은 대북한 제재조치상 경수로 대금의 부담이 불가능한 상황이었고, 설상가상으로 미 의회는 "북한이 핵개발을 포기하고 NPT와 안전조치협정 의무를 완전히 이행하지 않는 한 북한에 대한 원조를 금지한다"는 내용의 「해외원조법Foreign Assistance Act」 개정안을 만장일치로 통과시켜 행정부의 손발을 묶어버렸다.

그런 상황하에서 미국 의회가 행정부의 경수로 건설비 지출에 동의할 가능성은 없었고, 결국 외국 정부의 도움을 받는 길밖에 없었다. 국무부가 경수로 건설비 부담문제에 관해 주요국들의 의향을 타진한 결과는 다음과 같았다. 이것이 의미하는 바는 명백했다. 한국의 참여 없는 대북 경수로 제공은 불가능하다는 점이었다.

- 한국: 한국 기업이 경수로 건설에서 '중심적 역할'을 한다면 재정지원 용의
- 일본: 다국적 컨소시엄에 참여하여 일부 비용 지원 가능
- 중국: 북한에 경수로 발전소를 건설할 수는 있으나, 비용부담은 불가
- 러시아: 러시아 경수로의 건설 용의가 있으나, 비용 부담은 불가

자금 조달상의 어려움에도 불구하고, 미국이 제네바 회담에서 북한의 경수로 제공 요구를 포기시키려는 노력을 기울인 흔적은 거의 찾아볼 수 없다. 오히려 회담은 김일성이 카터에게 제의했던 대로 '미국의 경수로 제공 보장'을 전제로 하여 진행되었다.

미국은 회담 벽두에 경수로 제공에 관한 미국 대통령의 친서를 전달할 용의가 있다고 전제하고, 그 조건으로서 북한이 취할 조치들을 제시했다. 이것은 후일 제네바합의의 뼈대를 구성하게 될 핵심 쟁점들로서, 당시 미국이 요구한 사항과 그에 대한 북한의 일차적 반응은 다음 표와 같았다.[33]

구분	미국 측 요구사항	북한 측 반응
핵시설 동결	모든 핵프로그램 동결, 흑연로 2기 (50MW, 200MW) 건설 중단	경수로 보장서한 수령 시 재처리시설 동결, 5MW 원자로는 재장전하여 가동 계획
특별사찰 수용	즉시 특별사찰을 받을 것	특별사찰 절대 불가(최고지도부 입장)
5MW 연료봉	재처리하지 말고 국외 반출	국외반출은 불가하며, 영변에 보관 필요
핵시설 해체	경수로 건설과 동시에 기존 핵시설 해체	경수로 가동 시 기존 핵시설 해체
비핵화 선언 이행	비핵화선언 준수 약속	비핵화선언 이행의사 표명
남북대화 재개	남북대화 재개 약속	남북대화 재개 절대 불가
중유 지원	5MW 원자로 가동중단에 따른 에너지 지원	경수로 완공 시까지 매년 중유 50만 톤 제공

이러한 미북 양측의 현저한 입장 차이는 협상이 진행됨에 따라 진퇴를 거
듭하여 결국 다음과 같은 모습으로 제네바합의에 반영되었다.

- 핵동결: 미측 입장이 전면 반영되어, 3개 원자로 포함 모든 핵시설에 대한 동
  결 합의
- 특별사찰: 북한 측 입장을 대체로 반영, 경수로 상당 부분이 완공되는 6~7년
  후까지 핵사찰 보류
- 연료봉: 북한 측 최초입장 관철(영변에 보관)
- 핵시설 해체: 북한 측 최초입장 관철(경수로 1호기 완공 시 해체 개시)
- 비핵화선언: 북한 측 입장 반영(간접적이고 애매한 문구로 합의)
- 남북대화: 사실상 북한 측 입장 반영(구속력 없는 애매한 문구로 합의)

---

33 제네바 회담 당시 양측 입장의 상세한 내용에 관해서는 Joel Wit, Daniel Poneman & Robert
Gallucci, *Going Critical: The First North Korean Nuclear Crisis*(2004), p. 272, 274~275 참조.

• 중유지원: 북한 측 요구를 그대로 수용(중유로 보상하는 대상에 50MW, 200MW 원자로도 포함)

현시점에서 오랜 과거의 제네바협상 과정을 반추해보는 것은 매우 의미가 있다. 왜냐하면 2018년 싱가포르 미북정상회담 전후로 트럼프 행정부의 미국 외교관들도 핵사찰, 핵물질 국외반출, 핵시설 해체 등 핵심쟁점에 있어서 북한과 매우 유사한 협상을 갖고 매우 유사한 실패와 좌절을 겪었을 것이기 때문이다.

1994년의 제네바협상 과정에서 미국은 5MW 원자로를 포함한 모든 핵시설을 동결대상에 포함시키는 데 성공했을 뿐이고, 나머지 대부분의 쟁점에서는 북한의 입장이 관철되었다. 협상을 한 것이 아니라 북한의 입장들을 대부분 받아 적은 데 불과한 참담한 협상 결과였다.

그에 더하여 미국은 북한이 큰 이해를 갖고 있던 대북한 제재조치 일부 완화, 연락사무소 개설, 관계개선 조치까지 약속했다. 영변 핵시설의 '해체'도 아닌 '동결'을 위해 왜 그처럼 많은 대가가 필요했을까? 이를 보면 북한이 왜 제네바합의를 그처럼 요란스럽게 외교적 승리로 자축했는지 짐작할 수 있다.

한편, 이에 앞서 한미 양국은 제네바회담이 진행되는 동안 협상전략을 둘러싸고 상당한 갈등을 겪어야 했다. 북한 핵문제의 기본적 해결 방향에 대해 양국 간에 시각 차이가 있었을 뿐 아니라, 제3단계 회담에서는 한국 정부가 달갑게 생각지 않는 미북관계 개선 문제까지 폭넓게 논의되고 있었기 때문이다.

한국 정부는 북한의 과거 핵활동을 규명하기 위한 IAEA 특별사찰의 실현에 가장 관심이 많았으나, 미국은 특별사찰보다는 5MW 원자로의 가동중단과 동결에 더 큰 관심이 있었다. 그것은 미국이 북한의 과거 핵활동 규명을 통한 핵문제의 원천적 해결보다는 플루토늄의 추가생산 방지를 통한 현상유지의 확보에 더 역점을 두고 있음을 의미했다.

또한 한국은 북한 문제가 향후 미북 구도 일변도로 나가게 될 것을 우려하여, 남북대화 재개 조항이 합의 내용에 꼭 포함되어야 한다는 입장이었다. 그러나 미국은 남북대화를 핵합의와 연계시키려는 한국 정부 입장에 대해 거부감이 많았다.

한국 정부는 북한이 권력승계 기간 중에 있으므로 미국이 북한과의 합의를 서두를 필요가 없다는 생각이었으나, 미국은 그해 11월 초의 중간선거를 의식해서인지 합의를 서두르는 기색이 역력했다. 그 과정에서 일부 중요한 대북한 제안사항을 한국 정부와 사전에 협의하지 않아 양국 간에 두고두고 심각한 문제가 되기도 했다.

이러한 이견들 때문에 한미 공조는 양국의 이해가 일치하는 범위 내에서만 가능했고, 점차 뼈대만 남았다. 미국은 한국 정부를 설득하기 위한 노력을 기울이기는 했으나 궁극적으로는 자신의 길을 갔다. 한국 정부는 국내의 비판적 여론을 진정시키고자 양국 간에 이견이 없다고 거듭 강조했지만, 그것이 상황의 본질을 바꿀 수는 없었다.

제네바합의의 탄생

미국은 10월 19일 북한과 합의문에 잠정 합의한 후 한·일 양국 정부의 사전동의를 받아 10월 21일 서명했다. 이것이 이른바 '제네바합의'라 불리는 '미북 합의문Agreed Framework between USA and DPRK'이었다. 미국이 합의문 내용에 대해 한국과 일본 정부의 사전동의를 받은 이유는 합의문에 포함된 경수로 건설비에 대한 부담 약속을 받아내기 위해서였다.

1. 양측은 북한의 흑연로와 관련 시설을 경수로 발전소로 대체하기 위해 협력한다.
   (1) 미국은 2003년까지 2000MW의 경수로를 북한에 제공하기 위한 조치를 주선한다.
   (2) 미국은 경수로 1호기 완공 시까지 매년 50만 톤의 대체에너지를 제공한다.
   (3) 미국의 경수로 공급 보장을 받는 대로 북한은 흑연로와 관련시설을 동결하며 궁극적으로 해체한다.

2. 양측은 정치적·경제적 관계의 완전 정상화를 추구한다.
   (1) 양측은 3개월 내에 통신과 금융거래 제한을 포함한 무역, 투자 장벽을 완화한다.
   (2) 영사 및 기술적 문제가 해결된 후 연락사무소를 교환, 설치한다.
   (3) 공동 관심사항의 진전에 따라 양국 관계를 대사급 관계로 격상시켜 나간다.

3. 양측은 핵이 없는 한반도의 평화와 안전을 위해 함께 노력한다.
   (1) 미국은 북한에게 핵무기 불사용을 공식 약속한다.
   (2) 북한은 한반도 비핵화공동선언의 이행을 위한 조치를 일관성 있게 취한다.
   (3) 북한은 대화 분위기 조성에 따라 남북대화에 호응한다.

4. 양측은 국제적 비확산체제의 강화를 위해 함께 노력한다.
   (1) 북한은 NPT에 잔류하고 안전조치협정을 이행한다.
   (2) 북한은 경수로 공급협정 체결 즉시 동결대상이 아닌 핵시설에 대한 IAEA의 정기, 비정기 사찰을 받는다.
   (3) 북한은 경수로의 중요 부분 완공 후 핵심부품 도착 이전에 IAEA와의 안전조치 협정을 전면 이행한다.

　　미국은 제네바합의에 따른 대북 에너지 지원을 이행하기 위해, 연간 50만 톤의 중유 제공은 미국이 부담하고 경수로 공사비는 한국과 일본이 분담하는 방안을 추진했고, 이에 따라 한국과 일본 정부에 대해 각각 70%와 30%의 부담을 요구했다. 한국 정부 수뇌부는 제네바합의 내용에 대해 불만이 적지 않았으나 고심 끝에 70%의 부담을 서면으로 약속한 반면, 일본은 구체적 분담규모를 명기하기를 거부하고 "적절한 기여due contribution"만을 약속했다. 이런 과정을 거쳐 제네바합의가 역사에 등장하게 되었다.

제네바합의의 채택과 더불어 동 합의문에 규정된 핵시설 동결 및 해체와 관련된 일부 절차적, 기술적 사항들이 포함된「비공개 부속서Confidential Minutes」가 채택되었는데, 그 주요 내용은 다음과 같다.

비공개 부속서 주요 내용

1. 경수로 1호기 완성 후 1~2년 내에 2호기를 완성한다.
2. 경수로 중요 부분 완성 후 미국 기업의 핵심부품 공급에 앞서 미북 원자력협력협정을 체결한다.
3. 동결대상 핵시설은 5MW 원자로, 방사화학실험실, 건설 중인 50MW 원자로, 200MW 원자로, 핵연료봉 공장으로 한다.
4. 북한은 새로운 흑연로 또는 관련시설을 건설하지 않는다.
5. 경수로의 중요 부분 완공 시, 북한은 IAEA가 필요로 하는 추가적 장소 및 정보에의 접근 허용을 포함하여 안전조치협정을 전면 이행full compliance 한다.
6. 동결된 핵시설은 경수로 1호기 완공 시 해체를 시작하여 경수로 2호기 완공 시 해체를 종료한다. 해체란 그 부품을 다시 사용할 수 없도록 분해하거나 파괴함을 의미한다.
7. 경수로 1호기 핵심부품 이전이 개시되는 시점에 사용후연료봉의 국외반출을 개시하며, 1호기 완공 시 반출을 완료한다.

제네바합의의 내용을 통해 알 수 있듯이, 이는 단순히 핵동결과 경수로 제공을 위한 합의가 아니라 미북관계 개선 전반에 관한 내용을 담고 있는 포괄적인 합의문이었다. 한미 양국의 입장에서는 핵동결과 핵사찰 및 핵시설 해체의 대가로 경수로와 중유를 제공한다는 조항이 최대 관심사였으나, 북한의 입장에서는 미북 수교와 제재조치 해제 등 미북관계 개선에 더 역점을 둔 합의였다.

제네바합의 타결 후 북한은 이를 커다란 외교적 승리로 자축한 반면, 한국 정부와 미국 정부는 국내 여론으로부터 상당한 비판에 시달려야 했다. 제네바합의를 통해 북한의 핵무기 대량생산을 저지했다는 미국 국무부의 자화자찬에도 불구하고, 북한의 NPT 위반을 뇌물(경수로와 중유)을 주고 무마하는 나쁜 선례를 남겼다는 비난이 의회와 언론으로부터 쏟아졌다. 특히 장기간의 핵동결 기간을 설정함으로써 북한의 핵시설 해체가 오랜 기간 지연되는 데 대해 비판이 집중되었다.

≪뉴욕타임스≫는 제네바합의를 "지구상에서 가장 인정하기 어려운 나라에게 주는 해외원조 프로그램"이라고 비꼬았고, 칼럼니스트 윌리엄 새파이어William Safire는 제네바합의가 클린턴 대통령으로 하여금 "모든 합의는 좋은 합의라는 자기최면에 빠질 수 있음을 보여주었다"고 비판했다. 슐레진저James Schlesinger 전 국방장관은 제네바합의가 "무조건 항복은 아닐지 몰라도 협상을 통한 항복에 해당된다"고 혹평했고, 상원 공화당 간사인 돌Bob Dole 상원의원은 "많은 것을 주기만 하면 합의는 언제든 가능하다는 것을 보여준 사례"라고 평가했다. 매케인John McCain 상원의원은 미국이 "북한의 협박에 굴복했다"고 비판했다.

이런 상황에서 의회로부터 제네바합의에 대한 승인을 받는다는 것은 불가능했기에, 클린턴 행정부는 감히 "합의문Agreement"이라는 용어를 쓰지 못하고 "Agreed Framework"라는 생소한 용어를 사용하게 되었다. 번역을 하자면 "합의된 이행구도"라고나 할까.

사정은 한국도 마찬가지였다. 제네바합의가 북한 핵문제의 완전한 해결과는 거리가 먼 잠정적 조치의 수준을 벗어나지 못한 데다가, 막대한 반대급부 제공과 포괄적인 미북관계 개선 합의까지 포함된 데 대해 비난이 쏟아졌다.

제네바합의에 대한 국내 여론의 비판이 비등하는 가운데, 김영삼 대통령은 1995년 초 개각을 통해 외교안보 부서의 수장 전원을 대북한 강경 성향의 인사들로 교체했다. 김영삼 정부 출범 시 진보성향 인사들을 다수 기용하여 장기수 간첩 이인모를 송환하는 등 유화적인 대북정책을 추구했던 점을 감안할 때, 이는 김영삼 정부 대북정책의 전면 수정을 의미하는 커다란 변화였다.

북한은 왜 제네바합의를 자축했는가?

북한은 제네바합의에 대한 국내외적인 비판에 시달리던 클린턴 행정부의 난처한 입장은 아랑곳하지 않고 이를 커다란 외교적 승리로 대대적으로 자축했다. 협상을 주도했던 강석주 부부장은 일약 영웅이 되었다. 북한은 그 당시 미국과의 대결에서 어떻게 영웅적 승리를 쟁취했는지를 소설 형식으로 엮은 『역사의 대하大河』라는 소설책을 출간하기까지 했다.

제네바합의가 북한의 핵무기 대량생산을 저지한 좋은 합의였다는 클린턴 행정부의 자화자찬에도 불구하고, 북한은 제네바합의를 북한 외교의 기념비적 승리로 자축할 만한 충분한 이유를 가지고 있었다. 그 이유를 추론해 보는 것은 제네바합의의 공과를 분석하고 향후 유사한 오류의 재발을 방지하는 데 좋은 시사점이 될 수 있을 것이다. 왜냐하면 북한이 제네바협상에서 승리한 이유는 바로 미국이 그 협상에서 실패한 이유이기도 하기 때문이다.

첫째, 북한은 제네바합의로 인해 당장 발등의 불인 유엔의 제재조치를 면하게 되었고, 경수로의 중요 부분이 완성되는 6, 7년 후까지 IAEA의 핵사찰로부터 합법적으로 면제되는 특권을 누리게 되었다. 그 기간 중 북한은 핵 동결을 유지하면서 그 대가로 연간 50만 톤의 중유를 받기만 하면 되었다. 북한으로서는 그 기간에 핵무기와 그 운반체계 기술을 더 연구하고 완성해서 핵무장을 실현할 수 있는 안전한 유예기간을 부여받았다고 볼 수 있었다.

둘째, 북한은 약 46억 달러에 달하는 2000MW 경수로를 거저 얻게 되었다. 북한이 실제로 포기하게 될 영변지역 원자로(흑연로) 3기의 용량은 총

255MW에 불과함에도 불구하고, 그것의 8배나 되는 첨단 경수로를 무상으로 획득하게 된 것이다. 2000MW는 당시 북한의 전력생산 총량과 맞먹는 엄청난 양이었다.

셋째, 영변 핵시설의 해체는 경수로 1호기 완공 후 실시될 예정이므로, 북한으로서는 핵시설 해체를 수용할지 여부를 그때 가서 결정하면 되었다. 그 시기에 가서 북한이 제네바합의를 파기하더라도 경수로 1호기는 북한의 손에 남아 있게 되는 구도였다. 최악의 경우 완공된 경수로가 미국의 방해로 가동되지 못하는 상황이 발생한다 하더라도 이는 모든 상황이 1994년으로 되돌아가는 것일 뿐, 북한으로서는 손해 볼 것이 없었다.

넷째, 제네바합의로 인해 비록 영변 핵시설의 가동은 동결되지만 이미 추출한 10~12kg의 농축플루토늄은 동결대상에 포함되지 않았다. 또한 경수로가 완공되고 핵시설이 해체된 이후에도 농축플루토늄은 북한이 계속 보유할 수 있도록 되어 있었다. 이는 제네바합의가 완전히 이행되어 경수로가 완공되고 영변 핵시설이 해체된 이후에도 북한의 핵무장 능력이 계속 잔존한다는 의미였다.

다섯째, 북한이 설사 제네바합의에 따라 영변의 원자로들을 모두 해체하게 되더라도 경수로만 갖고 있으면 언제든 이를 통해 핵무기용 플루토늄을 대량 생산할 수 있었다. 2000MW 경수로에서 이론상 한 해에 약 300kg의 무기급 농축플루토늄을 추출할 수 있음을 감안할 때, 이를 통해 단번에 40~50개의 핵무기를 만들어 일약 인도, 파키스탄 수준의 핵보유국이 될 수도 있었다.

여섯째, 제네바협상을 계기로 북한이 수십 년 추구해온 미북 직접협상 구도가 공고화되었다.[34] 이것은 북한이 한국을 경유하지 않고 미국과의 직접

___

34 제네바합의가 이행되는 기간 중 대북 경수로 지원과 중유 제공 등은 한·미·일 3국이 주도하

협상을 통해 한반도 문제를 해결할 수 있는 "통미봉남^{通美封南}"의 길이 개설되었음을 의미했다. 이는 북한이 한국전쟁 이후 40년간 추구해온 염원이었다. 미국의 제재조치 해제와 대미수교도 가시권에 들어왔다.

이러한 모든 정황들을 감안할 때, 당시의 북한에게 제네바합의를 끝까지 이행할 의사가 있었든 없었든 간에, 제네바합의는 북한이 필요로 하는 모든 혜택과 모든 선택의 자유들을 내포한 최상의 합의였고 북한 외교의 빛나는 승리였다. 북한이 이 승리를 요란스럽게 자축한 것도 무리는 아니었다.

한편, 한·미·일 3국 간의 구체적인 경수로 공사비 분담협상은 1997년 말 개시되었다. 1998년 타결된 분담협상 결과, 한국은 당초 약속대로 실공사비의 70%(30억~35억 달러로 추산)를 부담하고 일본은 미국의 당초 요구액에 못미치는 10억 달러(총공사비의 약 20%)를 정액으로 부담하기로 결정되었다.

제네바합의에 대한 의회의 거부감으로 미국 정부의 중유예산 확보가 어려워짐에 따라, 미국은 한국과 일본에게 중유대금도 부담해줄 것을 요구했으나 양국 정부는 이를 거부했다. 이 때문에 KEDO는 제네바합의 이행과정에서 약 10%의 경수로 공사비 부족과 연간 0.5~1억 달러에 달하는 중유대금 부족으로 인해 재정적으로 많은 어려움을 겪었다. 부족한 자금은 호주, EU 등 여타 KEDO 회원국의 기여금과 은행 차입금 등으로 어렵사리 충당되었다.

는 KEDO에 의해 이루어졌지만, 북한은 어디까지나 KEDO를 미국이 주도하는 기관이자 미국의 대리자로 인식했고, 6자회담 역시 중국의 중재자로서의 역할이 부각되기는 했으나 북한의 관심사는 오직 6자회담 테두리 내에서 이루어지는 미북 협상뿐이었다.

5

제네바합의의 성격과 공과

제네바합의의 기본성격과 이행구도

제네바합의가 1994년 서명되어 2002년 붕괴될 때까지 8년간 겪어온 파란만장한 역사를 이해하기 위해서는 제네바합의의 구조와 그 근저에 흐르고 있는 기본 성격을 이해해야 한다. 이를 여기에 자세히 기술하고자 하는 이유는 제네바합의가 내포했던 문제점들이 앞으로의 핵협상을 위한 중요한 역사의 교훈이기 때문이며, 또한 북한 핵문제에 관한 어떤 새로운 합의도 제네바합의가 겪었던 멍에로부터 자유롭지 못할 것이기 때문이다.

첫째, 제네바합의는 1994년 합의 당시 미국 정부 관계자들이 강조했던 바와 같이 미북 간 상호불신을 전제로 작성된 **정치적 합의**였다. 어느 쪽도 합의를 이행할 법적 의무는 없는 '합의된 이행구도^{Agreed Framework}'에 불과했기 때문에, 양측의 이해가 일치되고 양측이 공히 이행을 원하는 동안만 존속될 수 있었다. 어느 한쪽이 의무를 불이행할 경우 상대방은 이와 연계된 자신의 의무이행을 중단할 권리를 가질 뿐, 합의이행을 강요할 방법은 없었다.

둘째, 제네바합의는 북한 핵문제의 즉각적 해결을 도모하기보다는 일단 핵동결을 통해 현상을 유지함으로써 상황의 악화를 방지하는 데 중점을 둔 **현상유지적 합의**였다. 따라서 무엇보다도 미래의 추가적 핵활동을 막는 핵동결에 초점이 맞추어졌다. 이미 추출된 핵물질의 양에 대한 사찰과 검증은 경수로 중요 부분이 완공되는 6, 7년 후로 연기되었고, 검증이 실시된 후에 북한이 보유한 핵물질을 어떻게 처리할지에 관해서도 아무 합의가 없었다.

셋째, 제네바합의는 과거 핵활동의 조기 규명을 통해 핵개발을 원천적으로 봉쇄하기보다는 미래의 해결 가능성에 희망을 두고 핵심 쟁점의 해결을 경수로 중요 부분 완공 이후로 일단 미루어둔 **잠정적 합의**였다. 북한의 핵포기 이행 여부는 미래의 운명에 맡겨놓은 무보증 약속어음과도 같은 합의였기에, 만일 그 시기가 도래한 후 북한이 핵포기를 거부할 경우에는 달리 강요할 방법이 없고 모든 것이 1994년의 원점으로 되돌아갈 수밖에 없었다.

이처럼 제네바합의는 미북 간의 상호불신과 상대방의 의무불이행 가능성을 전제로 작성되었기 때문에, 양측의 의무이행이 상호 긴밀히 연계되어 상대방의 의무불이행을 감시하고 견제하도록 구성되어 있었다.

제네바합의와 부속합의서에 규정된 이러한 상호연계의 구조를 자세히 들여다보면 2개의 연계고리로 나누어짐을 알 수 있다. "핵동결에 따른 에너지 보상을 위해 중유를 제공한다"는 1조 2항의 규정에 따라 핵동결과 중유 제공이 상호 연계되어 있고, 경수로 건설을 중심으로 핵사찰, 핵시설 해체, 폐연료봉 국외반출 등 북한 측 의무사항들이 또 하나의 연결고리를 이루고 있었다. 이러한 이원적인 상호연계 구조를 그려보면 다음 쪽의 도표와 같다.

실제로 미국 정부는 제네바합의 서명 이래로 중유공급은 핵동결의 대가로, 경수로제공은 핵시설 해체의 대가로 양자를 분리하여 인식하고 운영했다. 그래서 경수로 문제로 제네바합의가 파행상태에 이르렀을 때(신포 경수로 공사장에서의 ≪노동신문≫ 훼손사건 등)나 남북한 관계에 심각한 문제가

제네바합의상의 핵폐기 로드맵 개념도

핵시설 해체 →

핵시설 동결 + 중유 제공(동결기간 중)			핵시설 해체	
		연료봉 반출 개시	연료봉 반출 완료	핵시설 해체 개시 · 핵시설 해체 완료

경수로 건설 →

공사 준비	비핵심부분 공사	IAEA 핵사찰 (공사 중단)	핵심부분 공사	완공단계
경수로 보장서한	경수로 착공	중요 부분 완공	핵심부품 공급	1호기 완공 · 2호기 완공

발생했을 때(북한 잠수함의 강릉 침투사건 등)에도 미국 정부는 핵동결이 유지되는 한 중유공급은 절대 중단해서는 안 된다는 입장이 완강했다.

어찌 보면 당시 미국 정부는 북한의 핵동결을 중유 제공과 연계하여 철저히 유지하되 경수로는 북한이 핵사찰을 받으면 완공하고 아니면 그만두면 된다는 식의 인식을 갖고 있는 듯 보였다. 제네바합의가 깨지지만 않는다면 핵동결 상태가 영원히 계속되는 것도 과히 나쁘지는 않다는 것이 미국 정부의 인식이었다. 미국에게 북한의 핵동결은 현존하는 중대한 안보이익이었고, 북한의 핵사찰 수용이나 핵시설 해체는 먼 미래의 기약 없는 약속이었는지도 모른다.

미북 양측 의무사항의 연계구도를 분석해볼 때, 핵동결은 중유공급과 연계되어 처음부터 이행된 반면, 핵사찰, 핵폐기 등 북한의 여타 모든 의무사항들은 경수로의 중요 부분이 완공되는 6, 7년 이후에야 비로소 이행시기가 도래하도록 되어 있었다. 따라서 그 시기가 올 때까지 KEDO는 장래에 대한 아무 보장 없이 약 30억 달러 상당 어치의 경수로 공사를 진척시켜야 했다. 그때 가서 북한이 어떤 이유에서건 핵사찰 수용을 거부한다면 경수로 공사와 중유공급은 중단될 것이나, 핵사찰을 강제할 어떠한 수단도 없었다. 모든 결정권은 북한이 가지고 있었다.

제네바합의 이행의 험난한 길

제네바합의에 대한 비판들에도 불구하고, 미국은 북한의 핵시설들을 동결시킴으로써 위기를 일단 6, 7년 후로 넘겼다는 사실에 나름대로 큰 의미를 두었다. 제네바합의 타결 후 클린턴 행정부는 의회 청문회 등을 통해 북한의 핵무기 대량생산을 저지한 성과를 거듭 강조했다.

실제로 제네바합의는 북한의 핵무기 제조를 약 10년간 동결하는 성과를 거두었으니 당시로서는 나름대로 성공을 거둔 것이라 볼 수도 있었다. 만일 당시 국제사회의 중론처럼 북한의 붕괴가 수년 내에 실제로 도래했다면 그것으로 북한 핵문제가 영원히 해결될 수도 있었다. 만일 그리 되었다면 클린턴 행정부의 역사적 쾌거는 두고두고 후대의 칭송을 받았을 것이다.

그러나 이런 평가는 한국 정부에게는 적용되지 않았다. 제네바합의는 북한의 과거 핵활동을 규명하고 한반도의 완전한 비핵화를 이룩하려던 한국 정부의 희망이 거의 반영되지 못한 합의였다. 그것은 핵협상을 미국의 손에 맡김으로써 한국 정부가 지불해야 했던 대가이기도 했다.

북한이 제네바합의 이전에 이미 한두 개의 핵무기를 제조할 만한 플루토늄을 확보했으리라는 것이 전문가들의 일치된 평가였음을 감안할 때, 제네바합의에 따른 기나긴 핵동결 기간은 북한이 안심하고 핵무기 기술을 완성할 수 있는 합법적 유예기간을 의미하는 것이기도 했다. 그러한 우려는 약 10년 후 현실로 다가왔다.

이처럼 태생적 한계성을 안고 탄생한 제네바합의는 그 이행과정 역시 첫걸음부터 순탄치 못했다. 다만 그러한 사실들은 다분히 한미 양국의 국내정치적 고려에 따라 외부에 잘 알려지지 않았다. 이행의 주체인 미국, 한국, 일본 정부 중 어느 정부로부터도 진정한 지지를 받지 못했던 제네바합의는 이행의 초기단계부터 상처를 입고 비틀거렸다.

특히 북한은 제네바합의를 통해 가장 많은 이득을 챙겼음에도 불구하고 이를 액면 그대로 이행할 의지가 처음부터 없었다. 예를 들어, 제네바합의에 포함된 합의사항 중 연락사무소 설치가 북한의 거부로 인해 제대로 협의조차 되지 못했고, 동결 대상이 아닌 핵시설들에 대해 IAEA 사찰을 허용한다는 규정도 거의 이행되지 않았다. 남북 비핵화공동선언을 이행한다는 조항은 아예 처음부터 철저히 무시되었으며, 남북대화 재개 조항도 김영삼 정부 기간 중 전혀 이행되지 않았다.

어찌 보면 제네바합의 조항들 중 살아 있던 조항은 사실상 핵동결과 경수로, 중유 제공에 관한 조항들뿐이었다. 다시 말해서, 제네바합의는 전반적으로 북한에게 매우 유리한 합의였으나 북한은 그나마도 처음부터 대부분 이행을 하지 않았고, 북한에게 실질적이고 즉각적인 이익이 되는 일부조항만을 이행했다.

이러한 북한의 태도에 대해 한국, 일본과 유럽 국가들은 UN이나 IAEA 회의 등을 통해 강력한 비판을 제기했으나, 미국은 다른 합의가 다 무너져도 핵동결만 유지되면 나름대로 제네바합의를 유지할 만한 충분한 가치가 있다는 시각이었다. 그래서 미국 정부는 북한의 이행거부로 제네바합의가 처음부터 군데군데 사문화되어버린 상황에서도 핵동결의 유지를 위해 8년간 모든 것을 용서하고 인내했다.

많은 사람들은 2002년 말의 제네바합의 붕괴가 마치 북한의 고농축우라늄(HEU) 프로그램의 등장과 미국의 중유제공 중단으로 어느 날 갑자기 초래된 것으로 이해하려는 경향이 있다. 그러나 제네바합의가 겪어야 할 난관은 이미 서명 당시부터 그 자체에 내재되어 있었다. 2002년 말 HEU 프로그램의 등장은 단지 그러한 누적된 내재적 문제들이 폭발하는 도화선이 되었을 뿐이다.

8년간의 제네바합의 체제

　제네바합의는 1994년 10월 합의된 후 2002년 10월 고농축우라늄(HEU) 문제로 붕괴될 때까지 8년간 유지되었다. 합의의 이행이 결코 원만하지만은 않았고 크고 작은 분란이 많았으나, 이는 대부분 제네바합의 이행에 직접 관여된 사람들 사이의 비밀스러운 진실이었을 뿐 표면적으로는 대체로 원만한 이행 상태가 유지되었다. 그 덕분에 대부분의 사람들은 8년 동안 북한 핵문제를 거의 잊고 살 수 있었다.

　대다수 사람들이 북한 핵문제와 제네바합의의 존재조차 잊어버린 가운데, 각국의 북한 핵문제 담당관들만이 위태롭고 복잡한 제네바합의를 무너지지 않게 지탱하느라 동분서주했다. 제네바합의의 이행은 크게 나누어 ① 핵시설 동결, ② 중유 제공, ③ 경수로 건설, ④ 미북관계 개선의 네 갈래로 이루어졌다.

제네바합의에 따른 북한 핵동결 현황

구분	시설 명칭	동결 현황
채광/ 정련시설	우라늄광산 2개소(평남 순천) 우라늄정련공장 2개소(박천, 평산)	계속 가동 계속 가동
핵연료 제조시설	핵연료봉 공장(평북 영변)	동결(가동 중단)
원자로	IRT-2000 실험용원자로(영변) 5MW 실험용원자로(영변) 50MW 원자로(영변) 200MW 원자로(평북 태천) 준임계시설(평양 김일성대학)	계속 가동 동결(가동 및 연료재장전 중단) 동결(공사 중단) 동결(공사 중단) 계속 가동
재처리시설	방사화학실험실(영변)	동결(공사 및 가동 중단)

핵시설 동결

　제네바합의 규정에 따라 북한의 5개 핵심 핵시설이 동결에 들어갔다. 핵동결은 경수로가 완공될 때까지 북한이 추가적인 핵활동을 못하도록 하기 위한 조치였으며, 미국이 생각하는 제네바합의의 가장 핵심적인 요소였다. IAEA는 2002년 말 제네바합의가 파기될 때까지 영변 현지에 소규모 사찰요원을 상주시켜 핵동결의 이행을 감시했다.

중유 제공

북한의 영변 핵시설 동결에 따른 손실을 보전해주기 위한 중유는 1994년 말 5만 톤 제공에 이어 1995년부터 매년 50만 톤이 제공되었는데, 북한 전역의 중유 저장탱크 용량이 총 5만 톤 정도밖에 안 되어 매달 4~5만 톤씩 쪼개어 보내야 했다.

KEDO는 제네바합의에 대해 적대적이었던 미국 의회의 중유예산 삭감에 따른 어려움에도 불구하고 제네바합의가 파기된 2002년 말까지 매년 중유 50만 톤을 약속대로 공급했다. 중유의 공급이 일부 지연된 적은 있었지만, 이는 대부분 북한의 중유 저장시설 부족 때문이었다.[35]

경수로 건설

경수로 건설을 위해 1994년 11월부터 1995년 4월까지 세 차례 미북 경수로 실무회의가 개최되어 세부사항을 논의했고, 그 후로는 1995년 창설된 KEDO(한반도에너지개발기구)가 경수로 건설에 관한 모든 대북 협상을 전담했다.[36]

---

35 북한의 중유 저장시설은 전국을 다 합쳐도 4~5만 톤에 불과하여, KEDO는 매년 50만 톤의 중유를 각 저장소마다 매월 균등한 양으로 공급해야 했다. 때로는 저장시설 부족으로 인해 중유 운반선이 북한 해역에 장기간 정박해야 했던 시기도 몇 차례 있었다.

36 KEDO(Korean Peninsula Energy Development Organization)는 제네바합의에 따른 대북한 경수로 제공을 위해 한·미·일 3국 주도로 설립된 국제 컨소시엄(consortium)이었다. 이러한 기관이 창설될 수밖에

경수로 노형문제를 둘러싼 지리한 협상 끝에 1995년 12월 「경수로 공급 협정Supply Agreement」이 KEDO와 북한 간에 체결되었다. 그와 병행하여 1995년 8월부터 부지조사 작업이 실시되어 함경남도 신포를 경수로 부지로 확정했다. 1997년 8월 부지공사가 착공되었고, 2000년 2월 본격적인 경수로 공사가 개시되었다.

경수로 건설을 추진하는 과정에서 몇 차례의 위기가 있었다. 제네바합의 발효 직후 경수로의 노형爐型, 즉 모델을 결정하는 과정에서 1년 정도 위기의 시간이 있었다. 경수로 공사가 개시된 후에도 1996년 9월 북한 잠수함의 강릉 침투사건 당시 약 3개월 동안, 그리고 1997년 9월 한국 근로자의 ≪노동신문≫ 훼손사건 발생으로 근로자들의 신변안전에 문제가 발생했을 때 5일 간 KEDO에 의해 공사가 중단된 바 있었다. 그중 가장 심각했던 문제는 경수로 노형을 둘러싼 위기였다.

경수로의 노형 문제를 협의하기 위한 미북회담이 베를린과 쿠알라룸푸르에서 1994년 11월부터 1995년 6월까지 진행되었다. 협상은 난항을 거듭했다. 북한은 '한국형 경수로'의 건설이 북한 사회를 무너뜨리기 위한 "트로이 목마"라며 강력히 반대했고, 경수로 공사의 주계약자는 반드시 미국 회사여야 한다는 입장이었다.

북한은 기본적으로 한국 정부가 경수로 공사를 끝까지 완수할지 불신했고, 오직 미국만을 신뢰했다. 따라서 미국 주도하에 미국형이나 러시아형 원자로를 건설해야 한다는 입장이었다. 미국 협상가들도 내색은 하지 않았으나 '한국형 경수로'라는 것이 실재하지 않는 노형이며, 미국 원자로를 일

없었던 이유는, 경수로 공사가 실제로는 한국과 일본에 의해 주도된 반면 북한은 양국이 전면에 나서는 이행구도를 거부하고 오직 미국만을 제네바합의의 이행 주체로 인정했기 때문이었다.

- 노형과 공급범위
  - KEDO는 두 개의 냉각제 유로를 가진 1000MW 용량의 가압경수로 2기를 공급하며, 노형은 KEDO가 선정한다('한국표준형 경수로'를 의미하는 간접적이고 기술적인 표현).
  - 경수로 공급범위는 경수로 운용에 필수불가결한 사항에 국한된다(전력 송배전선 불포함을 의미).
- 북한 측 의무사항
  - 방해받지 않는 통행 및 효율적인 통행로를 보장한다.
  - 북한 통신시설의 자유로운 사용 및 보안이 유지되는 독자적 통신수단의 사용을 허용한다.
  - KEDO 및 계약자에 대한 세금과 관세 면제 등 사업진행에 필요한 편의를 제공한다.
  - KEDO, 계약자 및 하청 계약자의 파견 인원에 대한 신변안전과 재산보호를 보장한다.

부 개조하고 한국식으로 표준화한 '한국표준형 미국 경수로'에 불과하다는 생각을 갖고 있었다. 그래서 '한국형 경수로'라는 표현을 고집하는 한국 정부의 입장에 대해 꽤나 곤혹스러워했다.[37]

이에 따라 경수로 노형을 결정하는 과정에서 미북 간에는 물론 한미 양국 사이에도 많은 갈등이 야기되었다. 이 협상은 이따금 상업적 이익을 노린 일부 미국 에너지기업과 러시아 정부까지 개입되어 혼전을 겪었다.[38]

---

37 '한국형 경수로'라는 표현은 요즘은 국내에서도 사용되지 않고 '한국표준형 경수로'로 표기되고 있다.

38 당시 어떤 미국 원자력 회사는 '한국형 경수로'가 실재하지 않는 허구라고 북한을 부추겨 미국형 경수로가 채택되도록 유도하는 움직임이 있었고, 미국의 어느 화력발전소 건설업체는 경수로를 1000MW 1기만 건설하고 나머지 1기는 화력발전소로 건설하도록 북한을 부추기기도 했다. 러시아 정부는 신포에서 추진되었다가 중단된 바 있는 러시아 경수로의 건설이 KEDO의 자금 지원으로 지속될 수 있기를 강력히 희망했다. 이러한 움직임들은 당

난관에 처한 한국 정부는 70%의 경수로 건설비 부담액을 전액 현물in-kind로 제공한다는 방침을 천명했다. 이는 '한국형 경수로'를 관철하기 위한 배수진이었는데, 한국형 경수로 외의 다른 경수로를 건설할 경우 한국은 건설비를 부담하지 않겠다는 의미였다.

한국 정부의 이 절묘한 외교적 한 수로 인해 북한의 고집은 무너졌다. 오랜 마라톤협상 끝에 "경수로의 노형과 주계약자는 KEDO가 결정한다"는 간접적 문구로 합의가 이루어짐에 따라 한국의 판정승이 되었다. 경수로 노형 문제 해결에 이처럼 오랜 시간이 소요된 관계로, 제네바합의 서명 후 6개월 내에 체결키로 했던 북한과 KEDO 간 경수로 공급협정Supply Agreement은 14개월이 지난 1995년 12월에야 서명되었다.

그러나 경수로 건설은 처음부터 많은 공사지연의 소지를 안고 있었다. 한국에서 파견된 공사인력의 통행, 통신 및 특권면제 문제와 도로, 항만, 발전시설, 주택 등 인프라 문제를 해결하느라 당초 계획보다 공사가 많이 지연되었다. 그뿐 아니라, 현지에서 북한 인력이나 물자를 조달할 때마다 북한 당국과의 지루한 협상을 거쳐야 했고, 인원과 물자, 장비를 반입하고 반출할 때에도 매번 북한 당국의 허가를 받는 등 북한이라는 지역적 특수성 때문에 발생하는 번거로운 일들로 너무 많은 시간이 소모되었다.

북한은 미국이 경수로를 완공 시한인 2003년까지 완공하지 않고 고의로 지연시켰다고 비난했으나, 북한이 주장하듯이 고의적으로 공사를 지연시킨 것은 아니었다. 경수로 공사의 대부분이 대북한 햇볕정책을 적극 추진하던 김대중 정부 기간에 진행되었기에 더욱 그렇다.

시 '한국형 경수로'의 건설을 지상 목표로 삼고 이를 관철하려던 한국 정부에게는 적지 않은 부담이었다.

미북관계 개선

미북관계 개선 작업은 ① 대북한 제재조치 완화, ② 대북한 안전보장, ③ 연락사무소 설치, ④ 미사일 협상 등 네 갈래로 진행되었다. 먼저 미국의 대북한 제재완화 문제와 관련하여, 미국은 제네바합의에 따라 1995년 1월 통신과 금융거래를 포함한 일부 제재조치를 해제했고, 2000년에는 무역, 금융, 투자 분야의 제재조치를 대부분 해제했다. 남아 있는 제재조치는 사실상 테러지원국 제재조치상의 대외원조금지 정도밖에 없었다.

대북한 안전보장 문제와 관련하여, 미국은 제네바합의 서명 후 클린턴 대통령이 대북한 '핵무기불사용(NSA^Negative Security Assurance)'을 공개적으로 약속했고, 당시 북한도 미국의 약속 이행을 인정했다.

연락사무소 설치 문제는 1994년 12월부터 미북 간에 연락사무소 실무회의가 수차례 개최되었으나, 미국 연락사무소 파우치(외교행랑)의 판문점 통과문제 등 기술적 사안들에 관한 이견이 쉽게 해소되지 않았다. 더욱이 당초 예상과는 달리 북한은 연락사무소 설치 자체에 별 관심이 없음이 점차 명백해졌고, 1996년 중반 이후 북한의 일방적인 협상 거부로 협의가 중단되었다. 이는 평양에 미국 상주공관이 설치되는 데 대한 북한 당국의 불안감 때문이었던 것으로 추정된다.

미사일 문제는 미북 실무협상이 1996년과 1997년 1회씩 개최되었으나, 미사일의 개발, 생산, 배치, 수출을 모두 동결하라는 미국의 입장과 미사일의 '수출' 문제 외에는 협상 대상이 아니라는 북한의 강경한 입장이 팽팽하게 대립되어 합의점을 찾지 못했다. 클린턴 행정부는 집권 말기인 2000년 말 미사일 문제만 해결되면 대북한 수교를 단행하려는 적극적인 움직임을 보이기도 했고 이를 위해 올브라이트^Madeleine Albright 국무장관이 평양을 방문하기도 했으나, 북한의 비타협적 자세로 인해 무산되었다.

미국의 대북한 제재조치는 클린턴 행정부에 들어와서 역사상 최초로 본격 해제가 시작되었다. 먼저 미국은 1994년 제네바합의에서 약속한 대로 1995년 1월 20일 자산동결 해제와 금융거래 허용을 포함한 제1차 제재완화 조치를 발표했다. 그 주요 내용은 다음과 같다.

- 동결자산 일부 해제(제3국인 소유 520만 달러 동결 해제)
- 미국 은행시스템 이용 허용(미국 은행시스템을 통한 청산거래 허용)
- 북한산 마그네사이트 수입 허용
- 미북 직통전화 개설 허용
- 미국인의 북한 여행 자유화
- 개인의 여행경비 지출을 위한 신용카드 사용 허용
- 언론기관 사무소 개설 허용

클린턴 행정부 말기에는 대북한 관계개선을 위한 '페리 프로세스Perry Process'의 일환으로 대폭적인 제2차 제재완화 조치가 실시되었다. 1999년 9월 17일 발표되고 2000년 6월 19일 발효된 이 조치는 대외원조와 군수물자 교역을 제외한 거의 모든 분야를 망라하고 있으며, 특히 「대적성국교역법Trading with Enemy Act」에 따른 무역, 투자, 금융 분야의 제재조치가 대부분 해제되었다.

- 이중용도품목을 제외한 대부분의 수출입 허용
- 미국인의 대북한 투자 허용(농업, 광업, 석유, 목재, 시멘트, 운송, 인프라, 관광 등 분야)
- 미국인의 대북한 송금제한 철폐
- 미국인의 북한 여행 자유화
- 미국 선박과 항공기의 북한 입국 및 북한 내 선적 허용
- 북한인의 대미 자산투자 허용 등

훗날 미국은 9.19 공동성명 이행을 위한 10.3 합의(2007. 10. 3)에 의거, 2008년 10월 11일 대북한 테러지원국 제재를 해제했다. 테러지원국 제재의 핵심 내용은 군수품 수출 금지와 대외 원조 및 국제금융기관의 차관제공 금지 등이다.

제 4 부

제2차 북핵위기와 6자회담

공포와 희망은 인간의 가장 큰 적이다.

_요한 볼프강 폰 괴테,『파우스트』중에서

제네바합의의 종언

이미 예정되었던 진실의 시간

앞장에서 본 바와 같이 제네바합의 조항 중 일부가 북한에 의해 제대로 이행되지 않았던 것은 사실이지만, 제네바합의가 이행되는 8년 동안 북한 핵문제는 그런대로 안정을 유지할 수 있었고 대부분의 사람들은 북한 핵문제를 잊고 살았다. 그것은 무엇보다도 제네바합의를 성공적인 외교성과로 역사에 남기기를 원했던 미국 클린턴 행정부의 인내심과 노력에 힘입은 바가 컸다.

그러나 그 기간 중 한반도 정세가 결코 조용했던 것만은 아니다. 그 기간 중에도 한반도에서 북한의 도발적 행동은 계속되었고, 이로 인해 남북관계와 미북관계, 일북관계가 여러 차례 경색국면을 맞기도 했다. 그 개략적인 내용은 다음과 같다.

1995. 5. 30	북한, 제86우성호 나포, 7개월 억류(어부 3명 사망)
1995. 7. 9	북한, 중국 연길지역에서 안승운 목사 납북(미송환)
1996. 4. 5	북한, 비무장지대 무효화 선언(3일간 비무장지대에서 무력시위)
1996. 9. 18	북한 잠수함 강릉해안 침투 사건
1997. 2. 15	북한, 탈북한 김정일 처조카 이한영 암살
1997. 7. 16	북한군 14명 군사분계선 월경 침투, 한국군과 교전
1998. 6. 22	북한 잠수정 속초해안 침투 사건
1998. 8. 31	북한, 대포동1호 시험발사
1998. 11. 20	북한 간첩선 강화도 침투 미수사건
1998. 12. 17	북한 반잠수정 여수해안 침투 사건
1999.	북한, 파키스탄으로부터 우라늄농축기술 및 원심분리기 샘플 도입
1999. 3	북한, 일본으로부터 우라늄농축용 원심분리기 부품을 수입하려다 적발
1999. 6. 6~6. 15	제1차 연평해전
2001. 12	북한 간첩선, 일본 침투공작 중 일본 해상자위대에 의해 격침
2002. 6. 29	제2차 연평해전

당시 발생했던 주요 사건들의 목록이 말해주고 있는 것은, 제네바합의가 이행되는 8년의 세월 동안 한반도 정세가 평화스러웠던 것도 아니고 북한의 대남정책이 변경되거나 핵무장을 향한 북한의 열망과 움직임이 중단된 것도 아니었다는 점이다. 그러나 그렇다고 해서 제네바합의 전체가 붕괴될 정도는 아니었다.

그러면 2002년 10월부터 시작된 제네바합의의 붕괴는 왜 갑자기 찾아온 것일까? 그 이유를 세상이 변한 줄 모르는 북한의 무모한 모험에서 찾으려는 사람도 있고, 미국의 지나치게 강경한 대북한 정책에서 찾으려는 사람도 있다. 그러나 그것이 이유의 전부는 아니었다. 제네바합의는 2002년까지 8년간 핵동결 유지의 역할을 훌륭하게 수행했으나, 서명 당시부터 이미 자체 내에 붕괴의 씨앗을 잉태하고 있었다. 그리고 그 씨앗은 시한폭탄과도 같이 예정된 시간에 발아했을 뿐이다.

제네바합의가 서명되었을 당시 사람들이 갖고 있던 가장 큰 궁금증은 북한이 과연 핵사찰을 받고 영변 핵시설들을 해체함으로써 북한 핵문제에 종지부를 찍을 의지를 갖고 있는가 하는 것이었다. 당시만 해도 이에 대해 낙관적인 희망을 품은 사람들이 꽤 많았다. 그들은 북한의 선의에 희망을 걸었다기보다는 아마도 10년이나 남아 있던 세월에 희망을 걸었을 것이다.

그러나 제네바합의를 탄생시킨 미국의 협상가들은 모든 것을 변화시키는 세월의 마력을 믿지 않았다. 그래서 그들은 강성대국에 최초로 세워질 경수로 발전소 문 앞에 웬만해서는 통과하기 어려운 철통같은 검문소를 만들었다. 검문소 앞에는 이런 팻말이 세워졌다. "만일 이 문을 무사히 통과한다면 막대한 빛과 열을 얻을 것이요, 통과하지 못한다면 풍파 속에 버려질 거대한 콘크리트 더미만을 얻게 되리라."

사실 그랬다. 제네바합의는 북한의 핵포기 이행을 보장할 수는 없었지만, 핵을 포기하지 않으면 절대 경수로가 완공될 수 없는 구조였다. 완공 시 가격이 약 46억 달러에 달할 2000MW 경수로와 핵무기 중에서 북한은 단 한 개만을 선택할 수 있었다. 핵포기의 대가가 그리도 컸기에, 북한이 그 둘 중 어느 것을 택할지가 국제사회의 흥미로운 관심사였다.

제네바합의에 따른 경수로의 중요 부분이 완공될 시기는 2002년 말 당시의 공사 진척도로 볼 때 대략 2005년 초반으로 예상되었다. 그때부터 북한은 IAEA의 전면핵사찰을 받아 결백을 입증해야 하고, 그 과정이 성공적으로 종료된 후 미북 원자력협력협정이 체결되어야 미국으로부터 경수로 완공에 필요한 핵심 원자력부품 인도가 개시될 예정이었다. IAEA의 핵사찰에 소요되는 시간이 2~3년 정도 되기 때문에, 이론상 그 기간 동안에는 공사가 중단될 수밖에 없었다.

따라서 경수로 공사가 도중에 중단되지 않고 한 해라도 속히 완공되기 위해서는 경수로의 중요 부분이 완성되기 2~3년 전인 2002년 말이나 2003년

경수로 공사일정 개념도

공급협정 1995.12	공사착공 1997.8	중요 부분 완공 2005	핵심부품 인도 2007~2008	완공
부지조사 (총 8회 실시)	경수로 공사 (인프라 및 비핵심시설 공사)	공사중단 (IAEA 핵사찰)	공사재개 (핵심시설 공사)	
├─── 2년 ───┤	├─────── 8년 ───────┤	├─ 2~3년 ─┤		

초부터는 북한이 핵사찰을 받기 시작해야 했다. 그것은 의무사항은 아니었지만, 장기간의 공사 중단을 피하고 경수로를 조기에 완공시키기 위해 필요한 사항이었다.

만일 북한이 당시 핵개발을 포기하고 경수로를 조기에 완공할 의지를 갖고 있었다면, 북한의 총 전력생산량을 일거에 2배로 늘릴 수 있는 2000MW의 경수로를 2~3년 앞당겨 완공할 수 있는 그 옵션을 선택하는 것이 너무도 당연한 수순이었다. 따라서 이 문제에 관한 북한의 결정은 북한의 핵포기 의지 여하를 유추해볼 수 있는 하나의 중요한 지표였다.

그런 까닭에 2002년부터 2~3년간의 기간은 오래전부터 북한의 핵포기 의지 여부를 가늠할 수 있는 '진실의 시간moment of truth'으로 예정되어 있었다. 북한으로서도 거의 10년간의 긴 휴식을 마치고 국제사회와의 진실게임에 다시 나가야 할 날이 올 때까지 그냥 앉아서 기다렸을 리는 없다. 2002년 말부터 제네바합의를 둘러싼 소동이 재연된 것을 단순히 우연이라고만 볼 수 없는 이유가 여기에 있다.

그러한 진실의 시간이 다가옴에 따라 IAEA와 KEDO 등은 경수로를 조기에 완공하기 위해 북한이 핵사찰을 자발적으로 가급적 속히 수용하도록 권유했다. 그러나 북한의 반응은 부정적이었다. 물론 북한의 그러한 반응은 합의 위반도 아니었고 핵포기 의지가 없다고 단정할 만한 근거도 아니었다. 그러나 최소한 북한이 경수로의 조기 완공에 관심이 없다는 심증을 갖게 하기에 충분했다.

고농축우라늄(HEU) 문제의 높은 파고

이처럼 제네바합의의 운명을 결정할 '진실의 시간'이 임박해오는 가운데, 2002년 10월 초 켈리^{James Kelly} 국무부 동아태차관보의 평양 방문을 계기로 고농축우라늄(HEU) 프로그램 문제가 폭풍처럼 다가와 불과 3개월 만에 제네바합의를 흔적도 없이 붕괴시켰다. 제네바합의가 북한의 핵폐기 이행단계까지는 가지 못하리라고 예측한 사람들이 당시에도 적지 않았으나, 그처럼 갑작스럽게 휴지조각이 될 줄은 아무도 예상하지 못했다.

10월 3일부터 사흘간 평양을 방문한 켈리 차관보는 첫날 김계관 외무성 부상과 면담하는 자리에서 HEU 문제를 제기했다. 그는 북한이 우라늄탄 제조를 위해 HEU 프로그램을 비밀리에 추진하고 있는 데 대해 강한 우려를 표시하고, 이는 제네바합의에 대한 심각한 위반이며 북한이 이에 대해 만족스러운 설명을 하고 이를 즉각 포기하지 않는 한 미국은 더 이상 북한에 대한 관여정책^{engagement policy}을 유지할 수 없다고 경고했다.[1]

김계관 부상은 이에 당황하면서 정회를 요청했다. 그는 속개된 회의에서 HEU 프로그램은 존재하지 않으며 적대세력의 날조에 불과하다고 강경한 어조로 비난하고, 만일 그런 문제를 제기하려면 증거를 제시하라고 요구했

---

[1] 북한은 1990년대 말부터 우라늄탄의 제조를 목표로 우라늄농축시설 건설을 위한 비밀 핵프로그램을 추진해왔으며, 파키스탄 등으로부터 이에 필요한 기술과 설계도면, 부품, 완제품샘플 등을 도입했다. 이는 2006년 9월 출간된 무샤라프 전 파키스탄 대통령의 자서전을 통해 확인되었으며, 북한 자신도 2009년 제2차 핵실험 이후 우라늄농축프로그램의 존재를 사실상 시인했다.

다. 켈리 차관보는 미국이 관련 정보를 밝힌다면 북한의 HEU 프로그램 은 닉을 도와줄 뿐이므로 증거를 제시할 수 없다고 거부했다.

다음 날인 4일 켈리는 북한 외무성의 실세인 강석주 제1부상과 만났다. 강석주 부상은 그 전날 밤 북한 수뇌부가 HEU 문제로 철야 회의를 열었다고 말하고, 자신이 하는 말은 면담에 배석한 모든 관계부처, 군부, 원자력청 등 참석기관들의 총의라고 전제하면서, 준비해온 발언문을 선언문 읽듯이 낭독했다.

> 우리가 HEU 프로그램을 갖고 있는 것이 뭐가 나쁘다는 것인가. 우리는 HEU 프로그램을 추진할 권리가 있고 그보다 더 강력한 무기도 만들게 되어 있다. (중략) 부시 정권이 우리에 대해 적대적 정책을 취하는 이상 우리가 HEU 프로그램을 추진한다 해서 무엇이 나쁜가. 그것은 미국의 적대시정책에 대한 억지력 이외에 아무것도 아니다.

켈리 차관보는 북한의 HEU 프로그램은 미북관계가 가장 좋았던 클린턴 행정부 당시인 2000년 이전에 이미 시작된 것이므로 부시 행정부의 적대시정책 때문에 HEU 프로그램을 추진하고 있다는 북한 측 주장은 허구라고 반박하면서 이의 중지를 거듭 촉구했다. 강석주 부상은 HEU 프로그램에 대한 북한 측 입장을 수차 반복해서 언급하고, "제네바합의는 미국의 부정행위 (적대시정책)에 의해 무효가 된 것으로 간주한다"라고 말했다.[2]

강석주 부상의 말은 그 바로 전날 김계관이 표명한 입장과는 정반대였고, HEU 문제에 대한 북한의 입장이 전날 밤의 수뇌회의에서 정반대로 변경되

---

2 이상의 켈리 차관보 방북 내용은 주로 후나바시 요이치, 『김정일 최후의 도박』(2007), 148~159쪽 내용을 토대로 요약한 것이다. 이는 켈리 차관보 자신이 퇴임 후 여러 계기에 직접 언급한 내용과도 일치한다.

었음을 암시하고 있었다. 그것은 전혀 뜻밖의 반응이었고 또 워낙 중대한 사안이었기 때문에, 혹시나 있을 통역상의 오류 가능성을 우려하여 켈리 일행 중 한국어를 아는 세 사람이 적은 메모를 서로 대조했고, 북한 측 통역의 메모 내용과도 대조해보았다. 그러나 통역상의 오류는 없었고 강석주가 전달한 메시지는 의심할 바 없이 명확했다.[3]

북한의 충격적 반응을 접한 미국 정부는 켈리 차관보의 방북 결과를 비밀에 부쳤다. 그러나 핵심 내용이 미국 언론에 누출됨에 따라 10월 16일 국무부 대변인의 긴급성명 형식으로 "켈리 방북단은 북한이 HEU 프로그램을 갖고 있음을 시사하는 정보를 입수했다고 북한에 전했으며, 북한 측은 그러한 프로그램을 갖고 있음을 시인했다"는 요지로 대외발표를 했다.

북한은 미측의 발표에 대해 즉각적인 반응을 보이지 않다가, 9일간의 장고 끝에 10월 25일 외무성 대변인 담화를 통해 "이 문제를 협상을 통해 해결할 용의가 있다"는 입장을 표명함으로써 미 국무부의 발표내용을 사실상 시인했다. 동 성명은 또한 "미국에게 그 무엇을 해명해줄 필요가 없으며 그럴 의무는 더욱 없다"고 말하고, 미국 정부의 발표가 "미국이 자의로 준비한 표현"이라고 주장하면서도 HEU 프로그램의 존재를 명시적으로 부인하지는 않았다.

북한은 이듬해인 2003년 1월 10일 NPT 탈퇴를 발표하는 정부성명에서도 "미국이 그 무슨 새로운 핵의혹을 끄집어내어 제네바합의를 짓밟았다"고 비난했으나 HEU 프로그램 자체를 부인하지는 않았으며, 이러한 북한의 애매한 태도는 그 후에도 상당 기간 지속되었다. 켈리 차관보 방북 후 미국 언론인 오버도퍼Don Oberdorfer가 방북하여 북한 당국자들에게 HEU 문제에 관해 문

---

3 2007년 4월 27일 미국 IFPA 주관 북한 핵문제 관련 5개국 세미나(베이징) 개최 시 켈리 전 차관보의 발표 내용.

의했을 때에도 북한 측은 "변죽을 울리는 듯한 말을 섞어가면서 애매하게 부정"했다고 한다.[4]

북한은 HEU 문제가 발생한 지 거의 4개월이 지난 2003년 1월 말에 이르러서야 비로소 당시 강석주가 켈리 차관보에게 HEU 프로그램을 시인한 바 없다고 부인하기 시작했다. 북한은 1월 29일 외무성 대변인 담화를 통해 "그의 말에 대해 인정할 것도 없었고 부정할 필요조차 없었다"고 입장 변화를 시사한 데 이어서, 다음 날 리철 주제네바 북한대사가 스위스 ATS 통신과의 인터뷰를 통해 "우리는 농축우라늄 계획을 시인한 일이 없음을 명백히 한다"고 최초로 명시적 부인 입장을 밝혔다.

북한의 이러한 태도 변화는 그 바로 전날 김대중 대통령 특사 자격으로 평양을 방문했던 임동원 대통령특보가 북한 당국에 대해 HEU 의혹의 해명을 촉구한 것과 무관하지 않은 것으로 보인다. 북한의 이러한 부인 입장은 그해 8월 제1차 6자회담에서 김계관 수석대표가 "농축우라늄에 의한 비밀 핵계획은 전혀 없다"고 강조함으로써 재확인되었다.

방북팀에 동행했던 프리차드Jack Pritchard 당시 한반도특사는 이러한 북한의 태도 변화에 대해, "북한은 미국을 벼랑끝외교로 흔들기 위해 HEU 계획의 존재를 시인했지만, 미국이 이를 폭로하고 예상 밖으로 강하게 나오는 데다 무엇보다 중국과 러시아의 태도가 경직되자 서둘러 앞에 한 말을 철회한 것"으로 평가했다. 켈리 차관보도 북한이 "전략적으로 큰 실수였음을 깨닫고 서둘러 궤도를 수정한 것"으로 평가했다.[5]

북한이 당초 켈리 차관보 방북 시 HEU 프로그램을 당당하게 시인했던 배경에는 HEU 문제를 새로운 협상거리로 삼아 미국으로부터 무언가 새로운

---

4 후나바시 요이치, 『김정일 최후의 도박』(2007), 167쪽.
5 앞의 책, 168쪽.

대가를 받아내려는 의도가 숨어 있었던 것으로 보인다. 한반도 문제에 정통한 한 러시아 외교관은 "제네바합의는 강석주의 대단한 성공 스토리였다. 그러므로 켈리 차관보가 HEU 얘기를 꺼냈을 때 강석주는 (제네바합의에 이어) 두 번째 미꾸라지를 노렸을 것"이라고 추측했다.[6]

한편, 북한의 비밀 우라늄농축프로그램 보유 여부에 관한 미북 양측의 엇갈린 주장을 둘러싸고 그 이후 수년간 국제적으로나 한국 국내적으로나 많은 논란이 지속되었다. 북한 측 주장을 두둔하는 일부 국가와 국내 일부 인사들은 그날의 일을 통역상의 오류 또는 제네바합의를 붕괴시키려는 미국의 음모로 규정하고 HEU 프로그램 문제를 쟁점화하는 데 반대했으며, 당시의 한국 정부도 대체로 이러한 입장에 동참했다.

이는 노무현 정부 기간 중 한미 양국 사이의 핵심적 갈등요인이 되었으며, 한국 내 남남갈등의 주요 대상이 되기도 했다. HEU 프로그램을 둘러싼 이 오랜 논란은 2009년에 이르러 북한 스스로가 우라늄농축시설 보유를 시인하고 시설을 미국 핵과학자 일행에게 공개함으로써 비로소 일단락되었다.

제네바합의의 붕괴

HEU 문제에 대한 미국의 반응은 단호하고 신속했다. 그리고 이에 대한 북한의 대응은 그보다 훨씬 강경하고 신속했다. 양측이 모두 뭔가에 쫓기기라도 하듯, 이번 기회를 놓치면 제네바합의를 파기할 기회가 다시는 오지 않을까 봐 걱정이라도 하듯, 뒤도 안 돌아보고 자기의 길을 갔다.

미국은 켈리 차관보 방북 시 북한 측이 보인 뜻밖의 태도에 당혹했으나,

---

6 앞의 책, 168쪽.

곧 그것이 제네바합의의 심각하고도 명백한 위반이라는 결론에 도달했다. 이에 따라 11월 14일 KEDO 집행이사회를 소집하여 HEU 프로그램의 해체를 위한 북한 측의 구체적이고 신빙성 있는 행동이 있을 때까지 대북한 중유공급을 중단한다고 발표했다.

이 조치를 기점으로 북한은 마치 기다리기라도 했다는 듯이 일련의 대응조치들을 초스피드로 취해나갔다. 북한은 제네바합의가 미국에 의해 사실상 파기되었다고 하면서 1개월 후인 12월 12일 핵동결을 전면 해제한다는 방침을 천명했고, 실제로 12월 21부터 핵시설에 설치된 IAEA 봉인을 모두 제거했다. 이어서 1월 10일 북한의 NPT 탈퇴를 끝으로 제네바합의는 되돌아오지 못할 길을 갔다.

당시 상황에서 북한 핵문제에 관여했던 사람들은 제네바합의의 운명이 어쩌면 반년을 넘기지 못할지도 모른다고 우려했다. 그러나 실제 제네바합의 붕괴에 소요된 시간은 KEDO의 중유공급 중단부터 북한의 NPT 탈퇴에 이르기까지 불과 2개월도 안 걸렸다. 북한이 핵동결 해제 선언에서 시작하여 IAEA 봉인 제거, IAEA 사찰관 추방, NPT 탈퇴에 이르는 일련의 조치를 취한 것은 1개월이 채 안 되는 짧은 시간이었다.

누구도 상상하지 못했던 짧은 시간 동안 제네바합의가 이처럼 파국을 향해 숨 가쁘게 돌진한 이유는 무엇이었을까? 아마도 가장 직접적인 이유는 양측 모두 상대방의 가장 중요한 급소를 주저 없이 곧바로 공격했기 때문일 것이다.

제네바합의 이행의 전 과정을 통해 미국이 처음부터 가장 중시한 대목은 핵동결이었다. 설사 북한이 이미 핵무기를 한두 개 갖고 있다 하더라도 핵무기를 추가로 제조하는 일은 절대로 있어서는 안 된다는 것이 제네바 협상 이래 미국의 일관된 입장이었다. 북한의 궁극적인 IAEA 사찰 수용 및 핵시설 폐기 가능성이 불투명한 상황에서 핵동결의 유지는 아마도 미국이 제네바합의에 대해 부여한 거의 유일한 가치였는지도 모른다.

따라서 북한이 2002년 10월 방북한 켈리 차관보에게 고농축우라늄프로그램의 존재를 의문의 여지없이 시인했을 때, 미국은 그것을 핵동결의 파기로 받아들였다. 북한이 기존의 핵시설을 동결해놓고 비밀리에 별도 시설을 건설하여 핵재처리나 우라늄농축을 실시한다면 영변에서의 핵동결은 무의미해지기 때문이다.

제네바합의 제1조 2항에 명기되어 있는 바와 같이, 중유는 북한의 핵동결에 대한 대가로 제공되는 반대급부였다. 따라서 핵동결 위반이 중유 제공 중단으로 이어지는 것은 어쩌면 당연한 논리적 귀결이었다. 그러나 과거 같았으면 미국이 중유 제공을 그저 잠시 연기시키고 설득과 협상에 나섰을 텐데, 부시 행정부는 마치 기다리기라도 했다는 듯이 단번에 중유공급을 전면 중단하는 조치를 취했다.

제네바합의 중 미국이 가장 중시한 것이 핵동결이라면 북한이 가장 중요하게 생각한 부분은 무엇이었을까? 경수로 완공은 아직 요원한 세월이 남아 있었고, 더욱이 그것은 북한이 IAEA의 사찰을 받고 핵계획을 모두 포기하기 전에는 얻을 수 없는 신기루와도 같은 것이었다. 만일 북한에게 핵개발을 포기할 의사가 처음부터 없었다면 경수로에 대한 기대 역시 처음부터 없었을 것이다.

경수로가 신기루였다면 중유는 현실이었다. 중유는 북한이 제네바합의를 준수함으로써 얻고 있는 유일한 실질적 이익이었다. 연간 중유 50만 톤이면 2002년 시세로 거의 1억 달러에 달했다. 그것은 북한의 연간 외화수입의 약 10%에 달하는 액수이고, 쌀 20만 톤에 해당되는 액수이기도 했다. 경수로는 북한이 능동적으로 핵사찰을 받아야만 얻을 수 있는 것이었지만, 중유는 북한이 그저 가만히 있기만 해도 받을 수 있는 보상이었다. 이 때문에 미국의 중유 제공 중단은 북한으로서는 제네바합의에 따른 유일한 실질적

이익의 상실을 의미했다.

그러나 당시 미국과 북한의 태도는 이러한 이익의 개념만으로는 충분한 설명이 안 된다. 특히 북한이 미국의 공세에 대응한 속도와 강도는 상상을 초월한 것이었다. 북한은 마치 단기간에 미국에게 집중적인 충격을 주어서 굴복시키기라도 하려는 듯, 아니면 미국의 마음이 변해 제네바합의가 되살 아날까 봐 걱정이라도 되는 듯, 최소 6개월은 쓸 만한 카드들을 숨도 안 쉬 고 단 한 달 만에 모두 소진했다. 왜 그랬을까?

미북 양측이 그런 발 빠른 움직임을 보인 배경에는 보다 근본적인 다른 이유가 내재되어 있었다고 볼 수밖에 없다. 그것은 당시 양측 모두 어떤 이 유에서건 제네바합의를 기꺼이 포기할 마음의 준비가 되어 있었기 때문이 라고도 볼 수 있다. 미북 양측이 제네바합의의 붕괴를 향해 달려나간 무서 운 속도는 당시의 수많은 정치적 수사들에도 불구하고 미북 양측이 공히 제 네바합의에 대해 얼마나 애착이 없었는지를 단적으로 말해준다.

미국 부시 행정부는 제네바합의가 근본적으로 잘못된 합의라는 생각이었 고, 특히 대량의 농축플루토늄 추출 가능성을 내포하는 경수로의 제공에 절 대 반대하는 입장이었다. 따라서 북한이 제네바합의 테두리 밖에서 HEU 프 로그램을 통해 별도의 핵개발 활동을 벌이려는 움직임이 확인된 이상, 차제 에 제네바합의를 대체할 보다 신빙성 있는 새로운 합의를 추진하는 것이 필 요하다는 판단을 했을 것으로 보인다.

한편, 북한으로서도 제네바합의는 이제 용도폐기를 해야 할 시기가 다가 오고 있었다. 핵동결만 유지하고 있으면 만사형통이었던 시기는 거의 지나 고, 핵사찰 의무를 이행해야 할 시기가 성큼 다가오고 있었다. 아마도 북한 은 핵사찰을 피하고 핵프로그램을 계속 유지하기 위해서는 제네바합의를 깨고 새판을 짜는 수밖에 없다는 생각을 했는지도 모른다. 그래서 자신에게 보다 유리한 새판을 짤 수 있는 그 귀중한 기회를 놓칠 수가 없었는지도 모른다.

어쨌거나, 제네바합의가 이렇게 붕괴됨으로써 상황은 북한이 처음으로 NPT 탈퇴를 선언했던 1993년 3월의 시점으로 되돌아갔다. 정확히 9년 10개월 만의 일이었다. 제네바합의 이행사항 중에서 경수로 사업만이 마지막까지 외롭게 남아 있었으나, 그로부터 2년여 후에는 그것마저 중단되어 무려 15억 달러짜리 콘크리트 더미로 남게 되었다.

신포 경수로 공사의 종말

북한의 함경남도 신포에서 KEDO(한반도에너지개발기구)가 건설 중이던 한국표준형 경수로 2기(2000MW)는 1997년 8월 부지공사가 착공된 이래 6년 8개월간 공사가 진행되었다. 그러다가 북한의 HEU 프로그램 의혹과 NPT 탈퇴로 2003년 11월부터 공사가 2년간 잠정 중단되었고, 마침내 2006년 1월 공사인력의 전면철수에 이어 2006년 5월 사업이 공식 종결되었다. 그때까지 진행된 공사는 총 공정의 34%였고, 총 공사비 46억 달러 중 약 15억 달러가 집행되었다. 한국은 1994년의 한미 합의에 따라 이 중 70%인 약 10.5억 달러를 부담했다. 경수로사업의 주요 진행경과는 다음과 같다.

1995. 3. 9	KEDO 설립(뉴욕에 사무국 설치)
1995. 12. 15	KEDO-북한 경수로공급협정 체결
1997. 8. 19	경수로 부지공사 착공
2000. 2. 3	경수로 본공사 착공
2002. 11. 14	KEDO 집행이사회, HEU 문제 발생으로 대북한 중유 제공 중단
2003. 11. 4	KEDO 집행이사회, 경수로 공사 1년간 잠정중단 결정
2003. 11	북한, 금호부지의 경수로 건설장비 및 물자에 대한 반출금지 조치
2004. 11. 26	KEDO 집행이사회, 경수로 공사 1년간 추가중단 결정

2002년 10월 제기된 북한의 HEU 프로그램 문제로 북한이 핵동결을 파기하고 NPT에서 완전 탈퇴하는 등 제네바합의가 붕괴되자, 경수로 공사도 사실상 중단되어 1000명에 육박하던 공사인력이 100여 명의 현장유지 인력만 남기고 모두 철수했다. 부시 행정부는 제네바합의가 파기된 이상 제네바합의에 따른 경수로 공사도 즉각 종결되어야 한다는 입장이었고, 설사 새로운 핵합의가 도출된다 하더라도 핵무기 생산용으로 전용 가능한 경수로의 제공에는 절대 동의할 수 없다는 입장이 확고했다.

그러나 노무현 정부는 금강산 관광사업과 더불어 대북 경협사업의 중요한 양대 상징이었던 경수로 공사의 종결에 강력히 반대했고, 어떻게든 경수로 사업의 불씨를 보존하려는 의지를 굽히지 않았다. 거의 1년에 걸친 논란 끝에, 한미 간 타협의 산물로 2003년 말부터 2년간 경수로 공사의 잠정중단 provisional suspension 조치가 시행되었다. 이는 공사현장과 핵심부품의 관리비만 매년 수천만 달러가 소요되는 값비싼 중단이었다.

한 가지 흥미로운 것은, 북한은 자신의 핵동결 해제와 NPT 탈퇴로 제네바합의가 완전히 붕괴된 후에도 경수로 공사 재개에 대한 미련을 오랫동안 버리지 못했다는 점이다. 제네바합의가 폐기될 경우 그 부속사업인 경수로 사업의 종결은 당연한 수순이었다. 그럼에도 불구하고 북한은 마치 경수로 사업이 별개의 경협사업이라도 되는 듯이 KEDO에게 경수로 제공 약속의 이행을 촉구하곤 했다.

2003년 말 KEDO가 공사의 잠정중단 조치를 발표하자, 북한 당국은 공사현장의 건설장비, 건축자재, 설계도면은 물론 컴퓨터를 비롯한 모든 사무실

제네바합의 붕괴로 공사가 중단된 2004년 초의 신포 경수로 공사장 전경

집기까지 반출금지 조치를 취했다. 이는 아마도 KEDO가 경수로 공사를 포기할 경우 북한 스스로 완공을 시도해보려는 취지가 아니었을까 추측된다.[7]

당시 한국의 노무현 정부 수뇌부에서도 최악의 경우 경수로를 한국 단독으로 완성해보려는 야심찬 생각을 가졌던 사람들이 없지 않았으나, 그것은 현실과 너무나 동떨어진 꿈이었다. 국제협정상 북한의 NPT 복귀와 핵투명성 보장 없이는 대북한 경수로 제공이 불가능했고, 더욱이 미국 모델인 한국표준형 경수로의 핵심부품들은 기술적으로나 법적으로나 미국 정부의 승인 없이는 조달이 불가능했다.

따라서 북한이 NPT에 복귀하여 IAEA의 핵사찰을 받고 핵포기를 이행하

---

7 훗날 북한은 2009년 4월의 외무성 성명을 통해, 아마도 신포의 중단된 경수로 공사 현장을 염두에 두고, "독자적 경수로 건설을 적극 추진하겠다"는 방침을 천명했으나 북한의 기술수준과 인프라 현황 및 국제적 핵통제체제에 따른 자재 및 부품 도입상의 어려움 등을 감안할 때 그러한 시도가 성공할 수 있을지는 매우 불투명했다.

지 않는 한 신포에 건설되는 경수로는 영원히 완성되지 못하고 폐허로 남게 될 수밖에 없었다. 이것은 제네바합의 서명 당시부터 미국 정부가 누차 강조해온 기본개념이었다.

북한과 새로운 핵합의를 이룩하기 위한 6자회담에서의 협상이 당초 예상과는 달리 장기화됨에 따라, 한국 정부는 제네바합의가 붕괴되고 2년 반이 지난 2005년 7월에야 비로소 경수로 공사 종결방침을 공식 천명했다. 이에 따라 이듬해인 2006년 1월 신포 현지의 공사인력이 전면 철수했고, 수개월 후 사업이 공식 종료되었다. 경수로 공사 종결이 3년여 지연되는 동안 1억 달러 이상의 추가경비가 헛되이 지출되었다.

고농축우라늄(HEU) 문제의 본질

HEU 문제의 중대한 의미

북한의 핵무기 제조 방식이 기존의 플루토늄 방식에서 우라늄 방식으로 전환된다는 것은 단순한 핵무기 제조 원료의 변경이 아닌 매우 심대한 의미를 내포하는 변화였다. 그것은 마치 나무로 만들던 물건을 첨단 플라스틱으로 찍어내 만들고 원시적 수공업으로 생산하던 물건을 자동화 시스템을 통해 대량생산하는 것과도 같은 획기적 변화였다. 이 모든 변화보다도 더욱 큰 변화는 고농축우라늄 방식의 핵무기 제조는 더 이상 IAEA나 다른 나라들이 감시하고 염탐하는 것이 거의 불가능하다는 점이었다.

앞서 간단히 설명한 바 있듯이, 핵무기 제조를 위해서는 핵분열을 일으키는 특수한 원소가 필요하고, 그런 반응을 일으킬 수 있는 원소로서 현재까지 발견된 것은 플루토늄^{Plutonium}과 우라늄^{Uranium} 두 가지다. 플루토늄으로 만든 핵무기를 플루토늄탄이라 부르고, 이를 만드는 공정을 '플루토늄프로그램'이라 부른다. 우라늄으로 만든 핵무기는 우라늄탄이라 부르고, 이를 만

히로시마와 나가사키에 투하된 핵탄두 비교

구분	우라늄탄(히로시마)	플루토늄탄(나가사키)
사용 핵물질	고농축우라늄 64.1kg	플루토늄 6.2kg
중량	4.04ton	4.67ton
폭발강도	15kt$^{kilo\ ton}$	22kt
피해현황	약 13.5만 명 사망	약 6.4만 명 사망

드는 공정을 '우라늄프로그램' 또는 '고농축우라늄(HEU) 프로그램'이라 부른다.

우라늄과 플루토늄이라고 해서 모두 핵분열 반응을 일으키는 것은 아니고, 그들 원소 중에서도 특정한 숫자의 중성자를 내포하고 있는 핵물질만 핵폭발이 가능하다. 그중에서 대표적인 물질은 우라늄235(U^{235})와 플루토늄239(Pu^{239})이다. 핵비확산 문제에서 이것은 매우 중요한 개념이다. 핵무기 제조와 관련된 모든 시끄러운 사건들이 바로 이 U^{235}와 Pu^{239}를 비밀리에 생산하고 획득하는 과정에서 발생되는 것이기 때문이다.

제2차 세계대전 당시 미국이 일본에 투하한 핵무기 2개 중 히로시마 원폭은 우라늄탄이었고 나가사키 원폭은 플루토늄탄이었다. 북한의 영변 핵시설들은 플루토늄프로그램이고, 북한이 2000년대 초부터 비밀리에 개시한 핵무기 제조방식은 우라늄프로그램이다. 이란이 보유한 핵 프로그램도 우라늄프로그램이다.

플루토늄프로그램과 우라늄프로그램은 단지 핵무기의 원료물질이 다른 데 그치지 않고 모든 면에서 커다란 차이가 있다. 따라서 이 두 프로그램의 차이점을 이해하는 것은 북한의 HEU 프로그램으로 인해 발생한 제2차 한반도 핵위기의 본질을 이해하기 위해 매우 중요하며, 또한 앞으로의 북한 핵문제 전개과정을 이해하는 데 있어서도 핵심적인 요소가 될 것이다.

두 프로그램의 차이를 단적으로 말한다면, 플루토늄프로그램은 비교적 값싸고 원시적인 프로그램이고 우라늄프로그램은 값비싼 첨단 프로그램이라는 것이다. 북한의 영변 핵시설과 같은 **플루토늄프로그램**은 기존의 원자로를 이용하여 핵무기용 물질을 몰래 추출하는 방식이기 때문에 시설 확보가 비교적 쉽고 경비도 상대적으로 저렴하여 가난한 개도국들의 핵개발에 주로 이용된다. 그러나 이 시설은 규모가 매우 크기 때문에 IAEA나 첩보위성의 감시에 쉽게 노출되는 문제점이 있다.

이와 비교할 때 **우라늄프로그램**은 시설규모가 훨씬 작고, 특히 원심분리기를 이용한 우라늄농축시설의 경우 연간 핵무기 1개를 제조할 만한 시설의 크기가 불과 900m² 미만에 불과하여 건물 지하실이나 광산, 군부대, 공장지대 등 어디에라도 쉽게 은닉이 가능하다. 핵탄두의 제조와 소형화에서도 우라늄프로그램을 활용하는 것이 기술적으로 한결 용이하여, 여러 면에서 장점이 많다.

다만 우라늄농축시설은 설치비용이 비싸고 많은 첨단부품들을 조달해야 하기 때문에 경제력과 기술력이 뒷받침되어야 설치와 운영이 가능하다. 현재 지구상의 모든 핵보유국들은 이 방식으로 핵무기를 제조하고 있다.

미국은 제2차 세계대전 당시 2개의 플루토늄탄과 1개의 우라늄탄을 제조하여 플루토늄탄 1개를 핵실험에 사용했다. 우라늄탄은 제조 방법이 간단하여 핵실험도 거치지 않고 바로 히로시마에 투하되었다. 핵실험을 통해 성능이 검증된 플루토늄탄보다 오히려 우라늄탄을 먼저 사용한 것이다. 미국은 당시 핵실험에 앞서 무려 약 2500회의 고폭실험을 실시했는데, 이는 대부분 플루토늄탄의 난해한 기폭장치를 제조하기 위한 것이었다.

북한은 1970년대 말부터 영변에서 플루토늄프로그램을 추구해왔으나, 제네바합의로 이 시설들이 동결된 후 1990년대 말부터 대규모 자금을 동원해 비밀리에 우라늄농축시설들을 건설해온 것으로 판명되었다.

물론 현재의 노후한 영변 핵시설에서도 1년에 1개 정도의 플루토늄탄 제

핵무기 제조의 두 가지 방식

구분	플루토늄 방식	우라늄 방식
핵무기 원료	농축플루토늄(Pu)	고농축우라늄(HEU)
원료 제조방식	원자로에서 일정 기간 연소된 핵연료봉을 재처리시설에서 화학적으로 처리하여 농축플루토늄 생산	천연우라늄을 정제한 후 농축프로그램을 통해 바로 농축하여 고농축우라늄 생산
소요 시설	우라늄정련시설, 핵연료공장, 원자로, 재처리시설	우라늄정련시설, 우라늄농축시설(HEU 프로그램)
시설상의 특성	시설 건설이 비교적 용이하나, 대규모 원자로와 재처리시설이 필요하여 외부에 쉽게 노출	좁은 장소에 설치 가능하여 은닉이 매우 용이하나, 농축시설 건설에 많은 비용과 첨단부품 소요
핵무기 제조	기폭장치 제조에 상당한 수준의 정밀기술 필요	고농축우라늄만 확보되면 기폭장치 제조가 매우 용이
구체적 사례	나가사키 원폭(22kt), 북한의 영변 핵시설	히로시마 원폭(15kt), 이란의 핵프로그램

조가 가능하기는 하나, 북한 핵프로그램의 중심은 이미 다수의 우라늄탄을 비밀리에 제조할 수 있는 우라늄프로그램으로 이동했기 때문에 앞으로의 북핵문제에서 영변의 플루토늄 시설들은 별다른 의미가 없는 고철 내지는 전시용 시설에 불과하다.

그럼에도 불구하고, HEU 문제의 파고 속에 붕괴된 제네바합의의 후속 합의를 만들어내고자 개최된 6자회담에서 정작 북한의 주된 핵프로그램인 HEU 프로그램 문제는 거의 거론조차 되지 않았고, 9.19 공동성명이나 후속 합의들 속에서도 일언반구 언급이 없었다. 물론 북한이 그 문제의 제기를 극력 반대했고 한미 양국 내에서도 협상의 결렬을 피하기 위해 이를 제기하는 데 반대하는 사람들이 적지 않았지만, 이는 피한다고 해결될 일이 아니었다.

북한 HEU 프로그램의 연원과 획득과정

북한의 HEU(고농축우라늄) 프로그램 문제는 2002년 10월 켈리 동아태차관보의 평양 방문을 계기로 불거져 나와, 8년간 유지되어온 제네바합의를 불과 한 달 남짓한 기간 동안 파탄으로 이끌었다. HEU 문제를 둘러싼 미북 간의 한 치 양보도 없는 대립으로 인해 미국은 북한이 핵동결을 파기하고 NPT에서 탈퇴하는 상황을 맞게 되었고, 북한은 북한대로 제네바합의 붕괴로 연간 중유 50만 톤(1억 달러)과 공사 중이던 경수로(46억 달러)까지 날아가는 손실을 겪었다.

이것만 보면 HEU 문제라는 것이 어느 날 갑자기 난데없이 하늘에서 날아와 제네바합의를 박살낸 것처럼 보이나, 사실 이 문제는 이미 1990년대 초 북한 핵문제가 처음 대두되었을 당시부터 미국 비확산 당국의 중요한 관심사 중 하나였다. 북한의 플루토늄프로그램에 관해서는 미국이 첩보위성 등을 통해 감시를 해온 관계로 익히 알고 있었으나, 북한이 우라늄농축도 병행하여 추진하고 있을지도 모른다는 의구심은 그 당시 사실 여부가 확인되지 않고 있었다.

이 때문에 미국은 우리 정부가 1991년의 남북비핵화공동선언에서 우라늄농축 금지를 명문화하도록 강력히 요청했고, 1994년 제네바협상 당시에는 우라늄농축 금지가 규정되어 있는 「남북 비핵화공동선언」(1991)의 이행을 제네바합의의 한 부분으로 포함시킴으로써 사실상 우라늄농축의 금지를 명문화했다. 미국이 이런 방식으로 우라늄농축을 통제할 수밖에 없었던 것은 우라늄농축이 NPT 협정상 금지사항이 아니어서 이를 달리 금지시킬 방안이 마땅치 않기 때문이었다.

그 이후에도 미국은 북한이 제네바합의의 그늘 아래에서 비밀리에 우라늄농축을 추구할 가능성을 염두에 두고 감시를 게을리하지 않았는데, 이 문

- 1999년 파키스탄으로부터 20개의 구형 P-1 원심분리기와 4개의 최신형 P-2 원심분리기 완제품 및 설계도 입수(출처: 무샤라프 전 파키스탄 대통령 자서전 및 칸 박사 비망록)

- 1999년 3월 일본에서 원심분리기용 주파수변환기를 수입하려다 미국의 개입으로 실패(출처: 후나바시 요이치, 『김정일 최후의 도박』)

- 2002년 러시아로부터 원심분리기 2600개분에 해당되는 고강도 알루미늄관 150톤 구입(출처: 후나바시 요이치, 『김정일 최후의 도박』)

- 2003년 4월 독일로부터 원심분리기 3500개분에 해당되는 200톤 고강도 알루미늄관을 도입하려다 지중해상에서 압수(출처: 2004년 1월 영국 국제전략연구소[IISS] 보고서)

제가 다시 제기된 것은 1999년 3월이었다. ≪워싱턴포스트≫는 1999년 3월 2일 자 기사에서 "미국 정부가 HEU 기술 및 장비 획득을 위한 북한의 노력에 대해 우려하고 있다"고 보도했다. 이것은 파키스탄과 북한 간의 HEU 프로그램 관련 비밀거래에 대한 미국 정부의 우려를 뜻하는 것이었는데, 이러한 미국의 우려는 나중에 사실로 판명되었다.

북한은 이미 1990년대 말부터 우라늄탄의 제조를 목표로 우라늄농축시설 건설을 위한 비밀 핵프로그램을 추진해왔고, 파키스탄, 러시아 등으로부터 이에 필요한 기술과 부품들을 도입했다. 특히 파키스탄 핵개발의 대부인 칸 박사[A. Q. Khan]는 1999년 초 북한 기술자들을 원심분리기 공장에 초청하여 시설을 견학시키고 기술 지도를 했으며, 20여 개의 P-1, P-2 원심분리기 완제품과 설계도면 및 원심분리기 제조에 필요한 유량계와 특수기름 등을 제공했음이 2006년 9월 출간된 무샤라프 전 파키스탄 대통령의 자서전을 통해 확인되었다.[8]

북한이 우라늄농축시설 도입을 추진하던 1990년대 말의 여러 정황들을 감안할 때, 북한은 당시 원심분리기 3000대 이상 규모의 우라늄농축시설 설치를 추구했던 것으로 추정되고 있다. 이는 연간 우라늄탄 3개를 제조할 수 있는 규모로서, 영변의 5MW 원자로(연간 핵무기 1개분의 플루토늄 생산)에 비해 3배의 핵무기를 생산할 수 있는 시설이었다. 이에 소요되는 원심분리기 구입비용은 4.5억~7.5억 달러에 달하며, 부속시설까지 포함하면 최소 10억 달러 정도의 경비가 소요될 것이었으나, 북한은 용케도 이런 거금을 동원하는 데 성공했던 것이다.[9]

이처럼 고가의 시설임에도 불구하고, 원심분리기를 이용한 고농축우라늄 프로그램은 엄청나게 많은 장점을 갖고 있고, 특히 북한이 영변 핵시설을 운용하는 과정에서 겪은 많은 장애와 애로사항들을 일거에 해결할 수 있는 대안이었다. 실제로 북한이 우라늄농축시설을 가동하기 시작한 이래 국제사회는 북한의 핵활동 동정을 파악하는 것이 사실상 불가능해졌고, 근거 없는 애매한 추측만이 가능하게 되었다.

HEU 프로그램의 기술적 측면

우라늄탄은 천연 상태의 우라늄을 정제하여 그 속에 포함된 U^{235}의 비율을 0.7%에서 90% 이상으로 농축시켜 만드는 것인데, 이 과정을 '우라늄농

---

8 2006년 9월 26일 자 ≪뉴욕타임스≫, 2006년 9월 27일 자 ≪중앙일보≫ 및 ≪한겨레≫ 보도 종합. 2009년 12월 28일 자 ≪워싱턴포스트≫ 기사 "Pakistani scientist depicts more advanced nuclear program in North Korea"는 칸[A. Q. Khan] 박사의 비밀비망록을 인용하여, 칸 박사가 당시 북한 측에 20개의 구형 P-1형 원심분리기와 4개의 최신 P-2형 원심분리기 완제품 샘플을 제공했다고 보도했다. 동 보도에 따르면, 당시 북한과 파키스탄 간의 1.5억 달러에 달하는 노동미사일 10기 수출계약 이행과 관련하여 북한 기술자들이 파키스탄을 방문 중이었다.
9 이춘근, 『과학기술로 읽는 북한 핵』(생각의나무, 2005), 105쪽 참조.

축'이라 한다.[10] 북한이 1990년대 말부터 비밀리에 추진함으로써 2002년 말 제네바합의의 붕괴를 초래했던 'HEU[Highly Enriched Uranium] 프로그램'이 바로 그 것이다.

우라늄농축은 천연우라늄으로부터 생성된 금속우라늄을 가스 상태의 육불화우라늄(UF^6)으로 변환시킨 후 여기서 U^{235}를 분리해내는 공정인데, 이 때문에 IAEA의 핵사찰 시 UF^{6}의 존재는 우라늄농축활동의 직접적인 증거가 된다. 우라늄농축의 방식으로는 기체확산법, 원심분리법, 레이저분리법, 화학교환법, 전자분리법 등 여러 방법이 개발되어 있다.

이들 중 가장 널리 이용되는 우라늄농축공정은 기체확산법과 원심분리법이다. 주요 핵보유국들은 대부분 '기체확산법'을 이용하여 핵무기를 대량 제조하는데, 이를 위한 우라늄농축시설의 건설과 운용을 위해서는 엄청난 건설비와 천문학적 양의 전기가 소요되는 것으로 알려져 있다.

이에 비해 원심분리법을 채용한 우라늄농축시설은 가격이 비교적 저렴하고 기체확산법 공정에 비해 전기가 1/50 정도밖에 소모되지 않는다. 연간 핵무기 1개(고농축우라늄 20kg 기준)를 생산하기 위해서는 약 1000대의 원심분리기[centrifuge]가 필요한데, 이를 설치하는 데 불과 900m^2 미만의 작은 면적만을 필요로 한다. 또한 방출되는 방사능도 매우 적어서 어디에든 쉽게 설치할 수 있다는 장점이 있다.

이 때문에 원심분리법을 이용한 우라늄농축의 경우 일단 필요한 수의 원심분리기만 확보되면 어디서든 좁은 공간에서 고농축우라늄의 은밀하고 지속적인 생산이 가능하다. 현재 북한의 주된 핵프로그램과 과거 리비아가 추진했던 핵프로그램은 모두 이 방식을 채용하고 있다. 현재 국제사회가 이란

---

10 핵무기를 만들기 위해 반드시 90% 이상의 우라늄농축이 필요한 것은 아니다. 히로시마에 투하된 우라늄탄은 약 70%의 농축우라늄으로 제조되었다.

의 핵활동에 대해 의혹을 제기하고 있는 것도 바로 이 원심분리법을 통한 우라늄농축시설의 보유 때문이다.

미국이 1945년 핵무기를 처음 제조했을 당시, 2005년 화폐 기준으로 약 500억 달러가 소요되었고 이 중 90%가 핵물질 추출을 위해 사용되었다. 그러나 오늘날 원심분리법을 사용할 경우 수억 달러만 들이면 농축우라늄 공장을 건설할 수 있고, 일단 공장이 건설되면 그리 큰 운영비나 전력이 소요되지 않는다.

이러한 우라늄농축프로그램과는 달리, 플루토늄탄의 제조는 원자로와 재처리시설을 필요로 한다. 천연 상태의 우라늄을 정제하여 핵연료봉을 만들고, 그것을 실험용원자로나 원자력발전소에서 연소시키면 그 결과물로서 폐연료봉spent fuel이 생성된다. 그 속에는 약 1%의 플루토늄이 포함되어 있는데, 연료봉에서 여타 원소들을 제거하고 이를 분리해내는 과정을 '재처리reprocessing'라 하며, 그에 필요한 시설이 '재처리시설reprocessing plant'이다.

그러나 이러한 핵무기 제조 방식은 원자로를 반드시 필요로 하고 대규모의 재처리시설을 은닉하기가 쉽지 않기 때문에 IAEA의 핵사찰이나 첩보위성의 감시에 쉽게 노출되는 문제점이 있다. IAEA는 재처리시설의 방사능 계측을 통해서, 그리고 미국은 위성을 이용한 재처리시설 굴뚝의 연기 분석을 통해서, 재처리된 플루토늄의 양을 비교적 정확하게 추산해내는 기술을 보유하고 있다. 앞으로의 북한 핵문제에 있어서 플루토늄 시설들은 큰 의미가 없기 때문에 이에 관한 더 이상의 상세 설명은 생략하기로 한다.

3

6자회담 출범과 9.19 공동성명

제2차 한반도 핵위기의 본질

제네바합의의 붕괴와 이에 아랑곳하지 않는 미북 양측의 강경한 입장, 그리고 북한의 공공연한 핵무장 공언으로 한반도는 1994년에 이어 두 번째 핵위기를 맞았다. 다행히도 어떻게든 문제를 평화적으로 해결하려는 주변국들의 노력으로 위기가 장기화되지는 않았지만, 그 짧은 기간 동안 제네바합의 체제는 흔적도 없이 사라졌다.

2002년 10월 HEU 문제로 인해 제네바합의 붕괴 과정이 시작되어 이듬해 8월 제1차 6자회담 개최로 새로운 협상구도가 출범할 때까지, 위기의 시기에 벌어진 중요한 사건들을 정리해 보면 다음과 같다.

2002. 10. 4	북한, 켈리 차관보에게 HEU 프로그램 시인
11. 14	KEDO, 대북한 중유공급 중단 선언
12. 12	북한, 핵동결 해제 및 핵시설 재가동 선언

12. 21~24	북한, 영변핵시설의 IAEA 봉인 제거
12. 26	북한, IAEA 사찰관 추방 통보
2003. 1. 10	북한, NPT 탈퇴 성명
2. 25	노무현 정부 출범
2. 26	북한, 5MW 원자로 재가동
4. 10	유엔 안보리, 북한 핵문제 논의
4. 18	북한, 8000개 연료봉을 재처리 중이라고 발표
4. 23~25	미·북·중 3자회담(베이징)
5. 25	북한, 6자회담 개최에 동의
7. 8	북한, 연료봉 재처리 완료 및 무기화 방침 천명
8. 27~8. 29	제1차 베이징 6자회담 개최

2002년 말 갑자기 도래한 제2차 한반도 핵위기를 1993~1994년의 제1차 북핵위기와 비교해볼 때, 주제도 같고 소재도 같을지 모르나 자세히 보면 많은 차이가 있었다. 흔히들 그 차이를 단순히 강경한 미국 공화당 정권의 등장 정도로 편리하게 이해하려는 경향이 있지만, 그 외에도 상당히 광범위한 차이점들이 있다.

첫 번째 차이점은 역시 미국 집권당 교체에 따른 정책상의 차이였다. 의회와 언론의 비난을 받으면서도 어떻게든 협상과 반대급부를 통해 핵문제를 조용히 해결하고자 했던 클린턴 행정부와 초강대국의 힘을 이용하여 해결을 압박하고자 했던 부시 행정부 사이에는 국제정세에 관한 기본 시각과 위기에 임하는 자세의 면에서 큰 차이가 있었다. 특히 9.11 테러 이후 2년이 채 지나지 않은 시기였기에 더욱 그러했다.

두 번째 차이점은 북한 핵문제를 바라보는 미국인들의 근본적 시각 변화였다. 1993년 당시의 북한 핵문제는 기본적으로 한반도의 문제였으며 나아가 중동, 특히 이스라엘의 안보에 관한 문제였다. 미국은 국제적 핵확산 방지를 주도하는 국제경찰의 입장에서 이 문제에 깊이 개입했을 뿐이었다.[11] 그러나 1998년 알래스카를 위협한 북한의 대포동1호 미사일 시험발사로 인해 북한의 핵개발은 한국의 문제도 중동의 문제도 아닌 미국 자신의 안보문제로 부상했다.

세 번째 차이점은 북한에 대한 경험과 인식의 차이를 들 수 있다. 1993~1994년 핵위기 당시 클린턴 행정부는 합의 이행에 관한 북한의 선의를 막연히 기대하면서 제네바합의에 서명했다. 그러나 15억 달러의 경수로 공사비 지출, 수억 달러의 중유 제공, 두 차례에 걸친 미국의 대북한 제재조치 완화 등 적지 않은 대북한 투자에도 불구하고, 미국은 제네바합의가 이행되는 8년 동안 북한 핵문제의 근원적 해결에 한걸음도 다가갈 수가 없었다.

이를 목격한 부시 행정부가 북한 핵문제에 임하는 입장은 한마디로 "다시는 안 속는다"는 것이었다. 일종의 학습효과라고나 할까. 과거의 실패 경험과 북한에 대한 고도의 불신을 토대로, 부시 행정부는 제네바합의의 실패가 다시는 반복되는 일이 없도록 "완전하고 검증가능하며 불가역적인complete, verifiable and irreversible" 방식으로 북한 핵문제를 뿌리 뽑겠다는 결의가 강했다.

네 번째 차이점은 북한 핵문제 해결의 열쇠가 될 수 있는 중국 정부의 입장 변화였다. 제1차 북핵위기 당시 중국 정부는 미국이 제기한 북한의 핵개발 의혹에 대해 시종일관 동의하지 않았다. 중국은 미국이 상황을 과장하고 있다고 의심했고, 핵을 개발할 의사도 능력도 필요도 없다는 북한의 말을 굳게 믿는 듯했다. 정도의 차이는 있어도 러시아 역시 마찬가지였다. 그러나 2002년 10월 이후 북한은 스스로 핵무기를 보유하고 있다고 주장하고 우라늄농축프로그램의 존재를 시인했다. 그런 관계로 북한의 핵개발 의도는 의심할 바 없는 사실이 되었고, 이 때문에 중국으로서는 더 이상 북한을 두

---

11 앞에서도 설명했듯이, 당시 클린턴 행정부는 북한의 핵무기 대량 생산과 이에 따른 타 지역, 특히 중동 지역으로의 밀수출 가능성을 막기 위해 대북한 경수로 제공을 결정했으나, 중동 자체의 핵확산을 초래할 수 있는 러시아의 대이란 경수로 수출에는 강력히 반대한 바 있다.

둔할 명분을 잃게 되었다.

이상 1993년과 2002년 상황의 차이를 몇 가지 설명했으나, 그보다 더 중요하고 본질적인 차이는 핵문제를 둘러싼 게임의 구도와 양상이 과거와는 전혀 달라졌다는 점이었다. 클린턴 행정부 당시에는 북한이 상황을 장악하고 게임을 시종일관 리드했으나, 부시 행정부에 들어와서는 반대로 미국이 게임을 리드해나갔다.

제1차 북핵위기의 전말을 돌이켜보면, 미국은 여러 근거를 동원하여 북한의 핵개발 의혹을 주장하고 북한은 이를 한사코 부인하는 숨바꼭질이 내내 지속되었다. 그런데 2002년 이후의 제2차 북핵위기에서는 그와는 반대의 현상이 발생했다. 북한은 자신이 핵무기를 개발하고 있고 연료봉 재처리도 마쳤다고 거듭 주장했으나 미국은 그럴 리가 있겠느냐고 오히려 부인하는 웃지 못할 일이 계속되었다.

북한은 자기가 갖고 있는 카드를 거의 소진해가면서 온갖 방법으로 미국을 위협했으나, 미국은 팔짱을 낀 채 미동도 하지 않았다. 북한은 연료봉 재처리를 완료했다고 미측에 은밀히 거듭 경고했으나 미국은 들은 체도 안 했다. 초조해진 북한이 2003년 10월 연료봉 재처리 완료를 공개적으로 발표하자, 그에 대한 파월Colin Powell 국무장관의 반응이 걸작이었다. "그런 얘기 벌써 세 번이나 들었는데 우리는 그런 거 모른다"는 것이었다.

이는 북한의 빈번한 벼랑끝전술 사용이 초래한 부작용이기도 했다. 이솝우화「늑대와 양치기 소년」의 교훈이 그대로 적용되는 대목이었다. 스캇 스나이더Scott Snyder가 그의 저서 『벼랑끝협상Negotiating on the Edge』에서 지적했듯이, 미국은 반복적으로 구사되는 북한의 벼랑끝전술에 익숙해져서 마침내이를 무시하는 경지에 이르게 된 것이었다.[12]

---

12 스캇 스나이더, 『벼랑끝협상: 북한의 외교전쟁』(2003, 청년정신사)에서 인용.

6자회담으로 가는 길

북한의 핵동결 해제와 NPT 탈퇴로 제네바합의가 사실상 와해되고 새로운 협상구도로 가는 과정에서 가장 인상 깊었던 것은 회담의 형식을 둘러싼 미국과 북한의 샅바싸움이었다. 북한은 미북 양자회담을 고집했고 미국은 다자회담 구도를 주장했다. 그 기간 동안 회담의 형식 문제가 사실상 유일한 현안이었다고 해도 과언이 아닐 정도로 형식 문제가 모든 실질적 현안을 압도했다.

결국 HEU 문제로 혼돈이 야기된 지 6개월 만인 2003년 4월 미국의 뜻대로 6자회담 과정이 개시됨에 따라 미국은 북한과의 예선전에서 승리를 거두고 본선에서도 비교적 유리한 고지에 서게 되었다. 북한과의 양자회담을 한사코 기피했던 미국의 고집스러운 입장은 제네바합의의 과오를 다시는 되풀이하지 않겠다는 부시 행정부의 결의를 반영하는 것이었다.

부시 행정부가 제네바합의의 실패로부터 얻은 교훈의 실체는 무엇이었을까? 그것은 바로 이행의 문제였다. 미국이 북한 핵문제의 해결 조건으로 제시한 "완전하고" "검증가능하며" "불가역적인"이라는 용어들은 모두 이행의 문제와 직결된 표현들이었다. 미국 공화당은 당초부터 제네바합의를 잘못된 합의로 간주해왔는데, 그것마저도 이행되지 않는 것을 보고는 무엇보다도 핵폐기의 이행이 보장될 수 있는 새로운 합의가 이루어져야 한다는 생각을 굳힌 듯했다.

미국이 당시 표명한 입장들을 종합해보면, 이행이 보장되는 합의를 달성하기 위한 방안은 대체로 두 가지였다. 첫째, 핵사찰, 핵포기 등 북한의 의무 이행은 기약 없는 훗날로 미루어져서는 안 되며 즉시 이루어져야 한다는 점이었다. 약속은 믿지 않고 행동만을 신뢰하겠다는 얘기였다. 둘째, 새로운 협상은 북한의 합의 이행을 보장하는 데 도움이 될 만한 국가들을 포함하는 다자협상이 되어야 하며, 특히 중국의 중심적인 역할이 긴요하다는 점이었다.

지구상에서 북한에 대해 실질적 영향력을 가진 거의 유일한 나라가 중국이라는 점을 감안한다면, 중국의 주도적인 참여는 협상 결과가 충실히 이행되도록 보장하는 데 큰 도움이 될 수 있었다. 최소한 북한이 중국과의 관계를 감안해서라도 6자회담의 합의사항을 노골적으로 위반하거나 폐기하기는 쉽지 않으리라는 계산을 미국은 했던 것으로 보인다.

미국이 다자회담 개최를 통해 기대할 수 있었던 또 하나의 부수적인 장점은 북한 핵문제를 미북 양자 간에 협의할 때보다 훨씬 진지한 협상이 가능하리라는 점이었다. 북한이 미국과의 쌍무협상에서 종종 사용해왔던 기만, 비난, 협박, 합의파기 등 상투적인 벼랑끝전술을 중국과 러시아 앞에서 사용하기는 쉽지 않을 것이기 때문이었다. 그것은 미국과 북한이 그간 문을 닫아걸고 둘이서만 하던 진실게임을 이제는 양측의 친지들이 지켜보는 가운데 하게 됨을 의미했다.

한편, 2002년 말 이후 북한의 의도에 대한 중국의 상황 인식에는 많은 변화가 일어나고 있었고, 이제는 중국도 문제 해결을 위해 뭔가 적극적인 역할을 수행할 준비가 되어 있었다. 비록 중국이 일본과 대만의 연쇄적 핵무장에 대한 우려 때문에 북한의 핵개발 저지를 위해 발 벗고 나서리라는 세간의 예측은 완전히 빗나갔지만, 중국이 당시 북한 핵문제 해결을 위해 나름대로 조용한 외교적 노력을 기울인 것은 사실이었다.

핵문제 해결 과정에서 일본이 차지하는 위상에도 큰 변화가 일기 시작했다. 1993~1994년 당시 북한 핵문제 해결구도에서 일본이 차지한 비중은 한미 양국과 비교할 바가 못 되었다. 당시만 해도 북한 핵문제는 어디까지나 한반도의 문제였기 때문에 일본은 인접국가로서 제한적인 이해를 갖고 있었을 뿐이다. 일본의 주된 관심사는 핵문제의 여파로 한반도에 비상사태가 발생할 경우 주일미군이 맡게 될 역할과 관련된 것들이었다.

그러나 북한이 1996년 사정거리 1300km의 노동미사일을 실전 배치해 홋카이도 일부와 오키나와를 제외한 일본열도 전체를 사정거리 안에 두게 되고, 1998년에 일본의 머리 위로 대포동1호 미사일 시험발사가 실시됨에 따라, 일본은 북한 핵문제를 일본 자신의 당면한 안보문제로 간주하게 되었다.

이 때문에 일본은 6자회담 과정을 통해 과거와는 달리 적극적인 역할을 수행하려는 의지를 보였고, 훗날(2006년) 북한이 대포동2호 미사일을 시험발사 했을 때는 유엔 안보리의 제재결의 채택을 주도하기도 했다. 미국도 당시 한국 정부의 모호한 입장을 감안하여, 일본과의 공조체제를 대북협상 운영의 토대로 삼았다.

협상이 다자구도로 진행됨에 따라 북한은 지금까지와는 다른 패턴의 협상을 하는 것이 불가피해졌다. 북한이 그동안 미국을 상대로 구사해왔던 벼랑끝전술을 다른 여러 나라가 참가하는 다자협상에서는 사용하기 어려워졌기 때문이다. 북한이 처했던 또 하나의 어려움은 핵개발과 관련하여 그간 미국과 중국, 러시아에 대해 구사해왔던 복잡한 이중, 삼중의 더블플레이를 더 이상 구사할 수 없게 된 점이었다. 당시 북한이 HEU 프로그램을 시인한 후 4개월이 지나 이를 뒤늦게 번복한 것도 북한이 처한 이러한 딜레마와 무관하지 않았을 것이다.

6자회담의 출범과 주요 과제

미북 양자협상을 통한 해결을 주장한 북한과 다자협상을 주장한 미국의 입장이 수개월간 경합한 끝에, 중국 정부의 중재 노력으로 북·미·중 3자회담이 4월 23일부터 사흘간 베이징에서 개최되었다. 중국이 회담을 주선한 것은 그 기회에 미북 양자회담을 자연스럽게 유도하려는 의도였던 것으로 보이나, 중국 측의 거듭된 설득에도 미국은 끝내 이에 응하지 않았다.[13]

동 회담에서 북한은 8000개 연료봉의 재처리가 이미 진행 중이며 북한은 핵무기를 이미 가지고 있고 이를 해외로 이전할 수도 있다고 위협했다.[14] 이는 미국을 압박하여 어떻게든 미북 직접협상을 실현시키려는 의도였던 것으로 보인다. 그러나 북한의 벼랑끝전술은 더 이상 통하지 않았고, 미북 직접협상을 갖지 않겠다는 미국의 입장은 확고했다.

미국이 북한의 위협에 아무 반응을 보이지 않자, 결국 북한은 그로부터 1개월 후인 5월 25일 6자회담 개최에 동의한다는 입장을 천명했고, 이에 따라 3개월의 준비기간을 거쳐 8월 27일부터 29일까지 제1차 6자회담이 베이징에서 개최되었다. 제네바합의 붕괴 후 반년에 걸친 미북 간의 첨예한 대결에서 일단 미국이 판정승을 거둔 셈이었다.

이렇게 출범한 6자회담은 출범 당시부터 이미 많은 난제를 안고 있었다. 기존의 제네바합의에 포함되었던 과제들 외에도, 제네바합의의 실패를 토대로 같은 실패를 되풀이하지 않기 위한 새로운 과제들이 추가되었다. 6자회담이 출범 당시 안고 있던 핵심과제는 핵프로그램 해체 문제, 합의 이행의 문제, 경수로 문제, 대북한 안전보장 문제 등 네 가지였다.

핵프로그램 해체 문제

초기 6자회담이 직면했던 최대의 과제는 무엇보다도 북한의 핵포기 약속을 받아내고 이를 조기에 이행토록 하는 것이었다. 미국은 북한의 즉각적인 핵폐기를 최우선의 목표로 삼았고, 이러한 미국의 목표는 "완전하고 검증가

---

13 후나바시 요이치, 『김정일 최후의 도박』(2007), 465~467쪽.
14 앞의 책, 465, 469쪽.

184 제4부 제2차 북핵위기와 6자회담

능하며 불가역적인 해체(CVID^{complete, verifiable and irreversible dismantling})"라는 용어로 표현되었다.

이를 위해서는 IAEA 핵사찰의 실시, 이미 추출된 핵물질의 규명과 회수 조치, 기존 핵시설의 해체와 그 부품들의 처리 문제 등 많은 과제가 산적해 있었다. 그뿐 아니라, 새로 예민한 현안으로 급부상한 HEU 프로그램 문제도 사찰을 통해 명확히 규명되고 폐기되어야 했고, 북한이 이미 제조했다고 공개적으로 주장하던 핵무기의 궁극적 처리 문제도 합의되어야 했다. 이는 핵폐기 협상이 제네바합의 당시보다 훨씬 어렵고 복잡하게 전개될 것임을 예고하고 있었다.

합의 이행의 문제

제네바합의가 끝까지 이행되지 못하고 8년여 만에 좌초한 점을 감안할 때, 좋은 합의를 이루는 것도 중요하지만 더욱 중요한 것은 이행이 보장될 수 있는 방식으로 합의를 이루는 일이었다. 보다 구체적으로 말하자면, 핵폐기를 먼 훗날로 미루지 말고 합의와 동시에 바로 폐기과정을 시작해야 한다는 것이 미국의 입장이었다. 이는 제네바합의의 과오를 다시는 반복하지 않으려 했던 부시 행정부가 무엇보다 중시했던 원칙이기도 했다.

제네바합의는 이행의 보장이 없는 합의가 처하게 될 운명을 여실히 보여주었다. 1994년 제네바합의가 서명된 후 2002년까지 8년간 미국이 제재조치를 완화하고 중유를 공급하고 KEDO가 15억 달러 상당의 경수로 공사를 진행시키는 동안 북한이 해야 했던 조치는 단 한 가지, 핵동결이라는 현상유지 조치뿐이었다. 북한은 2002년 말 핵동결을 파기함으로써 1994년의 상황으로 되돌아갔고 그 당시 가지고 있던 모든 선택의 요소들을 그대로 다시 회복했다.

경수로와 핵무기

일반적으로 경수로(LWR^{Light Water Reactor})는 현재까지 개발된 원자로 모델 중에서 핵무기 제조에 전용되기가 가장 어려운 것으로 알려져 있다. 원자로에서 추출된 플루토늄으로 핵무기를 제조하기 위해서는 플루토늄의 순도가 90% 이상인 농축플루토늄이 필요하나, 경수로에서 연소된 연료봉에 포함된 플루토늄은 순도가 매우 낮아 핵무기 제조용으로 부적합하기 때문이다.

그러나 이는 IAEA의 감시하에 경수로 연료봉을 정상적으로 완전 연소시켰을 때에 그렇다는 말이며, 원자로를 비정상적으로 가동할 경우 경수로는 거대한 핵무기용 플루토늄 생산시설로 손쉽게 전용될 수 있다.

핵무기 제조를 위해서는 플루토늄의 순도가 90% 이상이 되어야 한다. 한국표준형 원자로의 경우, 핵연료 속에 생성되는 플루토늄의 순도는 최초에는 거의 100%였다가 점점 낮아져서 약 9개월에 이르면 90%의 상태가 된다. 따라서 연료봉을 9개월 내에 꺼내서 재처리하기만 하면 핵무기 생산에 필요한 무기급 플루토늄을 추출할 수 있다.

앞서 설명한 바와 같이 연소 기간이 길수록 플루토늄의 양은 많아지기 때문에, 연료봉을 9개월간 정상적으로 연소시킨 후 꺼내어 재처리하면 가장 많은 양의 무기급 플루토늄을 분리해낼 수 있다는 말이 된다. 이를 도표로 그리면 다음과 같다.

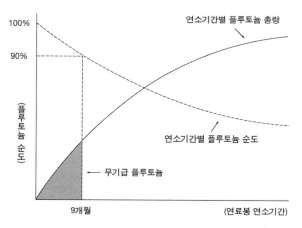

미국 과학자들의 연구결과에 따르면, 제네바합의에 따라 북한에 제공될 예정이던 2000MW 한국표준형 원자로에서 연료봉을 9개월간 연소시켜 재처리할 경우, 이론상 순도 90%의 무기급 플루토늄을 약 300kg 추출할 수 있다. 이는 핵무기를 약 40~50개 제조할 수 있는 양이다.

경수로 제공 문제

경수로 제공은 제네바합의의 중추를 이루는 반대급부였기에 새로운 핵합의 도출과정에서 북한이 이를 재차 요구할 가능성이 매우 높았다. 그러나 부시 행정부는 설사 북한이 핵프로그램을 폐기하더라도 경수로는 절대 제공되어서는 안 된다는 입장이 확고했다. 이러한 미국의 입장은 무엇보다도 경수로를 이용한 북한의 대규모 핵개발 가능성 때문이었다.

허바드Thomas Hubbard 주한 미국대사는 2003년 말 서울의 한 세미나 석상에서 "북한이 핵무기 개발 계획의 폐기에 동의한다 하더라도 미국은 KEDO의 경수로 사업을 재개할 계획이 없다. 만일 북한이 핵개발 계획을 명확하고 검증가능하고 불가역적인 방식으로 포기한다면, 미국은 다른 형태의 에너지 지원을 지지할 준비가 되어 있다"고 그러한 미국의 입장을 공개적으로 천명했다.

대북한 안전보장 문제

북한은 2003년 4월 개최된 북·미·중 3자회담 시, 북한의 핵개발이 미국의 대북한 적대시정책에서 비롯된 것이므로 적대시정책 철회의 증거로서 '미북 불가침협정'을 체결할 것을 요구했다.[15] 이에 대한 미국의 반응은 검토할 가치도 없다는 입장이었다. 미국은 과거 어느 나라와도 불가침협정을 체결한 적이 없었고, 더욱이 미수교국인 북한과의 불가침협정 체결을 검토할 입장은 아니었다.

과거 수십 년간 미북 평화협정 체결을 주장해온 북한이 별안간 불가침협정 체결을 요구한 배경은 밝혀지지 않았으나, 북한의 진의가 무엇이었건 간에 역사적으로 볼 때 불가침협정이 진정한 불가침이나 평화를 의미한 사례

---

15 앞의 책, 464쪽.

는 거의 없었다. 불가침협정은 그 용어가 주는 이미지와는 달리 실제로는 협정 상대방과의 불가피한 전쟁을 수년 정도 미루어두는 목적으로 사용되는 것이 역사적 관행이었다.[16]

교착상태에 빠진 6자회담

2003년 8월 제1차 6자회담이 개최된 이래 2004년 2월 제2차 회담, 같은 해 6월 제3차 회담이 개최되었다. 비록 가시적 진전은 없었으나 약 6개월마다 회담이 지속되었고, 북한 핵문제를 평화적으로 해결한다는 국제적 공감대도 형성되어 한반도 상황은 사뭇 안정을 찾아가고 있었다.

제1차 6자회담에서 참가국들은 회담이 진행되는 동안 상황악화 조치를 자제하기로 합의했고, 제2차 회담에서는 회담 정례화와 실무그룹 구성이 합의되는 등 표면적으로는 회담이 잘 진행되고 있었다. 그러나 주요 쟁점들에 관한 실질문제 협의에서는 별다른 진전이 없었다. 거의 모든 현안에서 미국과 북한의 입장이 정면 대립하여 회담은 난항을 거듭했고, 미국과 북한은 모두 인내심의 한계에 도달하고 있었다. 그나마 의장국인 중국 정부의 적극적인 중재노력이 회담을 유지시키는 거의 유일한 생명줄인 듯 보였다.

세 차례의 6자회담과 관계국들의 중재노력에도 불구하고 미국은 핵프로

---

16 역사상 가장 유명한 불가침협정으로는 1938년 12월의 독일-프랑스 불가침협정과 1939년 8월의 독일-소련 불가침협정이 있다. 나치 독일은 1938년 불가침협정 체결을 통해 프랑스의 중립을 확보한 뒤 체코, 폴란드, 노르웨이, 덴마크, 네덜란드, 벨기에를 차례로 점령했고, 불가침협정의 잉크가 채 마르기도 전인 1940년 6월 결국은 프랑스마저 독일에 점령당했다. 독일과 소련은 1939년 불가침협정을 맺은 후 독일은 유고슬라비아와 그리스를, 소련은 폴란드, 루마니아, 발트3국, 핀란드를 각각 침공했으나, 불과 2년 후인 1941년에는 결국 양국간에 전쟁이 발발했다.

그램의 즉각적인 폐기를 주장하는 기본 입장에서 한 치도 후퇴할 기색이 없었고, 북한 역시 이를 거부하는 강경한 입장에 변화가 없었다. 상황을 더욱 복잡하게 만든 것은 2004년 말로 예정된 미국 대통령선거였다. 북한은 나름대로 2004년 미국 대통령선거에서 민주당 정권이 수립될 가능성에 기대를 걸고 다분히 시간이 가기만을 기다리는 기색이었다.

회담의 핵심쟁점은 ① 핵폐기 시기 문제, ② '핵의 평화적 이용 권리' 문제, ③ HEU 프로그램 문제, ④ 미북관계 정상화 문제 등이었고, 무엇보다도 미국의 선핵폐기 주장과 북한의 후핵폐기 주장이 최대의 쟁점을 형성하고 있었다. 한 가지 주목할 만한 점은, 북한이 그간 예비회담 과정에서 제기해 왔던 안전보장 문제와 미북 불가침협정 문제가 정작 6자회담에서는 거론되지 않았다는 점이다. 핵심 쟁점들에 대한 논의 경과는 다음과 같았다.

핵폐기 시기 문제

미국은 자발적으로 핵개발을 포기한 리비아 모델에 따라 북한의 즉각적인 핵폐기와 완전하고 검증가능하며 불가역적인 핵폐기(CVID)를 촉구했다. 이는 핵폐기에 대한 북한의 장래 약속은 신뢰할 수 없고 구체적 행동만을 신뢰하겠다는 의지의 표현이었다. 이러한 미국의 입장은 제네바합의가 북한의 핵폐기를 경수로 공사일정과 연계시킴으로써 결과적으로 핵폐기 이행을 지연시키는 결과를 초래한 데 대한 자성에서 비롯된 것이었다.

북한은 미국이 제시한 리비아식 선핵폐기 방식에 격렬히 반대하면서, 일단 핵동결을 실시한 후 핵폐기 협상을 진행하자는 주장을 제시했다. 북한이 핵동결의 대가로 요구한 것은 미국의 대북한 에너지 지원 참여, 테러지원국 지정 해제, 대북 경제제재 해제 등 제네바합의의 수준을 훨씬 상회하는 반대급부였다.

중국 정부도 북한과 입장을 같이하여, 핵폐기 협상 이전에 일단 핵동결을 실시하고 동결의 대가를 지불하는 방안을 원자바오 총리가 부시 대통령에게 제안했다. 그러나 미국은 핵동결에는 관심이 없었다.[17] 핵동결은 북한의 추가적 핵활동을 막는 현상유지에는 도움이 될 것이나 핵문제의 조속한 해결과는 거리가 먼 구상이라는 것이 미국의 시각이었다. 미국은 제3차 6자회담에서 북한의 선핵폐기를 전제로 하는 일괄타결안을 제시했으나, 북한은 "더 이상 논의할 일고의 가치도 없다"고 일축했다.

'핵의 평화적 이용 권리' 문제

북한은 제1차 6자회담 이래로 '핵의 평화적 이용 권리'를 주장하면서, 핵폐기는 핵의 군사적 이용에 국한되어야 한다는 주장을 전개했다. 그러나 미국은 이는 북한이 핵을 포기하고 NPT에 복귀하여 IAEA의 사찰을 받고 난 이후 논의할 문제라고 반박했다.[18] 사실 북한은 2003년 핵무기 개발을 공공연히 주장하기 시작할 때까지 영변 핵시설도 전력생산을 위한 평화적 핵시설이라고 주장해왔었다.

북한이 갑자기 '핵의 평화적 이용 권리'라는 생소한 문제를 들고 나와 지나치다 싶을 정도로 이를 거듭 강조한 배경에 관해서는 여러 가지 추측이 난무했다. 흥미로운 것은 '핵의 평화적 이용 권리'를 주장하면서 우라늄농축시설 건설을 강행하고 있는 이란의 움직임과 그러한 북한의 태도 간에 대단히 많은 유사성이 존재했다는 점이었다. 2002년부터 제기된 이란 핵문제도 이란이 '평화적 핵시설'이라는 명목으로 건설 중인 핵연료 생산시설, 즉 경수로용 핵연료봉 제조를 위한 우라늄농축시설 때문이었다.

이를 감안할 때 '핵의 평화적 이용 권리'에 대한 북한의 집착은 장차 경수

---

17 후나바시 요이치, 『김정일 최후의 도박』(2007), 486쪽.
18 앞의 책, 490, 524쪽.

로의 연료봉을 자급자족한다는 명분으로 우라늄농축프로그램의 보유를 합리화하려는 거시적 전략을 반영한 것이었다. 이러한 의혹은 그로부터 6년이 지난 2009년 중반 북한이 경수로 연료의 자체생산 방침을 천명함과 더불어 우라늄농축 착수 방침을 외무성 성명을 통해 공식 발표함으로써 사실로 확인되었다.

HEU 프로그램 문제

미국은 북한의 HEU 프로그램 문제를 수차 제기했으나, 북한 측은 "농축우라늄 관련 설비도 과학자도 기술도 없으며, 파키스탄과 미사일 거래는 있었지만 농축우라늄 분야 거래는 전혀 없었다"고 의혹을 부인했다.[19]

제3차 6자회담에서 핵동결 문제 논의 시 미국은 핵시설과 핵무기를 포함한 모든 핵프로그램의 동결을 주장한 반면, 북한은 '현재 가동 중인 모든 핵시설'과 'NPT 탈퇴 후 재처리한 플루토늄'만을 동결대상으로 할 것을 주장했다.[20] 북한의 이러한 주장은 NPT 탈퇴 이전에 생산된 플루토늄과 HEU 프로그램을 동결대상에서 제외하려는 의도가 내포된 것이었다.

미북관계 정상화 문제

북한은 미북관계가 정상화되고 신뢰가 조성되어 미국의 위협을 느끼지 않게 되어야 핵무기의 포기가 가능하다는 입장을 주장했는데, 이는 미북관계 정상화를 핵폐기의 선행요건으로 간주한다는 의미였다.

이에 대해 미국은 관계정상화는 핵포기만으로는 실현되기 어려운 장기적 과정임을 강조하고, 9.19 공동성명 발표 직후 폐막성명을 통해 핵문제뿐 아

---

19 앞의 책, 497쪽.
20 앞의 책, 500~502쪽.

니라 "북한의 인권 침해, 생화학무기 계획, 미사일 프로그램과 확산, 테러 및 불법활동 등 모든 우려사항을 미북관계 정상화 논의의 필요 요소로서 제기해나갈 계획"이라는 입장을 천명했다.[21]

벼랑 끝에서의 회담 재개

세 차례의 6자회담에서 아무 진전을 보지 못하자 북한은 차기 제4차 6자회담의 개최 일자를 잡기를 거부했다. 이는 아마도 2004년 말의 미국 대통령선거 결과를 일단 관망하려는 의도로 해석되었다. 당시 이라크 전쟁의 악화로 인해 미국 대통령선거에서 민주당이 승리할 가능성이 적지 않은 상황이었기 때문에 북한으로서는 이에 큰 기대를 걸고 있었다.

북한은 미국에 민주당 정권이 수립되면 제네바합의와 유사한 구도로의 복귀가 가능하리라 기대했을 가능성이 컸던 것으로 보인다. 제네바합의와 마찬가지 방식으로 일단 핵동결을 실시하고 그에 대한 반대급부를 확보한 후 경수로를 매개로 하는 새로운 핵합의를 이룰 수만 있다면, 북한으로서는 추가로 추출한 농축플루토늄을 그대로 보유하면서 경수로 공사의 재개까지 확보하는 최선의 결과를 성취할 수 있을 터였다. 이는 당시 한국의 노무현 정부가 추구하던 해결방식과도 유사한 맥락이었다.

그러나 북한의 간절한 기대에도 불구하고 2004년 말 미국 대통령선거에서 공화당이 승리하여 제2기 부시 행정부가 출범하게 되자 상황은 급변했다. 정권 재창출에 성공한 부시 행정부의 자신감에 북한의 좌절감이 더해짐에 따라 상황은 급속히 악화되기 시작했다. 재집권에 승리한 부시 대통령은

---

21 앞의 책, 538쪽.

'압제국가의 민주화'를 기치로 내걸고 2005년 1월 20일 취임사를 통해 "세계의 압제국가들을 민주화할 것"이라고 선언했다. 부시 대통령이 비록 북한을 대상국가로 지목하지는 않았으나 문맥상 북한이 당연히 포함되는 것으로 해석되었다. 이에 앞서 라이스Condoleezza Rice 국가안보보좌관은 1월 8일 국무장관 인준 청문회에서 북한을 "폭정의 전초기지outpost of tyranny"로 지칭하며 비판했다.

이에 대해 북한은 거세게 반발했다. 북한은 2월 10일 외무성 성명을 통해 부시 행정부의 대북한 적대시정책에 변화가 없다고 비난하면서 6자회담의 무기한 중단을 선언하는 동시에, "자위를 위해 핵무기를 제조했다"고 처음으로 핵무기 보유를 공식 선언했다. 이에 대해 미국이 별다른 반응을 보이지 않자, 북한은 5MW 원자로의 연료봉을 다시 인출하기 시작했고 5월 11일에는 연료봉 인출이 완료되었음을 발표했다.

5MW 원자로의 연료봉은 장착된 지 불과 2년밖에 안 되어 연료봉 교체시기가 아직 성숙하지 않은 상태였다. 그럼에도 불구하고 북한이 이를 굳이 인출한 것은 미국을 위협하기 위한 의도적 조치였던 것으로 보인다. 그러나 연소기간이 짧은 까닭에 여기서 추출될 10kg 조금 넘는 플루토늄은 북한이 이미 보유한 35~40kg의 플루토늄에 비하면 별것이 아니었고, 따라서 미국에게 별다른 새로운 위협이 되지 못했다.

미국이 별 반응을 보이지 않자 북한의 벼랑끝전술은 계속되었고, 인출된 연료봉에 대한 재처리작업이 시작되었다. 상황은 점차 악화되고 있었고, 미국은 6자회담의 효용성 여부에 관한 깊은 회의에 빠진 듯했다. 이제 6자회담 과정이 붕괴되는 것은 단지 시간의 문제인 듯 보였고, 6자회담이 결렬되면 남은 방법은 유엔 안보리의 제재조치로 가는 길밖에 없었다. 국내 일각에서는 미국의 대북한 군사조치 가능성에 대한 우려가 다시 대두되기도 했다.

상황이 악화되자 위기에 처한 6자회담의 불씨를 살리려는 노력이 한국과 중국 정부를 중심으로 전개되었다. 특히 중국은 자국이 주도해온 6자회담 과정이 붕괴되는 것을 원치 않는 입장이었기에 회담의 성과 여하와 관계없이 어떻게든 회담을 지속시키려는 강한 의지를 갖고 있었다. 그것은 중국 외교의 위신과도 직결된 문제였다. 다행히도 미국과 북한 중 어느 쪽도 더 이상 상황이 악화되는 것은 원치 않는 입장이어서, 중국 정부 주도하에 제4차 6자회담이 2005년 7월 말 베이징에서 개최되었다. 2004년 6월 제3차 6자회담이 개최된 지 13개월 만의 회담재개였다.

9.19 공동성명의 태동

제3차 6자회담 이후 1년여의 공백기를 거쳐 제4차 6자회담 1단계 회의와 2단계 회의가 2005년 7월과 9월 베이징에서 잇달아 개최되었다. 위기에 처했던 6자회담이 벼랑끝에서 기사회생하여 개최되는 만큼 무언가 실질적 진전을 이루지 못하면 회담의 미래를 기약할 수 없으리라는 관계국들의 우려가 어느 때보다 고조된 상황이었다.

그 1년의 공백기 동안 미국에서는 제2기 부시 행정부가 출범했고, 라이스 국가안보보좌관이 국무장관에 취임했다. 북한은 핵무기 보유를 공식 선언했고, 새로 인출된 5MW 원자로 연료봉에 대한 재처리 작업이 7월 초 종료되었다. 한국 정부는 회담 재개 2주일 전인 7월 12일 신포에서의 경수로 공사 종결 방침을 공식 천명했고, 그 대신 북한의 핵폐기를 전제로 200만 kW(2000MW)의 전기를 북한에 송전한다는 구상을 발표했다.

그러한 가운데 개최된 제4차 6자회담에서는 그간의 묵은 쟁점들이 다시 고개를 들었고, 핵폐기 문제 등 핵심쟁점들에 관한 미북 양측의 입장이 계속 평행선을 그리고 있었다. 다만 한 가지 긍정적 변화가 있었다면, 부시 행정부의 실세인 라이스 국무장관의 취임으로 북한 핵문제에 대한 미국 내 네오콘의 영향력이 퇴조하고 국무부의 협상권한이 과거 어느 때보다 강화되었다는 사실이었다. 그에 따른 가장 가시적인 변화는 과거와 달리 미북 양측이 수시로 직접 만나 협상을 벌인 점이었다.

약 20일에 걸쳐 진행된 제4차 6자회담의 결과 2005년 9월 19일 이른바 '9.19 공동성명'이라 불리는 포괄적 합의문이 채택되어 발표되었다. 동 회담에서의 핵심 쟁점들에 관한 협상과정을 당시 공개된 사항들을 중심으로 요약하자면 다음과 같다.

첫째, 가장 의견이 첨예하게 대립되어왔던 핵폐기 시기 문제는 이견의 폭이 너무 큰 관계로 시점에 관한 언급 없이 핵무기와 핵계획을 포기한다는 일반적 원칙만이 합의되었다. 따라서 이 문제는 9.19 공동성명 이후에도 가장 큰 미결 쟁점으로 계속 남게 되었다.

둘째, 핵폐기의 범위 문제에서, 미국은 HEU 프로그램을 폐기 대상에 포함할 것을 주장했으나 북한은 그 존재 자체를 부인하는 입장을 굽히지 않았다. 미국은 "모든 핵무기와 핵프로그램all nuclear weapons and nuclear programs"을 폐기의 대상으로 규정하고자 했으나, 북한은 그러한 포괄적 표현에 동의하지 않았다. 결국 북한의 입장을 배려한 중국 측의 제안에 따라 "모든 핵무기와 현존하는 핵프로그램all nuclear weapons and existing nuclear programs"으로 합의가 이루어졌다. 북한은 HEU 프로그램의 존재 자체를 부인하고 있었으므로, "현존하는 핵프로그램"은 사실상 HEU 프로그램이 배제된 표현이었다.

셋째, 경수로 문제와 관련하여, 북한은 경수로 제공 보장을 명기할 것을 요구했으나 미국과 일본의 반대로 뜻을 이루지 못했다. 미국과 일본은 어떤 내용으로건 경수로 문제를 포함시키는 데 반대하는 입장이었고, 훗날 불가피하게 경수로 지원 문제가 논의되더라도 그 시기는 북한의 NPT 복귀와 핵폐기 이후가 되어야 한다는 입장이었다. 한국의 입장은 북한이 핵폐기를 이

1. 한반도 비핵화
   - 북한은 모든 핵무기와 현존하는 핵프로그램을 포기하고[abandon] 조속한 시일 내에 NPT 협정과 IAEA 안전조치에 복귀할 것을 약속한다.
   - 미국은 핵무기 또는 재래식 무기로 북한을 공격 또는 침공할 의사가 없음을 확인한다.
   - 한국은 영토 내 핵무기 부재를 확인하고 비핵화공동선언에 따른 핵무기 불배치, 불배비 공약을 재확인한다.
   - 남북 비핵화공동선언은 준수, 이행되어야 함을 확인한다.
   - 5개국은 핵의 평화적 이용 권리를 주장하는 북한의 입장을 존중하고, 적절한 시기에[at an appropriate time] 경수로 제공문제를 논의하는 데 동의한다.

2. 6자간 상호관계
   - 미국과 북한은 상호 주권을 존중하고 평화적으로 공존하며, 각자의 정책에 따라 관계정상화를 위한 조치를 취할 것을 약속한다.
   - 일본과 북한은 과거사와 현안 해결을 기초로 관계정상화를 위한 조치를 취할 것을 약속한다.

3. 대북한 경제협력
   - 5개국은 북한에 대해 에너지 지원을 제공할 용의를 표명했다.
   - 한국은 2005년 7월 12일 자 200만kW(2000MW) 대북한 송전 제안을 재확인했다.

4. 기타 사항
   - 직접 관련된 당사국들은 적절한 별도포럼에서 한반도 평화체제에 관한 협상을 개최한다.
   - 동북아 안보협력 증진을 위한 방안을 모색한다.
   - '공약 대 공약, 행동 대 행동' 원칙에 입각하여 단계적 방식으로 합의 이행조치를 실시한다.

행할 경우 경수로를 포함한 핵의 평화적 이용 권리를 인정하자는 것이었는데, 이는 다분히 미·일 양국보다는 북한과 중국의 입장에 근접한 것이었다.

중국은 핵의 평화적 이용 권리에 대한 북한의 입장을 "존중하고 적절한 시점에 경수로를 제공하는 문제를 논의한다"는 애매한 문구의 삽입을 강력히 종용, 이를 관철함으로써 상당 부분 북한의 손을 들어주었다.[22] 이에 따른 해석상의 모호성을 배제하기 위해, 미국은 9. 19 공동성명 발표 후 폐막성명을 통해 "북한이 검증가능한 형태로 모든 핵무기와 핵프로그램을 폐기하고 NPT에 복귀하여 핵투명성을 지속적으로 입증할 때 비로소 경수로 제공 논의가 가능하다"는 입장을 밝혔다.[23] 북한은 이에 대응하여, "경수로가 제공되기 전에는 핵폐기를 할 수 없다"는 강한 입장을 공개적으로 천명했다.

위의 세 가지 쟁점 현안들 중 가장 많은 논란을 겪은 문제는 경수로 문제였다. 북한은 제4차 6자회담 1단계 회의 당시 '핵의 평화적 이용 권리'를 주장하던 종래 입장을 슬며시 바꾸어 2000MW의 경수로 제공을 집요하게 주장했다. 북한은 한국 정부가 제안한 2000MW(200만kW) 대북송전 구상에 대해서는 냉담한 반응을 보이면서 경수로 제공만을 집요하게 요구했다.

극심한 에너지난에도 불구하고 굳이 오랜 세월이 소요되고 실현 전망도 불투명한 경수로를 고집하는 북한의 태도에는 석연치 않은 점이 많았다. 그것은 제네바합의 당시와 마찬가지로 경수로가 건설되는 8~10년 동안 핵프로그램을 그대로 유지할 권리를 얻어내려는 의도라고밖에는 해석할 수가 없었다.

미국 수석대표 힐Christopher Hill 차관보는 언론 브리핑을 통해 북한의 이러한 태도를 지적하고, "북한은 한국의 대북송전 제안에는 관심을 보이지 않고 경수로만 요구한다. 그들은 에너지를 바란 것이 아니었던가? 아니, 전력 때문이 아니다. 뭔가 다른 것 때문이라고 말하고자 한다면 우리는 그 내용을

---

22 앞의 책, 529~531쪽 내용 요약.
23 미국의 폐막성명은 비공개회의에서 발표되었으나, 미국 정부는 이를 국무부 웹사이트에 공개했다.

알아야 한다"고 북한의 저의에 대한 깊은 의구심을 표명했다.[24]

북한은 경수로 제공 요구를 합리화하기 위해, "경수로 제공은 미국이 대북한 적대시정책을 해소하고 평화공존으로 나오려 하는가 하는 정치적 의지와 직결된 문제"이며 "미북 간 신뢰조성의 물질적 증거"라고 주장했다. 북한은 또한 경수로가 북한에 건설되는 것 자체만으로도 외부로부터의 공격을 억지할 수 있다는 논리와 더불어, "흑연감속로 가동을 중단하면 20만 명의 고용문제가 생긴다"는 엉뚱한 주장까지 펼쳤다.[25]

이 회담에서 중국 측은 6자회담의 장래에 대한 위기의식을 가지고 어떻게든 문서화된 합의를 도출하고자 진력했다. 사안별로 이견이 많아 문서화된 합의가 쉽지 않은 상황이었지만, 중국 정부는 맹렬한 기세로 미국과 북한을 압박해가면서 합의문 도출을 추진해나갔다.

한국 측도 이런 움직임에 동참했다. 당시 한국 정부의 노력은 북한을 압박하여 조속한 핵포기를 종용하기보다는 미국을 압박하여 중국과 북한의 입장을 수용토록 하는 데 주로 초점이 맞추어졌다. 따라서 6자회담 과정에서 미·일 양국과 남·북·중·러 4국의 입장이 대립하는 상황이 종종 발생했다.

9.19 공동성명과 제네바합의의 비교

제네바합의와 비교할 때, 9.19 공동성명은 즉시 이행 가능한 합의가 아니

---

24 힐 차관보의 이러한 예리한 지적은 경수로를 이용한 북한의 핵개발 가능성에 대한 미국 정부의 우려가 내포된 것이다.

25 후나바시 요이치, 『김정일 최후의 도박』(2007), 528, 530, 547쪽. 북한의 "20만 명 고용문제" 제기는 근거가 없으며, 북한의 실제 핵 관련 종사자 규모는 고급인력 200여 명을 포함하여 약 3000명 정도로 추산되었다.

라, 핵문제 해결의 기본 방향과 원칙들을 규정한 원론적 합의의 성격이었다. 특히 핵협상의 가장 중요한 부분인 핵폐기 문제에서는 구속력 없는 일반적 원칙만 규정되었다. 요컨대, 이행을 위한 합의문이라기보다는 앞으로의 협상을 위한 구체적 의제와 과제들을 정리하여 열거한 형태를 띠고 있었다. 따라서 9.19 공동성명이 실제로 이행되기 위해서는 각 조항별로 세부적 이행합의가 필요했다.

한국 정부는 9.19 공동성명을 "평화냐 위기냐의 기로에서 평화를 선택하고 결정한 역사적 쾌거이며 한국 외교의 승리"라고 자평했다.[26] 그러나 북한과의 모든 합의가 공통적으로 겪어야 할 이행상의 난관을 감안할 때 그것은 과도한 자화자찬이었고, 아직은 갈 길이 멀고도 멀었다. 9.19 공동성명이 북한의 비핵화를 위한 대장정에서 차지하는 의미를 평가하기 위해 9.19 공동성명의 주요 조항들을 제네바합의와 비교하여 검토해보고자 한다.

> 1-2 조선민주주의인민공화국은 모든 핵무기와 현존하는 핵계획을 포기하고
> abandon all nuclear weapons and existing nuclear programs 조속한 시일 내에 핵확산금지
> 조약(NPT)과 국제원자력기구(IAEA)의 안전조치에 복귀할 것을 공약했다.

북한이 문서상 합의를 통해 "현존하는 핵프로그램"의 포기 의사를 확인한 것은 나름대로 큰 의미가 있었다. 이는 제네바합의에 규정된 IAEA 핵사찰을 통한 핵시설 해체 원칙과 맥을 같이하는 조항이었다.

그러나 이는 북한의 핵포기 원칙에 관한 원론적 선언의 성격이었으며, 핵포기의 대상, 범위, 시기 등 구체적인 사항들은 이견의 폭이 너무 커서 합의

---

26 2005년 9월 19일 자 통일부장관 기자회견.
   http://news.mt.co.kr/mtview.php?no=2005091915560374233&type=1

되지 못했다.[27] 또한 북한이 그 존재 자체를 부인하는 HEU 프로그램이 "현존하는 핵프로그램"에 포함되기 어려운 한계성과 더불어, 핵무기와 핵프로그램의 '포기'가 해체와 국외반출을 의미하는 것인지 여부 등 적지 않은 모호성을 내포하고 있어, 이에 관한 구체적 쟁점들이 미결사안으로 계속 남게 되었다.

> 1-3 미합중국은 한반도에 핵무기를 갖고 있지 않으며, 핵무기 또는 재래식 무기로 조선민주주의인민공화국을 공격 또는 침공할 의사가 없다는 것을 확인했다.

이것은 북한이 제기해온 안전보장 요구에 대한 미국의 응답이다. 제네바합의에는 "미국은 북한에게 핵무기를 사용하지 않고 핵무기로 위협하지도 않는다"는 문구가 포함되어 있는데, 9.19 공동성명에는 핵무기 외에 재래식무기 분야의 안전보장까지 추가되었다. 이는 제네바합의와 비교할 때 한층 포괄적인 안전보장 문구였다.

> 1-4 대한민국은 자국 영토 내에 핵무기가 존재하지 않는다는 것을 확인하면서, 1992년의 남북 비핵화공동선언에 따라 핵무기를 접수 또는 배비하지 않겠다는 공약을 재확인했다.
> 1-5 1992년의 남북 비핵화공동선언은 준수, 이행되어야 한다.

---

27 제네바합의의 경우는 ① 핵동결의 시점과 구체적 대상 및 동결기간 중의 IAEA 사찰 방식, ② 연료봉의 국외반출 원칙과 반출 시기, ③ 핵시설 해체의 구체적 시점 등이 상세히 규정되어 있다.

남북 비핵화공동선언에 관한 이 조항들은 한반도 핵문제의 근원이 주한 미군 핵무기 때문이라는 북한의 오랜 왜곡선전이 그대로 반영된 듯한 대목이다. 1994년의 제네바합의에는 "북한은 비핵화공동선언의 이행을 위한 조치를 일관성 있게 취한다"고 북한 측 의무사항이 명기되어 있었고, 이는 누가 보더라도 북한의 핵재처리나 우라늄농축 금지를 지칭하는 것이었다.

그러나 9.19 공동성명의 이 조항에서는 주한미군 핵무기 문제와 남한의 비핵화 의무만 구체적으로 열거되었고, 북한의 이행 의무는 "비핵화공동선언은 준수, 이행되어야 한다"는 모호한 표현 속으로 실종되었다. 요컨대, 제네바합의에서 북한의 비핵화를 위해 삽입했던 남북 비핵화공동선언 조항이 9.19 공동선언에 와서는 '한반도 비핵화'도 아닌 '남한 비핵화'를 위한 조항으로 180도 변질된 것이었다.

이 조항들은 9.19 공동성명상의 "한반도 비핵화"라는 모호한 표현과 더불어, 북한 핵문제를 마치 남북한 공통의 핵문제인 양 포장하려는 북한의 기본전략을 여과 없이 투영하고 있다. 그 이래로 북한 핵문제에 관한 국제사회의 대다수 합의문과 결의문에서 "북한의 비핵화"라는 표현은 자취를 감추었고 "한반도 비핵화"라는 애매하고 중립적인 표현으로 변경되었다.

> 1-6 조선민주주의인민공화국은 핵에너지의 평화적 이용에 관한 권리를 가지고 있다고 밝혔다. 여타 당사국들은 이에 대한 존중^{respect}을 표명했고, 적절한 시기에 조선민주주의인민공화국에 대한 경수로 제공 문제에 대해 논의하는 데 동의했다$^{agreed\ to\ discuss}$.

이 조항을 통해, 북한은 미국이 그간 거부해온 두 가지 문제에서 교두보를 확보했다. 핵의 평화적 이용 권리를 '인정'한 것은 아니나, 일단 '존중'을 표명했으니 향후 이를 정식으로 계속 주장할 명분이 확보되었다. 또한 경수로 제공 문제도 비록 '제공 약속'을 확보하지는 못했으나 '논의'한다는 합의를 얻어냈으니 일단 교두보를 확보한 셈이었다.

미국은 경수로 지원 문제를 공동성명에 포함시키지 않으려 무진 애를 썼으나 한국이 사실상 북한 편에 서서 이를 관철하는 역할을 했으며,[28] 중국, 러시아도 이에 동조함에 따라 결국 마지못해 이를 수락했다. 이에 따른 문제점을 보완하기 위해, 미국의 힐 수석대표는 9.19 공동성명 합의 직후 회견을 통해 "북한이 핵무기와 핵프로그램을 폐기하고 NPT에 복귀하여 안전조치를 이행할 때 비로소 경수로 제공 논의가 가능하다"는 입장을 천명했다.[29]

이에 대해 북한 외무성은 다음 날 외무성 성명을 통해 "신뢰제공의 물리적 담보인 경수로 제공 없이는 우리가 이미 보유하고 있는 핵 억제력을 포기하는 문제에 대해 꿈도 꾸지 말라"는 상반된 입장을 밝혔다.[30]

> 2-2 조선민주주의인민공화국과 미합중국은 상호 주권을 존중하고, 평화적으로 공존하며, 각자의 정책에 따라 관계정상화를 위한 조치를 취할 것을 약속했다.
>
> 2-3 조선민주주의인민공화국과 일본은 평양선언에 따라, 불행했던 과거와 현 안사항의 해결을 기초로 하여 관계정상화를 위한 조치를 취할 것을 약속했다.

관계정상화에 대한 이 두 개의 조항은 관계정상화를 위한 조치를 취하기는 하되 그 과정에서 미국과 일본의 관심사가 사전에 해결되거나 반영되어

---

28 이우탁, 『오바마와 김정일의 생존게임』(창해, 2009), 648쪽.

29 2005년 9월 20일 자 ≪프레시안≫ 보도, 「북미, 6자합의 하루 만에 이행순서에 결정적 이견」.

30 2005년 9월 21일 자 ≪경향신문≫ 보도.

야 한다는 것을 의미한다. 이는 제네바합의 조항 중 "상호 관심사로 되는 문제들의 해결에서 진전이 이루어지는 데 따라" 수교를 한다는 문구와 일맥상통한다.

미국은 당초 관계정상화의 구체적 조건들을 공동성명에 명기하고자 했으나 이것이 관철되지 못하자, 9.19 공동성명 발표 직후 폐막성명을 통해 "북한의 인권 침해, 생화학무기 계획, 미사일 프로그램과 확산, 테러 및 불법활동 등 모든 관심사항을 미북관계 정상화 논의의 필요 요소로서 제기해나갈 계획"이라는 입장을 공개적으로 천명했다.

> 3-3 대한민국은 조선민주주의인민공화국에 대한 200만 킬로와트의 전력공급에 관한 2005년 7월 12일 자 제안을 재확인했다.

제4차 6자회담 직전에 발표된 한국 정부의 대북송전 제안이 내포하는 기술적 난관과 천문학적 소요경비 문제는 차치하고라도, 이 제안은 정작 수혜 당사자인 북한 측으로부터 아무런 호응을 얻지 못했다.[31]

북한은 6자회담 회의석상에서 한국 대표단의 대북송전 제안에 대해 냉담하고 무관심한 반응을 보였으며, 미북 양자협의 때에는 "관심 없다"며 속내를 털어놓기도 했다. 수혜자의 이러한 부정적 반응에도 불구하고, 천문학적 예산이 들어가는 이 사업은 제안자인 한국 대표단의 강력한 요청에 따라 공동성명에 포함되었다.[32]

---

31 통일부가 2005년 7월 12일 공식 발표한 대북한 송전제안 발표문에 따르면, 총 소요경비는 송배전망 설치에 5000억 원, 변환설비 건설에 1조 원, 연간 200만kW의 전기생산 및 유지비 용으로 매년 9000억~1조 원이 소요될 것으로 추산되었다. 이 발표상의 수치를 그대로 적용할 경우, 대북송전 소요경비는 불과 3년 만에 2000MW 경수로 건설비를 초과하게 된다.
32 후나바시 요이치, 『김정일 최후의 도박』(2007), 550쪽 참조.

4

벼랑 끝에서 뛰어내린 북한

BDA 문제의 암초에 걸린 6자회담

제네바합의 붕괴 이후 거의 3년 만에 합의된 9.19 공동성명으로 순풍을 맞을 듯했던 6자회담은 그 후 미처 몇 걸음도 나가지 못하고 비틀거리다 쓰러졌다. 그 이름도 낯선 방코델타아시아Banco Delta Asia라는 마카오의 한 작은 은행 문제 때문이었다.

미국 재무부는 9.19 공동성명이 채택되기 4일 전인 2005년 9월 15일 「애국법Patriot Act」311조에 의거, 마카오 소재 방코델타아시아(BDA)를 「돈세탁 주요 우려 대상primary money laundering concern」으로 지정하고 이를 같은 날 재무부 홈페이지에 공지했다. 9월 20일에는 재무부 관보에도 게재되었다. 이에 따라 모든 미국 은행들이 즉각 BDA와의 거래를 중단했고, 고객들의 예금인출 사태에 직면한 BDA는 지불동결 조치를 취했다. 마카오 금융관리국은 9월 16일부터 BDA에 대한 조사에 착수했고, 9월 29일 BDA의 경영권을 잠정 인수한 마카오 당국은 BDA 계좌 중 북한과 관련된 혐의가 있는 모든 계좌(북한은행 20개, 북한기업 11개, 북한인 9개, 마카오기업 8개, 마카오인 2개 등 총 50개 계좌)를 동결했다.

이것이 그 후 1년여 동안 6자회담을 미지의 늪 속에서 허우적거리게 만든 이른바 BDA 문제의 시작이었다. 한 가지 흥미로운 것은 그 당시 매를 때린 측도 자기가 얼마나 큰 몽둥이로 때렸는지를 몰랐고 맞은 측도 자신이 얼마나 심각한 매를 맞았는지 거의 느끼지 못했다는 점이다. 이를 옆에서 바라보던 구경꾼들은 더욱 그러했다. 북한은 매 맞고 한 달이 넘은 10월 25일 외무성 대변인의 입을 통해 처음으로 이에 대한 불쾌감을 표명했으나, 그때만 해도 아직 상황 파악이 잘 되지 않은 상태였다.

이 문제는 그해 11월 9일 개막된 제5차 6자회담 1단계 회의에서 북한 대표단에 의해 비로소 최초로 심각한 현안으로 대두되었다. 김계관 부상은 BDA 문제에 관한 미국의 처사를 신랄하게 비난하고, 이는 9.19 합의를 무산시켜 이행하지 않으려는 미국의 음모로서, 미국이 동결된 BDA 예금액 2500만 달러를 돌려줄 때까지 6자회담 참가를 거부한다는 입장을 천명했다. 이로 인해 그해 11월의 6자회담은 9.19 공동성명 이행문제를 논의도 못 해보고 사흘 만에 막을 내렸다.

BDA 문제가 해결되지 않으면 6자회담에 복귀하지 않겠다는 북한의 집념은 대단히 강했다. 그것은 아마도 동결된 북한계좌에 북한 최고위 권력층의 돈이 포함되어 있었기 때문일 것이었다. BDA 문제로 6자회담이 중단된 1년여 기간 동안 한국, 미국, 중국 등 여러 나라들이 거듭 회담 복귀를 설득했지만 북한은 요지부동이었다.

중국은 탕자쉬엔 국무위원이 2006년 4월 평양을 방문하여 북한 지도부에 대해 직접 6자회담 복귀를 설득했으나 별 소용이 없었고, 한국도 여러 계기에 북한과 쌍무접촉을 갖고 설득을 시도했으나 효과는 없었다.

당시 BDA 문제를 극복하기 위한 외교적 노력에서 미국과 일본이 줄곧 공

미국 정부가 BDA^Banco Delta Asia를 통한 북한의 돈세탁 협의를 포착한 것은 무기밀매와 위조지폐 거래조직을 일거에 일망타진하려는 미국 수사당국의 오랜 함정수사의 결실이었다. 그것은 소설이나 영화에서나 볼 수 있음직한 함정수사의 대단한 성공 스토리였다.

무기, 위조지폐, 마약, 위조담배 등을 미국으로 밀반입하는 범죄조직에 위장 잠입하여 그들의 행적을 추적해오던 한 FBI 수사관은 2005년 8월 미국 북동부 애틀랜틱시티^Atlantic City 앞바다의 호화요트 '로열 참^Royal Charm' 호 선상에서 딸의 위장결혼식을 개최하고, 범죄조직 구성원과 거래처 요인들을 하객으로 초청했다. 결혼식에 참석한 하객 59명은 모두 FBI에 체포되었다. 그야말로 일망타진이었다.

이에 앞서 그 FBI 요원은 하객 중 두 명으로부터 위조지폐를 구입하고 대금을 지불했으며, 그들로부터 대전차미사일, AK-47 기관총 등 불법무기를 구입하기로 계약을 체결하기도 했다. 그가 지불한 대금들이 마카오의 BDA 계좌로 입금된 것으로 확인되자, 수사당국은 BDA의 불법적 금융활동을 은밀히 내사하기 시작했다. 그 과정에서 북한이 BDA에 수십 개의 계좌를 보유하고 은행 측의 협조하에 위조지폐와 불법자금을 세탁하고 있는 정황이 파악되었다.

미국 수사당국은 이에 따라 BDA에 대한 제재조치 실시 여부를 결정하기 위한 정식 조사를 벌이기에 앞서, 미국 은행들이 선의의 피해를 입는 것을 방지하고자 BDA를 '돈세탁 주요 우려대상'으로 지정, 발표했다. 이 조치가 발표되자 미국 은행들은 물론 한국, 중국을 포함한 다른 나라 은행들까지 즉각 반응을 일으켜 BDA와의 거래를 중단했고, 만일의 경우에 대비하여 북한과의 모든 금융거래를 거부하거나 제한했다. 이 때문에 북한은 국제사회에서 어느 은행하고도 거래를 할 수 없는 상황에 봉착하게 되었다.

동보조를 취하는 모습이었고, 한국은 주로 중국과 입장이 근접한 편이었다. BDA 문제로 인해 6자회담 과정이 붕괴될 것을 우려한 한국과 중국은 BDA 문제를 우회하여 6자회담을 재개할 방안을 다각도로 시도했으나 미국과 북한은 이에 귀를 기울이지 않았다.

BDA 문제라는 생소한 사태를 겪으면서 미국 정부는 자신이 들고 있는 금융제재라는 무기가 얼마나 무서운 무기인지를 비로소 깨닫게 되었다. 재무부가 특정 국가의 은행 또는 특정 국가 보유의 은행계좌에 대한 의혹을 점잖게 발표만 해도 당장에 천지를 진동시킬 수 있다는 사실을 알게 되었다. 이것은 거대한 군사력을 동원할 필요도 없고 유엔 안보리의 승인을 받을 필요도 없는, 미국이 혼자서 언제 어디서든 동원할 수 있는 가공할 무기였다.

이러한 미국의 힘 앞에 모든 나라들이 숨을 죽였고, 마카오 당국은 물론 중국 중앙정부까지도 행여 여진이 미칠세라 신경을 곤두세우는 기색이 역력했다. 중국 정부는 미국의 BDA 조사에 대해 아무 불평 없이 전적인 협조를 제공했고, BDA와 거래했거나 BDA의 동결된 북한 계좌로 송금을 한 적이 있는 한국의 기업, 언론사, 단체들까지 전전긍긍하는 모습이었다.

이런 엄청난 파급효과를 보고 가장 놀란 것은 아마도 미국 정부 자신이었을 것이다. 미국은 본격적인 금융제재를 아직 시작도 하지 않았고 단지 선의의 피해자를 보호하기 위해 사전경고만 했는데도 북한의 국제결제 마비 사태가 발생한 것이다. 이를 바라본 많은 사람들은 이제 미국의 대북한 군사행동 가능성은 사라졌다고 생각했다. 미국이 그리도 좋은 무기를 두고 구태여 전근대적인 무기를 휘두를 이유가 없어졌기 때문이었다.

BDA 문제로 6자회담이 중단되고 9.19 공동성명의 이행이 동결되자, BDA에 대한 미국의 조치가 9.19 공동성명 내용에 불만을 품은 미국 강경파들의 음모라는 주장이 북한 당국과 한국 내 일각에서 제기되었다.

그러나 BDA의 자금세탁 의혹은 6자회담이 개최되기 한 달 전부터 진행되어온 범죄수사 현안이었고, 더욱이 미국 재무부가 BDA를 '돈세탁 주요 우려대상'으로 지정해 발표한 9월 15일은 9.19 공동성명의 문안협의가 채 시작도 되기 전이었다. 6자회담에서 중국 측이 9.19 공동성명의 채택을 추진하기 시작한 것은 그다음 날인 9월 16일부터였다.

미사일 강국의 망신

BDA 문제의 늪은 생각보다 깊고 어두웠다. 2005년 11월의 6자회담이 BDA 문제로 성과 없이 끝난 후 2006년 11월 제5차 6자회담 2단계 회의가 개최될 때까지 13개월의 오랜 공백기가 계속되었다. 북한은 그 공백기를 허비하지 않고 2006년 7월 대포동미사일을 시험발사한 데 이어 10월에는 핵실험까지 실시했다.

BDA 문제로 미국과 끝없는 입씨름을 계속하던 중, 북한은 2006년 7월 5일 새벽 5시 장거리미사일(대포동2호 미사일) 1기를 함경북도 화대군 무수단리의 발사기지에서 시험발사했다. 일자 선택에 있어 정치적 의미를 중시하는 북한의 관행에 비추어볼 때 이는 다분히 미국 독립기념일을 겨냥한 것이었다. 북한의 미사일 발사 시간은 미국시간 7월 4일 오후 4시로서, 이는 매년 미국 전역을 떠들썩하게 만드는 독립기념일 폭죽행사가 시작되기 불과 몇 시간 전이었다. 이것은 북한이 1999년 9월 미국 클린턴 행정부와 '미사일 발사 유예조치moratorium'에 합의한 이래 7년 만에 이를 파기했음을 의미했다.

북한이 발사한 대포동2호 미사일은 사거리가 대포동1호 미사일보다 훨씬 긴 장거리미사일이었다. 1998년 시험발사한 사거리 2200km의 대포동1호 미사일이 알래스카의 끝자락 정도에 미친 데 비해, 추정 사거리가 최대 6700km에 달할 것으로 추정되던 대포동2호 미사일은 미국 본토를 직접 위협할 수 있는 미사일로서, 이미 1990년대 말부터 미국의 비상한 관심사였다.

대포동2호 미사일의 시험발사는 이미 각종 정보보고를 통해 한 달여 전부터 예견되어온 터라, 미국과 일본은 모든 관측장비를 동원해 미사일 궤적 추적을 준비했다. 그러나 그런 만반의 준비가 무색하게도, 발사된 미사일은 불과 25초 동안 약 10km를 비행한 후 공중폭발했고, 파편이 러시아 영해에까지 흩어졌다. 미사일 강국 북한의 명성을 무색하게 하는 참담한 실패였다.

북한의 미사일 개발 현황(2006년 현재)

미사일 명칭	사거리	탄두중량	추진체	시험발사	실전배치
Scud-B	300km	1000kg	액체, 1단	1984. 4. 23	1989
Scud-C	500km	770kg	액체, 1단	1986. 5. 7	1989
Scud-ER	700km	500kg	액체, 1단	-	2000
노동미사일	1300km	700kg	액체, 2단	1993. 5. 29	1996
대포동1호	2200km	740kg	액체2단+고체1단	1998. 8. 31	-
대포동2호	6700km	1000kg	액체2단+고체1단	2006. 7. 5	-

북한의 대포동미사일 시험발사는 BDA 문제로 미북 양측이 팽팽하게 대립하던 상황하에서 미국에 심리적 압력을 가함으로써 뭔가 양보를 얻어보려는 시도였던 것으로 추정된다.

그러나 미국은 북한이 미사일 발사를 강행할 것으로 확신하면서도, 이를 만류하지 않고 유엔 안보리 결의안 준비 등 발사 이후에 취할 조치들을 차분히 준비해나갔다. 어쩌면 미국은 내심 북한이 미사일 발사를 강행하여 중국과 러시아의 지지를 상실하고 이를 계기로 유엔 안보리 결의를 통과시키는 것이 더 낫다는 생각을 했는지도 모른다.

그러나 중국과 러시아는 마지막 순간까지도 북한이 미사일 발사를 강행하지 못할 것으로 믿었고, 북한의 미사일 발사 움직임을 미국에 대한 압박 시위 정도로 생각했다. 북한의 기술수준으로 볼 때 대륙간탄도미사일 발사는 어림도 없고, 오히려 미국이 상황을 과장하고 있다고 생각하는 기색이었다. 그러나 북한이 미사일 발사를 강행함으로써 이들의 예측은 빗나갔다.

북한은 대포동미사일 발사와는 별도로 그 전후에 휴전선 인근의 동해안 미사일기지(깃대령)에서 총 6발의 노동미사일과 스커드미사일을 발사했다. 그것은 시험발사가 아니라 다분히 무력시위 차원의 발사였다. 아마도 이는 미국을 겨냥한 대포동미사일과 일본을 목표로 하는 노동미사일, 그리고 한국을 사정거리로 하는 스커드미사일을 동시에 발사함으로써 3국이 모두 북

한의 손아귀에 있음을 재인식시키려는 무력시위였던 것으로 보인다.[33]

　나름대로 생각이 있어 일을 벌이기는 했겠지만, 그 대가로 북한은 많은 것을 상실했다. 첫째, 그간 북한을 상당 부분 두둔하고 동정해왔던 중국과 러시아의 노여움을 사서 이들의 지지를 상실했고, 둘째, 미국에게 유엔 안보리 제재를 추진할 명분을 주었으며, 셋째, 미사일 수출 강국인 북한이 보유한 미사일 기술의 한계성을 만천하에 알리는 계기가 되었고, 넷째, 일본 정부에게 미사일방어체계(MD)를 강화하기에 충분한 국내정치적 명분을 제공하게 되었다.

　북한이 대포동미사일을 발사하자, 오랫동안 이를 예견해왔던 미국은 드디어 올 것이 왔다는 냉정한 반응이었고, 중국은 실망을 금치 못했으며, 일본과 러시아는 분노했다. 러시아가 분노했던 것은 대포동미사일 시험발사가 러시아 영해를 아슬아슬하게 피해 지나가는 궤도를 선택했던 관계로 폭발된 파편의 일부가 영해에까지 들어와 떨어졌기 때문이었다. 일본은 대포동미사일뿐 아니라 다분히 일본을 염두에 두고 발사한 것으로 추정되는 노동미사일 발사에 대해 분노했다.

　이 때문에 미사일 발사 이후의 사후처리에는 일본이 가장 선도적으로 나섰다. 미사일 발사 직후 미·일 양국의 협조하에 유엔 안보리에서의 대북한 제재결의가 추진되었는데, 결의안 제출은 일본이 주도했다. 일본이 제시한 결의안 초안은 유엔헌장 제7장에 따른 경제제재 조치를 포함한 강력한 안이었다.[34] 일본의 초안은 미사일 문제뿐만 아니라 북한 핵문제 관련 사항까

---

33 당시 일본 정부는 노동미사일 발사에 대해 발끈한 반면, 한국 정부의 반응은 평온했다. 스커드미사일이 남쪽이 아닌 동북쪽으로 발사된 데 무게를 두는 분위기였다.

34 유엔헌장 제7장이란 유엔 안보리가 이행 의무를 수반하는 강제조치를 결의할 때 헌장상의 근거로서 원용하는 강제조치 조항으로서, 41조에 비군사적 조치를, 42조에 군사적 대응조치를 규정하고 있다.

안보리는 국제 평화와 안전 유지를 위한 특별한 책임하에 다음과 같이 행동한다.
(1) 북한의 2006년 7월 5일 탄도미사일 발사를 규탄condemn
(2) 북한의 탄도미사일 프로그램과 관련된 모든 활동 중단 및 기존 미사일 발사유예 공
약의 재확인을 요구
(3) 각국은 미사일과 미사일 관련 물자 등이 북한의 미사일 또는 WMD 프로그램에 이
전되지 않도록, 자국 법령에 따라 국제법에 부합되게 주의를 기울이고 방지할 것을
요청
(4) 북한으로부터 미사일 및 관련 물자를 수입하거나 미사일 또는 WMD 프로그램과 관
련된 자금을 북한에 이전함에 있어 국제법에 부합되게 주의를 기울이고 방지할 것
을 요청
(5) 북한의 긴장고조 행동 자제 및 비확산 우려 해소 필요성 강조
(6) 전제조건 없는 6자회담 복귀 및 9.19 공동성명 이행, 모든 핵무기와 현존하는 핵프
로그램 포기, NPT와 IAEA 안전조치로의 조기 복귀를 강력히 촉구
(7) 6자회담을 지지하고 조속한 재개를 요청하며, 모든 회담 참가국들이 검증가능한 한
반도 비핵화를 평화적으로 달성하고 9.19 공동성명 이행 노력을 강화할 것을 촉구

지 모두 포함하고 있는 문자 그대로 포괄적인 대북한 규탄 및 제재 결의안
이었다.

중국은 거부권 발동을 위협하면서 유엔헌장 제7장이 원용된 제재조항의
삭제를 요구했으나, 대포동미사일 발사로 큰 충격을 받았기 때문인지 위협
의 강도가 그리 심각해 보이지는 않았다. 일본은 입장을 굽히지 않았고, 중
국의 거부권 행사 가능성을 감수하고 표결을 강행할 태세였다. 한국의 노무
현 정부는 처음에는 헌장 제7장 원용문제에 침묵을 지켰으나, 이것이 점차
첨예한 현안으로 부상하게 되자 이에 반대하는 강한 입장을 공개적으로 천
명함으로써 중국 측 입장에 동조했다. 거의 고립상태였던 중국으로서는 뜻
밖의 구세주를 만난 셈이었다.

일본과 중국 간의 협상 결과, 헌장 제7장을 원용하는 문구는 삭제하되 나

머지 문안은 일본 초안상의 강한 표현을 대부분 수용하는 방향으로 타협이 이루어졌다. 그리하여 미사일 발사 후 열흘 만인 7월 15일 안보리 결의 1695호가 상정되어 만장일치로 채택되었다.

중국은 당초 기권 가능성이 예견되었으나, 북한에 대한 불만의 표시로 찬성표를 던졌고 러시아도 북한의 미사일 실험에 대한 분노의 뜻으로 찬성을 했다. 놀랍게도 북한은 안보리 결의 채택 과정에서 결의 채택을 저지하거나 문구를 완화하기 위한 교섭을 전혀 시도하지 않았고, 과거 안보리 결의가 추진될 때마다 반복해왔던 위협적인 발언도 하지 않았다.

이렇게 채택된 안보리 결의 1695호는 북한의 미사일 발사를 규탄하고 탄도미사일 프로그램의 전면 중단과 미사일 관련 물품의 대북한 수출입 금지를 촉구했을 뿐 아니라, 북한의 NPT 복귀와 핵사찰 수용 및 조건 없는 6자회담 복귀를 촉구하는 등 미사일과는 무관한 북한 핵문제까지 거론한 포괄적 대북한 결의였다.

이는 1993년 5월의 안보리 결의 825호(북한의 NPT 복귀 촉구) 이래 최초의 대북한 결의였고, 2002년 북한 핵문제가 재발된 이래 채택된 최초의 안보리 결의이기도 했다. 이는 또한 유엔 안보리가 역사상 최초로 북한을 규탄한 condemn 결의이기도 했다. 유엔 안보리는 1950년 북한이 무력으로 남침을 했을 때에도 소련의 반대 때문에 북한을 '규탄'조차 하지 못하고 '심각한 우려 grave concern'를 표명했을 뿐이었다.

전 세계의 이목을 집중시킨 채 실시되었던 북한의 대포동미사일 시험발사는 북한, 미국, 일본에게 각기 다른 파장을 남겼다. 그것은 아마도 북한에게는 좌절감을, 미국에게는 안도감을, 일본에게는 경각심을 주는 계기가 된 듯하다.

북한의 경우, 대포동미사일 시험발사가 실패함에 따라 국내외적으로 위신이 크게 실추되었음은 물론이고 사상 처음으로 유엔 안보리의 규탄결의까지 받는 처지가 되었다. 그뿐 아니라 북한이 보유한 대미 압박수단이 모두 소진됨에 따라 이제 미국을 압박하고 강성대국의 면모를 과시할 수단은 핵실험 한 가지밖에 남지 않은 상황이 초래되었다. 그것이 그해 말 불가피하게 북한의 핵실험을 앞당기는 이유가 되었는지도 모른다.

한편, 미국은 대포동미사일의 참담한 실패를 지켜보면서, 북한의 핵미사일이 미국 본토를 위협하기 위해서는 아직 요원한 세월이 필요하리라는 안도감을 갖게 되었을 것으로 보인다. 이와는 달리, 일본은 대포동미사일 시험발사를 통해 커다란 경각심을 갖게 되었다. 앞으로 상당 기간 동안 북한 핵미사일이 미국을 겨냥하는 것이 불가능하다면 현실적으로 한국이나 일본이 그 표적이 될 수밖에 없을 것이기 때문이었다. 더욱이 일본을 겨냥한 노동미사일은 이미 1996년부터 실전 배치가 되어 있었기에, 남은 수순은 여기에 핵무기를 탑재하는 일뿐이었다.

강성대국 최초의 핵실험

대포동미사일 시험발사가 실패로 끝나고 이에 대한 유엔 안보리의 규탄 결의안이 통과되자, 곧이어 북한이 머지않아 핵실험을 실시할지도 모른다는 말들이 각국 정부로부터 흘러나오기 시작했다. 그러한 예측은 주로 세 가지 측면에서 제기되었다.

첫째는 핵협상의 측면이었다. 9.19 공동성명에도 불구하고 핵협상의 가장 중요하고 예민한 부분에 대한 쟁점은 그대로 남아 있었다. 그것은 핵폐기 시기의 문제였다. 미국이 요구하는 선핵폐기와 이를 거부하는 북한의 입장이 정면충돌하고 있었다.

미국은 제네바합의 식의 해결구도를 절대 수용할 수 없으며 어떤 형태로

든 북한의 핵폐기가 조기에 이루어져야 한다는 입장이었고, 관계정상화, 평화체제 문제, 경수로 문제 논의 등 북한이 원하는 모든 요소들을 핵폐기 개시 이후로 미뤄두고 있었다. 반면에 북한은 선핵폐기는 절대 수용할 수 없고 관계정상화, 경제지원, 경수로 제공 등이 선행되어야 한다는 입장이었다.

북한은 핵무기가 김정일 체제의 마지막 보루라는 점에서 선핵폐기를 수용할 수 없는 입장이었고, 미국은 대량파괴무기에 의한 테러 방지를 21세기 국가안보의 초석으로 삼고 있어 선핵폐기 정책의 양보는 고려 대상이 될 수 없었다. 따라서 이 문제는 북한이나 미국의 어떤 전략적 결정이 선행되지 않는 한 해결될 수 없는 어려운 명제가 되어 있었고, 미국과 북한은 각기 상대방에게 전략적 결단을 강요하기 위한 위협과 압박외교를 단계적으로 강화하고 있었다.[35]

큰 칼을 먼저 뽑은 것은 북한이었는데, 큰맘 먹고 실시한 대포동미사일 시험발사가 만인이 지켜보는 가운데 실패로 돌아가고 사상 처음으로 유엔의 규탄결의까지 받게 되자, 북한으로서는 핵실험이라는 마지막 카드를 뽑을 수밖에 없는 상황이 되었다. 북한은 유엔 안보리의 대북한 결의가 채택된 직후 외무성 성명을 통해 안보리의 조치를 비난하면서 "보다 강경한 물리적 조치"를 공언했다.

둘째는 정치군사적 측면이다. 북한은 2005년 2월 10일 핵무기 보유를 공식 발표했고 그 후에도 수차례 이를 강조했으나, 아무도 이에 귀를 기울이지 않았고 북한을 대하는 다른 나라들의 태도도 달라진 것이 없었다. 북한은 미국에게 핵보유국으로 대우해줄 것을 요구하면서 핵무기를 추가 생산하겠다고 거듭 위협했으나 북한을 핵보유국으로 인정할 수 없다는 미국의

---

35 하영선, 「북핵위기와 한반도 평화」, 하영선 편, 『북핵위기와 한반도 평화』(EAI, 2006), 19~20쪽에서 발췌.

입장은 요지부동이었다. 그 때문에 핵무기만 개발하면 모든 것이 해결될 줄 알았던 북한의 계획에 차질이 생겼고, 따라서 북한으로서는 핵실험을 통해 보다 명확하게 자신이 핵보유국임을 국제사회에 보여줄 필요가 있었다.

끝으로, 셋째 이유는 핵개발의 기술적 측면이다. 플루토늄탄은 우라늄탄과는 달리 제조 공정이 매우 까다롭고 고도의 정밀성을 요하는 관계로 핵실험을 해야 비로소 그 성능이 확인될 수 있다. 미국이 1945년 인류 최초로 핵무기를 제조했을 때에도 우라늄탄은 단 1개를 제조해 핵실험 없이 히로시마에 투하했으나, 플루토늄탄은 2개를 제조해 그중 1개로 핵실험을 거친 후 나머지 1개를 나가사키에 투하한 바 있다.

현재는 컴퓨터를 이용한 시뮬레이션으로 핵실험을 대체하는 방법도 개발되어 있으나, 이는 수많은 핵실험을 통한 데이터의 축적을 전제로 하고 있으므로 북한으로서는 해당사항이 없었다. 더욱이 핵무기를 소형화하여 미사일에 장착하는 기술을 개발하려면 어차피 핵실험은 불가피하게 실시되어야 했다. 과거 핵보유국들은 핵무기의 새로운 디자인을 개발할 때마다 영국은 평균 4~5회, 미국은 6회, 프랑스는 20회 정도 핵실험을 실시한 바 있었다.

북한이 핵실험을 하려는 구체적 조짐이 확인된 것은 대포동미사일 시험발사로부터 불과 한 달도 안 된 시점이었다. 9월 중반에 이르러서는 핵실험장으로 추정되던 시설에 언제라도 실험이 실시될 수 있는 준비가 갖추어졌다. 북한의 정치적 결정만이 남은 상황이었다. 이런 상황은 당시 미국 언론보도를 통해 흘러나왔다.

미국은 북한이 곧 핵실험을 단행하리라는 것을 확신했고 초읽기 대비태세에 돌입했다. 그러나 대포동미사일 시험발사 때와 마찬가지로 중국과 러시아의 생각은 달랐다. 설사 그런 움직임이 있더라도 이는 미국에게 심리적 압력을 넣기 위한 허장성세일 뿐이며 실제 핵실험을 할 여건은 못 된다는 것이었다. 요컨대, 미국은 정보를 가지고 말을 하고 있었고 다른 대부분의 나라들은 나름대로의 희망사항을 통해 상황을 평가하고 있었다. 북한의 핵실험을 앞두고 그 시기 내내 6자회담 참가국들 간에 전개되었던 이처럼 혼란스러운 판단의 괴리는 주로 미국과 여타 국가들 간의 엄청난 정보력 격차에서 비롯된 것이었다.

핵실험을 불과 6일 앞둔 시점인 10월 3일 북한은 외무성 성명을 통해, "미국의 안보리 결의 채택, 군사연습 및 무력증강 책동, 대북한 경제고립 및 제재봉쇄의 국제화, 시한부 최후통첩 등 고립 압살책동을 더 이상 수수방관할 수는 없다"고 하면서 "앞으로 안전성이 철저히 담보된 핵실험을 하게 될 것"이라고 천명했다. 이는 북한이 처음으로 핵실험 실시 의지를 명시적으로 밝힌 성명이었다.

이러한 북한의 발표에 대해, 미국과 영국은 그것이 핵실험 단행을 위한 예정된 수순이라는 평가를 내린 반면, 중국과 러시아는 미북 직접대화와 핵협상에서의 양보를 얻어내기 위한 압박전술에 불과하며 핵실험이 임박한 것은 아니라는 상반된 평가를 내렸다. 한국 정부는 미국과의 정보협조를 토대로 만일의 경우에 대비한 준비는 갖추고 있었으나, 심정적으로는 중국, 러시아의 견해로 기울고 있었다.

이러한 국제사회의 논란을 비웃기라도 하듯, 북한은 10월 9일 오전 10시 35분 마침내 함경북도 길주군 풍계리의 지하갱도에서 지하핵실험을 실시했다. 이 갱도는 북한이 1998년부터 핵실험장 용도로 건설한 시설이었고, 그러한 용도상의 의혹 때문에 지속적인 감시의 대상이 되어온 곳이었다. 풍계리 핵실험장이 건설되기 시작한 1998년은 미국 클린턴 행정부의 대북한 관여정책에 따라 대북한 관계개선과 인도적 지원이 상승세를 타고 있던 시기였고, 한국에서는 김대중 정부가 햇볕정책 추진과 더불어 대북한 경제지원을 본격화해가던 시기였다.

북한에는 풍계리 외에도 핵실험에 사용할 만한 지하시설이 여러 개 있었

1945년 7월 미국이 최초의 핵실험을 실시한 이래 지구상에서 무려 2000여 회의 핵실험이 실시되었고 이들 중 74%는 지하핵실험이었다. 미국과 러시아(구소련 포함)는 1990년대 초까지 간헐적으로 핵실험을 실시했고, 중국과 프랑스도 1990년대 중반까지 핵실험을 실시한 바 있다. 그 밖에 인도는 1974년과 1998년, 파키스탄은 1998년, 북한은 2006년과 2009년 핵실험을 실시했다.

핵실험은 신형 탄두를 개발하거나 기존 핵탄두의 성능을 개량할 때 실시된다. 이를 위해서는 통상 수십 차례의 핵실험이 필요한 것으로 알려져 있다. 특히 플루토늄탄의 경우, 기폭장치 제조가 대단한 정밀성을 요하는 까닭에 핵실험 실시가 필수적이다. 첨단과학을 이용하여 컴퓨터 시뮬레이션simulation으로 핵실험을 대체하는 방법이 일부 선진국에서 개발되어 있으나, 이를 위해서는 핵실험 데이터 축적이 긴요한 관계로 어차피 최소 몇 차례의 핵실험은 실시되어야 한다는 것이 정설이다.

지하핵실험장은 통상 만일의 경우 발생할지도 모르는 방사

각국의 핵실험 현황(2009년 말 현재)

국명	최초 원폭실험	최초 수폭실험	핵실험 횟수
미국	1945	1952	1032
소련/러시아	1949	1955	715
영국	1952	1957	45
프랑스	1960	1968	210
중국	1964	1967	44
인도	1974	-	6
파키스탄	1998	-	6
북한	2006	-	2

능 오염을 피하기 위해 인구밀집지역으로부터 멀리 떨어지고 지하수원이 없는 사막이나 산악지대에 건설된다. 먼저 지형에 따라 수직 또는 수평으로 수백 미터의 갱도를 파고 밑바닥에 핵폭탄 또는 핵폭파장치를 설치한다. 갱도의 길이는 핵무기의 위력 정도에 따라 통상 200~1000m 정도이다. 갱도의 지름은 1~3m이며, 갱도 내부는 방사능 오염을 막기 위해 시멘트와 석고, 철판 등으로 겹겹이 둘러친다.

설치가 끝나면 갱도 입구를 시멘트, 암석, 철구조물 등으로 봉쇄한 후 원격조정 장치를 이용해 폭파시킨다. 폭파 시간은 나노초(10억분의 1초) 단위의 짧은 시간이다. 핵폭발이 일어나면 엄청난 고열에 의해 핵무기 주변의 암석, 시멘트, 철판 등이 용암처럼 녹아내려 유리구슬과 같은 형상을 띠게 되고, 방사능 물질들은 그 안에 차단되어 갇히게 된다. 이 때문에 정상적 상황에서는 방사능이 외부로 유출되지 않는다.

으나, 북한은 그 시설이 오래전부터 미국의 감시대상임을 언론보도 등을 통해 뻔히 알면서도 보라는 듯이 풍계리에서 핵실험을 실시했다. 핵실험 준비

과정에서 이를 숨기거나 은폐하려는 기색도 없었다. 중국 정부는 핵실험 당일 아침 북한으로부터 11시에 핵실험을 실시한다는 통보를 받고 이를 10시 30분경 한국 정부에 통보했다. 그러나 북한이, 아마도 미국의 방해공작에 대한 우려 때문에, 핵실험을 고의적으로 30분 앞당겨 실시하는 바람에 한국 정부는 중국 정부의 사전통보와 한국지질자원연구소의 핵실험 지진파 탐지 보고를 거의 같은 시각에 접수하게 되었다.

북한 조선중앙통신은 핵실험이 실시된 지 1시간 10분 후 "지하핵실험이 성공적으로 진행되었으며, 방사능 누출이 전혀 없었다"고 핵실험 사실을 공식 발표했다. 그러나 북한의 핵실험 사실을 미국 등 관계국들이 과학적으로 최종 확인하는 데는 몇 주일이나 되는 시간이 걸렸다. 폭발 강도가 너무 약해서 핵실험임을 단정할 수가 없었기 때문이다. 그래서 제논과 크립톤이라는 두 가지 특정 방사능 입자가 바람에 날려와 탐지될 때까지 거의 한 달을 기다려야 했다.

핵실험 강도는 1kt 미만인 것으로 최종 평가되었다. 통상적인 핵실험의 강도가 20kt 내외인 데 비해, 북한의 핵실험은 세계 여러 곳에서 측정된 지진파 강도를 모두 비교해보아도 1kt이 채 안 되는 강도였다. 폭발강도가 이처럼 부실했던 것은 아마도 기폭장치의 결함으로 인해 핵물질들이 제대로 분열반응을 일으키지 못했기 때문인 것으로 추정되었다. 이러한 세간의 평가를 의식한 듯, 북한은 실험이 실패한 것이 아니라 처음부터 소형 핵무기를 실험한 것이었다고 주장했다.

유엔 안보리의 대북한 제재결의

북한이 핵실험을 실시한 직후 유엔 안보리는 신속하게 움직였다. 핵실험 당일 안보리가 즉각 소집되어 유엔헌장 제7장을 원용하는 제재조치의 논의가 개시되었다. 결의안 제출은 미국이 주도했고, 일본은 그 달의 안보리 의장국으로서 제재결의안 논의에 적극 개입했다. 미국은 핵실험 바로 다음 날인 10월 10일 유엔헌장 제7장이 원용된 강제적 경제제재 결의안 초안을 안보리 이사국들에게 배포하는 등 신속한 행보를 보였다.

북한은 핵실험 후 이틀이 지난 10월 11일 외무성 대변인 담화를 통해 미국의 핵위협과 제재가 핵실험의 이유라고 주장하면서, 유엔 안보리 등의 집단적 제재에 대해 "물리적 대응조치를 취해 나갈 것"이라고 위협했다. 불과 석 달 전 대포동미사일 시험발사에 대한 안보리 제재결의가 추진될 당시 아무 반응을 보이지 않았던 것과는 대조적인 모습이었다. 그러나 안보리에서의 제재조치 논의는 북한의 반응에 개의치 않고 진행되었다. 어느 누구도 북한의 위협에 귀를 기울이지 않았고, 어느 나라도 안보리의 대북한 제재결의 추진에 반대하지 않았다.

이 안보리 결의안의 경우도 최대 이슈는 유엔헌장 제7장 원용문제였다. 중국은 이번에도 이를 막기 위해 앞장섰다. 중국은 대북한 제재결의 채택 자체에는 반대하지 않았으나, 다만 헌장 제7장을 원용하는 것은 궁극적으로 군사제재조치로까지 비화될 우려가 있으므로 수용할 수 없다는 입장이었다. 그러나 이에 동조하는 국가는 하나도 없었다.

중국의 반대에도 불구하고 강제적 제재조치가 발동되어야 한다는 미국과 일본의 의지는 확고했고, 대포동미사일 발사 당시 중국과 더불어 헌장 제7장의 원용에 반대했던 한국 정부도 이번에는 중국과 입장을 달리했다. 협상 결과, 유엔헌장 제7장을 원용하되 그중 비군사적 조치 항목인 41조를 명기하는 것으로 절충이 이루어졌다. 그리하여 결의안 전문에 "유엔헌장 제7장 하에 행동하며 41조하에서 조치를 취한다"는 표현이 사용되었다.

중국은 북한에 대한 어떠한 군사제재도 반대한다는 입장이었지만, 어느

1. 북한에 대한 결정사항
 - 북한의 핵실험 규탄
 - 추가 핵실험 및 탄도미사일 발사 자제, NPT 탈퇴 발표의 철회, NPT 및 IAEA 안전
  조치로의 복귀, 탄도미사일 프로그램의 중단 및 미사일 발사유예 약속 재확립 요구
 - 완전하고 검증가능하며 불가역적인 방법으로 핵무기와 현존 핵프로그램을 포기,
  여타 현존하는 WMD 및 탄도미사일 프로그램도 포기해야 함을 결정

2. 유엔 회원국의 의무사항
 - 금수조치: ① 탱크, 장갑차량, 대구경 대포, 군용 항공기, 공격용 헬기, 전함, 미사일
  등 무기, ② WMD 품목 및 WMD 프로그램에 기여할 수 있는 품목, 물자,
  장비, 상품, 기술, ③ 사치품에 관한 북한과의 교역 금지
 - 원조금지: 상기품목(사치품 제외)의 공급, 제조, 보수, 사용에 관한 기술훈련, 자문,
  용역, 지원 등의 대북한 제공 금지
 - 금융제재: 북한의 WMD 및 탄도미사일 프로그램에 연루된 자금, 금융자산 및 경제
  적 자원의 동결
 - 입국통제: 북한의 WMD 및 탄도미사일 프로그램과 관련된 개인의 입국 및 경유
  금지
 - 화물검색: 자국 법령과 국제법에 부합되도록 북한행, 북한발 화물 검색

때보다도 강력하게 북한의 핵실험에 대한 불만을 표출하면서 유엔의 대북
한 제재결의 채택에 신속하게 협조했다. 경제제재에 반대하지도 않았고 유
엔의 행동을 지연시키려 하지도 않았다. 이번에야말로, 중국이 차마 찬성하
지 못하고 기권을 할 것이라는 일각의 예상에도 불구하고, 중국 정부는 제
재결의에 찬성표를 던졌다.

　이런 과정을 거쳐 북한이 핵실험을 한 지 불과 5일 만인 10월 14일 유엔
안보리는 북한에 대한 강제적 경제제재 조치를 규정한 안보리 결의 1718호
를 만장일치로 채택했다. 과거 1990년대 이래 유엔 안보리에서 북한 핵문제
와 관련하여 수많은 제재조치 논의가 있어왔으나 수개월간 논의만 한 채 아

무 행동을 취할 수 없었던 것과 비교하면, 북한의 핵실험에 대한 국제사회의 대응은 대단히 신속했다고 볼 수 있다.

유엔 안보리 결의 1718호는 유엔 창설 후 채택된 최초의 대북한 제재결의였다. 더욱이 그것은 북한의 동맹국이자 전통적 후견자인 중국까지 찬성에 가담해 만장일치로 채택되었다는 점에서 상당한 의미가 있었다. 한국전쟁 당시에도 유엔 안보리는 소련의 거부권 행사로 인해 북한에 대한 아무런 제재결의를 할 수가 없었고, 적대행위 중지와 대한국 지원을 요청하는 권고결의밖에 할 수 없었다. 안보리 결의 1718호는 유엔헌장 제7장이 원용된 강제조치였던 까닭에, 모든 유엔회원국이 이행 의무를 갖는 법적 규정이 되었다.

북한의 핵개발 및 미사일 개발과 관련하여 이 결의가 뜻하는 바는 매우 의미심장했다. 가장 특기할 만한 것은 이 결의가 국제법상 일반적으로 합법화되어 있는 몇 가지 사항을 북한에 대해서는 금지사항으로 규정했다는 점이었다.

- 모든 핵프로그램의 포기를 규정함으로써, NPT 협정 및 여타 국제법상 금지되지 않은 핵재처리와 우라늄농축도 금지(결의 6항)
- 국제법상 합법적 행위인 탄도미사일 개발을 금지(결의 7항)
- 국제법상 합법적 행위인 주요 재래식 무기의 대북한 수출을 금지(결의 8항 a, b)

이로 인해 북한은 이 제재조치가 해제될 때까지 NPT 복귀 여하와 관계없이 핵무기의 개발과 보유가 금지되었고, 남북 비핵화공동선언에 의존하지 않더라도 북한의 핵재처리와 우라늄농축이 유엔 결의에 의해 불법화되었으며, 통상적으로 모든 국가에 개방된 합법행위인 미사일 개발과 수출입, 재래식 무기 수출입이 모두 금지되었다.

북한은 그간 핵개발과 미사일 개발 및 수출을 정당한 주권행위라고 주장

결의 제82호(1950. 6. 25): 북한의 38선 이북으로의 철군과 적대행위 중지 촉구

결의 제83호(1950. 6. 27): 북한의 침략 격퇴를 위한 각국의 지원 권고

결의 제84호(1950. 7. 7): 미국 지휘하 통합사령부에 대한 지원 권고 및 유엔기 사용 승인

결의 제85호(1950. 7. 31): 통합사령부에 구호요건 결정 요청

결의 제88호(1950. 11. 8): 한국 내 유엔사령부의 특별보고서 토의에 중공대표 참석 초청

결의 제90호(1951. 1. 31): '남침 비난' 의제를 안보리 의제에서 삭제(만장일치)

결의 제702호(1991. 8. 6): 남북한의 유엔가입을 총회에 권고(만장일치)

결의 제825호(1993. 5. 11): 북한의 NPT 탈퇴 선언에 대한 재고 촉구(만장일치)

결의 제1695호(2006. 7. 15): 대포동미사일 시험발사 규탄 결의(만장일치)

결의 제1718호(2006. 10. 14): 북한의 핵실험에 대한 비군사적 제재 결의(만장일치)

하면서 이에 대한 부당한 간섭을 비난해왔는데, 이제는 그러한 '주권적 권리'를 주장할 수 없게 되었다. 북한이 그러한 의무와 구속에서 벗어나기 위해서는 유엔에서 탈퇴하는 방법밖에 없었다.

북한은 유엔 제재결의 채택 후 이틀간 침묵을 지키다가 10월 17일 외무성 대변인 성명을 통해 "핵실험은 자주적이고 합법적인 권리행사"였다고 주장하고, 안보리 결의는 "북한에 대한 선전포고로 볼 수밖에 없으며, 안보리 결의를 통해 자주권과 생존권을 침해할 경우 가차 없이 무자비한 타격을 가하겠다"는 상투적 위협을 반복했다.

한국의 발등에 떨어진 불

대북한 제재결의가 유엔 안보리에서 만장일치로 통과되자, 이로 인해 한국 정부의 발등에는 불이 떨어졌다. 문제는 대북한 압박을 위해 남북관계를

어느 정도까지 조정할 것인가 하는 것이었다. 그중에서도 가장 예민한 사안은 금강산/개성공단 사업의 중단문제와 PSI(대량파괴무기 확산방지구상) 가입문제였다.

개성과 금강산 사업에 관한 미국의 우려는 새삼스러운 것이 아니었고, 이미 한미 양국 간의 오랜 현안이었다. 미국이 이들 사업을 유독 문제 삼았던 것은 그것들이 여타 대북한 지원사업과는 달리 북한에게 대규모의 현금을 공급하는 사업이며, 따라서 북한의 핵개발과 무력증강에 기여할 수 있다는 이유 때문이었다. 힐Christopher Hill 국무부 동아태차관보는 당시 방한 기자회견에서 "금강산 사업은 북한에 현금을 만들어주기 위한 사업"이라고 공개적으로 비판을 제기했다.

중국 인민대의 스인홍時殷弘 교수도 2007년 6월 방한 시 언론 인터뷰를 통해 한국의 대북한 정책을 수수께끼라고 평가하면서, "북한이 극단적으로 부정적으로 나와도 한국은 계속 관광을 하고 있다. 그 많은 돈은 북한 주민이 아닌 인민군에게 사용된다. 중국도 여기에 우려를 갖고 있다"고 지적했다.[36] 중국 정부는 북한에 대해 원유, 석탄, 식량 등 연간 수억 달러 규모의 경제지원을 제공하고 있으나 현금은 일체 지원하지 않고 있는 것으로 알려져 있다.

당시 한국의 노무현 정부가 특히 걱정했던 것은 미국이 금강산 사업과 개성공단 사업의 중단을 요구해올 가능성이었다. 그러나 미국으로서는 당시 남북관계를 지극히 중시하던 한국 정부가 이들 사업의 중단에 동의하리라 기대하기 어려웠기에 이를 한국 정부에 요구하지 않았다. 따라서 미국은 그 사업들의 중단을 내심 원하기는 했으나, 미국 부시 행정부가 한국 정부에 요청한 것은 당시로서는 비교적 협조가 용이해 보이는 PSI 참여 문제였다.

---

36 ≪중앙일보≫, 2007년 6월 13일 자.

PSI(대량파괴무기 확산방지구상)에 관한 기본상식

PSI^{Proliferation Security Initiative}는 대량파괴무기(WMD) 비확산 의무를 자발적으로 수용하는 국가에 대해서만 비확산 의무가 부과되는 현행 국제 비확산체제가 내포하고 있는 맹점을 보완하기 위해, 2003년 5월 미국 주도하에 미국, 일본 및 유럽 등 11개국에 의해 출범되었다.

2003년 9월 발표된 PSI 차단원칙 성명^{Statement of Interdiction Principles}에 나타나 있듯이, PSI는 비확산 이념을 공유하는 동질적인 국가들 간의 협력을 통해 WMD와 그 운반수단(미사일)의 수송을 원천적으로 차단하기 위해 모든 합법적 수단을 강구하는 것을 목표로 하고 있다. WMD 수송 차단을 위해 PSI 참여국의 영공, 영해/접속수역 및 항만에서의 WMD 관련 물품 수송혐의 항공기 및 선박에 대한 검색·압류 등 수단들이 동원되며, 그 상세 내용은 다음과 같다.

- WMD 확산우려 국가 또는 행위자의 WMD 관련 물자수송 방지
- 합리적인 WMD 확산혐의가 있을 경우 영·공해 불문 자국선박에 대해 승선·검색
- 타국 정부에 의한 자국선박 승선·검색·압류에 동의할 것을 진지하게 고려
- 영해/접속수역에서 WMD·미사일 관련 물자 수송혐의 선박이 있을 경우, 정선·검색·압류
- WMD·미사일 관련 물자 수송혐의가 있는 항공기의 영공통과 시 착륙유도·검색·압류 실시
- WMD·미사일 수송의 충분한 근거가 있을 경우 자국 영공통과를 사전 거부
- 자국 항만·공항에서의 WMD 관련 물자 환적·선적 시 관련 물자 검색·압류

PSI는 2003년 5월 미국, 일본, 호주, 영국, 프랑스, 독일 등 11개 국가로 출범했으나, 확대를 거듭하여 2006년 당시에는 이미 가입국이 80개국에 달하고 있었다. 여기에는 모든 NATO 회원국과 EU 가맹국, 러시아 포함 모든 독립국가연합(CIS) 회원국, 모든 걸프협력기구(GCC) 회원국, 다수의 아랍연맹^{Arab League} 회원국과 ASEAN 회원국 등이 망라되어 있었다. 중국은 PSI가 국제해양법상의 무해통항권³⁷을 저해한다는 입장에 따라 이에 가입하지는 않았으나 자국 영해와 항구, 공항에서 PSI 차원의 협조요청에 성실하게 동참하고 있었다.

한국은 미국 등 서방제국의 참여 요청에도 불구하고 북한의 강력한 반발과 보복조치 위협 때문에 이에 공식 가입하지 않다가 2009년 5월 북한의 제2차 핵실험 직후 대응조치 차원에서 PSI 전면참여를 선언했다.

PSI는 대량파괴무기와 미사일의 확산을 막기 위해 이의 수송을 원천적으로 차단하기 위한 국제적 협력네트워크로서, 각 참여국들이 국제법과 국내법의 테두리 내에서 자국 영해/접속수역과 항만에서의 WMD(대량파괴무기) 물품 수송혐의 선박 검색, 자국 영공에서의 WMD 수송혐의 항공기 영공통과 거부, 착륙요구, 검색 등 모든 가용한 합법적 수단들을 동원하는 방식으로 운용되는 비확산체제의 중요한 축이었다.

북한이 PSI 활동의 핵심 대상국 중 하나임을 감안할 때, 북한과 활발한 물적 교류를 갖고 있던 한국의 PSI 가입 문제는 당시 이미 중요한 국제적 현안으로 부각되어 있던 터였다. 특히 남북 간의 물품 이동에 대한 통관절차가 상대적으로 허술했던 개성공단은 대북한 전략물자 통제의 측면에서 하나의 잠재적 허점으로서 우려의 대상이 되고 있었다.[38]

당시 한국 내에서는 PSI 가입 문제를 둘러싸고 많은 논란이 있었다. 그러나 그것은 정책논쟁이 아니라 다분히 이념논쟁이었다. 논리적으로는 한국이 국제사회의 대세인 PSI 가입을 회피할 아무 이유가 없었다. 당시 진보진영을 중심으로 대두되었던 PSI 가입 반대론의 거의 유일한 논거는 "한국 해군이나 해경이 공해상에서 북한 선박을 차단하는interdict 과정에서 남북한 사이에 무력충돌이 일어날 수 있다"는 것이었다.[39]

그러나 이것은 전혀 사실과 부합되지 않았다. PSI 회원국들의 차단활동은 자국 영해 및 접속수역 내에서의 활동에 국한되며, 공해상에서의 선박

---

37 무해통항권이란, 무장을 하지 않은 모든 선박은 연안국에게 피해를 주지 않는 한 타국의 영해를 자유롭게 항해할 권리가 있다는 국제해양법상의 원칙이다.

38 ≪동아일보≫ 2007년 10월 10일 자 및 ≪문화일보≫ 2007년 10월 11일 자에 보도된 개성공단의 허술한 전략물자 반출입 통제 관련 보도 및 사설 참조.

39 PSI 문제에 관한 북한의 입장은 "바다에서의 테러리즘이고 국제법의 전면 위반이며, 북한에 대한 전쟁행위이고 핵전쟁의 서곡"이라는 것이다. 이는 북한이 대량파괴무기와 미사일 품목을 수출입하고 있음을 스스로 인정하는 주장이라고도 볼 수 있다.

차단은 PSI의 활동 영역도 아니었고 국제법상 허용되는 사항도 아니었다.[40] 국제협정 등을 통해 공해상에서 자국 선박에 대한 검색을 스스로 허용한 국가의 선박에 대해서는 공해상에서의 검색이 허용되나, 북한은 해당사항이 없었다. 따라서 한국의 PSI 가입으로 인해 '공해상에서의 남북 간 무력충돌'이 야기될 가능성은 전혀 없었다.

그러한 가능성을 우려했던 사람들은 아마도 미국, 일본, 호주 등 PSI 회원국들이 남태평양 공해상에서 실시하는 PSI 차단훈련을 TV뉴스를 통해서 보고 그랬는지도 모른다. 그러나 그것은 서울을 방위하는 향토예비군이 송추, 벽제 등 교외에 나가 훈련을 받는 것과 마찬가지였다.

당시 시행 중이던 「남북해운합의서의 이행과 준수를 위한 부속합의서」 (제2조 6, 8, 9항)는 한국 해역 내의 지정된 항로를 항해하는 북한 선박이 무기 또는 무기부품을 수송하거나 평화, 공공질서 또는 안전보장을 해칠 경우 정선, 승선, 검색, 퇴거요구가 가능하도록 이미 규정하고 있었다. 남북해운합의서상의 "한국 해역"은 영해나 접속수역보다 훨씬 폭넓은 수역을 의미한다. 따라서 한국이 PSI에 가입하건 말건 북한 선박과의 관계에서 달라질 것은 아무것도 없었다.

더욱이 대량파괴무기나 미사일을 제3국으로 몰래 수출하기 위해 항행 중인 북한 선박이 구태여 검색의 위험을 감수하고 한국의 영해나 접속수역을 통과할 가능성은 현실적으로 상상도 할 수 없었다. 북한이 이들 물품을 고

---

40 접속수역은 출입국관리, 통관, 위생상의 법령위반을 단속하기 위한 연안국의 공권력 행사가 인정되는 영해 밖의 일정수역(영해 밖 12해리)으로서, 「영해 및 접속수역에 관한 협정」 (1958) 및 「유엔 해양법협정」(1994)에 의해 연안국의 권리가 인정되어 있다. 동 협정에 따르면 외국 선박(군함 및 정부선박 제외)은 일반적으로 외국 영해와 접속수역에서 무해통항권을 가지나, 무력시위나 행사, 군사기기 탑재, 오염행위, 어로활동 등 혐의가 있을 경우 연안국이 정선, 승선, 검색, 압류 등 조치를 취할 수 있다. 동일한 내용이 한국 국내법인 「영해 및 접속수역에 관한 법률」(1978)에도 규정되어 있다.

객에게 수송하기 위해 거쳐야 할 어떠한 해상수송로도 한국의 영해나 접속수역을 관통해야 할 필요는 전혀 없었다.

그럼에도 불구하고 한국 정부는 미국의 PSI 가입 요청을 거부했다. 그것은 미국이 한국에 대해 그나마 가지고 있던 조금 남은 기대에 찬물을 끼얹기에 충분했다. 그것은 남북해운합의서 규정과 유엔 안보리 결의 1718호에도 불구하고 한국 정부가 대량파괴무기와 미사일 및 동 부품을 선적한 북한 선박의 한국 영해 통과를 방치하겠다는 의사 표시로밖에는 해석될 수 없기 때문이었다.

5

검증문제, 그 진실의 덫

6자회담 재개와 미국의 궤도변경

유엔 안보리 제재조치까지 완료되자 6자회담을 조속히 재개하여 상황을 대포동미사일 발사 이전의 상태로 회복시키려는 움직임이 한국과 중국을 중심으로 활발히 전개되었다. 어떻게든 미국과 북한을 설득해서 BDA 문제를 해결해보려는 노력도 병행되었다.

그러나 미국의 입장은 많이 달랐다. BDA 문제에 대한 기존 입장에는 변화가 없었고, 더욱이 북한이 핵실험까지 실시한 마당에 마치 아무 일도 없었던 것처럼 이전의 협상모드로 복귀할 수는 없다는 것이었다. 회담을 재개하려면 북한이 9.19 공동성명의 초기단계 조치라도 곧바로 이행한다는 보장이 있어야 한다는 입장이었다.

북한의 입장에도 변화가 없었다. BDA 문제가 사전에 해결되어야 하며, 9.19 공동성명의 초기단계를 이행하는 데는 이의가 없으나 그에 앞서 제재 해제 등 미국의 대북한 적대시정책 해소를 위한 가시적 조치가 선행되어야 한다는 것이었다.

미국과 북한의 줄다리기가 계속되는 사이에 관계국들 간에는 난국을 타개하기 위한 여러 구상들이 난무했다. 북한을 제외한 5자회담, 미·중·일 3국 고위회담, 북·미·중 3자회담, 남·북·미 3자회담 구상 등이 그것이었다. 이중에서 현실적으로 관련국들이 수용 가능했던 구상은 북·미·중 회담뿐이었고, 결국 중국 정부의 주선으로 3국의 6자회담 수석대표 회담이 10월 31일과 11월 28일 두 차례에 걸쳐 개최되었다.

사전합의를 통해 회담의 진전이 보장되어야 6자회담을 재개할 수 있다는 미국의 확고한 입장을 반영하여, 두 차례의 북·미·중 3자회담에서는 차기 6자회담에서의 초기단계 이행조치에 대한 협상이 이루어졌고 상당한 의견 접근을 보았다. 북한의 요구에 따라 6자회담 기간 중 별도로 BDA 문제에 관한 미북 재무당국 간 양자협의를 병행한다는 합의도 이루어졌다.[41]

이처럼 미북 양측의 입장이 수렴됨에 따라 2006년 12월 18일부터 22일까지 베이징에서 제5차 6자회담 2단계 회의가 개최되었다. 13개월 만의 회담 재개였다. 북한의 요구에 따라, 19일부터 이틀간 미북 재무당국 간의 BDA 문제 협의도 병행되었다. 핵문제와 BDA 문제는 별개라는 전제하에 미국이 BDA 문제 협의에 동의한 것이었지만 같은 시기, 같은 도시에서 두 개의 회의가 개최되었기 때문에 아무래도 이들 사이의 상호연계성을 피할 수는 없었다.

13개월 만에 속개된 6자회담에서 북한은 예상했던 대로 BDA 문제의 선결을 시종일관 주장했고, 미북 BDA 협상에서 별다른 진전이 없자 핵문제의

---

41 2006년 10월 31일 북·미·중 베이징 3자회동에서 6자회담 재개가 원칙적으로 합의되었고, 2006년 11월 28일 북·미·중 제2차 베이징 3자회동에서는 9.19 공동성명 초기단계 이행조치의 핵심적 내용이 합의되었다.

구체적 논의를 거부했다. 미국은 동 회담에서 과거에는 상상도 할 수 없었을 만큼 유화적인 구상을 북한 측에 제시했다. 당시 미측이 제시한 구상은 훗날의 2.13 합의와 매우 유사한 내용이었다. 그러나 북한은 BDA 문제 해결이 선행되지 않는 한 협상권한이 없다고 했다.

북한이 이처럼 BDA 문제 해결에 집착을 보인 배경에 대해서는 여러 가지 추측이 있다. BDA 동결자금이 권력기관 소유였기 때문이라는 설, 체면 때문이라는 설, 돈 자체가 중요했다는 설, 차제에 대북 금융제재의 해제를 추구했다는 설, 6자회담에서의 핵폐기 논의를 지연시키고자 BDA 문제를 이용했다는 설 등이 있으나, 그 구체적 이유가 확인된 바는 없다.

오랜만의 6자회담이 BDA 문제로 좌초하자, 이 문제를 해결하기 위해 이듬해인 2007년 1월 16일부터 18일까지 미북 양측이 베를린에서 비밀리에 만나 양자회담(힐 차관보-김계관 부상)을 가졌다. 2002년 말 제네바합의가 파기된 이후 미국과 북한이 6자회담 테두리 밖에서 양자회담을 개최한 것은 이것이 처음이었다.

이 회담을 계기로 표면화된 미국의 혁명적인 대북한 정책 변화는 매우 인상적이었다. 베를린에서의 미북 합의는 북한이 그간 요구해온 거의 모든 사항을 수용한 것이었고, 마치 북한과의 오랜 입씨름에 지친 미국이 백기를 든 것과도 같은 모양새였다.

미국의 이러한 정책 변화는 2.13 합의 이행과 10.3 합의 타결과정에서는 물론, 그 이후의 여러 협상과정에서도 그 기조가 유지되었다. 이는 네오콘이 지배하던 과거의 부시 행정부 같으면 상상도 못할 일이었다. 오래전부터 미국의 융통성을 촉구해왔던 한국과 중국 정부는 이를 환영했고, 미국과 혼연일체의 공조체제를 유지했던 일본 정부는 충격을 받은 모습이었다.

부시 행정부가 클린턴 행정부 말기의 대북한 정책을 연상시키는 유연하고 전향적인 모습으로 돌변한 배경에 대해서는 여러 추측이 있었으나, 지배적인 견해는 2006년 중간선거 패배 이후의 변화된 미국 국내정치 판도와 2008년 미국 대통령선거 때문이라는 것이었다. 2006년 11월 공화당이 중간선거에서 패배한 후 부시 행정부는 상하원에서 공히 다수를 차지한 민주당으로부터 이라크 문제, 북한 핵문제, 이란 핵문제 등 쟁점 현안에 관한 정책을 집중 공격받게 되었다. 이러한 상황이 2008년 대통령선거에 미칠 악영향을 감안하여 부시 행정부로서는 북한 핵문제에 대한 새로운 해법의 추구가 불가피했다는 것이다.

2002년 이래 북한 핵문제 해결 추진과정을 보면 북한 비핵화의 기치를 높이 든 미국이 앞장을 서고 다른 나라들은 이에 협조도 하고 불평도 해가면서 따라가는 형국이었다. 그런데 미국이 국내정치적 이유로 어느 날 갑자기 정책을 바꾸어 미지의 길로 접어든 것이었다. 그런 변화의 이유에 대해 별다른 납득할 만한 설명도 없이, 같은 나라의 정책이라고는 도저히 생각할 수 없는 돌변한 모습으로 미국은 뒤도 돌아보지 않고 자기 자신의 길을 갔다.

2.13 합의와 BDA 문제의 종식

이처럼 급변한 미국과 북한이 2007년 1월 베를린에서 문을 닫아걸고 개최했던 쌍무회담에서 9.19 공동성명의 초기단계 이행방안에 대한 상당한 수준의 합의가 이루어지자, 이를 토대로 2월 8일부터 13일까지 제5차 6자회담 3단계 회의가 개최되었고, 여기서 이른바 "2.13 합의"라 불리는 「9.19 공동성명 이행을 위한 초기단계 조치」가 합의 발표되었다.

2.13 합의는 9.19 공동성명에 언급된 "모든 핵무기와 현존하는 핵프로그램의 포기"의 과정을 동결-불능화-신고-폐기의 4단계로 나누어 그중 동결 부분에 관한 이행절차를 구체화한 것이었다. 어려운 문제들에 관한 논의는

1. 합의 후 60일 이내에 이행할 초기단계 조치
   - 재처리시설을 포함한 영변 핵시설의 폐쇄shut down 및 봉인, IAEA 사찰관 복귀
   - 추출된 플루토늄을 포함한 모든 핵 프로그램 목록 논의
   - 미북관계 정상화를 위한 양자회담 개시, 「테러지원국 및 대적성국교역법」 적용 해
     제과정 개시
   - 평양선언에 의거하여 일북관계 정상화를 위한 양자회담 개시
   - 60일 이내에 중유 5만 톤 상당의 긴급 에너지 지원 제공

2. 초기단계 조치 이후의 후속조치
   - 핵 프로그램 신고와 현존 핵시설 불능화disablement 기간 중 중유 100만 톤 상당 지원
     제공
   - 초기단계 조치가 이행되는 대로 동북아 안보협력의 증진을 모색하기 위한 6자 장
     관급회담 개최
   - 직접 관련된 당사국들이 적절한 별도 포럼에서 한반도 평화체제 협상 개최
   - 2007년 3월 19일 제6차 6자회담 개최
   - 5개 실무그룹을 구성, 30일 이내 최초회의 개최(한반도 비핵화, 미북관계 정상화,
     일북관계 정상화, 경제/에너지 협력, 동북아 평화안보체제)

뒤로 미루고 가장 합의가 용이한 최초단계만 합의한 것이기는 했으나, 일단 합의이행의 과정을 출범시키고 그 이행시기를 60일 내로 규정하여 이행의 지연을 막는 시한개념을 설정한 것은 성과라 할 수 있었다.

또한 제네바합의의 경우와 같이 핵동결 기간 중 매년 일정량의 중유를 제공하는 방식을 택하지 않고 총량 개념에 입각하여 핵시설 폐쇄의 대가는 총 5만 톤, 불능화조치의 대가는 총 100만 톤으로 규정한 것도 북한의 지연전술을 견제할 수 있는 유용한 장치로 평가되었다. 북한이 고의적으로 다음 단계의 합의를 지연시키더라도 최소한 그 기간 중 에너지가 계속 제공되는 모순은 피할 수 있기 때문이었다.

2.13 합의에는 비확산 분야에서 사용하지 않는 두 개의 생소하고 모호한

핵심용어가 포함되었는데, 그것은 "폐쇄shut down"와 "불능화disablement"라는 개념이었다. 이것은 미국과 북한 사이의 타협 불가능한 이견을 극복하고 2.13 합의를 출범시키는 데 기여했으나, 결국 그 모호성으로 인해 두고두고 많은 문제를 야기했다.

북한은 6자회담 초기부터 제네바합의 때처럼 반대급부를 전제로 하는 핵시설의 동결freeze을 우선 실시하고 폐기 문제는 추후 별도로 협상하자는 주장을 전개했었는데, 2.13 합의에 등장한 "폐쇄"라는 용어는 "동결"에 대한 미국 조야의 거부반응을 피하기 위해 미국 협상팀이 고안해낸 신조어였다. 그러나 용어의 외형적 차이와 무관하게 폐쇄는 바로 동결을 의미했다. 그리고 그것은 북한의 고집스러운 태도에 지친 미국이 마침내 북한에게 무릎을 꿇었음을 의미했다.

한편, 2.13 합의에서 핵동결과 핵폐기 사이의 중간단계로 신설된 불능화 단계는 북한의 전통적 지연전술인 '살라미전술salami tactic'의 전형적 행태를 연상시킨다.[42] "불능화"라는 단어는 얼핏 보면 마치 핵시설의 '해체dismantlement'를 의미하는 듯 느껴지나, 나중에 북한의 핵시설 재가동 과정에서 입증되었듯이 복구에 1~2개월 정도밖에 걸리지 않는 눈가림식 불능화에 불과했다. 곧바로 핵시설 해체로 진입할 수 없는 현실과 어떻게든 한 발짝이라도 진전을 이루어야만 하는 강박감이 '불능화'라는 불필요한 중간단계를 탄생시켰던 것이다.

---

42 살라미salami란 작은 소시지가 여러 개 이어져 있는 이탈리아산 훈제 소시지의 명칭이다. 1990년대 제네바협상 당시 북한이 하나의 현안을 재주 좋게도 여러 단계로 쪼개어 각 조각별로 이행을 거부하거나 지연시키는 협상전술이 마치 살라미를 닮았다고 해서, 미국 협상가들이 이러한 북한의 협상행태를 "살라미 전술salami tactic"이라고 명명했다. 예컨대, 핵폐기와 반대급부를 일괄 협상하지 않고 핵폐기를 잘게 쪼개서 핵동결, 동결감시, 핵시설신고, 신고검증, 핵불능화, 핵폐기 등으로 세분하여 협상함으로써, 궁극적인 핵폐기 이행을 최대한 지연시키고 각 이행단계별 반대급부를 극대화하는 전술을 의미한다.

더욱이 2.13 합의에서는 이러한 개념의 '불능화'가 그나마도 북한의 의무사항으로 명기되지 못했다. 핵프로그램 신고와 현존 핵시설 불능화 기간 중 북한에게 중유 100만 톤을 제공한다는 의무사항은 구체적으로 명기되어 있으나, 정작 신고와 불능화가 북한의 의무사항으로 규정되지는 않았다. 북한이 불능화와 신고를 이행하면 중유 100만 톤을 받을 권리가 있고, 이행하기 싫으면 거부해도 그만인 합의였다.

이 때문에 실제 이행을 위해서는 추가적인 합의가 필요했고, 이는 후일 이른바 "10.3 합의"라 불리는 「9.19 공동성명 이행을 위한 제2단계 조치」로 가시화되었다.

한편, 2.13 합의가 이루어진 지 약 1개월 후 미국은 미북 베를린회담(2007년 1월)에서의 합의에 따라 BDA에 대한 조사를 완료하고, 그간 밝혀진 불법적 영업행위들을 토대로 3월 14일 BDA에 대한 공식 제재조치를 발표했다. 이 조치에 따라 미국 금융기관들은 BDA에 계좌를 유지할 수 없게 되었고, BDA는 직접 또는 간접적으로 미국 금융시스템에 접근하는 것이 금지되었다. 그로부터 나흘 후인 3월 18일 미국 재무당국은 미북 간 사전양해에 의거, BDA의 북한 예치금 전액을 동결해제하고 반환한다는 방침을 발표했다.

그러나 북한은 반환 자금이 손에 들어오기 전까지는 믿을 수 없다면서 3월 19일로 예정된 차기 6자회담 참석을 거부했고, 4월 13일까지 이행토록 되어 있는 핵시설 폐쇄, 사찰관 복귀, 핵프로그램 신고목록 논의의 이행도 연기했다. BDA가 동결 해제한 북한 자금이 러시아 중앙은행을 거치는 복잡한 과정을 거쳐 북한의 손에 들어간 것은 2.13 합의 후 4개월여가 지난 6월 25일이었다.[43]

---

43 6자회담 당사국들은 당초 북한의 BDA 예치금을 중국은행Bank of China을 통해 북한에 송금하는 방안을 추진했으나, 중국은행이 대외 신인도 저하 가능성을 우려하여 이를 거부함에 따

북한은 이날 외무성 대변인 성명을 통해 BDA 문제의 종식을 선언하고 2.13 합의 이행방침을 천명했다. 이에 따라 7월 15일에는 5MW 원자로, 재처리시설, 핵연료공장 등 3개 시설에 대한 동결조치가 이루어졌고, 이에 대한 IAEA 사찰관의 동결감시가 시작되었다. 이로써 영변의 핵시설들은 1994년 제네바합의 서명 직후와 유사한 동결상태에 돌입하게 되었다.

북한은 BDA 문제를 구실로 대포동미사일 시험발사와 핵실험도 했고, 2007년 초에는 언제 그런 일이 있었냐는 듯 태연히 6자회담에 돌아와 당초의 요구대로 2500만 달러 전액을 회수하는 데 성공했다. 이는 집요한 북한 외교가 이룩한 하나의 큰 성과였다고도 말할 수 있을 것이다.

한편, 미국은 불법행위가 확인된 북한계좌를 정치적 합의에 의해 모두 동결 해제했지만, 동결되었던 2500만 달러의 북한 예치금보다 훨씬 많은 성과를 올린 것으로 평가된다. 첫째, 국제 금융시장에서 미국이 갖고 있는 막강한 힘을 널리 인식시키는 계기가 되었고, 둘째, 각국 은행들이 테러자금 및 불법자금들에 대해 편의를 제공하는 것을 방지하는 일벌백계의 효과가 있었으며, 셋째, 북한의 불법자금 운용을 어렵게 만들어 위폐, 마약, 무기밀거래 등 불법행위를 위축시키는 결과가 초래되었다. 넷째, 미국은 1년 반에 걸친 BDA 북한계좌 조사를 통해 북한의 불법자금 현황 및 운용 방식, 북한과 불법거래 관계를 맺고 있는 고객 명단, 전 세계 북한계좌에 대한 정보 등 많은 귀중한 정보를 손에 넣었을 것으로 추정된다.

BDA는 과거 김대중 정부의 대북한 불법송금 창구로 알려져 있던 은행이다. 그 외에도 한국의 여러 기업, 언론사, 민간단체들이 북한의 요구에 따라 BDA를 통해 북한에 합법적 또는 불법적 송금을 해온 것으로 알려져 있다. 미국은 BDA 자료들에 대한 조사를 통해 이러한 거래들에 대해서도 구체적

라 부득이 러시아 중앙은행을 통한 송금이 이루어졌다.

정보를 상당 부분 확보했을 것으로 추정된다.

10.3 합의, 새로운 파국의 씨앗

　북한의 핵시설 동결이 이행된 직후인 2007년 7월 개최된 제6차 6자회담에서는 핵시설 불능화와 핵프로그램 신고를 위한 구체적 방안이 집중 논의되었다. 논의의 핵심은 불능화와 신고의 범위, 그리고 이에 대한 반대급부 제공 문제였다.

　불능화의 다음 단계인 핵폐기 협상이 언제 어떤 형태로 타결될지 불투명한 상황이었음을 감안할 때, 핵동결과 핵폐기 중간에 구름다리처럼 위치한 이 협상은 미국과 북한 모두에게 한 치라도 더 유리한 고지를 선점해야 하는 중요한 협상이었다. 경우에 따라서는 핵협상이 이 단계에서 더 나아가지 못하고 장기간 고착화될 가능성도 적지 않은 상황이었기에 이를 염두에 두고 입지를 확보해야 하는 협상이었다.

　미국으로서는 불능화조치가 사실상의 핵폐기 개시가 될 수 있도록 최대한의 불능화조치를 확보하는 한편, 본게임인 핵폐기 협상에 대비하여 미국이 보유한 협상 레버리지를 가능한 한 많이 보존해야 할 입장이었다. 반면에 북한으로서는 가급적 최소한의 불능화조치를 하는 한편, 다음 단계인 핵폐기 협상의 장기화나 결렬에 대비하여 미국으로부터 최대한의 반대급부를 확보해야 하는 상황이었다. 2008년으로 예정되었던 한국의 신정부 출범과 미국 대통령 선거가 내포하는 불확실성을 감안할 때 더욱 그러했다.

　핵시설 불능화와 더불어 양대 핵심 쟁점인 핵프로그램 신고 문제에서 미국은 핵시설과 모든 핵물질(이미 핵무기 제조에 사용된 핵물질 포함)은 물론 쟁점사안인 HEU 프로그램까지 신고의 범주에 포함시키려 노력했다. 또한

9.19 공동성명 이행을 위한 제2단계 조치(10.3 합의)

1. 2007년 12월 31일까지 핵시설 불능화와 핵프로그램 신고 완료
   - 5MW 원자로, 재처리시설, 연료봉공장의 불능화를 2007년 12월 31일까지 완료
   - 미국이 주도하는 전문가그룹이 구체적 불능화조치 준비
   - 북한의 모든 핵프로그램에 대한 완전하고 정확한 신고를 2007년 12월 31일까지 실시

2. 2.13 합의에 따른 반대급부 제공
   - 북한의 조치 이행과 병행하여 테러지원국 명단 삭제와 「대적성국교역법」 적용 종료
   - 중유 100만 톤 상당의 대북한 경제/에너지 지원 제공

3. 적절한 시기에 베이징에서 6자 외교장관회담 개최

2007년 9월 이스라엘에 의해 제기된 북한과 시리아 간의 핵협력 의혹 문제도 신고 대상에 포함되어야 한다는 입장이었다. 반면, 북한으로서는 신고의 대상을 영변 핵시설과 영변에서 생산된 농축플루토늄에 국한시키려 했다.

2007년 7월과 9월의 두 차례 회의를 거쳐 10.3 합의라 불리는 「9.19 공동성명 이행을 위한 제2단계 조치」가 합의되어, 제2차 남북정상회담을 하루 앞둔 10월 3일 발표되었다. 2.13 합의에서 막연히 규정되었던 불능화조치와 핵프로그램 신고는 10.3 합의에 의해 비로소 북한의 의무사항으로 명기되었고, 이행시한을 비롯한 구체적 사항들도 합의되었다.

그러나 10.3 합의는 10월 4일의 남북정상회담에 앞서 이를 타결하고자 서둘러 합의된 까닭에 모호성이 적지 않았다. 그리고 이 때문에 합의 이행 과정에서 심각한 이견과 논란이 지속되었다. 합의의 핵심내용에 관한 현저한 해석상의 이견은 북한이 2009년 다시 벼랑끝전술로 나와 제2차 핵실험을 실시할 때까지 해소되지 않았다.

10.3 합의의 핵심적 문제점은 세 가지였다. 첫째, 핵프로그램 신고의 대

상과 방식이 구체적으로 정의되지 않아 각기 다른 해석의 여지를 남기게 되었다. 특히 가장 중요한 HEU 프로그램과 핵무기가 신고 대상에 포함되는 것인지 여부가 명확히 규정되지 않았다. 미국 협상팀은 구체적 사항이 비공개 양해사항으로 합의되어 있다고 주장했으나, 그 후 이행과정에서 그러한 양해사항의 존재가 밝혀진 바는 없다.

둘째, 북한이 핵시설 불능화와 핵프로그램 신고를 이행하고 이와 병행하여 제재해제 및 경제/에너지 지원을 제공한다고만 규정되어 있을 뿐, 이들 상호간의 이행절차상 연계성과 시간적 상관관계가 규정되지 않았다. 10.3 합의 이행과정에서 미국과 북한 사이에 의무불이행 책임을 상호 전가하는 상황이 전개된 것은 어쩌면 당연한 귀결이었다.

셋째, 더욱 심각한 문제점은 핵신고에 반드시 수반되어야 할 '검증verification' 문제가 한마디도 언급되지 않았다는 점이었다. 핵프로그램 신고는 검증을 통해 그 정확성이 확인되어야 비로소 유효한 것이며, 검증이 수반되지 않은 일방적 신고는 무의미하다. 특히 핵물질 신고에 대한 검증은 매우 중요하다. 그 이유는 그것이 핵폐기 단계에서 폐기의 대상이 될 핵물질의 양을 의미하는 것이기 때문이다. 따라서 북한이 자발적으로 신고하는 핵물질의 양을 제대로 검증하지 못하고 인정하는 일이 발생한다면, 그에 따른 핵폐기도 엉터리가 될 수밖에 없었다.

제2차 남북정상회담의 문턱에서 서둘러 타결된 10.3 합의가 내포한 이러한 문제점들은 10.3 합의가 직면할 수밖에 없는 이행상의 숙명적 난관을 예고하고 있었다. 10.3 합의는 미북 간의 타협이 사실상 불가능한 몇 가지 핵심 쟁점을 우회함으로써 9.19 공동성명의 이행을 한 발짝 더 진전시키는 어려운 역할을 수행하기는 했으나, 그러한 접근방식은 그 자체 내에 새로운 파국의 씨앗을 내포할 수밖에 없었다.

핵폐기로 가는 최초의 관문

핵프로그램의 신고와 그에 대한 검증은 북한의 비핵화를 위한 대장정에서 중요한 역사적 의미를 내포하고 있다.[44] 1990년대 초 이래로 북한과의 핵협상이나 핵합의 이행이 도중에 좌초된 것은 대부분 핵사찰, 즉 검증문제 때문이었다. 1991년 말 개시된 남북 상호핵사찰 협상은 어떻게든 진정한 핵사찰을 피하려는 북한의 태도로 인해 결렬되었다. 1992년 개시된 IAEA의 대북한 핵사찰은 북한이 은닉된 미신고 핵시설에 대한 사찰을 거부하고 NPT에서 탈퇴함에 따라 중단되었다. 제네바합의는 핵사찰의 단계에 진입도 못한 채 그 문턱에서 붕괴되었다.

이처럼 북한의 핵시설과 핵물질은 역사상 한 번도 제대로 검증된 적이 없었다. 따라서 9.19 공동성명의 이행을 통해 북한의 핵프로그램에 대한 신고와 검증이 성공적으로 완료될 경우, 북한 핵문제는 사상 최초로 1994년 제네바합의가 서명되던 시점의 상황을 넘어 진정한 진전의 첫걸음을 내딛게 될 터였다.

9.19 공동성명에서 2.13 합의와 10.3 합의에 이르는 당시의 협상구도를 감안할 때, 협상이 성공적으로 진전될 경우 북한의 핵폐기 과정은 다음 쪽 도표에서 보듯이 ① 핵시설 동결, ② 핵시설 불능화, ③ 핵프로그램 신고와 검증, ④ 핵폐기(핵시설, 핵무기의 해체 및 핵물질의 국외반출)의 4개 단계를 거쳐 이행될 전망이었다.

이 4개 단계 중 동결, 불능화, 신고/검증은 번복 가능한 '가역적 조치rever-

---

44 '검증verification'이란 '핵사찰nuclear inspection'을 통해 '신고declaration'의 정확성 여부를 확인하는 과정으로서, 핵시설과 핵물질 운용에서 불법행위의 유무를 가리는 재판과도 같은 중요한 과정이다.

북한의 핵폐기 과정 개념도

	동결	불능화	신고/검증	영변 핵시설 해체 또는 파괴
핵시설 ⇨	동결	불능화	신고/검증	영변 핵시설 해체 또는 파괴
핵물질 ⇨	동결/불능화에 불포함		신고/검증	핵물질 국외 반출
고농축우라늄 (HEU) ⇨	동결/불능화/신고에 불포함			우라늄농축시설 해체 또는 파괴
핵무기 ⇨	동결/불능화/신고에 불포함			핵무기 국외 반출
	├──── 가역적 단계 ────┤			├──── 불가역적 단계 ────┤

sible measure'이고 마지막 단계인 핵폐기는 '불가역적 조치irreversible measure'에 해당되었다. 북한의 비핵화 과정을 가역적 조치와 불가역적 조치의 두 단계로 구분하여 인식하는 것은 매우 중요하다. 왜냐하면 가역적 조치는 언제라도 번복가능한 조치인 까닭에 그 단계에서는 북한의 진정한 의도를 확인하는 것이 불가능하기 때문이다. 북한 핵문제를 둘러싼 북한과의 진정한 진실게임은 불가역적 단계인 핵폐기 협상 단계에서 비로소 시작된다.

10.3 합의 이행과정에서 신고와 검증 과정은 가역적 조치의 마지막 단계인 동시에 불가역적 단계로 진입하는 관문으로서 심대한 의미를 내포하고 있었다. 그것은 6자회담을 통한 핵협상의 향방과 북한의 진의를 가늠할 수 있는 최초의 '진실의 문'이기도 했다. 그러기에 그 과정을 쉽사리 통과하리라 예측한 사람은 거의 없었다.

북한과의 핵협상이 부시 행정부가 협상 초기에 의도했던 것처럼 처음부터 핵프로그램 신고 및 검증을 거쳐 바로 핵폐기로 가지 못하고 신고에 앞서 동결과 불능화라는 불필요한 요소가 삽입된 것은 이러한 '진실의 문'에 이르는 시기를 최대한 늦추려는 북한의 의도가 반영된 결과였다. 그나마도 그러한 동결과 불능화조치는 핵폐기의 4대 대상인 ① 핵시설, ② HEU 프로그램, ③ 핵물질, ④ 핵무기 중 '핵시설' 한 항목에 대해서만 이루어졌고, HEU 프로그램을 포함한 나머지 대상들은 아예 동결 대상에도 포함되지 못했다.

핵신고를 둘러싼 진실게임

10.3 합의 직후부터 개시된 핵프로그램 신고를 위한 미북 협상에서 가장 큰 쟁점이 된 것은 '신고의 범위' 문제였다. 10.3 합의는 신고의 대상을 '핵프로그램'으로 규정하고 있었고, 이에 앞서 합의된 9.19 공동성명은 핵프로그램과 핵무기를 별도의 카테고리로 분리하여 규정하고 있었다. 따라서 핵무기까지 신고대상에 포함시킬 수 있다는 미국 협상대표단의 공언에도 불구하고 논리적으로 핵무기는 신고의 대상이 될 수 없었다.

따라서 실질적인 최대 쟁점은 HEU 프로그램을 핵시설 신고에 포함시킬 것인가 하는 문제였다. 북한은 HEU 프로그램을 보유하고 있지 않으며 따라서 이는 신고의 대상이 될 수 없다는 입장을 고수했다. 미국이 그간 북한이 밀수입한 것으로 밝혀진 고강도 알루미늄관의 사용처를 추궁하자, 북한은 이를 미사일 제조에 사용했다고 주장하면서 미국 핵협상 관계자를 초청하여 창고에 가득 쌓인 알루미늄관을 보여준 후 그 샘플을 제공하기도 했다. 그러나 그 샘플에서 우라늄농축을 입증하는 방사능 입자가 검출되어 북한을 곤경에 빠뜨리기도 했다.

북한의 비핵화를 위해 HEU 프로그램은 반드시 규명되고 제거되어야 할 사안이었다. 영변 핵시설이 모두 폐기된다 하더라도 HEU 프로그램이 잔존한다면 아무 의미가 없고, 오히려 더욱 은밀하고 효과적인 핵무기 생산의 길을 열어주는 것이 되기 때문이었다. 영변의 5MW 원자로가 이미 사용 불가능할 정도로 노후화되었고 재처리시설에서의 비밀스러운 작업도 더 이상 가능하지 않음을 감안할 때, 만일 북한이 핵무기 생산을 계속하려는 의지를 갖고 있다면 HEU 프로그램은 이 모든 문제점을 해결할 수 있는 최적의 대안이 될 수 있었다.

HEU 프로그램이 내포한 이러한 문제점을 감안할 때, 핵시설 신고 단계에서 HEU 프로그램 문제를 분명하게 매듭짓고 넘어가는 것은 북한의 비핵화 실현을 위한 긴요하고도 불가결한 요소였다. 부품조달이나 기술상의 이유로 북한이 HEU 프로그램을 중도에 포기했을 수도 있었을 것이나, 그러한 포기 사실을 확인하기 위해서라도 HEU 프로그램은 반드시 신고대상에 포함되어 검증을 받는 것이 필요했다.

신고의 대상 문제에서 또 하나의 쟁점은 북한과 시리아 간 핵협력 문제, 즉 핵확산의 문제였다. 이스라엘은 시리아가 비밀리에 건설 중이던 알키바르(Alkibar) 원자로를 2007년 9월 6일 공습하여 파괴했는데, 공습에 앞서 촬영된 동영상에 따르면 원자로의 형태가 영변 원자로와 매우 유사했고 시설 내부에서 북한 핵기술자들의 모습이 포착되었다.[45]

미국은 이 사안을 중시하고 신고대상에 포함시킬 것을 요구했으나 북한은 사실무근이라고 하면서 이를 거부했다. 미국은 비공개 합의사항으로라도 HEU 문제와 북한-시리아 핵협력 문제를 신고에 포함시키고자 백방으로 시도했으나 뾰족한 성과는 없었다. 갈 길이 바쁜 미국이 더 이상의 추궁을 포기함에 따라 결국 북한은 자신의 고집스러운 입장을 관철하는 데 성공했고, 그에 따라 신고의 대상은 HEU 프로그램을 제외한 핵시설과 핵물질에 국한되었다.

사실 북한의 핵시설은 이미 1992년 IAEA에 신고된 바 있어 핵시설 신고에서 별다른 새로운 정보가 나올 것도 없었다. 유일한 관심사는 북한이 1992년 당시 IAEA 신고에서 누락시킨 2개의 '미신고시설', 즉 은닉된 폐기물저장소들이 6자회담에서의 핵시설 신고에 과연 포함될 것인가 하는 점이었다.[46] 우려했던 바와 같이 북한이 2008년 6월 26일 중국 정부에 제출한

---

45 당시 이 사항은 성격상 비밀사안으로 취급되었으나, 미국 정보당국에 의해 2008년 4월 24일 공개되어 CNN, ≪워싱턴포스트≫ 등 미국 주요 언론에 보도되었다.

핵시설 신고서에는 문제의 은닉된 시설들이 포함되지 않았다. 북한이 폐기물저장소라는 명목으로 새로운 핵시설을 신고하기는 했으나, 이는 북한이 1992년 당시 문제의 2개 폐기물저장소를 숨기기 위해 급조해 건설한 위장시설을 지칭하는 것으로 추정되었다.

핵물질 신고의 경우도 상황은 마찬가지였다. 핵물질 신고에서 최대 관심사는 북한이 1992년 이전에 총 10~12kg의 농축플루토늄을 추출하고도 80g만 추출한 것으로 IAEA에 허위 신고한 부분이었다. 북한이 이미 핵실험까지 하고 스스로 핵보유국임을 주장하는 마당에 핵물질 양을 숨길 필요가 있겠는가 하는 낙관론도 있었으나, 핵물질을 일부만 신고하고 나머지는 은닉함으로써 핵폐기 이후에도 수 개의 핵무기를 은밀히 보유하려 할지도 모른다는 견해도 적지 않았다.

국제사회 일각의 혹시나 하는 기대에도 불구하고 북한이 제출한 핵물질 신고서는 1992년의 주장을 거의 그대로 반영한 것이었다. 북한은 38.5kg의 플루토늄을 생산했고 그중 26kg을 핵무기 제조에 사용했다고 신고했다.[47] 그나마도 이는 5MW 원자로 불능화조치 이후 꺼내서 보관 중이던 8000개 연료봉들을 모두 재처리할 때 추출될 예정인 플루토늄 추가분 6~7kg을 합친 수치였기 때문에 실질적인 신고량은 31kg 정도에 불과했다.

이는 당시 국제사회가 추정하고 있던 핵물질 총보유량 45~51kg에 비해 14~20kg이 적은 양이었다. 이러한 국제사회의 추산치와 북한의 신고량 간

---

46 이 2개의 폐기물저장소는 1993년 초 IAEA의 특별사찰 요구와 북한의 NPT 탈퇴를 촉발시킨 북한 핵문제의 핵심시설로서, 1992년 이전 북한이 비밀리에 추출한 플루토늄의 정확한 양을 검증하기 위한 필수적 시설로 간주되고 있다.

47 Bruce Bennett, "North Korea's WMD Capability and the Regional Military Balance: A US Perspective", *The Korean Journal of Security Affairs*, Volume 14, Number 2, December 2009, pp. 7~35 및 2008년 5월 10일 자 《동아일보》 보도, "北 신고서 40~50쪽 중국에 제출" 참조.

북한의 플루토늄 보유 현황(2008년 현재)

구분	1단계 재처리	2단계 재처리	3단계 재처리	총계
원자로 연소기간	1986. 10 ~ 1989. 3	1989. 6 ~ 1994. 4	2003. 2 ~ 2005. 4	
연료봉 재처리시기	1992년 이전	2003. 6 (북한 주장)	2005. 7 (북한 주장)	
플루토늄 추출량	10~12kg	25kg	10~14kg	45~51kg
비고	미 정부 발표	헤커 교수 추산	헤커 교수 추산	핵무기 6~8개분

의 차이는 핵무기 최소 2~3개에 해당되는 분량이었다.

북한이 1992년에 이어 2008년에도 재차 핵물질 양을 허위로 신고한 것은 그 이상의 심각한 메시지를 담고 있었다. 그것은 북한이 자신의 허위신고 사실을 숨기기 위해서라도 신고내용에 대한 철저한 검증을 허용하지 않으리라는 점이었다. 신고내용을 제대로 검증만 한다면 북한의 허위신고 사실이 금방 드러나게 될 것이기 때문이었다.

보유 중인 핵물질의 양을 축소해 은폐하려는 북한의 이러한 태도는 아직도 숨겨야 할 무엇인가가 남아 있음을 의미했고, 이는 북한의 핵포기 의지에 대한 근본적 의문을 야기했다. 만일 핵포기의 반대급부에 관한 미국과의 정치적 흥정이 북한의 주목적이었다면 핵물질의 양을 솔직히 신고한 후에라도 얼마든지 협상을 벌일 수 있었을 것이기 때문이다.

검증문제의 덫에 걸린 협상

검증문제는 신고보다 더욱 어려운 과제였다. 신고는 북한이 마음대로 하면 되지만 검증은 그에 대한 국제사회의 심판을 받는 과정이었기에, 그리고 북한이 핵무기와 HEU 프로그램을 제외하고 핵시설과 핵물질에 대한 신고

만 하기로 했음에도 불구하고 그 분야에서조차 아직 완전한 투명성을 보여
줄 의사를 갖고 있지 않았기에, 검증문제를 둘러싼 지극히 어려운 협상이
예고되어 있었다.

그런 어려움에 대한 이심전심의 교감이 있어서인지, 2007년 한 해 동안
2.13 합의와 10.3 합의를 논의하는 과정에서 검증문제는 쌍방 간에 거의 거
론조차 되지 않았고, 합의문에도 한마디 언급이 없었다. 공식 합의문에는
물론이고 비공개 양해사항에도 검증문제는 포함되지 않았다. 요컨대 미국
협상팀은 북한의 신고내용을 검증 없이 그대로 접수하고 그에 대한 반대급
부를 제공한 후, 장시간이 소요될 다음 단계인 핵프로그램 해체 협상으로
모든 것을 미루려는 움직임을 보였다.

이것은 협상의 기술적 측면에서는 매우 쉽고 성과가 보장된 방식이었으
나, 북한 핵문제의 원천적 해결 필요성이라는 측면에서는 많은 위험성이 내
포된 협상방식이었다. 무엇보다도 북한의 자의적 신고를 검증 없이 액면 그
대로 인정함으로써 북한의 신고내용에 대해 정당성을 부여하게 될 개연성
이 있었다. 또한 이로 인해 핵폐기 후에도 상당량의 핵물질이 계속 은닉될
가능성을 열어두게 될 우려가 있었다.

북한이 신고한 핵물질 보유량과 국제사회의 추정치 사이에 핵무기 2~3개
분에 달하는 14~20kg의 커다란 괴리가 있었음을 감안할 때 이는 심각한 문
제였다.

이러한 위험스러운 협상 추세에 처음으로 제동을 건 것은 2008년 2월 출
범한 한국의 이명박 정부였다. 이명박 대통령은 2008년 4월 취임 후 최초의
한미 정상회담을 가진 뒤 공동기자회견을 통해 "북한의 핵을 검증하는 것은
매우 중요한 과정"이며 "신고와 검증이 불성실하게 되면 지금은 쉽게 넘어
가지만 먼 훗날 더 큰 화를 불러올 수 있다"고 문제를 제기했다.[48]

미국과 북한으로서는 뜻밖의 복병을 만난 격이었다. 북한 핵문제가 남북

관계의 종속변수에 불과했던 노무현 정부와는 달리 이명박 정부는 북한 핵 문제의 해결을 우선순위에 두었고, 이의 철저한 해결을 위해 신고에 대한 검증이 반드시 필요하다는 입장이었다.

이에 따라 검증 문제가 2008년 초부터 처음으로 국제사회에서 공론화되기 시작했고, 놀라울 정도로 짧은 시간 내에 미국 조야에서는 검증을 요구하는 목소리가 압도적 대세를 이루어갔다. 신고 내용의 정확성 여부가 검증되어야 한다는 논리는 너무도 당연한 것이었기에, 그 당위성에 대해 아무도 반론을 제기하지 못했다. 이러한 여론의 대세에 밀려 검증문제가 6자회담 관계국들 사이에서 논의되기 시작했고, 이는 10.3 합의의 이행에서 가장 중요하고 예민한 쟁점으로 급부상했다. 이는 북한의 각본과 페이스에 따라 진행되어온 2.13/10.3 합의 이행체제에 제동이 걸렸음을 의미했다.

북한은 검증문제가 10.3 합의 논의 과정에서 협의되거나 합의된 바 없어 이행의 대상이 아니라고 주장했다. 검증 문제에 관해 미북 사이에 비공개 합의가 있었다는 미국 협상팀의 주장에도 불구하고, 신고에 검증이 수반된다는 명시적 합의가 이루어진 적은 없었다. 그러나 검증되지 않은 신고는 아무 의미가 없는 것이므로 명시적 합의 여하와 관계없이 검증은 신고에 당연히 수반되어야 할 과정이었다.

채무자가 꾸었던 돈을 갚으면서 이를 세어보지 못하게 한다면 채권자는 이를 갚았다고 인정해야 할 것인가? 세어보고 금액이 맞아야 비로소 채무변제가 성립하는 것이다. 차용증에 채권자가 돈을 세어볼 수 있다는 조항이 포함되어 있어야만 돈을 세어볼 수 있는 것은 아니다. 만일 채무자가 돈을 갚으면서 그 돈을 세어보지 못하게 한다면, 그것은 금액이 맞지 않음을 자인하는 것과 마찬가지다.

---

48 이우탁, 『오바마와 김정일의 생존게임』(창해, 2009), 563쪽.

2008년 6월 27일 영변 5MW 원자로 냉각탑 폭파

미국 협상팀은 예기치 못했던 검증문제의 덫을 어떻게든 극복해보려고 북한과 다각적인 절충을 모색했고, 2008년 내내 많은 비공개 협상이 진행되었다. 그러나 북한은 신고내용에 대한 실효적 검증을 받으려는 의사가 전혀 없었다. 검증을 한사코 거부하는 북한의 이러한 고집스러운 태도는 신고내용의 성실성을 스스로 부정하고 있었다. 이는 북한의 핵포기 의지 여하와 직결된 문제였기에, 한국이나 미국으로서도 적당히 양보할 수 있는 사안은 아니었다.

한편, 검증문제에 관한 각국 정부의 입장과 국제여론이 불리하게 돌아가자, 북한은 분위기 호전을 위해 2008년 6월 26일 핵시설과 핵물질에 대한 신고서를 중국에 제출한 데 이어, 다음 날에는 불능화조치의 상징으로서 5MW 원자로 냉각탑의 폭파장면을 전 세계에 생중계하는 쇼를 벌였다. 당시 미국 정부가 냉각탑 폭파 쇼를 위해 북한에 지불한 경비는 무려 250만 달러였다.[49]

---

49 2008년 6월 27일 자 ≪뉴욕타임스≫ 보도.

그러나 5MW 원자로는 이미 2006년 당시부터 연간 수십 차례 가동이 중단되는 등 더 이상의 가동이 사실상 불가능한 노후시설이었기에, 미국이 막대한 예산을 들여 폭파 쇼를 벌인 데 대한 시선은 결코 곱지 않았다. 대표적 대북협상파인 잭 프리차드[Jack Pritchard] KEI 소장조차도 이를 "정치 쇼"라고 규정하면서 "영변 핵시설은 이미 낡고 오래되어 쓸모없게 된 것이지만, 북한이 협상을 통해 엄청난 대가를 얻게 되었다"고 지적했다.[50]

냉각탑 폭파 쇼를 전후하여 검증문제에 관한 미북 사이의 비공개 협상이 지속되었으나 검증의 주체, 대상, 방식에 대한 첨예한 이견은 조금도 해소되지 않았다. 거기에는 정치적 쇼나 협상의 기술만으로는 해소될 수 없는 근본적이고도 실질적인 이견이 존재하고 있었다. 검증에 관한 협상의 핵심 쟁점은 ① 검증 주체, ② 검증 대상, ③ 검증 방식 등 세 가지였다.

먼저 **검증의 주체 문제**에서 최대 관건은 IAEA를 어느 정도 관여시키느냐 하는 문제였다. IAEA가 기존의 확립된 검증절차에 따라 주도적으로 검증을 수행하는 것이 가장 바람직할 것이나, 북한은 자신이 NPT 회원국이 아니라는 이유로 IAEA의 개입을 거부하고 6자회담 참가국들에 의한 검증을 주장했다. 이는 IAEA의 철저한 핵사찰로 인해 신고의 허구성이 드러나는 것을 피하기 위한 고려였던 것으로 추정된다.

만일 북한이 핵프로그램을 성실하게 신고했다면 IAEA가 국제적으로 확립된 절차에 따라 실시하게 될 검증을 피할 이유는 없었다. IAEA의 검증을 거부한다는 것은 숨겨야 할 무엇이 아직 남아 있다는 의미였다. IAEA의 검증활동은 이미 확립된 검증절차에 따라 실시되는 것이어서 융통성이나 정치적 타협의 여지가 없기 때문이었다. 미국 역시 IAEA의 사찰을 통해 신고 내용의 불일치가 드러나 협상이 붕괴되는 상황을 우려해서인지 IAEA를 검

---

50 이우탁, 『오바마와 김정일의 생존게임』(창해, 2009), 575쪽.

증 주체로 포함시키는 문제에 대해 적극성을 보이지 않았다.

두 번째 쟁점인 **검증의 대상 문제**에서, 북한은 검증 대상이 신고된 핵시설에 국한되어야 한다는 입장인 반면, 미국은 신고의 정확성을 검증하기 위해 신고되지 않은 시설에 대해서도 검증이 필요하다는 입장이었다. 미국 측이 말하는 '신고되지 않은 시설'이란 1992년 북한이 IAEA에 핵시설 신고를 할 당시 고의적으로 은닉했고 2008년 6월의 핵시설 신고에서도 누락시킨 두 개의 '미신고 폐기물저장소'를 지칭하는 것이었고 나아가 은닉된 우라늄농축시설(HEU 프로그램)까지 포함된 개념이었기에, 북한은 이에 강력히 반대했다.

검증 대상에 관한 협상과정에서 한때 북한은 1990년대 초 남북 핵협상 당시 꺼내들었던 낡은 주장을 들고 나왔다. 북한 핵시설뿐 아니라 남한 핵시설도 검증의 대상이 되어야 한다는 것이었다. 그러나 한국의 핵시설은 이미 IAEA로부터 부단히 핵사찰을 받는 중이었고, 북한이 주장하는 소위 "주한미군 핵무기"는 논리상 북한의 핵무기와 동시에 검증받아야 할 사안이었기에, 북한의 이러한 주장은 자가당착의 모순을 내포한 해프닝에 불과했다.

세 번째 쟁점인 **검증의 방식 문제**에서 이견은 더욱 첨예했다. 미국은 모든 과학적 방법을 동원한 철저한 현장검증과 더불어 추가적 분석을 위한 시료 채취와 반출까지 필요하다는 입장이었던 반면, 북한은 시료의 채취와 반출은 물론이고 사찰단의 계측장비 지참조차도 허용하지 않는 단순한 핵시설 '방문visit'만을 허용할 수 있다는 입장이었다. 쉽게 말하자면 5개국 대표들이 빈손으로 와서 핵시설 관광이나 하고 가라는 말이었다.

7월 12일 발표된 6자회담 수석대표회의 언론발표문에는 검증문제와 관련하여 시설방문, 문서검토, 기술자 인터뷰의 3원칙이 합의되었다는 내용이 포함되었으나, 관심을 모았던 "시료채취sampling"라는 말은 어디도 없었다.[51] 보다 근본적인 문제는 미국이 북한의 검증 반대 주장을 사실상 수용하여 사찰inspection 또는 검증verification이 아닌 핵시설 '방문visit'으로 개념을 정의하는 데 동의한 점이었다.

다만 미국 협상팀은 북한과의 비공개 협상을 통해 동 방문을 "과학적 절차에 따라" 진행한다는 점에 합의함으로써, 과학적 절차라는 모호한 개념에 시료채취가 포함되는 것으로 해석할 여지를 남겨 두고자 했다.[52]

그러나 북한은 이에 협조하지 않았다. 북한으로서는 당초 목표로 했던 미국의 대북한 테러지원국 제재가 10월 11일 해제되고 나자 더 이상 모호성의 그늘에 진실을 숨기고 있을 이유가 없었다. 북한은 미국 대통령선거가 끝나고 오바마 행정부의 도래가 확정된 직후인 11월 12일 외무성 대변인 담화를 통해 시료채취에 대한 거부 입장을 공개적으로 천명했고, 이것으로 외교적 융통성의 여지는 사라졌다.

외교협상에서 쌍방 간에 타협할 수 없는 심각한 이견이 있을 때, 이를 각자 편리한 대로 달리 해석하기 위해 이따금 모호한 용어가 사용되곤 한다. 과거 남북한 간의 합의문에도 그런 문구가 적지 않았다. 혹자는 이를 "창조적 모호성"이라 부르기도 한다. 그러나 여기에는 한 가지 간과해서는 안 될 진실이 있다. 그런 방식으로 무리하게 합의를 추구할 경우, 합의문 채택은 가능할지 몰라도 그 합의는 해석상의 이견으로 인해 숙명적으로 이행되지 못한다는 점이다.

시료채취 문제에 관한 미북 협상은 그 전형적인 사례였다. 검증문제를 둘러싼 극복될 수 없는 이견은 결국 10.3 합의의 이행을 좌초시키게 되었다. 이는 북핵 협상을 지켜보던 많은 이들에게 실망과 낙담을 안겨주었지만, 그러한 파국이 예상 밖의 진전은 아니었다. 파국은 이미 오래전부터 예정된

---

51 앞의 책, 583쪽.
52 2008년 12월 9일 RFA(자유아시아방송) 보도내용 참조(앞의 책, 621쪽).

것이었다.

미국과 북한 사이에 실재하는 인식과 입장의 엄청난 괴리를 "창조적 모호성"과 같은 외교적 수사로 메우고 덮어나가는 데는 명백히 한계가 있었다. 그 이유는 무엇보다도, 미국이 협상을 통한 북한 핵문제의 해결에 실낱같은 희망을 계속 걸고 있었던 반면, 북한은 협상을 통해 핵을 포기할 뜻이 없었기 때문이다.

2008년 초 이명박 정부 출범 이래 가시화된 한국 정부의 대북한 정책 변화도 이러한 상황전개에 적지 않은 영향을 미쳤다. 과거 노무현 정부 시절에는 한국이 미국보다 더 유연한 입장에서 북한과 미국 사이의 중재자 역할을 자임했고 중국과 더불어 미국의 양보를 압박하는 일이 빈번했으나, 이명박 정부 출범 이후 한국 정부의 입장은 오히려 미국의 지나치게 유화적인 입장을 견제하는 위치에 있었다.

테러지원국 제재 해제의 패착

한편, 북한은 핵신고가 완료되었음에도 불구하고 미국이 검증문제를 이유로 제재조치 해제를 지연시키자, 미국을 압박하기 위해 영변 핵시설에 대한 불능화조치의 중단(8월 14일)에 이어 불능화된 시설에 대한 복구 작업을 개시하면서(9월 3일) 재처리시설을 봉인하고 감시장비를 제거(9월 24일)하는 등 낯익은 벼랑끝전술을 구사했다.

부시 행정부 종료를 불과 3개월 남긴 시점에 핵협상 파국의 위기를 맞게 된 미국은 검증문제 해결을 일단 뒤로 미룬 채 2008년 10월 11일 대북한 테러지원국 제재를 해제했다.[53]

미국의 대북한 테러지원국 제재 해제는 북한이 1987년 테러지원국으로

1. 군수품 수출통제

- 「무기수출통제법^{Arms Export Control Act}」에 의거, 미국산 군수품의 수출, 재수출 및 이를 지원하는 행위, 미국 군수품 획득을 위한 신용거래, 지급보증, 여타 재정지원 제공 금지
- 「수출관리법^{Export Administration Act of 1979}」에 의거, 이중용도품목 및 관련 기술 수출 시 사전허가 필요

2. 대외원조 금지

- 「대외원조법^{Foreign Assistance Act of 1961}」에 의거, 테러지원국에 대한 일체의 원조 금지 및 테러지원국을 원조하는 국가에 대한 원조 금지
- 「국제금융기관법^{International Financial Institutions Act}」에 의거, 테러지원국에 대한 국제금융기관의 차관 제공에 반대하도록 의무화

3. 여타 제재조치

- 「국제안보 및 개발협력법^{International Security and Development Cooperation Act of 1985}」에 의거, 테러지원국으로부터의 특정 상품 및 용역 수입 금지
- 「무역법^{Trade Act of 1974}」에 의거하여, 테러지원국에 대한 개도국 특혜관세(GSP) 적용 금지

지정된 이래 20여 년에 걸친 해제 노력이 결실을 맺는 감격적인 순간이었다.[54] 그것은 강석주 북한 외교부 부부장이 맨주먹과 뚝심만으로 46억 달러

---

53 2008년 9월 9일 자 ≪워싱턴포스트≫는 미국 정부 관계자를 인용하여 미측이 "핵시설 검증에 응해야 테러지원국 명단에서 삭제해주겠다는 전제조건을 북한 측에 분명히 구두로 전달했다"고 언론에 밝힌 것으로 보도했다(이우탁, 『오바마와 김정일의 생존게임』, 601쪽). 이 말을 액면 그대로 해석하자면, 첫째, 서면 또는 구두의 합의가 없었고, 둘째, 미측이 희망사항을 구두로 북한 측에 일방적으로 전달했으며, 셋째, 이에 대해 북측으로부터 동의가 없었다는 의미가 된다. 이는 검증에 관한 합의가 없었다는 북한 측의 주장과도 일맥상통한다.

54 북한에 대한 미국의 테러지원국 제재는 1987년 발생한 '대한항공 여객기 폭파사건'(일명 김현희 사건)이 서울올림픽을 방해하기 위한 북한 당국의 소행으로 밝혀짐에 따라 레이건 행

짜리 2000MW 경수로 발전소를 거저 얻어낸 1994년의 제네바합의와도 비견될 만한 북한 외교의 승리였다.

12월 16일 자 ≪월스트리트 저널≫은 라이스 장관과 힐 차관보가 북한의 구두약속을 믿고 이에 따라 북한을 테러지원국에서 제외했으나 북한은 최소한의 협조조차 거부하고 있다고 보도하고, 그러한 북한의 행동은 라이스 국무장관과 힐 차관보를 제외하면 크게 놀랄 일도 아니라고 비꼬았다. 한편, 북한은 그러한 구두약속의 존재 자체를 부인했다.[55]

정권 말기의 부시 행정부가 검증문제의 논란 속에서 시간에 쫓기면서 테러지원국 제재 해제를 강행했던 것은 신고/검증 단계를 어떻게든 적당히 넘기고 10.3 합의의 이행 완료를 선언한 후 모든 난제들을 다음 정권으로 넘기려는 의도가 아니었나 싶다.

미국 국무부는 북한이 신고내용에 대한 실효적 검증을 받지 않을 경우 테러지원국 제재를 복원하겠다고 공언하면서 선 제재해제 방침을 합리화하려 했으나, 미국 국내법상 그것은 불가능했다. 테러지원국 제재를 복원하려면 새로운 테러행위의 증거가 있어야 하기 때문에, 한번 해제한 테러지원국 제재조치를 다시 복원하는 것은 불가능했다.

미국이 테러지원국 제재를 해제한 지 불과 반년 만인 2009년 4월 북한은 핵협상의 결렬을 선언하고 동결과 불능화 조치를 모두 원상복구했다. 결국 북한은 아무런 대가 지불도 없이 테러지원국 제재를 해제하는 데 성공했고, 미국은 대북한 협상에서 최대의 레버리지인 테러지원국 제재를 헛되이 날

정부에 의해 취해진 조치였다. 클린턴 행정부 말기인 2000년 6월 「대적성국교역법」에 따른 미국의 대북한 제재조치가 대부분 해제된 이래, 테러지원국 제재는 미국이 북한에 부과하고 있는 가장 중요한 제재조치였다. 그 때문에 이를 해제하는 것은 북한 대미외교의 최우선 목표였다.

55 이우탁, 『오바마와 김정일의 생존게임』(창해, 2009), 646쪽.

려버린 형국이 되었다. 이는 미국 협상대표단의 어리숙한 판단과 협상전략
이 가져온 재앙적 결말이었다.

6

20년 만에 깨어난 미몽

오바마 행정부 출범의 파장

2002년 말 발생한 제2차 북핵위기는 2003년 8월 6자회담이 출범한 이래 2005년의 9.19 공동성명, 2007년의 2.13 합의, 10.3 합의 등을 통해 외형상 으로나마 수습 국면을 맞았으나, 2008년 초부터 초미의 관심사가 된 검증문제의 늪에서 끝내 헤어날 수 없었다. 그러던 중 2009년 5월 북한의 제2차 핵실험으로 협상은 결정적인 파국을 맞게 되었다. 이러한 상황의 도래는 2009년 초 출범한 미국 오바마 행정부와 불가분의 관계를 맺고 있다.

사실 미국에 오바마 행정부가 출범하기를 지구상에서 누구보다 학수고대해온 것은 아마도 북한이었을 것이다. 북한은 2002년 제2차 북핵위기 발발이후 부시 행정부와의 거래에 큰 어려움을 느꼈고, 그 때문에 미국과의 협상을 최대한 지연시키면서 2004년 미국 대통령 선거에서 민주당 정권이 들어서기를 기다렸다. 그러나 부시 대통령의 재선으로 북한의 소박한 꿈은 깨어졌고, 다시 4년간 고난의 세월을 보내야 했다. 다행히도 북한은 2004년

선거에서 재집권한 제2기 부시 행정부의 급속한 온건선회 덕분에 적지 않은 외교적 성과를 얻을 수는 있었지만, 공화당 행정부로부터 원하는 모든 것을 얻는 데는 아무래도 한계가 있었다.

그래서 북한은 오래전부터 2008년의 미국 대통령선거를 기다려왔다. 북한이 원했던 것은, 1970년대 말 주한미군 철수를 집요하게 추진했던 카터 대통령이나 또는 1994년 제네바합의를 통해 북한에게 46억 달러짜리 경수로 발전소를 덥석 안겨주었던 클린턴 대통령과 같은 또 한 명의 민주당 출신 산타클로스 대통령이었다. 2008년 말 협상이 파국으로 가는 와중에서도 북한이 강경한 입장을 고수했던 배경에는 곧 출범할 민주당 행정부에 대한 부푼 기대가 상당 부분 자리 잡고 있었다. 북한은 2004년 미국 대통령 선거 때도 민주당 케리^{John Kerry} 후보의 당선을 기대하면서 강경한 대미 행보를 보인 바 있었다.

2008년 말 오바마 대통령의 당선이 확정되기가 무섭게 북한은 남북 간 육로통행을 제한하고 직통전화를 단절한 데 이어, 이듬해인 2009년 벽두부터 '남북 전면대결 태세 진입'을 경고하고, 정치군사적 긴장완화 및 NLL 관련 모든 남북합의의 무효화를 선언했다. 북한은 진보적인 오바마 행정부의 출범으로 필시 미북관계가 급속히 개선될 것을 확신하면서, 보라는 듯이 미리부터 소위 통미봉남通美封南 정책의 수순에 돌입한 것이었다.

그러나 그것은 미국 민주당 행정부의 본질에 관한 북한의 몰이해에 기인한 오판이었다. 북한이 2002년 제네바합의 붕괴 당시부터 6년 동안이나 기다려온 민주당 행정부는 북한이 기대했듯이 부시 행정부보다 북한에 더 호의적이지도 않았고, 북한과 무원칙하게 타협하거나 북한의 벼랑끝전술에 쉽사리 굴복하지도 않았다. 아마도 카터 행정부와 클린턴 행정부 시대의 경험이 북한에게 민주당 행정부에 대한 특별한 호감을 심어준 듯하나, 그들 두 정권의 대북한 유화정책이 민주당 정권 대외정책의 전형적 형태는 아니라는 점을 북한은 간과하고 있었다.

미국의 국내정치에서 공화당과 민주당의 가장 큰 차이점은, 공화당이 원칙보다는 국가이익에 충실하고 방법론상에서 융통성이 적은 반면, 민주당은 방법론에 대해서는 유연하나 자신이 신봉하는 원칙과 명분의 수호에 대해서는 공화당보다 더욱 입장이 명확하고 단호하다는 점이다. 원칙의 문제에서 단호한 민주당의 태도는 역사적 사실에 의해서도 쉽게 입증된다.

예를 들어, 미국 현대사에서 우리가 기억할 만한 중요한 군사적 조치들은 대부분 민주당 행정부에 의해 이루어졌다. 미국의 제1차 세계대전 참전(1917년, 윌슨), 제2차 세계대전 참전(1941년, 루스벨트), 한국전쟁 참전(1950년, 트루먼), 제3차 세계대전의 문턱까지 갔던 쿠바 미사일 위기(1961년, 케네디), 미국의 베트남전 개입(1961년, 케네디), 미국 지상군의 베트남 파병(1965년, 존슨) 등이 모두 민주당 행정부에 의해 취해진 조치였다. 1990년대 이후의 걸프전과 이라크 전쟁, 아프간 전쟁을 제외한 모든 중요한 전쟁 참전은 예외 없이 민주당 행정부에 의해 이루어진 셈이다.

북한이 마음씨 좋은 민주당 행정부의 표상처럼 생각하고 있는 클린턴 행정부도 사실상 그리 유약하지는 않았다. 비록 카터 전 대통령의 방북으로 계획이 좌절되기는 했으나, 클린턴 행정부는 1994년 주한미군의 막대한 희생이 예상되는 한반도 전쟁의 위험을 감수하고 유엔 안보리의 대북한 제재 조치 추진을 강행하려 했고, 당시 국방장관이었던 페리^{William Perry}는 북한이 2009년 제2차 핵실험을 실시하자 "북한에 대해 외과수술적 폭격^{surgical strike}을 단행해야 한다"며 강경한 태도를 보였다.

그러한 민주당이 전통적으로 중시하는 민주주의, 인권, 비확산 등 핵심적 가치들 중에서 비확산 문제에 관한 오바마 행정부의 관심은 유별났다. 오바마 대통령은 당선 직후인 2008년 11월 발표된 '오바마-바이든 플랜^{The Obama-Biden Plan}'을 통해 핵무기로 무장한 테러리스트의 위협과 불량국가들에 의한 핵확산 위험을 미국에 대한 가장 심각한 위험요소로 제시했고, 2010년 4월에는 워싱턴에서 제1차 핵안보정상회의를 개최했다.

그러한 이유로, 2009년 1월 출범한 오바마 행정부는 북한 핵프로그램의 '불가역적이고 검증가능한 해체'를 촉구하면서 이를 위한 철저한 검증의 필요성을 강조했다. 북한 핵문제에서 제2기 부시 행정부가 추구했던 모호하고 유화적인 입장들은 한순간에 사라졌고, 오히려 제1기 부시 행정부 당시의 강경한 입장으로 정책적 회귀가 이루어졌다. '북한의 검증가능한 핵폐기가 이루어져야 미북관계 정상화가 가능하다'는 부시 행정부의 방침도 그대로 계승되었다.

이런 상황에서 북한이 꿈꾸어온 핵보유국 지위 인정, 미북 수교 등은 설 땅이 없어졌고, 오랜 세월 황폐화되었던 한·미·일 3국의 대북한 공조체제는 점차 강화되어갔다. 이는 북한이 대미협상에서 오랫동안 간직해온 환상의 종말을 의미했다. 이에 대한 반작용으로 핵무장을 지상 목표로 추구하는 북한의 실체가 점차 베일을 벗게 됨에 따라 미국이 북한에 대해 품었던 실낱같은 희망도 무너졌다. 이처럼 미국과 북한이 핵협상에서 상대방에 대해 품었던 동상이몽의 해묵은 환상은 거의 같은 시기에 막을 내리게 되었다.

이로 인해 북한이 부시 행정부하에서 와신상담하면서 꿈꾸어온 파격적인 미북관계 개선의 환상은 여지없이 깨어졌다. 아울러, 대미 전략의 현란한 성공을 통해 한국 정부의 대북정책 변화를 압박해보려던 이른바 통미봉남의 전술도 좌절을 맞게 되었다. 과거 어느 때보다 견고한 협조체제를 구축해가는 한미관계의 행보 앞에서 '강성대국'을 향한 북한의 꿈이 설 자리는 없었다.

다시 불붙은 북한의 벼랑끝전술

개인이건 국가이건, 통상적인 방식으로 타개하기 어려운 고도의 난관에 처하게 되면 과거 자신이 성공했던 시절을 떠올리고 그 당시에 사용했던 방식을 재차 사용하게 되기 마련이다. 오바마 행정부라는 예상치 못한 암초를 만나 대응책 마련에 부심하던 북한이 택한 방식도 마찬가지였다. 미국에서 오바마 행정부가 출범한 이후 워싱턴으로부터 북한 핵문제에 대한 단호한 입장들이 쏟아져 나오고 한·미·일 3국 간의 결속이 강화되는 움직임을 보이자, 북한은 미국의 인내심과 의지를 떠보기라도 하려는 듯 현상타파를 위한 상황악화 조치에 돌입했다.

북한이 오바마 행정부 초기에 그런 행태를 보이리라는 것은 과거 1993년 김영삼 정부 및 클린턴 행정부 초기와 2003년 노무현 정부 초기에 발생했던 1, 2차 핵위기의 경험에 비추어볼 때 충분히 예견된 사안이었다. 과거에도 북한은 한국이나 미국이 정권교체로 혼란에 처해 있을 때 종종 강도 높은 현상타파 조치를 통해 상대방의 대응 의지를 약화시키면서 상당한 전리품을 거두어가곤 했었다.

북한은 오바마 행정부의 외교진용이 채 갖추어지기도 전인 2009년 4월 5일 장거리 미사일 시험발사를 단행했다. 시험발사 결과, 2006년과 달리 1단 로켓 분리가 성공적으로 이뤄졌고 사거리도 꽤 향상되었으나, 2단로켓의 추진력 부족으로 인해 이를 우주궤도에 진입시키는 데는 실패했다. 평화적인 '우주로켓 발사'라는 북한의 주장에도 불구하고, 유엔 안보리는 의장성명을 통해 이를 안보리 제재결의 1718호 위반으로 규탄했고, 이행보류 상태에 있던 대북한 제재결의 1718호(2006)를 즉각 이행하기 위한 조치를 촉구했다.

이에 대해 북한은 이튿날 발표된 외무성 성명을 통해 "우리 인민에 대한 참을 수 없는 모독이며, 천추에 용납 못할 범죄행위"라고 비난하고, "6자회담에 다시는 참가하지 않을 것이며 6자회담의 어떤 합의에도 더 이상 구속되지 않을 것"이라고 선언했다. 북한은 또한 불능화된 핵시설을 모두 원상회복시키고 보관 중인 연료봉을 재처리하겠다는 입장을 밝혔다. 이것이 6자회담의 종말이었다. 2003년 시작된 이래 6년만의 파국이었다.

북한이 그간 이행했던 이른바 '불능화' 조치는 협상의 진전에 목말라하던 미국 협상대표단이 궁여지책으로 고안해낸 외교적 수사였을 뿐 사실상 '동결' 조치와 아무 다를 것이 없었기에 불과 한두 달 만에 모두 원상복구되었다. 북한 자신도 10.3 합의 상의 '불능화'를 내부문서에서 "가동중단"이라고 번역했으며, 따라서 가동중단 이상의 조치를 취한 것은 없었다.[56] 원상복구되지 못한 것은 5MW 원자로의 폭파된 냉각탑뿐이었으나 어차피 그것은 없어도 원자로 가동에 아무 지장이 없는 장식품이었다.

북한은 5MW 원자로의 연료봉을 2009년 4~8월에 걸쳐 재처리하여 6~7kg의 농축플루토늄을 추가로 추출했고, 이로 인해 북한이 보유한 무기급 농축플루토늄의 총량은 핵무기 7~9개분인 51~58kg으로 늘어났다. 그러나 플루토늄의 총량 증가는 북한이 국제사회에 보여주기 위한 공개적 위협조치의 일환이었을 뿐이다. 당시 이미 북한의 주된 핵물질 추출 수단이 되고 있던 우라늄농축시설로부터 얼마나 많은 양의 무기급 농축우라늄이 생산되어 비축되고 있는지에 대해서는 아무도 상상조차 할 수가 없었다.

북한의 이러한 상투적 벼랑끝전술에 대한 국제사회의 반응은 담담했다. 북한은 이미 2008년 9월부터 사실상 핵시설 원상복구 작업을 진행해왔기 때문에 새로울 것이 없었고, 연료봉 재처리를 해봐야 50kg 내외에 달하는 기존의 무기급 플루토늄을 겨우 몇 kg 늘리는 데 불과하다는 인식이 일반적이었다. 이미 은닉된 우라늄농축시설들로부터 핵물질 생산이 대량으로 이

---

56 한용섭, 『북한 핵의 운명』(박영사, 2018), 35쪽.

루어지고 있을 개연성이 컸던 상황하에서 연료봉 재처리는 더 이상 국제사회에 대한 큰 위협이 되지 못했다.

국제사회가 북한의 위협에 아랑곳하지 않고 안보리 제재조치 1718호의 전면이행을 위한 수순에 돌입하자, 북한은 4월 16일 영변에 상주하던 IAEA 감시요원을 추방했다. 이어서 북한은 4월 29일 외무성 성명을 통해 유엔 안보리의 조치를 거듭 비난하면서, 안보리가 이를 철회하고 사과하지 않으면 핵실험과 대륙간탄도미사일(ICBM) 발사시험을 실시하겠다고 위협했다.

국제사회가 북한의 벼랑끝전술에 동요하는 기색을 보이지 않자, 북한은 마침내 많은 사람들이 예측했던 카드를 뽑아들었다. 2009년 5월 25일 함경북도 길주군에서 북한의 제2차 핵실험이 실시되었다. 진도 4.5의 지진파가 관측된 점에 비추어 핵폭발 용량은 대체로 2.5~4.5kt 정도로 추정되었다. 강도가 1kt 미만이었던 2006년의 핵실험에 비해서는 기술이 많이 향상된 것이었으나, 그 핵실험이 주변 국가들에 미치는 정치적 충격파는 2006년과는 비교할 수 없이 미약했다.

국제사회는 북한의 핵실험에 대한 조용하고도 단호한 대응조치에 돌입했다. 핵실험 직후 소집된 유엔 안보리는 북한에 대한 추가 제재조치를 논의한 결과, 6월 12일 강력한 내용의 대북한 제재결의 1874호를 만장일치로 채택했다. 동 제재결의에는 북한의 핵개발과 미사일 확산활동을 차단하고 자금줄을 조이기 위한 다양한 조치들이 망라되었다.

2006년의 1718호 결의와 마찬가지로 유엔헌장 제7장 41조(비군사적 강제조치)를 원용한 강제적 제재조치로 채택된 안보리 결의 1874호는 ① 북한의 모든 무기수출을 금지했고, ② 북한을 출입하는 모든 의심스러운 화물에 대한 각국 영해에서의 검색을 의무화했으며, ③ 북한의 대량파괴무기(WMD)와 미사일 개발에 기여할 수 있는 모든 금융거래를 금지했고, ④ 특수목적 이외의 대북한 원조와 지원을 전면 금지시켰다.

1. 북한에 대한 결정사항
   - 핵실험 규탄, 추가 핵실험 및 탄도미사일 발사 금지, 탄도미사일 관련 모든 활동 중단, 미사일 발사 모라토리엄 재확립 결정
   - 결의 1718호의 즉각적이고 완전한 이행, NPT 탈퇴선언의 즉각 철회, NPT 및 IAEA 복귀 요구, 모든 회원국들의 1718호상의 의무 이행 촉구
   - 북한이 완전하고 검증가능하며 불가역적인 방식으로 모든 핵무기와 핵프로그램을 폐기하고, IAEA에 대해 투명성을 제공할 것을 결정

2. 유엔 회원국의 의무사항
   - 무기금수: 북한의 모든 무기수출 금지, 소형무기를 제외한 모든 무기수입 금지
   - 화물검색: 모든 북한출입 의심화물에 대한 각국 영토 내 검색과 기국 동의하 공해상 검색 촉구, 금지품목 발견 시 압류 및 처분, 의심스러운 북한선박에 대한 운행지원 서비스 제공 금지
   - 금융제재: 북한의 WMD·미사일 활동에 기여 가능한 예금·자산·재원의 동결을 포함한 금융거래 금지
   - 원조금지: 대북무역 관련 공적지원 금지, 인도·개발·비핵화 촉진 목적 외의 신규 무상원조와 금융지원 및 계약체결 금지

특히 이 제재조치는 북한을 출입하는 의심스러운 화물들에 대한 검색 권한을 유엔 회원국들에게 부여함으로써, 북한의 주요 외화수입원인 무기, 마약, 위폐, 위조담배 등의 불법거래까지 크게 위축시키는 광범위한 부수적 효과를 기할 수 있게 되었다. 이러한 제재조치가 추구하는 목표는 북한의 비정상적 외화수입을 철저히 차단함으로써 핵무기와 미사일 개발에 필요한 자금원을 봉쇄하자는 것이었다. 그것은 또한 북한의 체제유지 비용 조달을 봉쇄함으로써 정치적 압박을 가하는 의미도 내포하고 있었다.

북한은 6월 13일 외무성 성명을 통해 유엔 안보리의 제재결의 채택을 비난하면서 ① 보유 플루토늄의 전량 무기화, ② 우라늄농축 착수, ③ 대북한

봉쇄에 대한 군사적 대응 등을 천명했다. 국제사회에 대한 이러한 북한의 위협은 그간 은닉해왔던 고농축우라늄(HEU) 프로그램의 보유를 공식화하려는 의도를 명확히 드러낸 것 외에는 별다른 새로운 내용이 없었고, 이제는 어느 나라도 북한의 상투적 협박에 관심을 기울이지 않았다.

북한 핵문제를 둘러싸고 20년간이나 북한의 기만전술과 위협공세에 시달려왔던 한국과 국제사회는 뒤늦게나마 북한 행태의 본질을 파악하고 더 이상 이에 휘둘리지 않으려는 이심전심의 결의를 보이게 되었다. 그것은 북한이 전가의 보도로 사용해온 벼랑끝전술의 종말을 의미하는 것이기도 했다. 스캇 스나이더가 저서 『벼랑끝협상』에서 기술했듯이, 반복적으로 구사되는 벼랑끝전술에 익숙해진 여러 나라들이 마침내 이를 무시해버리는 단계에 도달한 것이었다.

북한은 과거 항상 그래왔듯이 미국과 한국 정부를 위협하여 양보조치를 받아내기 위해 이처럼 대대적인 상황악화 조치를 이어갔으나, 북한의 그런 상투적 행태에 이미 익숙해진 국제사회는 아무도 이에 동요하지 않았고, 이에 대응하는 북한의 상황악화 조치는 점차 도를 더해갔다. 그러한 북한의 행태는 그로부터 2년 반 후인 2011년 12월 17일 김정일이 심근경색으로 사망할 때까지 이어졌다.

북한의 그러한 상황악화 조치 중 상당 부분은 '북한의 어려움을 거들어줄 생각을 안 하는' 한국 정부를 겨냥하고 있었다. 2008년 출범한 이명박 정부가 역대 한국 정부들과는 달리 대북한 경제지원을 중단하고 대북한 정책에 있어 항상 미국과 행동을 같이했기 때문이었다.

북한의 2009년 5월 제2차 핵실험에 대한 제재조치의 일환으로 한국 정부가 오랜 현안이었던 PSI 가입을 선언하자, 북한은 판문점 인민군대표부 명의의 성명을 통해 이를 강력히 비난했다. 아울러 북한은 ① PSI 가입을 선전포고로 간주하고, ② 더 이상 정전협정에의 구속을 거부하며, ③ 서해 5도와 주변수역에서의 안전을 보장할 수 없다는 입장을 천명했다. 이들은 지난 수십 년간 수없이 반복되어온 상투적 위협들이었다.

한국 정부가 북한의 '무력응징' 위협에 굴하지 않자 북한군의 위협은 행동으로 이어졌다. 그해 11월 10일 북한군의 도발로 대청도 인근 해상에서 남북 해군 간 무력충돌이 발생했고(대청해전), 이어서 이듬해인 2010년 3월 26일에는 북한에 의한 천안함 폭침사건(해군 46명 전사)이, 11월 23일에는 연평도 포격사건(군인 2명, 민간인 2명 사망)이 발생했다.

오바마 행정부의 대응

2009년 1월 취임한 미국 민주당의 오바마 대통령은 당초 북한에 대해 유화적인 생각을 갖고 있었고, 취임과 동시에 북한에 대한 '과감한 접근Bold Approach'을 전개하려 준비하고 있었다. 선거운동 과정에서 북한 지도자와 조건 없이 만날 용의가 있음을 밝히기도 했다. 오바마 행정부의 이러한 시각은 전임 부시 행정부가 북한에 대해 너무 강경일변도 정책을 쓴 결과 북핵 문제 해결에 실패했다는 판단에 따른 것이었다.

오바마 행정부의 '과감한 접근'은 대북한 수교문제까지 내포된 개념이었기에, 한국 정부는 이에 대해 적지 않은 우려와 경계심을 갖고 상황을 주시하고 있던 터였다. 그러나 이러한 한국 정부의 우려를 말끔히 해결해준 것은 다름 아닌 북한 정권이었다.

오바마 행정부의 외교진용이 미처 갖추어지기도 전인 4월 북한이 장거리 미사일(은하2호) 시험발사에 이어 5월 제2차 핵실험까지 강행하자, 오바마 대통령의 이러한 정책은 뚜껑도 열어보지 못한 채 폐기되었다. 북한은 미국의 새 정권을 길들이고자 그런 일을 저질렀는지 몰라도, 그 때문에 오바마 행정부의 대북한 정책은 당초 계획보다 대폭 강경선회 했고, 오바마 행정부는 유엔 안보리에서의 대북한 제재결의 1874호의 채택으로 대북한 업무를 시작하게 되었다.

북한의 핵실험과 미사일 시험발사에 대한 미국의 단호한 대응에도 불구하고, 북한은 남한에 대해서는 강경한 군사조치를 취하면서도 미국에 대해서는 협상의 재개를 위한 기회를 줄곧 모색했다. 2010년 11월에는 영변 핵시설단지를 방문한 헤커Siegfied Hecker 박사 등 미국 과학자 대표단에게 원심분리기 2000개로 구성된 우라늄농축시설과 소형 경수로(25~30MW) 건설현장을 보여주기도 했다. 이는 미국에 대한 하나의 유화적 제스처인 동시에 미국이 북한과의 협상에 나설 것을 압박하는 위협메시지이기도 했다.

당시 국내외 정세는 북한에게 불리하게 흘러가고 있었다. 2010년 김정일의 건강이상설, 2011년 1월의 이집트 민주화시위와 무바라크 대통령 하야, 5월 미군 특수부대에 의한 오사마 빈 라덴 피살, 8월 리비아 반군의 트리폴리 점령과 카다피 대통령 피살 등 북한을 불안하게 할 만한 정세들이 이어졌다.

이러한 시대적 배경하에서, 북한의 핵활동을 일단 동결시키고 그에 대한 경제적 대가를 지불하는 협상이 미국과 북한 사이에 진행되었다. 2011년 4월, 10월, 그리고 김정일 사후인 2012년 2월 29일 개최된 세 차례의 미북 고위급회담을 통해 '2.29 합의'라는 이름의 합의가 이루어졌다.

이 합의는 북한이 핵실험 중단, 미사일 시험발사 중단, 우라늄농축 중단, IAEA 감시단 입북 허용 등 비핵화를 위한 사전조치를 취하는 대가로 미국이 북한에 식량 24만 톤(약 1.5억 달러 상당)을 제공한다는 내용이었다. 그러나 이 합의는 그로부터 불과 40여 일 만인 2012년 4월 13일 북한이 김정은 국방위 제1위원장 취임 기념으로 제3차 장거리미사일(은하3호) 시험발사를 실시함에 따라 백지화되는 운명을 맞았다. 북한과의 핵합의 중에서 역사상 가장 단명한 합의였다.

오바마 행정부는 2.29 합의가 북한에 의해 파기되자, 북한에 대한 모든 기대를 버렸으나, 그렇다고 북한의 핵포기를 고도로 압박하지도 않는 이른바 '전략적 인내Strategic Patience' 정책을 줄곧 유지했다. 오바마 행정부의 초대 국무장관이었던 힐러리 클린턴Hillary Clinton에 의해 명명된 이 정책의 핵심은 북한이 먼저 비핵화를 위한 진정성 있는 조치를 취하기 전에는 북한과 협상에 나서지 않겠다는 것이었다.

잃어버린 20년의 미몽

2009년 4월과 5월 북한이 장거리 미사일 발사와 핵실험을 전후하여 국제 사회를 향해 쏟아 부은 비난과 위협들은 현란하기 이를 데 없었고 북한이 국제사회를 향해 취할 수 있는 모든 위협들을 집약한 백과사전과도 같았다. 북한은 핵실험, ICBM 시험발사, 연료봉 재처리, 우라늄농축 실시, 보유 플루토늄의 전량 무기화, 불능화 시설 원상복구, 군사적 대응 등을 연일 위협하면서 적나라한 나신裸身을 드러내었다.

이러한 북한의 낯익은 행태를 연일 접하면서, 세계는 비로소 20년간의 오랜 미몽에서 깨어나게 되었다.[57] 1993년, 2002년, 그리고 2008년 세 차례에 걸쳐 거의 동일한 양상으로 다람쥐 쳇바퀴 돌 듯 반복되어온 북핵위기의 전개, 해소, 재발과정을 되돌아보면서, 국제사회는 문득 이심전심으로 그간

---

[57] 당시 북한이 벼랑끝전술에 따라 취했던 중요한 조치들은 2009년 4월 5일 장거리미사일 발사, 4월 14일 핵시설 원상복구 및 연료봉 재처리 방침 선언, 4월 16일 IAEA 사찰관 추방, 4월 29일 핵실험 실시 및 ICBM 시험발사 방침 발표, 5월 25일 제2차 핵실험 실시 등이다.

북한에게 터무니없이 기만당해왔다는 점과 국제사회의 북한 핵문제 대처방식에 무언가 심각한 오류가 있음을 깨닫게 되었다.

1990년대 이래 북한이 촉발시킨 한반도 정세의 위기상황들은 그 발생배경, 전개과정, 수습방식, 그리고 재차 파국에 이르는 과정들이 놀라울 정도로 흡사했다. 2002년 제2차 북핵위기 당시 부시 행정부는 제네바합의의 실수를 다시는 반복하지 않겠노라 굳은 결심을 하고 강경한 대처에 나섰으나, 제2기 부시 행정부에 들어와서는 북한의 협상전략에 휘말려 초심을 상실하고 또 한 차례의 실수를 반복했을 뿐이었다. 세 차례 한반도 위기상황의 유사성을 구체적으로 열거하자면 다음과 같다.

첫째, 세 차례의 핵위기는 항상 한국과 미국에서 정부가 교체되는 시기에 발생했다. 우연일 수도 있고 고의일 수도 있으나, 제1차 북핵위기는 클린턴 행정부와 김영삼 정부 출범 직후에, 제2차 북핵위기는 노무현 정부 출범 직전에, 그리고 2009년의 한반도 위기 조성은 오바마 행정부 출범 직후에 발생했다.

이는 아마도 정권교체기에 대외정책 결정체계가 혼란한 상황에서 위기가 발생할 경우 이에 제대로 대처하기 어려운 약점을 북한이 이용하려 했던 것으로 보인다. 특히 미국의 경우, 차관보급 이상 고위관리의 대부분이 수개월에 걸쳐 의회 청문회를 통과해야 하는 국내정치적 특성상 북한 핵문제를 관할하는 부서들이 지휘관도 없는 상태에서 위기상황을 맞아야 했다. 예컨대, 2009년 5월 북한의 제2차 핵실험 당시 미국 국무부의 비확산담당 차관, 동아태차관보, 한국담당 부차관보와 국방부 아태차관보 등이 모두 공석 상태였다.

둘째, 북한이 핵문제를 위기상황으로 몰고 가기 위해 동원한 수단이나 행동양태도 매우 유사했다. 북한은 벼랑끝전술 차원에서 NPT 탈퇴, 핵동결 파기, IAEA 사찰관 추방, 연료봉 재처리, 미사일 발사, 핵실험 등 극단적 상황악화조치들을 단기간에 집중 투입함으로써 상대방의 저항의지를 약화시키고 파국의 공포를 확산시키곤 했다.

북한이 벼랑 끝에서 여러 가지 의도적인 상황악화조치들을 숨 가쁘게 몰아치고 위기를 조성하면, 이에 놀란 국제사회는 '평화적 해결'을 명분으로 위협에 굴복하여 애매한 외교적 수사로 치장된 합의문 한 장을 얻어내고는, 기약할 수 없는 미래의 약속에 대해 값비싼 대가를 지불하곤 했다. 결국 게임은 항상 북한의 승리로 막을 내렸다.

북한은 벼랑끝외교 과정에서 군사적 수단의 사용을 수차 공언하기도 했으나, 이는 단지 위협수단에 불과했고 어떤 군사행동이 실제로 준비되거나 시도된 적은 없었다. 북한은 1993년 제1차 북핵위기 발생 시, 유엔 제재조치를 추진하면 선전포고로 간주하겠노라 위협하면서 서울을 불바다로 만들겠다고 공언하기도 했으나, 제1차 북핵위기 전 기간을 통해 북한이 실제로 군사적 행동을 준비한 흔적은 없었다.

셋째, 북한과의 합의를 통해 핵위기가 해소되는 방식도 매우 유사했다. 실효성 있고 강제력 있는 핵합의를 어떻게든 회피하려는 북한의 끈질긴 거부반응으로 인해, 합의가 어려운 검증이나 폐기, 해체, 국외반출 같은 핵심사항들은 모두 미합의 상태로 방치한 채 가장 쉽고 부담 없는 과정인 핵동결에 초점이 맞추어졌다. 그 이후의 과정은 후임자 또는 다음 정권으로 미루어졌다. 그러기에 아무리 많은 합의를 해봤자 그 합의들이 맞게 될 운명은 자명했다.

1994년의 제네바합의에는 8년 이상의 세월이 소요되는 경수로 공사가 완공된 후 영변 핵시설을 해체한다는 점만 언급되었을 뿐, 막대한 양의 플루토늄을 함유한 폐연료봉의 궁극적 처리방향에 대해 합의가 없었고, 북한이 이미 보유한 핵물질에 대해서는 일언반구도 언급이 없었다.

2005년의 9.19 합의는 더욱 허망하다. 북한의 핵시설 폐기에 대해 아무 구체적 언급이 없고 "모든 핵무기와 현존하는 핵프로그램을 포기한다"는 단 한 줄의 원론적 문구가 전부였다. 이 협상에 직접 참여했던 사람들 중 이 문구가 실제로 이행되리라 믿었던 사람이 과연 몇 명이나 되었을까?

1989년 북한 핵문제가 국제적 관심사가 된 이래 많은 합의가 이루어졌지만, 그 어떤 합의문에서도 최종적 비핵화가 명확히 합의된 바는 없었다. 그간 북한 핵문제에 관한 어떠한 합의도 핵동결의 단계를 넘어 불가역적인 다음 단계로 단 한 뼘이나마 진입한 바 없었고, 길고 긴 동결단계의 끝이 바로 합의의 수명이 끝나는 지점이었다.

더욱이 국제사회가 비싼 대가를 지불하는 유급휴가에 해당되는 핵동결의 기간을 북한은 결코 헛되이 낭비하지 않았다. 그 기간에도 다음 핵실험을 위한 고폭실험 실시, 영변 핵시설을 대체할 우라늄농축시설 건설, 핵무기를 운반할 미사일 개발 등 동결되지 않은 활동들이 부단히 계속되었다. 구체적 예를 들자면, 북한은 제네바합의에 따른 핵동결 기간인 1997년부터 2002년 9월 사이에 평북 구성시 용덕동에서 70여 차례의 고폭실험을 실시했다.[58] 결국 수많은 합의와 반대급부 제공에도 불구하고 국제사회는 북한의 핵무장을 저지하지도 지연시키지도 못했다.

넷째, 핵위기 수습을 위해 채택된 합의가 다시 파기되어 재차 핵위기에 이르게 되는 원인과 과정도 흡사했다. 핵동결의 대가로 상당한 경제적 대가를 지불하는 합의를 하고, 그 대가를 지불하는 동안은 합의가 원만히 이행되다가, 정작 북한이 검증이나 핵폐기를 이행해야 할 시점이 오면 위기는 시한폭탄과도 같이 어김없이 재발되었다. 그러면 기존의 합의는 폐기되고, 새로운 합의를 위해 다시 대가를 지불해야 했다. 요컨대, 북한의 합의 파기를 견제할 수 있는 제도적 장치가 존재하지 않았고, 합의의 이행은 순전히

---

58 2003년 7월 10일 고영구 국정원장의 국회 정보위원회 답변.

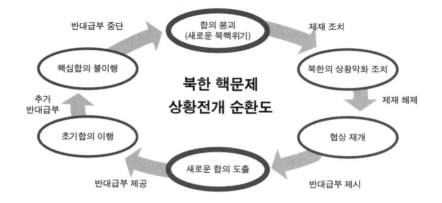

북한 핵문제
상황전개 순환도

합의 붕괴
(새로운 북핵위기)

반대급부 중단

제재 조치

핵심합의 불이행

북한의 상황악화 조치

추가
반대급부

제재 해제

초기합의 이행

협상 재개

새로운 합의 도출

반대급부 제공

반대급부 제시

하늘의 뜻에 맡겨졌다.

그리 될 수밖에 없었던 가장 결정적인 이유는 북한의 가역적 조치에 대한 반대급부로 불가역적 대가를 제공한 합의상의 오류 때문이었다. 합의가 깨어지면 북한은 동결하거나 불능화했던 핵시설들을 원상복원시킴으로써 아무것도 상실하지 않고 합의 이전의 상태로 돌아갔지만, 이를 위해 지불한 금전적 보상과 제재조치 해제 등 불가역적 대가들은 철회할 방법이 없었다.

국가 또는 사인 간의 합의가 이행되는 것은 일방이 합의를 파기할 경우 그에 따른 손실이 강요되는 '손실의 균형' 원칙이 적용되기 때문이다. 합의의 어느 일방이 손실 없이 합의를 파기할 수 있다면 합의는 언제라도 쉽게 깨어질 수 있다.

1994년의 제네바합의를 이행하는 과정에서 한·미·일 3국은 북한이 단순히 영변 핵시설의 동결을 유지하고 있는 8년 동안 무려 400만 톤의 중유 (5.2억 달러)를 제공했고, 경수로 건설을 위해 15억 달러를 지출했으며, 미국은 수차례에 걸쳐 대북한 제재조치를 해제하여 금융·무역 분야의 제재를 대부분 해제했다.[59]

이들이 제네바합의의 이행을 위해 그처럼 진땀을 흘리는 동안, 북한은 노

제1~2차 북핵위기의 전개 및 해소 과정

구분	제1차 북핵위기(1993~1994)	제2차 북핵위기(2002~2006)
발생 사유	은닉된 2개 폐기물저장소에 대한 IAEA의 대북한 특별사찰 거부	핵동결 기간 중 북한의 우라늄농축프로그램 추진
전개 과정	'93. 1. 20 클린턴 행정부 출범 '93. 2. 25 김영삼 정부 출범 '93. 3. 12 북한, NPT 탈퇴 '93. 5. 11 안보리, NPT 복귀 촉구 '94. 4. 18 패트리어트 미사일 한국 배치 '93. 5. 29 노동미사일 시험발사 '93. 7. 19 미북 핵협상 결렬 '94. 3. 19 남북 핵협상 결렬 '94. 3. 22 한국군 특별경계령 '94. 5. 4 5MW 핵연료봉 무단 인출 '94. 6. 13 북한, IAEA 탈퇴	'02. 12. 12 북한, 핵동결 파기 선언 '02. 12. 26 IAEA 사찰관 추방 '03. 1. 10 북한, NPT 탈퇴 '03. 2. 25 노무현 정부 출범 '03. 2. 26 5MW 원자로 재가동 '03. 8. 27 6자회담 과정 개시 '03. 10. 3 5MW 연료봉 재처리 '09. 7. 5 대포동2호 미사일 시험발사 '09. 7. 15 유엔 안보리 규탄결의 '06. 10. 9 제1차 핵실험 '06. 10. 14 유엔 안보리 제재결의
해결 방식	미북 제네바합의(1994) - 매년 중유 50만 톤 제공 - 경수로 2기 완공 시 핵시설 해체	6자회담 2.13/10.3 합의(2007) - 불능화/신고 이행 시 중유 100만 톤 제공 및 테러지원국 제재 해제

후한 영변 핵시설을 대체할 HEU(고농축우라늄) 프로그램의 구축에 매진했고, 핵무기 탑재가 가능한 노동미사일과 스커드미사일을 수백 기씩 제조해 실전배치했으며, 대포동1호 장거리 미사일의 시험발사(1998년)를 실시했다.

2002년 말 제네바합의가 붕괴되었을 때 북한이 상실한 것은 아무것도 없었다. 동결되었던 핵시설은 재가동되었고, 수조에 보관되었던 연료봉은 재처리되어 핵무기 3~4개 분량인 약 25kg의 플루토늄을 생산했다. 그간 부단

---

59 미국의 대북한 제재조치는 클린턴 행정부에 들어와서 역사상 처음으로 본격적인 해제가 시작되었다. 1995년 1월 제네바합의에 의거하여 통신과 일부 금융거래를 포함한 부분적 제재조치 해제가 있었고, 클린턴 행정부 말기인 2000년 6월에는 미·북한 관계 개선을 위한 분위기 조성의 일환으로 대폭적인 추가 제재해제가 실시되었다. 그 주요 내용은 ① 대부분의 북한산 상품 및 원료의 수입 허용, ② 민감하지 않은 물자와 용역의 수출을 대부분 허용(대부분의 소비재 포함), ③ 농업, 광업, 석유, 목재, 시멘트, 운송, 인프라, 관광 등 분야의 투자 허용, ④ 북한에 대한 미국인의 송금 허용, ⑤ 미국 선박과 항공기의 북한 입국 및 북한으로부터의 선적 허용 등이다. 이용준, 『북한핵: 새로운 게임의 법칙』(2004), 87~88쪽 참조.

히 개발되어온 대포동2호 미사일의 시험발사(2006년)도 실시되었다. 오랜 동결기간 동안 영변 핵시설들이 꽤 노후화되었다는 것이 유일한 문제였으나, 이들은 2007년 2.13 합의와 10.3 합의를 통해 다시 비싼 값에 팔려 나갔다.[60]

2.13/10.3 합의를 이행하는 과정에서도, 북한이 핵동결과 눈가림식 불능화조치를 이행하는 동안 한·미·일·중·러 5개국은 중유 약 80만 톤 상당의 에너지와 물자를 제공했고, 미국은 「대적성국교역법」상 제재조치 적용면제와 테러지원국 제재조치 해제를 이행했다.

그러나 북한은 테러지원국 제재 해제(2008년 10월)가 발효되기가 무섭게 검증조치 거부(11월)를 선언했고, 모든 6자회담 합의사항의 파기와 핵시설 원상복구(2009년 4월)를 선언했으며, 곧이어 장거리미사일 발사와 제2차 핵실험을 실시했다. 또한 연료봉 재처리를 추가로 실시하여(2009년 4~9월) 농축플루토늄 보유고를 6~7kg 늘렸다.

2009년 5월 북한의 제2차 핵실험이 실시되자, 한미 양국 정부를 필두로 북한 핵문제에 관한 국제사회의 시각에는 두 가지 커다란 변화가 찾아왔다. 첫째는 북한의 목표는 핵무장 그 자체이며 따라서 북한이 협상을 통해 핵을 포기할 가능성은 희박하다는 깨달음이었다. 둘째는 합의를 하고 반대급부를 받은 후 다시 합의를 파기하고 재협상을 벌이는 북한의 상투적 협상전략에 다시는 기만당하지 않겠다는 결의였다.

이러한 자각의 소리는 한미 양국 정부뿐 아니라 평소 목소리를 잘 내지 않던 중국 학계에서까지 봇물처럼 쏟아졌고, 그것은 순식간에 국제사회의 대세가 되었다. 무엇보다도 인상적인 변화는, 그간 대북한 핵협상의 중심에 서 있었고 따라서 과거 핵협상의 오류들로부터 가장 자유롭지 못했던 미국

---

60 2007년의 10.3 합의는 북한이 영변의 5MW 원자로, 재처리시설, 핵연료공장 등 3개 핵시설을 불능화하는 대가로 수억 달러에 달하는 100만 톤의 중유를 제공할 것을 약속하고 있다.

이 그러한 자각의 선두에 선 점이었다. 클린턴 국무장관은 물론 오바마 대통령까지 직접 나서서 북한 핵문제에 대한 새로운 인식과 접근의 필요성을 거듭 강조했다.

이러한 자각의 과정을 거쳐 국제사회는 비로소 북한 핵문제에 대한 오랜 미몽에서 깨어나게 되었다. 미몽에서 깨어나는 데 걸린 시간은 북한 핵문제가 처음 제기된 1989년부터 2009년까지 무려 20년이었다.

이유야 어쨌건, 그 20년의 세월은 거듭되는 판단의 오류와 비현실적 희망의 미몽 속에서 '진실의 시간'의 도래를 자의 반 타의 반 지연시켜온 '잃어버린 20년'이었다. 그 20년의 세월은 국제사회가 북한에게 핵무장을 통한 '강성대국' 실현을 추구할 시간적 여유와 함께 그에 소요되는 자금까지도 공급해온 모순과 혼돈의 세월이기도 했다.[61]

---

61 국제사회가 무역, 원조 등 방법을 통해 북한에 공급해온 자금의 규모는 연간 약 10억 달러 정도로 추산된다. 여기에는 대북 식량지원 5억 달러 내외(쌀 100만 톤 기준), 한국의 대북한 모래, 해산물, 버섯 등 수입대금 3억 달러 내외, 금강산 사업 및 개성공단 사업 등이 포함된다. 중국의 대북한 식량, 원유, 석탄 지원량은 베일에 싸여 있으나, 대체로 연간 수억 달러 규모로 추산된다. 2008년 북한의 제2차 핵실험 이래 한국과 국제사회가 대규모의 대북한 식량지원을 중단한 이유 중의 하나는 식량지원의 인도적 성격에도 불구하고 그것이 북한의 해외 식량수입을 대체함으로써 결과적으로 핵개발과 군비증강에 필요한 자금을 마련해주는 결과가 초래되고 있기 때문이다.

제 5 부

제3차 북핵위기와 '핵무력 완성'

자유와 생명은
날마다 싸워서 이를 획득하는 자만이
누릴 자격이 있다.

_요한 볼프강 폰 괴테, 『파우스트』 중에서

1

핵무장을 향한 마지막 계단

김정은 권력승계와 유업의 계승

김정일이 사망하기 1년여 전인 2010년 9월부터 이미 당 중앙군사위 부위원장 겸 인민군 대장에 임명되어 후계수업을 받고 있던 김정은은 김정일이 2011년 12월 17일 사망하자 10여 일 후인 12월 29일 북한군 최고사령관에 추대되었고, 이듬해인 2012년 4월 11일 노동당 제1비서와 중앙군사위 위원장에 추대되어 공식적으로 권력을 승계했다. 이틀 후인 4월 13일에는 국방위원회 제1위원장에 추대되어 권력승계를 완성했다.

김정은은 4월 13일을 기해 북한이 '핵보유국'임을 명시한 개정헌법을 채택했고, 핵보유국의 위용을 과시하고자 같은 날 제3차 장거리미사일(은하3호) 시험발사를 실시했으나 궤도진입에 실패했다. 앞서 설명했듯이, 이 미사일 발사 때문에 미국과의 '2.29 합의'는 40여 일만에 폐기되었다.

북한은 그해 말인 12월 12일 제4차 장거리미사일 시험발사를 실시하여 마침내 궤도진입에 성공했다. 그로 인해 2013년 1월 22일에는 유엔 안보리의 제3차 대북한 제재결의 2087호가 채택되었다. 북한이 곧이어 2월 12일 제3차 핵실험을 실시하자 유엔 안보리는 3월 7일 제4차 대북한 제재결의 2094호를 채택했다.

이 시기는 미국의 제2기 오바마 행정부(1월 20일)와 한국의 박근혜 정부(2월 25일)가 새로 출범한 시기이기도 했다. 한국과 미국의 정권교체기마다 큰일을 벌이는 북한의 오랜 습성이 이번에도 예외는 아니었다.

CSIS 자료에 따르면, 2월 12일 실시된 북한의 제3차 핵실험은 그 폭발력이 2009년의 제2차 핵실험 때의 약 2배인 6~9kt으로 평가되었다. 동 실험은 HEU 프로그램을 통해 추출된 농축우라늄으로 제조된 우라늄탄 실험이었다는 것이 핵전문가들의 중론이었다. 북한은 "이번 핵실험으로 핵무기의 소형화, 경량화에 성공했다"고 주장했으나 그 주장의 사실 여부는 확인되지 않았다.

그 후 2016년 초까지 약 3년간 북한의 핵실험과 장거리미사일 시험발사는 자취를 감추었고, 북한 핵문제는 잠시 사람들의 기억 속에서 사라졌다. 그것은 아마도 김정은이 국내 권력기반을 공고히 하기 위한 두 가지 조치에 몰입하고 있었기 때문이었던 것으로 추정된다. 그 하나는 경쟁세력과 잠재적 반대세력에 대한 무자비한 숙청이었고, 다른 하나는 경제적 성과 거양을 통해 지도자로서의 신뢰와 업적을 쌓는 일이었다.

그 기간 중 김정은은 2012년 3명, 2013년 30여 명, 2014년 40여 명, 2015년 60여 명 등 총 340명의 고위간부를 숙청했는데, 이 중 140여 명은 처형된 것으로 알려졌다.[1] 처형자 명단에는 고모부인 노동당 행정위원장 장성택을 포함하여 인민무력부장(현영철), 인민군 총참모장(리영호), 내각부총리(최영건, 김용진), 인민무력부 부부장, 총참모부 작전국장, 당 행정부 부부장, 국가계

---

1 국가안보전략연구원, 「김정은 집권 5년 실정失政 백서」(2016).

획위 부위원장 등 북한 지도층 전반이 망라되어 있다.

　김정은은 또한 2013년 3월 31일 노동당 중앙위 전체회의에서 '경제·핵무력 병진노선'을 채택한 이래 경제적 성과를 과시하고자 중국과의 무역을 확대하고, 평양에 현대식 시가지를 조성하고, 고층 아파트를 짓고, 류경호텔 공사를 재개하고, 놀이공원, 골프장, 스키장, 수영장 등 위락시설을 대대적으로 확충하고, 장마당을 양성화하는 등 경제의 외형적 발전에 많은 공을 들였다. 그 기간 중 유엔 안보리의 제재조치에도 불구하고 북한의 대외 무역고와 자동차, 휴대폰 보급률 등이 비약적으로 성장했다.

　그러나 그렇다고 해서 그 기간 중 북한이 대외적으로 국제사회의 책임 있는 구성원으로 처신했던 것은 아니다. 북한은 그 기간 중 비록 핵실험과 장거리미사일 시험발사는 하지 않았지만 2013~2015년 전 기간 중 수십 차례에 걸쳐 며칠이 멀다 하고 중단거리 노동미사일, 단거리 스커드 미사일, 지대공미사일, 300밀리 방사포, 240밀리 방사포, 해안포 등 온갖 종류의 미사일과 장사정포를 닥치는 대로 동해상으로 발사했다.

　이처럼 북한은 3년간 최소한 표면적으로는 핵무기와 장거리미사일을 잊은 듯 행동했다. 이에 일부 북한 전문가들은 서구식 교육을 받은 김정은이 북한의 경제 부흥을 위해 핵을 진정으로 포기할 가능성이 있다는 장밋빛 시나리오를 전개했고, 김정은의 대대적인 군부숙청이 경제우선주의에 반발하는 선군정책 세력을 제거하기 위한 것이라는 기발한 논리도 등장했다. 그 기간 중 한국의 박근혜 정부는 "통일은 대박"이라는 뜬금없는 통일임박론을 서울에서, 북경에서, 드레스덴에서 설파하느라 바빴다.

　그러나 이러한 온갖 기대들이 무색하게도, 북한은 내부적으로 많은 준비 과정을 거친 후 2016년 벽두에 다시 핵과 미사일의 장으로 돌아왔다.

핵무장 완성을 향한 총력 질주

3년간 잠잠하던 북한은 마침내 2016년 1월 6일 제4차 핵실험을 시작으로 핵개발의 완성을 위한 전력질주에 돌입했다. 마치 무엇엔가 쫓기기라도 하는 듯, 북한은 앞뒤 안 가리고 누구의 눈치도 보지 않고 핵개발의 완성을 향해 노골적인 행보를 이어갔다.

CSIS 자료에 따르면 제4차 핵실험의 폭발력은 3차 핵실험 시보다 다소 강한 7~10kt으로 평가되었다. 북한은 수소탄 실험에 성공했다고 주장했으나, 수소탄은 아니고 수소를 이용해 핵탄두의 폭발력을 몇 배 증대시킨 '증폭핵분열탄boosted fission weapon'이라는 것이 전문가들의 일반적 견해였다.

증폭핵분열탄은 핵폭탄 내부에 이중수소, 삼중수소, 혹은 리튬-6을 넣어 핵분열 반응 효율을 높인 핵무기로서, 원자폭탄과 수소폭탄의 중간단계에 해당된다. 미국과 구소련도 수소탄 제조과정에서 이 단계를 거쳤던 것으로 알려져 있다.

보통의 핵무기는 사용된 플루토늄이나 우라늄의 약 10% 정도만 핵분열을 일으키나, 증폭핵분열탄은 수소탄의 원리를 일부 차용하여 핵분열을 일으키는 핵물질의 비율을 3배 정도 늘린 것이다. 따라서 폭발력도 약 3배에 이른다. 핵분열 물질의 중간에 중수소와 리튬-6 혼합물을 넣어서, 최초 핵분열이 중수소화합물의 핵융합을 야기하고 이 핵융합 에너지가 다시 핵분열을 촉진시킴으로써 최대한 많은 양의 우라늄이나 플루토늄이 핵분열을 일으키도록 고안된 장치다.

북한이 핵실험을 실시하자, 유엔 안보리는 3월 2일 제5차 대북한 제재결의 2270호를 채택했다. 이 제재결의에는 모든 북한 화물에 대한 의무적 검색, 북한산 광물 수입금지, 북한 은행지점 설치 금지 등이 규정되었다.

한국 정부는 북한 핵실험에 대한 대응조치로서 2월 10일 개성공단 가동

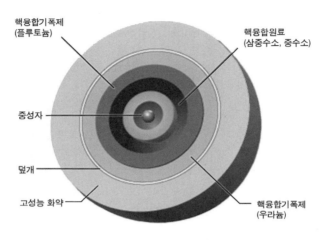

증폭핵분열탄은 우라늄과 플루토늄을 기폭제로 핵융합을 일으키는 수소폭탄 이전 단계의 핵무기를 말한다. 삼중수소는 우라늄과 플루토늄을 기폭시키는 핵융합물질로 사용된다.

핵융합기폭제
(플루토늄)

핵융합원료
(삼중수소, 중수소)

중성자

덮개

고성능 화약

핵융합기폭제
(우라늄)

증폭핵분열탄 구조(국방부 자료)

의 전면중단을 발표했고, 7월 8일에는 북한의 핵미사일 공격 가능성에 대응하기 위한 방어조치로서 국내에 사드(THAAD) 요격미사일을 배치하겠다는 방침을 발표했다.

사드는 40~150km 고도로 날아오는 적의 탄도미사일을 파괴하기 위해 설치하는 고고도 방어용 요격미사일인데, 유효 작전반경은 약 200km에 달하는 것으로 알려져 있다. 다시 말해서, 사드가 설치된 위치에서 반경 200km 이내의 고공을 통해 한국 중남부를 향해 날아가는 북한의 탄도미사일을 저지하는 것이 사드 배치의 목적이었다.

같은 해 9월 9일 불과 8개월 만에 북한의 제5차 핵실험이 실시되었다. 제5차 핵실험 역시 4차 핵실험과 마찬가지로 증폭핵분열탄 실험이었던 것으로 추정되었고, 폭발강도는 전보다 조금 큰 10kt 수준이었다. 북한은 수소탄의 제조를 위한 기술의 축적을 중점 추구하고 있었으나, 폭발의 강도 면에서 그리 만족스럽지 못한 결과였다.

이에 대응하여 유엔 안보리는 11월 30일 제6차 대북한 제재결의 2321호를 채택했다. 이 제재결의에는 북한산 광물 수입제한 확대, 대북한 과학기술협력 금지, 북한 해외공관과 공관원의 은행계좌 개설 제한, 북한 내 외국금융기관 지점 및 계좌 폐쇄 등이 포함되었다.

그 이후 북한의 핵실험이 결정적인 성공을 거둔 2017년 9월 3일의 제6차 핵실험까지는 1년의 공백 기간이 있었다. 북한은 그 기간 중 수소탄 개발을 향한 막바지 연구에 몰두하는 한편, 핵무기 운반체계인 장거리미사일의 개발에도 총력을 기울였다.

그 중요했던 1년의 시간을 국제사회는 대응다운 대응을 못하고 허비했다. 북한이 핵실험과 미사일 실험을 하면 거의 마지못해 형식적으로 별 실효성 없는 조치들이 백화점식으로 열거된 안보리 제재조치를 채택하고는, 그저 멍하니 북한의 다음번 도발을 기다리는 형국이었다. 그러한 안보리의 제재조치들은 중국과 러시아를 포함한 모든 안보리 상임이사국의 합의consensus를 통해 채택되었으므로, 모양새는 좋았으나 북한에게 어떤 결정적 타격을 줄 만한 제재조치가 포함되는 것은 원천적으로 어려웠다.

미국은 미국대로 오바마 행정부의 이른바 대북한 '전략적 인내Strategic Patience' 정책에 따라 북한 핵문제에서 사실상 손을 떼고 있었고, 중동 각국의 내전, IS와의 대테러전쟁, 러시아의 우크라이나 침공 등 유럽과 중동에서의 보다 급박한 현안들에 매몰되어 있었다. 또한 한국은 박근혜 대통령 탄핵과 대선 등 국내문제에 파묻혀 북한 문제에 신경 쓸 겨를이 없었다. 그러한 하늘이 내린 기회를 북한은 결코 허비하지 않았다.

ICBM 개발로 가는 고난의 행군

북한은 핵실험에서는 그런대로 순탄하게 진전을 이루어갔으나, 중장거리 미사일 개발은 진전이 부진했고, 이를 극복하기 위한 북한 당국의 처절한 노력이 2016년과 2017년 내내 계속되었다. 장거리미사일 시제품을 어떻게 그리도 빨리 생산하는지 의아스러울 정도로 수많은 종류의 신형 중장거리 미사일들의 실험이 거의 매달 이어졌다. 아마도 여러 개의 상이한 미사일 개발팀들이 충성경쟁을 하느라 앞을 다투어 새로운 시제품들을 만들어내고 있는 듯했다.

북한은 2016년 한 해 무수단 미사일을 무려 8차례에 걸쳐 시험발사했으나, 단 한 번 400km를 비행한 것을 빼고는 모두 실패했다. 공식명칭이 '화성-10'인 북한의 이 중거리미사일(IRBM^{intermediate-range ballistic missile})은 사거리가 3200~4000km 정도로서, 북한이 괌의 미군기지 공격을 염두에 두고 개발 중인 것으로 추정되었다. 러시아 SLBM(잠수함발사 미사일) R-27을 개량한 것으로 알려진 이 미사일은 다른 북한 중장거리 미사일들과는 달리 고체연료를 사용하고 있었다.

7차례나 실패를 거듭한 화성-10과 비교할 때, 잠수함발사 미사일(SLBM)인 북극성-1은 세 차례 시험발사에서 두 번 성공하는 성과를 올렸고, 이는 이듬해 2017년에 북극성-2라는 명칭의 지상발사용 IRBM으로 개량되어 첫 시험발사가 성공리에 이루어졌다.

2017년에 들어와서 북한의 미사일 발사는 점차 수준이 상승하여 성공적 발사의 빈도가 늘어갔다. 2016년부터 2017년 상반기까지 실시된 중장거리 미사일의 시험발사 기록은 다음과 같다. 북한은 그 외에도 단거리 스커드미사일과 준중거리 노동미사일도 여러 차례 발사했으나 이는 생략한다.

북한의 중장거리 미사일 시험발사(2016~2017년)

2016. 2. 7	장거리로켓 광명성호 발사 성공(지구궤도 진입)
4. 15	화성-10 1차 시험발사 실패(공중 폭발)
4. 23	북극성-1 SLBM 시험발사(30km 비행)
4. 28 오전	화성-10 2차 시험발사 실패(추락)
4. 28 오후	화성-10 3차 시험발사 실패(공중 폭발)
5. 31	화성-10 4차 시험발사 실패(발사대에서 폭발)
6. 22 새벽	화성-10 5차 시험발사 실패(공중 폭발)
6. 22 오전	화성-10 6차 시험발사 성공(고각 400km 비행)
7. 9	북극성-1 SLBM 시험발사 실패(공중 폭발)
8. 24	북극성-1 시험발사 성공(고각 500km 비행)
10. 15	화성-10 7차 시험발사 실패(공중 폭발)
10. 20	화성-10 8차 시험발사 실패
2017. 2. 12	북극성-2 IRBM 시험발사 성공(고각 500km 비행)
3. 22	화성-10 추정 미사일 시험발사 실패
4. 5	북극성-2 추정 미사일 시험발사 실패(60여km 비행)
4. 16	발사 직후 폭발(미사일 유형 미상)
4. 29	발사 직후 폭발(미사일 유형 미상)
5. 14	화성-12 시험발사 성공(고각 700km 비행)
5. 21	북극성-2 시험발사 성공(고각 500여km 비행)

국제사회의 힘겨운 대응

오바마 행정부는 2012년의 2.29 합의가 불과 40여 일 만에 북한에 의해 파기되자 북한에 대한 모든 기대를 버렸으나, 그렇다고 북한의 핵포기를 고도로 압박하지도 않는 이른바 '전략적 인내Strategic Patience' 정책을 줄곧 유지했다.

오바마 행정부의 최초 국무장관이었던 힐러리 클린턴에 의해 명명된 이 정책의 핵심은 "북한이 먼저 비핵화를 위한 진정성 있는 조치를 취하기 전에는 북한과의 협상에 나서지 않겠다"는 것이었다. 이 같은 정책은 2013년 출범한 제2기 오바마 행정부와 켈리 국무장관에 의해 계속 승계되었다. 이 때문에 2016년 초부터 급속도로 재개된 북한의 핵실험과 중장거리 미사일 개발에 대한 미국의 대응은 유엔 안보리에서의 제재조치 채택 외에는 별것이 없었다.

유엔 안보리는 북한의 핵실험이 있을 때마다 거의 기계적으로 새로운 제재결의를 채택하고 장거리미사일 시험발사에 대해서는 의장성명이나 언론성명을 통해 규탄하는 수준의 대응을 했다. 그러나 중국과 러시아의 동의를 받아 컨센서스로 채택할 수 있는 제재수단은 점차 고갈되어갔고, 빈번한 대북한 제재에 대한 피로감이 찾아왔다. 북한은 국제사회의 비난이나 제재를 거들떠보지도 않고 자신의 길을 갔다.

2006년 북한의 최초 핵실험에 대응하여 유엔 안보리의 제1차 대북한 제재조치 1718호가 채택된 이래, 유엔 안보리는 여러 차례 제재결의를 채택했고 이들 제재조치는 모두 중국, 러시아의 동의하에 만장일치로 합의되었다. 그러나 그 많은 제재조치에도 불구하고 북한의 태도는 조금도 위축되지 않았고, 북한이 유엔제재 때문에 고통받고 있다는 소리는 어디서도 들리지 않았다.

김정은이 2012년 권력을 승계한 이래 북한 경제는 오히려 전례 없는 호황을 구가했다. 한국과 일본의 대북한 무역규제에도 불구하고 북한의 대외무역고는 급팽창했다. 평양 시내의 도로가 확장되고, 고층 빌딩이 계속 늘고, 101층 류경호텔이 외장공사가 마무리되고, 놀이공원과 골프장 등 위락시설들이 급속히 증가했다. 그것은 그간의 유엔과 국제사회의 대북한 경제제재 조치들이 별 효과를 보지 못하고 있다는 증거였다.

무엇이 문제인가? 그 이유는 두 가지였다. **첫째**, 항상 중국의 동의를 받아 만장일치의 제재규정을 만들다 보니 진정으로 강력한 제재조치는 포함시키

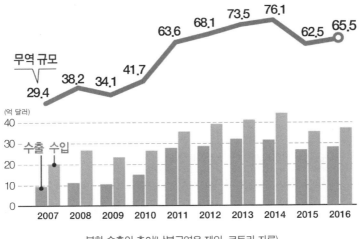

북한 수출입 추이(남북교역은 제외, 코트라 자료)

기 어려웠기 때문이다. 중국은 북한의 동맹국으로서 북·중 동맹조약(조·중 우호협력상호원조조약) 제3조에 따라 북한에 반대하는 "어떠한 집단과 어떠한 행동 또는 조치에도" 참가하지 않을 조약상의 의무가 있었다. 중국의 동의를 받은 유엔 안보리 제재조치는 북한이 그런대로 감내할 만한 제재조치라는 의미이기도 했다.

북·중 우호협력상호원조조약(1961) 핵심조항

제2조 체약 쌍방은 쌍방 중 어느 일방에 대한 어떠한 국가로부터의 침략이라도 이를 방지하기 위하여 모든 조치를 공동으로 취할 의무를 지닌다. 체약 일방이 어떠한 1개 국가 또는 수개 국가들의 연합으로부터 무력침공을 당함으로써 전쟁상태에 처하게 되는 경우, 체약 상대국은 모든 힘을 다하여 지체 없이 군사적 및 기타 원조를 제공한다.

제3조 체약 쌍방은 체약 상대방을 반대하는 어떠한 동맹도 체결하지 않으며, 체약 상대방을 반대하는 어떠한 집단과 어떠한 행동 또는 조치에도 참가하지 않는다.

둘째, 북한과 중국 사이의 기나긴 국경을 통해 중국 당국의 묵인하에 혹은 감시를 피해 얼마든지 불법적 거래가 이루어질 수 있어, 그런 최소한의 제재조치나마 제대로 준수되기가 어려웠기 때문이다. 중국을 통해 단둥, 지안, 백두산, 도문 등 북·중 국경지대 여행을 해본 사람이라면 그 길고 좁고 얕은 압록강/두만강 상류를 통한 불법무역을 통제하는 것이 얼마나 어려울지 충분히 상상할 수 있을 것이다. 더욱이 중국 정부가 이를 사실상 묵인한다면, 그 은밀한 거래를 막을 방법은 없다.

그간 국제사회의 유엔을 통한 대북한 제재조치는 중국의 거부권 행사를 피해 만장일치 합의를 보아야 한다는 강박관념 때문에 항상 제약이 많았다. 중국이 동참하면 모양새는 좋고 그 자체가 좋은 홍보거리이기는 하나, 내용상으로는 부실할 수밖에 없었다. 한국과 미국이 유엔 안보리에서 '만장일치 제재결의'라는 그럴싸한 명분을 즐기는 동안 북한의 핵보유 의지를 좌절시킬 만한 강력한 대북한 제재조치가 채택되기는 어려웠다.

명분을 축적하기 위해 최초 한두 번 알맹이 없는 만장일치 제재합의를 채택하는 것은 나름대로 의미가 있겠지만, 타성에 젖어 10여 년간 줄곧 중국에게 끌려 다닌 것은 전략적으로 실책이었다. 중국의 거부권 때문에 불가피했다는 반론이 있을 수 있을 것이다. 그러나 차라리 강경한 결의안을 표결에 붙여 중국과 진검승부를 벌였더라면, 처음 한두 번은 중국이 거부권을 행사했을지 몰라도 이후에는 중국의 기권 또는 찬성 하에 훨씬 강력한 제재조치 채택이 가능했을 것이다.

중국이 거부권을 가진 안보리 상임이사국인 것은 사실이나, 상임이사국이라고 해서 마냥 거부권을 행사할 수는 없기 때문이다. 더욱이 안보리 상임이사국들 중 거부권 행사가 가장 적다는 명예로운 기록을 보유한 중국이 통제불능의 동맹국 북한을 위해 명분 없는 거부권 행사를 장기간 계속하는 것은 불가능했을 것이다.

2006년에서 2013년 사이에 이루어진 유엔의 대북한 제재조치들은 항목은 많았으나 별것이 없었다. 대북한 무기금수, 대량파괴무기 부품의 수출, 수송, 금융지원 금지 등 거창한 조치들이 열거되었으나, 그것들은 대부분 이미 사실상 불법화되었거나 제재를 받고 있는 영역들이었다.

그 때문에 표면상 거창하게 열거된 제재조치 항목들에도 불구하고 북한에게 실질적 고통을 줄 만한 제재조치는 별로 없었다. 설사 일부 있었다 해도 그것들은 대부분의 경우 눈에 안 보이는 조건들이 붙어 있거나 예외조치의 큰 구멍들이 숨어 있었고, 또는 중국과의 불법 국경무역을 통해 해결할 수 있는 문제가 대부분이었다.

2016년과 2017년 상반기에 채택된 제재조치들이 좀 실질적이기는 했으나, 중국이 동의할 수 있을 만한 추가적 제재조치들을 여기저기서 찾아내어 모아놓은 수준이었다. 사안의 심각성과 급박성에도 불구하고 국제사회의 대북한 제재조치는 전반적으로 대이란 제재조치에 훨씬 못 미치는 수준이었고, 그나마도 중국이 이를 성실히 이행하지 않는 한 유명무실한 제재들이 태반이었다.

북한의 도발과 국제사회의 대응조치(2016년 1월~2017년 6월)

2016. 1. 6	북한, 제4차 핵실험 실시
2. 7	북한, 로켓 광명성호 발사 성공(지구궤도 진입)
2. 7	유엔 안보리, 로켓 발사에 대한 규탄성명
3. 2	유엔 안보리, 제5차 대북한 제재결의 2270호 채택(북한 화물의 의무적 검색, 광물수입 금지, 은행지점 설치 금지)
4. 23	북한, 북극성-1 SLBM 시험발사(30km 비행)
4. 24	유엔 안보리, 규탄 언론성명 발표
5. 31	북한, 화성-10 4차 시험발사 실패
6. 1	유엔 안보리, 규탄 언론성명 발표
6. 22	북한, 화성-10 6차 시험발사 성공(고각 400km 비행)
6. 23	유엔 안보리, 규탄 언론성명 발표
8. 24	북한, 북극성-1 시험발사 성공(고각 500km 비행)
8. 26	유엔 안보리, 규탄 언론성명 발표
9. 5	북한, 노동미사일 추정 준중거리 미사일 3발 발사
9. 6	유엔 안보리, 규탄 언론성명 발표
9. 9	북한, 제5차 핵실험 실시
9. 9	유엔 안보리, 핵실험 규탄 언론성명 발표
10. 15	북한, 화성-10 7차 시험발사 실패(공중 폭발)
10. 17	유엔 안보리, 규탄 언론성명 발표
11. 30	유엔 안보리, 제6차 대북한 제재결의 2321호 채택(광물수출 제한 확대, 대북한 과기협력 금지, 북한공관/직원의 은행계좌 제한, 북한 내 외국금융기관/계좌 폐쇄)
2017. 2. 12	북극성-2 IRBM 시험발사 성공(고각 500km 비행)
2. 13	쿠알라룸푸르 공항에서 김정남 피살
5. 14	화성-12 시험발사 성공(고각 700km 비행)
5. 21	북극성-2 시험발사 성공(고각 500여km 비행)
6. 2	유엔 안보리, 제7차 대북한 제재결의 2356호 채택(자산동결 및 해외 여행 제한 확대)

최후의 고지전투와 제3차 북핵위기

갑작스러운 현실: ICBM과 수소탄

다소 부진한 속도로 진전되던 북한의 핵개발과 미사일 개발은 트럼프 행정부가 출범한 2017년에 들어와서 아무도 예상치 못했던 시기에 아무도 예상치 못했던 속도로 대폭 업그레이드되었다.

어차피 북한의 장거리미사일 개발 성공이 단지 시간의 문제이기는 했으나, 불과 몇 달 전까지만 해도 사거리 4000km 미만의 무수단 미사일(화성-10) 시험발사에서 처절한 실패를 거듭하던 북한이 그리도 빠른 시기에 비약적인 기술적 혁신을 이루게 되리라고 예상한 사람은 거의 없었다.

북한은 2017년 상반기에 사거리 2000km의 북극성-2(고체연료 사용)와 사거리 4500km의 화성-12 중거리미사일(IRBM)을 처음 시험발사하여 모두 성공시키더니, 그해 하반기까지 세 차례의 북극성-2 시험발사와 세 차례의 화성-12 시험발사를 성공적으로 마쳤다.

이어서 그해 하반기에 들어 7월 4일과 28일에는 난데없이 화성-14라 불

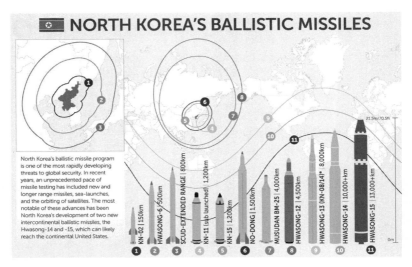

북한 미사일의 사거리 현황 [2018년 미국 국제전략문제연구소(CSIS) 자료]

리는 사거리 1만km의 신형 ICBM을 두 차례나 성공적으로 발사했다. 고의
적으로 미국 독립기념일인 7월 4일에 맞추어 발사된 이 미사일은 미국의 동
부와 남부를 제외한 전 지역을 사정권으로 하고 있어 미국과 국제사회에 비
상한 충격을 주었다.

북한은 이에 그치지 않고 불과 4개월 후인 11월 29일 사거리가 1만 3000km
로 확장된 신형 ICBM 화성-15의 최초 시험발사에도 성공하여, 북미대륙과
유럽 전체를 사정권에 두게 되었다. 물론 재진입 기술 확보 등 일부 남은 기
술적 과제는 있으나, 이는 단지 시간의 문제일 뿐이었다. 북한이 말로만 떠
들던 ICBM을 연이어 세 번이나 성공적으로 발사함에 따라, 북한 핵문제는
미국에게 과거와는 전혀 다른 차원의 안보현안으로 급부상하게 되었다.

과거 수십 년간 미국에게 북한 핵문제는 국제 비확산 문제인 동시에 동맹
국인 한국과 일본의 안보에 관한 문제였고, 나아가 중동(특히 이스라엘)의 안
보에 관한 문제로 취급되었다. 이 때문에 오바마 행정부 기간 중 북한이 핵

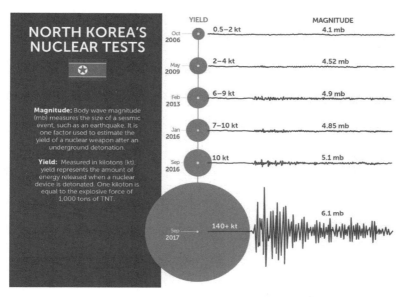

북한의 핵실험 결과[미국 국제전략문제연구소(CSIS) 자료]

과 미사일 개발에 열을 올릴 때에도 미국은 한 발짝 떨어져서 이를 관조하는 여유를 가질 수 있었다. 미국이 1994년 제네바합의에서 한국 정부의 반대를 무릅쓰고 북한과 '핵동결'이라는 어정쩡한 합의를 맺은 것도 다분히 그런 시각이 투영된 결과였다.

그러나 북한이 ICBM을 갖추게 됨에 따라, 이제 북한 핵문제는 동맹국의 안보가 아닌 미국 자신의 안보 현안으로 급부상하게 되었다. 따라서 북한 핵문제에 대한 미국 정부의 관심도와 이해관계도 큰 변화를 맞게 되었다.

그에 더하여, 그해 9월 3일 1년 만에 실시된 북한의 제6차 핵실험은 미국에게 더욱 큰 충격을 주었다. 과거 북한이 실시한 다섯 차례의 핵실험은 모두 히로시마 원폭에도 못 미치는 10kt 이하 수준이었으나, 제6차 핵실험은 전형적인 수소탄 실험으로서 그 강도가 100kt을 훨씬 초과했다. 핵실험 전문기구인 CTBTO(포괄적핵실험금지조약기구)는 폭발강도를 140kt 이상으로 추정했고, 미국의 북한전문매체 〈38 노스North〉는 각국의 지진파 측정 발표를 토대로 폭발력이 최대 250kt에 달할 것으로 분석했다.

제6차 핵실험에서는 핵무기를 미사일에 적재하기 위한 핵무기의 소형화, 경량화에도 성공한 것으로 평가되었다. 최초 핵실험 후 탄두 소형화에 소요된 기간이 미국 7년, 소련 6년, 영국 7년, 프랑스 2년, 중국 2년이었으니, 북한도 충분히 이를 달성할 때가 된 것이었다.

그런데 북한이 7월 초 최초의 ICBM 화성-14 성공에 이어 불과 두 달 만에 수소탄 실험과 핵무기 소형화까지 한꺼번에 이룩한 것은 단순한 우연의 일치였을까? 아니, 그보다는 미국 전역을 사정거리로 하는 ICBM 개발이 성공할 때까지 북한 당국이 제6차 핵실험 실시를 일부러 미루었을 가능성이 더 큰 것으로 보인다.

핵무기 소형화에 성공했으니 이제 한국과 일본을 겨냥하는 북한 수소탄의 실전배치는 언제든 선택 가능한 기정사실이 되었고, ICBM 발사 성공으로 미국까지 위협할 수 있게 되었다. 수소탄 제조에 성공했으니 핵무기 개발은 완성되었고, 이제 더 이상의 핵실험도 필요 없게 되었다. 북한이 김정일 시대부터 학수고대해 왔듯이, 이제 위험한 핵실험을 중단하고 미국과 마주앉아 핵보유국 사이의 핵군축회담을 할 일만 남게 된 것이었다.

ICBM의 재진입 기술이라는 것이 아직 남아 있으나 그것은 단지 시간의 문제일 뿐, 특별한 장애라 할 수는 없었다. 운반체계 완성이라든가, 재진입 기술이라든가, 유도기술, 회피기술 등은 각 나라 정부와 관변 전문가들이 북한의 핵개발 완성 사실을 부인하고 아직도 협상을 통한 비핵화의 희망이 남아 있음을 강변하기 위해 종종 내세우는 구실에 불과했다. 이스라엘, 인도, 파키스탄의 핵무장과 관련하여 그런 문제를 제기한 사람은 한 명도 없었다.

이처럼 북한의 수소탄 개발은 30년에 걸친 핵개발 작업의 마지막 단계에 해당되는 대단원의 결말이었다. 그 30년간 북한의 핵개발은 제1단계 플루토늄탄, 제2단계 우라늄탄, 제3단계 수소탄의 과정을 거쳐 진화되어왔다.

김일성이 1980년대 말에 가동을 시작한 제1단계 작업인 플루토늄탄 개발 프로그램은 거대한 규모의 영변 핵시설을 통해 일 년에 한 개의 핵무기를 생산하는 원시적 방식이었다. 그나마도 IAEA 사찰관과 외국 첩보위성들이 분주하게 감시를 하는 가운데 숨어서 진행해야 하는 어려운 작업이었다.

이로 인해 1994년 제1차 북핵위기가 발발했으나, 북한은 카터 전 대통령을 평양에 초청해 위기를 마무리짓고 '제네바합의'를 통해 핵개발 완성에 필요한 시간과 돈까지 버는 데 성공했다.

김일성을 승계한 김정일이 2000년대 초 시작한 제2단계 작업인 우라늄탄 개발 프로그램은 비록 10억 달러 이상의 많은 돈이 들기는 했으나 미상의 장소에서 미상의 수의 핵무기를 지속적으로 만들어낼 수 있는 첨단 프로그램이었다. 미국 등 국제사회는 북한이 몰래 수입한 원심분리기 부품의 숫자와 양으로부터 총 시설규모를 추산하여 연간 고농축우라늄 생산량을 유추할 수는 있어도, 그 설치 장소와 실제 생산량은 알 길이 없었다.

이러한 비밀스러운 프로그램의 추진으로 인해 2002년 제2차 북핵위기가 발생했으나, 북한은 2005년의 '9.19 공동성명'으로 시간을 벌어 위기를 무난히 극복했다. 현재 북한 핵개발의 주축인 이 프로그램은 매년 소리 없이 여러 개의 핵무기를 지속적으로 생산해내고 있다. '9.19 공동성명'에는 이 중요한 우라늄탄 개발 프로그램(HEU 프로그램)이 아예 한 글자도 포함되지 못했다.

김정일을 승계한 김정은은 2016년 제4차 핵실험 때부터 제3단계 작업이자 마지막 작업인 수소탄 개발에 총력을 기울여 마침내 핵개발 프로그램에 종지부를 찍었다. 최초 핵실험 후 수소탄 개발까지 걸린 시간은 미국 7년, 소련 4년, 영국 5년, 프랑스 8년, 중국 3년이었다. 북한은 11년이 걸렸으니 꽤 오래 걸린 셈이지만, 북한이 조만간 수소탄 개발에 성공하리라는 것은 이미 2006년 최초 핵실험 당시부터 충분히 예견된 일이었고 단지 시간의 문제일 뿐이었다.

핵폭탄이 '핵분열' 반응을 이용한 폭탄인 데 비해 수소탄은 그와 반대로 '핵융합'을 이용한 폭탄이다. 특정한 수소 원자에 고온과 고압을 가하면 이들이 서로 결합하여 보다 무거운 제3의 원소로 변화되면서 핵분열보다 훨씬 많은 에너지가 발생하는데, 이 원리를 이용한 것이 수소탄이다. 이는 태양열이 생성되는 원리이기도 하다. 태양의 중심부에서는 매초 1메가톤 수소탄 10억 개에 해당되는 엄청난 핵융합 반응이 일어나고 있다 한다.

수소탄이 핵융합 반응을 일으키기 위해서는 엄청난 고온과 고압이 필요하기 때문에 이를 위해 원자탄이 기폭장치detonator로 사용된다. 이해하기 쉽게 말하자면, 수소 원자를 핵분열 물질로 감싸고 그것을 다시 고폭약으로 감싸서 만드는 것이 수소탄이다. 그리하여 고폭약을 폭파시켜 핵분열 반응을 일으키고 그때 얻어지는 고열과 고압을 이용하여 수소의 핵융합 반응을 일으키는 것이 수소탄의 원리다. 핵무기를 기폭장치 정도로 사용하는 폭탄이니 그 위력이 어떠할지는 상상이 가고도 남을 것이다.

수소탄의 폭발위력은 거기에 사용된 우라늄 등 핵물질의 양과는 관련이 없고 사용된 수소원소의 양에 따라 결정되며, 그 폭발력에는 이론상 한계가 없다. 핵융합의 원료가 되는 수소 원자만 많이 사용하면 얼마든지 대용량의 수소탄을 제조할 수 있다. 이제 북한은 수소탄 개발에 성공을 했으니 더 이상 땀흘려가며 핵물질의 추가생산에 진력할 필요도 없다. 기존의 핵물질만으로도 수소원소만 더 많이 사용하면 얼마든지 더 강력한 수소탄을 제조할 수 있게 된 것이다.

일반 원자탄의 위력이 통상 20kt 정도인 데 비해 수소탄은 최소 1메가톤(1Mt, TNT 100만 톤 상당)의 위력을 갖고 있다. 역사상 가장 컸던 수소탄 실험

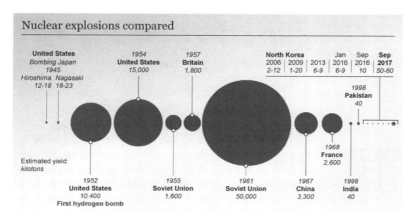

세계 핵보유국의 주요 핵실험 규모[포괄적핵실험금지조약기구(CTBTO) 자료]

은 1961년 소련이 실시한 50메가톤 핵실험이었다. 이는 히로시마 원폭의 3000배가 넘는 폭발력이었다.

현재 핵보유국들이 실전 배치하고 있는 핵무기는 대부분 통상적 원자탄이 아니라 수소탄들이며, 그 용량은 1~20Mt 정도인 것으로 알려져 있다. 1945년 히로시마에 투하된 핵폭탄의 파괴력이 15kt이었음을 감안할 때, 실전 배치된 수소탄들은 이의 60~1300배에 달하는 가공할 파괴력을 갖고 있다. 더욱이 주요 핵보유국들이 보유한 핵미사일은 대부분 다탄두미사일(MIRV)로서, 한 개의 미사일에 이런 탄두가 2~14개씩 장착되어 있다.

한편, 원자탄과 수소탄이 폭발할 경우 폭발을 일으키는 핵분열 물질 때문에 폭발 후 장기간 방사능 오염을 초래한다. 이 문제를 해결하기 위해, 핵물질을 아예 사용하지 않고 화학폭약으로 직접 수소 핵융합 반응을 일으키는 최첨단 방식의 수소탄이 1980년대 미국에 의해 개발되었는데, 이를 '중성자탄'이라 한다. 중성자탄은 수소원소의 핵융합 반응 시 방출되는 강력한 중성자 빔을 이용해 생명체만을 살상하는 무기다. 이는 폭발 시 건물을 파괴하지 않고 건물 내부의 생명체만을 살상할 뿐 아니라, 방사능도 거의 없는

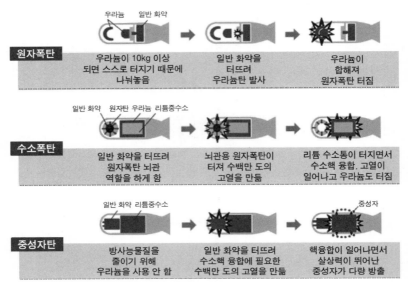

	우라늄 일반 화약		
원자폭탄	우라늄이 10kg 이상 되면 스스로 터지기 때문에 나눠놓음	일반 화약을 터뜨려 우라늄탄 발사	우라늄이 합해져 원자폭탄 터짐
	일반 화약 원자탄 우라늄 리튬중수소		
수소폭탄	일반 화약을 터뜨려 원자폭탄 뇌관 역할을 하게 함	뇌관용 원자폭탄이 터져 수백만 도의 고열을 만듦	리튬 수소통이 터지면서 수소핵 융합. 고열이 일어나고 우라늄도 터짐
	일반 화약 리튬중수소		중성자
중성자탄	방사능물질을 줄이기 위해 우라늄을 사용 안 함	일반 화약을 터뜨려 수소핵 융합에 필요한 수백만 도의 고열을 만듦	핵융합이 일어나면서 살상력이 뛰어난 중성자가 다량 방출

원자폭탄, 수소폭탄, 중성자탄의 비교

것으로 알려져 있다.

트럼프의 반격과 미북 치킨게임

2011년 말 권력승계 이래 국내적으로 잔혹한 숙청을 단행하고 대외적으로는 미국에 대한 적대감을 공공연히 표출하던 김정은의 북한이 2017년 7월 초 ICBM 개발에 성공한 것으로 확인되자, 미국 조야의 여론은 비등했고 트럼프 대통령이 직접 나서서 북한에 대한 군사조치 가능성까지 제기하기 시작했다. 그것이 제3차 한반도 북핵위기의 시작이었다.

2017년 7월 4일 사거리 1만km의 ICBM 화성-14 시험발사가 성공적으로 이루어진 직후, 미국 정부, 정계, 학계, 언론 등으로부터 북한 핵시설에 대한 선제공격을 검토해야 한다는 주장들이 제기되었고, 7월 6일 자 ≪뉴욕타임스≫ 등 미국 언론들은 앞을 다투어 한반도 전쟁 가상 시나리오를 보도했다. 북한은 이를 비웃기라도 하듯 7월 28일 또 한 발의 화성-14를 태평양을 향해 발사했다.

유엔 안보리는 8월 5일 제8차 대북한 제재결의 2375호를 만장일치로 채택했다. 과거 유엔의 대북한 제재결의들과는 달리 이 제재조치는 미국의 강력한 의지를 반영하여 북한산 석탄, 철, 철광석, 수산물의 수입을 전면 금지하고 북한 노동자의 신규고용을 금지함으로써 북한의 외화수입을 대폭 차단하는 조항들을 담고 있었다. 그러나 그 품목들의 수입국은 대부분 중국이기 때문에, 중국의 협조가 없이는 실효를 거두기 어려운 조항들이었다.

트럼프 미국 대통령은 8월 8일 이례적으로 직접 나서서 북한에 대한 "화염과 분노fire and fury"를 경고했고, 이에 대해 김정은은 이튿날 북한 전략군의 괌 포위사격 가능성을 공언함으로써 양측의 긴장이 팽팽하게 고조되었다. 그 후 김정은의 자제 시사 발언으로 상황이 가라앉는가 싶었으나, 북한은 8월 29일 중거리미사일(IRBM) 화성-12를 일본 상공을 통과해 발사한 데 이어서 9월 3일에는 제6차 핵실험을 강행했다.

8월 29일의 중거리미사일 발사는 괌의 미군기지가 북한 미사일의 사정권 내에 있음을 미국 정부에 경고하기 위한 것이었다. 9월 3일의 제6차 핵실험은 과거의 북한 핵실험보다 10배 이상 강력한 수소탄 실험으로 판명되었고, 핵탄두의 소형화, 경량화에도 성공한 것으로 평가되었다. 이제 북한의 수소탄이 ICBM에 실려 미국으로 날아드는 악몽은 현실로 다가오게 되었다. 이로 인해 상황은 더욱 악화일로를 걷게 되었고, 전 세계가 한반도에서의 전쟁재발 가능성에 대해 비상한 관심을 갖고 주시하기 시작했다.

긴급 소집된 유엔 안보리는 9월 11일 제9차 대북한 제재결의 2375호를 채택했다. 이전 제재결의 2371호에 규정된 북한산 광물과 수산물 수입금지에 추가하여 새로 북한산 섬유제품 수입의 전면금지를 규정했고, 대북한 유류 공급을 제한하기 위해 대북한 정유제품 공급 상한선을 연간 200만 배럴로 제한했다. 이는 기존의 공급량을 약 30% 줄이는 효과가 있었다. 또한 북한과의 합작투자가 금지되고 북한 근로자의 해외 신규취업이 금지되었다.

이 결의가 채택된 후 북한은 9월 15일 미국에 대한 위협의 뜻으로 다시 중거리미사일 화성-12를 일본 영토 너머로 쏘아 올렸다. 트럼프 미국 대통령은 9월 19일 유엔 총회에서 기조연설을 통해 북한을 "완전 파괴"하겠다고 엄중 경고했다. 이에 대해 김정은 국무위원장은 이틀 후 북한 TV를 통해 발표된 성명에서, 트럼프 대통령의 경고를 "개 짖는 소리"라고 비난하고 "반드시 불로 다스릴 것"이라고 위협했다.

이처럼 미국과 북한 사이에 한 치의 양보도 없는 치킨게임이 연일 계속되었다. 그것은 북한의 핵개발 완성을 바로 코앞에 두고 미국과 북한이 벌이는 최후의 고지전투高地戰鬪이기도 했다. 북한이 30년에 걸친 노력과 희생의 대가로 드디어 핵무장을 완성하고 세계 핵보유국의 반열에 오를 것인가, 아니면 미국의 예측불가한 대통령이 무력사용 위협을 통해 북한의 핵무장 의지를 무산시키고 북한의 비핵화라는 전대미문의 위업을 달성할 것인가? 그 승패가 바로 이 한판 싸움에 달려 있었다.

트럼프 대통령은 9월 21일 북한과 무역 또는 금융 거래를 하는 개인, 기업, 금융기관에 대한 세컨더리 보이콧secondary boycott을 규정한 광범위한 행정명령에 서명했다. 이는 미국뿐 아니라 제3국의 개인, 기업, 금융기관에도 적용되는 제3자 제재규정으로서, 중국을 포함하여 북한과 경제관계를 갖고 있는 모든 나라에 영향을 미치는 강력한 제재조치였다. 과거 미국은 이 규정을 대이란 제재조치에 원용하여, 이란과 거래하는 외국 개인이나 기업의 미국 입국, 미국과의 상거래, 미국은행의 이용 등을 금지한 바 있다.

10월에 들어서자 미국 의회에서는 북한과 무역, 투자, 금융거래를 하거나 북한인을 고용하는 모든 외국 개인, 단체, 기업의 미국 내 자산을 동결하고 미국은행 이용을 거부하며 그러한 행동을 하는 국가에 대한 미국의 원조를 삭감하자는 취지의 법안들이 홍수를 이루었다.

북한은 제6차 핵실험 이후 2개월여 동안 잠잠하더니 11월 29일 사거리 1만 3000km의 최신형 ICBM 화성-15를 발사하고는 같은 날 김정은이 "국가 핵무력의 완성"을 선포했다. 말하자면 핵개발의 완성을 선언하고 핵보유국으로서의 지위를 선언한 것이었다.

이에 따라 한반도의 상황은 더욱 혼미해졌고, 한반도의 무력충돌 위기, 제3차 북핵위기는 점차 고조되어갔다. B-52, B-1B 전략폭격기, 핵잠수함, F-22 랩터 등 미국의 최첨단 전략자산들이 한반도에 수시로 전개되기 시작했고, 미국 정부와 의회로부터 강력한 경고들이 이어졌다. 맥매스터^{Herbert McMaster} 백악관 국가안보좌관은 "북한과의 전쟁 가능성이 매일 커지고 있다 Possibility of war with North Korea increases everyday"고 말했고, 그레이엄^{Lindsey Graham} 상원의원은 "군사적 충돌이 가까워지고 있다"면서 한국 내 미국인들의 철수를 시작해야 한다고 주장했다.

트럼프 대통령은 김정은을 "병든 강아지"라 지칭하면서 대북한 원유공급의 전면 중단을 촉구했다. 대북한 수입금지에 이어 에너지 공급을 단절코자 하는 미국의 뜻에 따라, 12월 22일 유엔 안보리가 채택한 제10차 대북한 제재결의 2397호는 북한에 대한 연간 정유제품 공급 상한선을 기존의 200만 배럴에서 50만 배럴로 75% 삭감했다. 원유 공급도 현 수준에서 동결되었다.

이로써 2006년 유엔의 대북한 제재가 시작된 이래 처음으로 2017년 8월~12월 사이 채택된 세 차례의 유엔 제재조치(8차, 9차, 10차)가 북한에 대해 심대한 압박을 가할 수 있게 되었다. 그 압박조치의 핵심은 두 가지였다. 첫째로 북한의 주요 수출품인 석탄, 철, 철광석, 수산물, 섬유제품의 수입을 전면 금지함으로써 북한의 외화수입을 대부분 차단한 것이고, 둘째로 정유제품의 대북한 수출을 80% 이상 감축함으로써 북한을 심각한 에너지난에 처하게 한 것이다. 이는 북한의 전쟁수행 능력을 크게 제한하는 효과도 있었다.

이러한 유엔의 대북한 제재조치는 미국 국내법상의 세컨더리 보이콧secondary boycott 제재와 결합되어 비약적으로 강력해졌다. 이 때문에 당초 대북한 제재조치 이행에 미온적이었던 중국 은행과 기업들이 대북한 제재를 철저히 이행할 수밖에 없게 되었다. 단순한 유엔 제재조치라면 정부 눈치 봐가면서 적당히 위반을 하면 되지만, 그러다 미국의 세컨더리 보이콧에 걸려들면 회사가 문을 닫아야 할 상황이기 때문이었다.

2018년 중반 문제가 된 한국 남동발전의 북한산 석탄 수입문제도 마찬가지였다. 그것이 단순한 유엔제재조치 위반이라면 한국 정부기관의 행정적 처벌을 받으면 그만이었을 것이나, 미국의 세컨더리 보이콧 규정에 저촉되면 기업의 존망이 걸린 큰 타격을 입을 수도 있었다.

그 대표적 선례는 2005년 발생했던 마카오의 방코델타아시아(BDA)라는 한 작은 마카오 은행 사건이었다. 북한 핵문제에서 이른바 'BDA 문제'라고 알려진 사건이다. 당시 미국 재무부는 이 은행이 북한을 위해 돈세탁을 해주고 있는 혐의를 발견하고 이를 미국 국내법에 의거하여 '돈세탁 주요 우려 대상primary money laundering concern'으로 지정 공고했다.

만일 그 은행이 정말로 돈세탁에 관여되어 있는 것으로 밝혀진다면 미국 국내법상의 세컨더리 보이콧 제재를 받아 미국 금융기관과의 모든 거래가 금지되므로, 이는 곧 그 은행의 파산을 의미했다. 그런데 이 공고가 나가자 조사가 채 시작도 되기 전에 고객들이 예금을 한꺼번에 인출하는 바람에 이 은행은 곧바로 마비상태에 빠지고 말았다.

'핵무력 완성'과 김정은의 미소외교

김정은은 2017년 11월 29일 사거리 1만 3000km의 대륙간탄도미사일(ICBM) 화성-15의 최초 시험발사가 성공적으로 이루어진 직후 "국가 핵무력 완성의 역사적 대업이 실현되었다"고 선언했다. 이는 김정은이 그해 초 신년사에서 밝힌 '연내 핵무장력 완성' 목표를 약속대로 달성했다는 점을 내부적으로 과시하는 동시에, 이제부터 핵보유국의 입장에서 미국과 대등한 협상을 벌이겠다는 의지의 표현이었다.

미국과 핵보유국의 입장에서 핵군축 협상을 벌이겠다는 야심적인 계획은 이미 선대에서부터 내려온 오랜 꿈이었다. 당시 시점에서 김정은의 이러한 정책전환은 우연한 것도 즉흥적인 것도 결코 아니었고, 이미 수년 전부터 치밀하게 계획해온 각본에 따른 것이었다.

북한으로부터 망명한 태영호 전 주영국 북한대사관 공사의 저서 『3층 서기실의 암호』에 인용된 북한 외상 이용호의 발언을 보면, 그와 같은 각본이 이미 오래전부터 세심하게 계획되어 있었음을 알 수 있다. 모든 것을 사전에 계획하고 연극 공연처럼 각본에 따라 시행하는 북한 외교의 전통이 어제오늘의 일은 아니지만, 그 치밀하고 세심한 계획성을 보면 섬뜩함마저 느껴진다.

2016년 5월 노동당 제7차 대회 직후 평양에서 개최된 제44차 북한 공관장회의에서 이용호 외무상은 핵무력 달성의 성공적 완수를 위한 평양 당국의 전략을 다음과 같이 설명하고 해외주재 대사들이 이를 위해 조력할 것을 지시했다.

> 2016년 말부터 2017년 말까지는 남조선과 미국의 정치적 공백 기간이라고 볼 수 있다. 그때까지 미국은 조선에 대한 군사적인 공격을 가할 수 없을 것이다.

> (중략) 2018년부터는 조선도 핵보유국의 지위를 공고화하는 평화적 환경조성에 들어가야 한다. 이때는 조선도 인도와 파키스탄처럼 핵동결을 선언하고 장기적으로 남조선과 미국에 북한의 핵에 대한 면역력을 조성해야 한다.[2]

　2017년 말 "핵무력 완성" 선언 이후 별안간 모든 것을 접고 전방위 미소외교[Smile Diplomacy]에 돌입한 김정은의 대남, 대미, 대중국 행보를 보면 그러한 목표를 향한 거대한 각본과 도표가 눈앞에 그려지는 듯하다. 먼저 남한과의 화해를 통해 대북한 연합전선을 분열시키고, 중국을 방문해 당면한 제재완화 문제를 우호적으로 해결하여 숨을 좀 돌리고, 그리고 마지막으로 미국과 대등한 입장에서 핵군축 협상을 갖자는 계획이었으리라. 이는 누구든 생각할 수 있음직한 시나리오였다.

　북한의 계획에 따르면 2018년은 오래전부터 북한이 핵보유국임을 기정사실화하기 위한 평화적 환경조성의 시기였다. 평창 동계올림픽을 전후해 북한이 적극적인 화해 제스처를 보인 것은 이런 측면으로 이해할 수 있다.[3]

　남한의 대화 제의에 일체 불응하던 김정은은 2018년 2월 평창 동계올림픽에 별안간 온갖 고위층을 참석시켜 환심을 얻더니, 3월에는 한국과 미국에 정상회담을 제의했다. 그러고는 그러한 외교적 성과를 등에 업고 장기간 관계가 냉랭했던 중국을 방문하여 대대적인 환영을 받았다. 1970년대 김일성이 중·소분쟁 중이던 소련과 중국 사이에서 곡예외교를 펼치던 모습이 연상되는 장면이었다. 북한 핵문제는 한반도에서 어느새 사라지고 없었다.

　그에 앞서 김정은은 2017년 12월 5일 자신의 평화 메시지를 외부세계에 전달해줄 메신저로서 펠트만[Jeffrey Feltman] 유엔 정무담당 사무차장을 평양에

---

2 태영호, 『3층 서기실의 암호』(기파랑, 2018), 403쪽.
3 앞의 책, 404~405쪽.

초청했다. 마치 제1차 북핵위기 당시 궁지에 몰린 김일성이 카터 전 대통령을 평양에 초청하여 클린턴 행정부의 강경기조를 무산시켰듯이, 김정은은 펠트만이 각국 지도자들을 만나 그런 역할을 수행해주기를 기대했을지도 모른다.

김정은은 4월 말과 6월 초로 각각 예정된 한국, 미국과의 정상회담에 앞서 2018년 4월 20일 노동당 중앙위원회 전원회의를 소집해 핵실험과 ICBM 시험발사의 중단을 대외적으로 선언했다. 이용호 외무상이 2년 전 평양 공관장회의에서 해외주재 대사들에게 브리핑했던 시나리오 그대로였다. 김정은은 자신에 대한 핵위협이나 핵도발이 없는 한 핵무기를 사용하지 않을 것이며 그 어떤 경우에도 핵무기와 핵기술을 이전하지 않을 것이라면서, "책임 있는 핵보유국" 이미지를 보여주는 것도 잊지 않았다.

풍계리 핵실험장 폐기 발표는 당초 계획에 있었는지 여부와 관계없이 매우 현명한 결정이었다. 어차피 핵실험을 여섯 번이나 실시했고 수소탄 실험까지 끝냈으니 이제 더 이상의 핵실험은 필요 없게 되었다. 용도가 없어진 핵실험장은 나중에라도 미국이나 IAEA가 방사능 계측을 요구하는 일이 없도록 폭파시켜 없애는 것이 상책이었다.

북한은 이미 핵실험을 충분히 했다. 5개 핵보유국 외에 핵무기를 추가로 개발한 3개국 중 인도는 1974년 단 한 번의 핵실험 이후 1998년에 이틀간 5회, 파키스탄은 그 직후 이틀간 6회의 핵실험을 했을 뿐이다. 이스라엘은 1967년부터 핵무기를 보유하고 있는 것으로 추정되나 핵실험을 한 번도 실시한 적이 없다.

그럼에도 불구하고 누구도 그들 핵무기의 성능에 대해 의문을 제기하지 않는다. 핵무기 제조는 그 원료가 되는 핵분열 물질을 비밀리에 확보하는 것이 어려울 뿐, 그 제조공정은 그리 대단한 기술이 아니기 때문이다.

용두사미로 끝난 미북정상회담

북한은 과거 핵개발 과정에서 큰 사고를 치고 나서 위기가 고조되어 감당할 수 없는 상황이 되면 절묘한 방법으로 그 위기에서 빠져나감으로써 자신이 저지른 일을 기정사실화하고 다시 평상시로 돌아가곤 했다.

1994년의 제1차 북핵위기 당시, 북한은 영변의 5MW 원자로에서 몰래 핵무기용 플루토늄을 추출한 것이 들통나자 NPT(핵비확산협정)에서 탈퇴했고, 나중에라도 IAEA가 핵사찰을 통해 과거 핵활동을 규명하지 못하도록 국제사회의 강력한 경고를 무시하고 5MW 원자로의 연료봉 8000개를 모두 꺼내어 뒤섞어버렸다.

이로 인해 미국이 유엔 제재조치를 추진하고 미국의 대북한 군사조치설까지 대두되자, 김일성은 카터 전 대통령을 평양에 초청해 미북 회담을 통한 해결책을 제시했다. 김일성은 클린턴 대통령이 이를 거부할 가능성에 대비하여 대북한 연합전선을 분열시키고자, 카터를 통해 한국의 김영삼 대통령에게 남북정상회담의 미끼를 던졌다. 한국이 남북정상회담을 수락함에 따라 미국의 대북한 제재조치 추진은 없던 일이 되었고, 북한이 이미 추출한 플루토늄은 기정사실화되어 그대로 남게 되었다.

2002년 말의 제2차 북핵위기 당시, 북한은 제네바합의를 위반하고 몰래 우라늄농축프로그램을 통한 핵무기 제조를 추진하다 미국 정보당국에 포착되었다. 이로 인해 아프간 전쟁과 이라크 전쟁의 와중에 제네바합의 체제가 붕괴되었고, 미국의 강경파 네오콘들은 차제에 북한을 손보겠다고 별렀다. 당시 이미 두 개의 전쟁을 수행 중이던 미국이 북한을 군사적으로 손 볼 사정은 아니었으나, 9.11 사태 이후 미국의 서슬이 시퍼렇던 시절이라 북한은 큰 위협을 느끼지 않을 수 없었다.

위기에 몰린 북한은 중국 등 우방국들을 동원해 '북한 핵문제의 평화적 해결' 원칙을 집요하게 밀어붙이더니, 결국 6자회담에서 '9.19 공동성명'이라는 합의문 한 장에 서명하는 것으로 모든 위기 상황에서 벗어났다. 그러나 그 합의문에는 정작 문제의 발단이 된 우라늄농축프로그램(HEU 프로그램)에 대해서는 일언반구도 언급이 없었다. 그리하여 북한의 우라늄농축사업은 제2차 북핵위기 속에서도 아무 손상 없이 보존되었고, 북한 핵개발의 핵심적 자산으로 정착되어 현재에 이르고 있다.

2017년 북한의 수소탄 실험과 ICBM 발사로 인해 초래된 제3차 북핵위기의 경우, 북한은 미국의 노골적인 무력사용 위협으로 큰 위기에 봉착하는 듯했다. 그도 그럴 것이, 당시 미국이 받았던 충격이 무력사용을 불사할 만큼 컸던 것이 사실이기 때문이다. 과거에는 주로 북한이 무력사용 위협을 했으나, 이번에는 미국이 먼저 무력사용 가능성을 들먹일 정도로 상황이 심각했었다.

그러나 북한은 제1차 북핵위기 당시와 거의 동일한 해결전략을 동원하여, 유력인사(펠트만 유엔 정치담당 사무차장)를 평양에 초청하고, 남북정상회담 제안을 통해 전선을 분열시키고, 미북 회담 개최를 통해 위기정국을 협상정국으로 전환하는 데 성공했다.

협상의 궁극적 결과가 어찌되건 간에, 미국이 북한의 정상회담 제의를 수락한 이상 트럼프 대통령이 한때 추진했던 '무력위협을 통한 핵포기 압박' 옵션은 사라졌고, 북한은 위기발생의 원인이 된 수소탄과 ICBM을 그대로 간직한 채 유유히 위기에서 벗어났다.

그로부터 6월 2일의 미북정상회담에 이르기까지 수개월간 미국 정부는 엄청난 말의 향연을 쏟아냈다. 마치 북한이 대단한 전략적 결단을 통해 핵포기를 결심하기라도 한 듯, 북한이 CVID^{complete, verifiable and irreversible dismantling} 원칙에 이미 동의라도 한 듯, 6개월이나 1년 내에 북한 핵시설들을 뜯어내고 핵무기를 미국으로 옮겨오기라도 할 듯, 핵포기의 대가로 미국이 엄청난

미·북한 공동성명(Joint Statement) 핵심 부분

1. 미국과 북한은 평화와 번영을 위한 두 나라 국민들의 열망에 따라 새로운 양국관계를 수립하기로 약속한다.
2. 미국과 북한은 한반도에서 지속적이고 안정적인 평화체제를 구축하기 위한 노력에 동참할 것이다.
3. 북한은 2018년 4월 27일의 판문점 선언을 재확인하면서, 한반도의 완전한 비핵화를 위해 노력할 것을 약속한다.
4. 미국과 북한은 신원이 이미 확인된 전쟁포로와 실종자(POW/MIA) 유해의 즉각적인 송환을 포함한 유해 수습을 약속한다.

정치적 반대급부라도 제공할 듯 수많은 말과 가설과 주장들이 쏟아졌다.

그러나 한미일 국제관계 전문가들 사이에서는 북한이 핵을 진정으로 포기할 가능성에 기대를 거는 사람은 거의 없었다. 미국이 북한에게 속아 엉뚱한 합의를 하지만 않으면 그나마 다행일 것이라고 생각했다. 일각에서는 예측불가한 트럼프 대통령이 잘못된 결정을 내려 핵포기의 대가로 주한미군의 완전철수에 동의할 가능성을 우려했다. 그들 중 일부는 트럼프 대통령이 미국을 겨냥하는 ICBM의 폐기를 대가로 북한의 핵무장을 사실상 묵인함으로써 동아시아의 동맹국들을 배신할 가능성을 우려하기도 했다.

그러는 가운데 6월 2일 싱가포르에서 사상 최초의 미·북한 정상회담이 개최되었다. 많은 사람들이 그 회담에 대해 걸었던 비상한 기대와 우려가 모두 무색하게도, 회담 결과는 믿을 수 없을 만큼 허망했다. 굳이 찬양할 것도 비판할 것도 없는 내용이었다.

북한 핵문제에 관한 유일한 문구는 공동성명^{Joint Statement} 제3항 "조선민주주의인민공화국은 한반도의 완전한 비핵화를 위해 노력할 것을 약속한다 DPRK commits to work toward complete denuclearization of the Korean Peninsula"는 문구가 전부였다.

그것은 아무런 특별한 약속이 아니었고, 북한이 그런 약속을 한 것은 과거 한두 번이 아니었다. "남과 북은 완전한 비핵화를 통해 핵 없는 한반도를 실현한다는 공동의 목표를 확인하였다"고 한 4월 27일 남북 판문점선언 문구와 별반 다를 것이 없었다. 오죽하면 북한의 입장을 줄곧 비호해온 러시아의 랴브코프 Sergei Ryabkov 외무차관까지도 "악마는 디테일에 있다 The devil is in the detail"며 조심스런 입장을 보였을까.

6월 2일의 미북정상회담을 통해 도출된 진정한 결과는 단 두 가지였다. 첫째는 북한이 지난 반세기 동안 염원해왔던 대로 미국과 북한의 정상이 사상 처음 대등한 공식회담을 가졌다는 점이고, 둘째로 북한의 수소탄 개발과 ICBM 개발로 야기된 제3차 북핵위기가 사실상 종식되어 평양의 고관들이 미국의 야간공습 걱정 없이 편히 잠들 수 있게 되었다는 점이었다. 그 어디에도 본연의 의제였던 북한의 비핵화가 설 땅은 없었다.

싱가포르 정상회담 결과에 대해 세계 언론은 이를 김정은의 승리로 평가했다. ≪워싱턴포스트≫는 "의문의 여지 없이 김정은과 그의 북한정권의 승리"로, CNBC는 김정은을 "진정한 승자"로, 영국 ≪파이낸셜타임스≫는 "김정은의 승리"로 평가했다. 아시아 각국의 언론들도 이를 "북한과 중국이 거둔 전략적 승리", "김정은의 놀라운 외교적 대성공", "진정한 승자는 중국" 등으로 평가했다.

미국의 안보전문가들은 "공동성명에 포함된 비핵화 표현이 북한의 기존 입장과 차이가 없고 구체적 시간표도 제시하지 않았을 뿐 아니라 매우 포괄적이고 모호하다", "비핵화에 관해 북한으로부터 아무것도 얻어내지 못했다"는 등의 반응을 보였다. 파네타 Leon Paneta 전 국방장관은 미북정상회담이 "모두 다 쇼였으며, 처음부터 실패할 운명이었다"고 비판했다.

한반도 핵문제의 재조명

북한 핵능력의 재조명

북한은 수소탄 개발 및 성공적 ICBM 시험발사를 계기로 2017년 11월 29일 "국가 핵무력 완성"을 선언하고 핵보유국으로서의 행보를 시작했다. 남이 인정하건 안 하건 북한은 이미 상당한 수준의 핵시설, 핵물질, 핵무기를 보유하고 있는 것이 현실이다. 20여 년 전 미국과 IAEA의 눈치를 보면서 1년에 플루토늄 겨우 몇 kg을 도둑질하듯 몰래 만들어내던 예전의 북한과는 비교도 안 될 만큼 핵능력의 스케일이 달라졌다.

북한은 제6차 핵실험을 통해 수소탄 실험을 이미 성공적으로 마쳤고 탄두의 경량화, 소형화도 이루었다는 것이 대다수 정부와 전문가들의 공통된 평가이다. 이제 북한은 얼마든지 원하는 종류와 용량의 핵탄두를 만들어 이미 실전 배치된 스커드미사일과 노동미사일, 또는 2017년 시험발사에 성공한 신형 중거리미사일 북극성-1(SLBM), 북극성-2(IRBM), 화성-12(IRBM)에 장착할 수 있게 되었다. 이 미사일들은 ICBM에 적용되는 재진입 기술도 필요 없이 바로 실전배치가 가능하다.

북한의 핵능력과 핵무기 보유량은 너무 급속히 발전하여 통계 수치가 한해가 다르게 급변하고 있다. 그런데 아직도 북한 핵문제에 관한 생각이 영변의 녹슨 핵시설 주변을 떠나지 못하고, 1990년대처럼 일단 영변 핵시설 동결이나 해놓고 에너지 지원이나 해주면 해결될 수 있으리라는 구시대적 발상을 하는 사람들이 없지 않다.

그래서 북한 핵문제의 실체적 진실에 보다 가까이 다가가기 위해, 현재 북한 핵능력이 과연 어디까지 와 있는가 하는 것을 2018년 1월 기준으로 전면 재조명해보고자 한다. 과거의 낡은 지식은 모두 잊고 현재를 객관적으로 다시 바라보자.

북한 핵능력의 핵심은 두 가지다. ① 핵무기 제조에 필요한 고농축 핵물질을 생산하는 능력과 ② 이를 이용해 고성능 핵무기를 제조하는 능력이다. 다른 부수적인 핵능력들은 대세에 지장 없으니 생략키로 한다.

북한이 현재 핵물질을 생산해내는 주된 시설은 2000년대 초부터 건설해온 우라늄농축시설들이다. 북한이 그 시기에 우라늄농축활동을 시작했을 때부터 이미 제기된 우려였지만, 불행히도 우라늄농축시설의 높은 은닉성 때문에 어디에 어떤 규모의 시설이 있고 그 시설이 어느 정도 가동되고 있는지는 알 길이 없다. 한 가지 확실한 것은 그로부터 생산되는 핵물질의 양이 영변 핵시설과 비교도 안 될 정도로 많다는 사실뿐이다.

북한이 외부에 공개한 우라늄농축시설은 2010년 11월 북한 당국이 헤커 박사 등 미국 과학자 대표단에게 자발적으로 공개한 영변의 농축시설뿐이다. 그 시설은 당시 원심분리기 2000개 규모로서 연간 40kg의 고농축우라늄을 생산하는 규모였으나, 그 후 시설이 2배 이상 확장되어 최대 6700개의 원심분리기가 설치된 것으로 추정되고 있다.[4] 이 경우 연간 고농축우라늄 생산량은 최대 130kg으로서, 매년 8~9개의 핵무기 제조가 가능하다.

당시 북한이 이를 자발적으로 미국 대표단에게 공개한 것은 이를 대외전시용으로 운용하여 유사시 동결이나 폐기 등 외교적 홍정의 대상으로 삼으려 했을 가능성이 컸다. 따라서 핵무기 제조용 핵물질을 생산하는 한 개 이상의 보다 큰 농축시설들이 다른 곳에 은닉되어 있을 가능성이 예견되었다.

≪워싱턴포스트≫는 2018년 6월 미국 국방정보국(DIA) 보고서를 인용해 북한이 '강성' 지역에 영변 농축시설의 2배(원심분리기 최대 1만 2000개)에 달하는 제2우라늄농축시설을 비밀리에 운영하고 있다고 보도했다. 원심분리기 1만 2000개에서 생산 가능한 고농축우라늄은 연간 약 240kg이며, 이는 핵탄두 15~16개를 만들 수 있는 양이다. DIA의 정보가 사실일 경우 북한의 연간 고농축우라늄 생산량은 앞에 설명한 영변 소재 농축시설의 생산량 130kg까지 합쳐서 총 370kg 정도에 이르며 이는 핵탄두를 연간 23~25개나 만들 수 있는 양이다.[5]

현재로서 한 가지 확실한 것은, 북한이 과거 영변 재처리시설에서 20여 년간 생산해 비축한 플루토늄 총량 51~58kg보다도 훨씬 많은 양의 핵물질이 북한의 우라늄농축시설에서 매년 은밀히 지속적으로 생산되고 있다는 점이다.

이를 감안할 때, 영변 핵시설을 이용한 플루토늄 생산은 그것이 풀가동되건 동결되건 폐기되건 간에 대세에 별 영향이 없게 되었다. 북한은 2018년 영변의 낡은 핵시설을 일부 보수하고 개선하는 움직임을 보였는데, 이는 영변 핵시설의 정상적 가동 자체가 목적이었다기보다는 이를 미국과의 핵협상에서 값비싼 홍정도구로 이용하려는 의도였던 것으로 판단된다.

---

4 2018년 7월 6일 자 ≪중앙일보≫, "김민석의 Mr. 밀리터리" 기사 참조.
5 IAEA 기준에 따르면, 핵탄두를 제조할 수 있는 핵무질의 최소량은 농축플루토늄(Pu^{238}) 8kg, 고농축우라늄(U^{235}) 15kg 정도이다. 이 정도면 20kt 정도의 핵탄두 제조가 가능하다는 것이다.

북한의 핵물질 보유량(2018년 1월)

구분	핵물질 보유량	핵탄두 최대숫자	적용기준
농축플루토늄(Pu^{238})	51~58kg	6~7개	탄두당 8kg
고농축우라늄(U^{235})	600~1000kg	40~66개	탄두당 15kg
합계		46~73개	

　어쨌거나 영변 핵시설의 동결과 해체를 통해 핵문제 해결에 접근해보려는 구시대적 접근법은 이제 설 땅이 없게 되었다. 설사 2005년의 9.19 공동성명이 충실히 이행되어 영변 핵시설이 모두 해체되었다 해도 은닉된 우라늄농축시설은 그대로 살아남았을 것이므로, 현재와 같은 북한의 핵무기 대량생산을 방지하지는 못했을 것이다. 북한은 당시 우라늄농축프로그램의 존재를 극력 부인하면서 그것이 신고, 동결의 대상이 될 수 없다고 줄곧 주장했었다. 9.19 공동성명에 핵폐기 대상으로 명기된 "모든 핵무기와 현존하는 핵계획all nuclear weapons and existing nuclear programs"에도 우라늄농축시설은 포함되지 않는다는 것이 북한의 확고한 입장이었다.

　현재 북한이 보유한 우라늄농축시설의 규모와 위치가 베일에 싸여 있는 관계로, 북한이 보유한 핵물질의 양이 어느 정도인지는 계산이 불가능하다. 단지 여러 정보들을 토대로 가상적 추산을 할 수 있을 뿐이다.

　북한이 2018년까지 생산한 고농축우라늄 총량의 추정치는 천차만별이나, 대체로 600~1000kg 정도로 추정되고 있다. 이 기준에 따른다면, 현시점에서 북한이 제조 가능한 핵탄두 개수는 총 46~73개 정도로 추정된다. 북한이 핵보유국들의 일반적 관행에 따라 보유 핵물질의 절반만 무기화했다고 가정할 경우, 실제 핵탄두 보유량은 23~36개가 된다.

　북한이 2018년 1월 현재 실제로 제조해 보유하고 있을 것으로 추정되는 핵무기의 수량을 데이비드 올브라이트David Albright 미국 과학국제안보연구소(ISIS) 소장은 30개로 추산했고, 스톡홀름평화연구소(SIPRI)는 최대 20개로

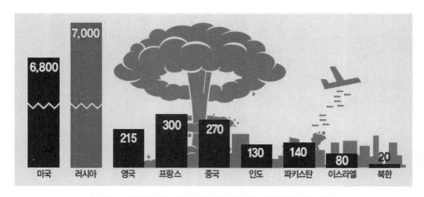

2017년 세계의 핵무기 [스톡홀름국제평화연구소(SIPRI) 자료]

추정했다. 그러나 미국 국방정보국(DIA)은 2018년 6월 현재 북한의 핵무기 보유량이 이보다 훨씬 많은 65개에 이를 것으로 추산했다. 이들의 추정치는 격차가 많으나, 모두 북한이 제조할 수 있는 핵무기의 최대 수량 범주 내에 있다.

북한의 핵무기가 20개건 65개건 큰 차이는 없다. 더욱이 수소탄의 경우는 같은 양의 핵물질로 일반 핵무기보다 수백 배 강력한 핵무기를 제조할 수 있고, 중수소의 양만 늘리면 얼마든지 더 강력한 수소탄을 제조할 수 있으므로, 그에 사용된 핵물질의 양은 의미가 없다. 따라서 핵개발이 어느 정도 수준에 도달하게 되면 핵물질의 양이나 핵무기 숫자는 그리 중요하지 않으며, 얼마나 정교하고 신뢰성 있는 핵무기를 만드느냐가 중요하다.

북한은 현재 핵무기 보유량이 기존의 8개 핵무기보유국에 이어 9번째 수준이다. 그러나 이스라엘, 인도, 파키스탄은 수소탄도 ICBM도 개발하지 않았으므로, 북한의 핵능력은 기술적 측면에서 이미 5대 핵보유국에 이어 6번째 수준이다.

또한 미국과 러시아를 제외한 대부분의 핵보유국이 실전 배치한 핵탄두가 대체로 80~300개 수준임에 비추어 볼 때, 북한은 원하기만 하면 5년 내에 핵무기 수에서도 영국, 프랑스, 중국을 추월하여 세계 3위의 핵무기 보유국이 될 수도 있다.

북한 미사일 능력의 재조명

북한의 미사일 개발은 1984년 사거리 300km의 소련산 스커드B(화성-5) 미사일을 자력으로 복제생산하는 데 성공한 이래 발전을 거듭하여, 1986년 사거리 500km의 스커드C(화성-6), 1993년 사거리 1300km의 준중거리 미사일(MRBM)인 노동미사일(화성-7)을 개발해 실전배치했다. 2000년에는 사거리가 700km로 연장된 스커드-ER도 배치되었다.

이들은 모두 액체연료를 사용하며, 노동미사일은 일본 전역과 한국 남부지방을 공격대상으로 하고 나머지는 모두 한국을 겨냥하여 실전배치되어 있다. 북한은 현재 200~300기의 노동미사일과 600~800기의 스커드 미사일을 보유한 것으로 추정되고 있다. 이들 미사일에 적재 가능한 탄두 중량은 스커드C, 스커드ER, 노동미사일은 750kg, 스커드B는 1톤이며, 이들은 모두 탄두 부분 직경이 88~100cm여서 핵탄두 적재에 아무 문제가 없다.

북한은 이들보다 사거리가 훨씬 긴 중장거리 미사일 개발을 1990년대 말부터 추진해왔다. 1998년에는 사거리 1500~2000km의 대포동1호(백두산-1) 미사일을, 2006년에는 사거리 3500~6000km의 대포동2호(은하-1) 미사일을 시험발사했다. 대포동2호는 그 후 은하-2, 은하-3 등 북한의 우주로켓 발사체로 진화되어 나갔는데, 북한은 그 과정에서 군사용 미사일에 필요한 미사일 엔진 기술을 습득해나간 것으로 보인다.

북한의 중장거리 미사일 개발이 본격화된 것은 김정은 집권기인 2016년부터였다. 북한은 2016년 사거리 3200~4000km로 추정되는 중거리미사일

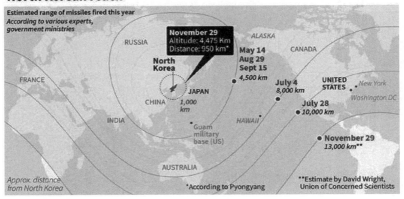

North Korean reach

Estimated range of missiles fired this year
*According to various experts,
government ministries*

November 29
Altitude: 4,475 Km
Distance: 950 km*

RUSSIA

North
Korea

JAPAN
1,000
km

CHINA

FRANCE

INDIA

Guam
military
base (US)

ALASKA

CANADA

May 14
Aug 29
Sept 15
● 4,500 km

July 4
8,000 km

UNITED
STATES

New York

Washington DC

July 28
● 10,000 km

HAWAII

● November 29
13,000 km**

AUSTRALIA

*Approx. distance
from North Korea*

*According to Pyongyang

**Estimate by David Wright,
Union of Concerned Scientists

북한 중장거리 미사일 사거리(AFP 통신 자료)

(IRBM) 화성-10을 최소 9차례에 걸쳐 시험발사했으나, 한차례를 빼고는 모두 실패했다. 그러나 사거리 2000~3500km의 잠수함발사 미사일(SLBM) 북극성-1은 두 번째 실험부터 성공을 거두었다. 이러한 북한의 미사일 기술은 2017년에 들어와 비약적으로 발전했고, 마침내 ICBM 발사의 성공에까지 이르게 되었다.

북한이 SLBM 북극성-1을 지상용으로 개조한 북극성-2 중거리미사일은 2017년 2월 이래 세 차례 시험발사에서 모두 성공을 거두었다. 5월부터는 사거리 5000km의 화성-12 시험발사가 3차례(5. 14, 8. 29, 9. 15) 모두 성공했다. 이는 명백히 북한이 괌의 미군 기지를 염두에 두고 개발한 것이었다. 북한은 이 미사일을 일본열도 상공을 통해 태평양으로 쏘아 올림으로써 일본인들에게 큰 충격을 주었다.

그리고 곧이어 ICBM 시험발사가 이루어졌다. 화성-12의 첫 시험발사를 한 지 불과 2개월도 안 된 7월 초에 미국 서부와 남부지역을 사정거리에 두는 최대사거리 1만km의 ICBM 화성-14 시험발사가 두 차례(7. 4, 7. 28) 이루어져 모두 성공했다. 그리고 불과 3개월 후 북미 대륙 전체를 사정거리로 하

는 최대사거리 1만 3000km의 화성-15가 최초의 시험발사(11. 29)를 성공적
으로 마쳤다.

이리하여 북한 미사일의 사거리는 미국의 최첨단 ICBM인 미니트맨III
와 동일한 1만 3000km 사거리를 달성했다.[6] 소련 미사일을 복제해 사거리
300km의 스커드B를 제조한 지 33년만의 개가였다. 물론 ICBM인 화성-14
와 화성-15는 아직 재진입 기술의 완성이 필요하나, 이는 단지 시간의 문제
일 뿐이다.[7]

북한은 2017년 9월 제6차 핵실험을 통해 수소탄 실험과 핵탄두의 경량화,
소형화 시험을 모두 성공적으로 마친 것으로 평가되고 있다. 또한 북한은
이미 핵탄두를 운반할 수 있는 미사일 운반체계를 다양하게 갖추고 있다.

북한이 핵탄두를 즉각 탑재할 수 있는 미사일은 1990년대 이래 한반도에
실전 배치되어 있는 1000기 내외의 스커드미사일과 노동미사일이 대표적이
다. 2017년 시험발사에 성공한 새로운 북극성-1(SLBM), 북극성-2(MRBM), 화
성-12(IRBM)도 활용 가능하다. 이들은 ICBM과 달리 재진입 기술이 필요 없
어 바로 실전배치가 가능하다.

ICBM인 화성-14, 화성-15는 재진입기술을 완성하여 실전배치하는 데 다
소 시간이 소요될지도 모른다. 그러나 그것은 단지 미국 본토와 하와이의
문제일 뿐이다. 한국, 일본, 오키나와, 괌 등 동아시아 지역은 이미 전체가
북한 핵미사일의 작전반경 안에 들어와 있다. 대기권 재진입 기술 같은 것
은 그들과는 무관한 이야기다.

---

6 미니트맨III 미사일은 전략폭격기, 핵잠수함과 더불어 미국 전략핵무기의 3대 주축이다. 미
  국은 2006년 현재 이 미사일을 약 450기 실전배치하고 있다.
7 ICBM은 외기권으로 나갔다 대기권으로 재진입할 때 미사일 탄두가 음속 20~25배의 엄청난
  속도로 대기권을 통과하게 된다. 따라서 섭씨 7000도에 달하는 엄청난 마찰열과 진동으로부
  터 탄두를 보호하기 위해 대기권 재진입 기술이 필요하다.

북한의 미사일 전력(2018년 현재)

미사일 명칭	종류[8]	최대 사거리	최대 탄두중량	추진체	시험 발사	실전 배치
화성-5(스커드-B/KN-03)	SRBM	300km	1,000kg	액체/1단	1984	1989
화성-6(스커드-C/KN-04)	SRBM	500km	800kg	액체/1단	1986	1989
화성-7(노동/KN-05)	MRBM	1,300km	800kg	액체/1단	1993	1996
화성-9(스커드-ER)	SRBM	1,000km	500kg	액체/1단	1994	2000
화성-10(무수단/KN-07)	IRBM	4,000km	650kg	액체/2단	2016	2007
북극성-1(KN-11)	SLBM	2,000km	650kg	고체/2단	2016	?
북극성-2(KN-15)	MRBM	2,000km	650kg	고체/2단	2017	2017
화성-12(KN-17)	IRBM	5,000km	650kg	액체/1단	2017	?
화성-14(KN-20)	ICBM	10,000km	핵탄두	액체/2단	2017	?
화성-15(KN-22)	ICBM	13,000km	핵탄두	액체/2단	2017	?

　　북한 미사일들 중 이미 실전배치되었거나 조만간 실전배치가 예상되는 미사일의 상세는 위의 표와 같다. 북한의 핵탄두는 이들 중 어느 미사일에도 장착될 수 있다. 중장거리 미사일의 경우는 규모가 크고 발사절차가 복잡하여 은밀한 실전배치가 어려울지도 모른다. 그러나 이미 1000기 내외가 북한 곳곳에 실전배치되어 있는 스커드미사일과 노동미사일에 핵탄두를 적재하는 것은 지극히 간단하며, 그것을 미리 파악하는 것은 실상 불가능하다.

8　탄도미사일은 사거리에 따라 사거리 1000km 미만을 단거리미사일(SRBM), 1000~3000km를 준중거리미사일(MRBM), 3000~5500km를 중거리미사일(IRBM), 5500km 이상을 대륙간탄도미사일(ICBM)이라 부른다.

북핵 문제를 둘러싼 논쟁들의 재조명

1989년 북한 핵문제가 국제사회의 이슈가 된 이래 지난 약 30년간 북한 핵문제의 해결을 위한 조치들은 적기에 적정 수준에서 이루어지지 못하고 매번 뒷북을 치거나(제재조치), 헛발질을 하거나(합의문), 썩어 문드러지도록 방치(전략적 인내)하는 사례가 많았다.

그 배경에는 여러 이유가 있을 것이나, 북한의 진의와 능력에 대한 각국 정부, 전문가, 학자, 언론인 등 사이의 커다란 시각 차이와 평가상의 혼선, 정치적 이해에 따른 억지 주장, 이념적 윤색과 합리화 등이 적지 않은 몫을 했다. 이로 인해 본의 아니게 북한의 핵과 미사일 개발이 성공하도록 도와주는 결과가 초래되기도 했다. 그들이 상황에 대한 판단착오 때문에 그리했건, 북한의 술수와 거짓말에 속아서 그리했건, 북한에 대한 어떤 선의와 애착 때문에 그리했건, 그 결과에는 별 차이가 없었다.

북한 핵문제를 둘러싸고 벌어진 첫 번째 논란은 북한의 핵무기 개발 의혹이 과연 사실인가 하는 것이었다. 북한이 영변의 비밀 핵시설에서 핵무기를 제조하고 있다는 의혹이 처음 제기된 1989년부터 제1차 핵위기와 제네바합의에 이르는 1994년까지의 기간 중 한국과 국제사회에서는 이에 관한 많은 해석과 주장들이 제기되었다.

① 북한의 핵개발이 생존을 위한 방어적 목적이라는 설, ② 남침전쟁 재발 시 미군의 개입을 막기 위한 공세적 용도라는 설, ③ 남북한 관계의 급진전을 가로막기 위한 미국의 음모라는 설, ④ 북한이 경제적 반대급부를 얻어내기 위해 핵개발 쇼를 하고 있다는 설, ⑤ 전력생산용 핵발전소를 건설 중이라는 북한 주장을 옹호하는 설, ⑥ 어차피 기술과 부품 부족으로 성공 못할 테니 신경 쓸 것 없다는 설 등 온갖 설들이 난무했다.

1994년 6월 제1차 북핵위기의 와중에 카터 전 미국 대통령이 '개인 자격'

으로 평양을 방문했을 당시, 김일성은 카터에게 북한의 핵개발 의혹을 전면 부인하면서 북한은 "핵무기를 개발할 의사도 능력도 필요도 없다"고 강조했다. 그 이후 많은 북한 전문가들은 북한 체제상 김일성은 절대 거짓말을 할 수가 없다는 '전문가적 시각'에 입각하여 핵개발 계획이 사실무근이거나 이미 포기되고 폐기된 계획이라는 주장을 끈질기게 제기했다.

이들은 북한 당국이 2002년 말 방북한 미 국무부 켈리 동아태차관보에게 핵무기 개발 사실을 노골적으로 시인한 이후에도 "너무 쉽게 시인을 했다"거나 "통역상의 오류가 있었다"거나 "핵프로그램 보유가 반드시 핵무기 제조를 의미하지는 않는다"는 등 갖은 의혹을 제기하면서 이를 인정하지 않았다.

결국 북한은 2006년 제1차 핵실험을 통해 행동으로 이들의 신뢰에 찬물을 끼얹었다. 북한의 핵개발 사실이 북한 자신에 의해 의문의 여지가 없이 확인되자, ③, ④, ⑤, ⑥설을 주장하던 사람들은 대부분 ①번 주장에 합류하여 북한의 핵개발이 생존을 위한 불가피한 선택이므로 미국이 북한에 대한 냉전적 자세를 수정해 북한의 생존권을 보장해야 한다고 주장했다.

북한의 핵개발 계획이 부정할 수 없는 사실로 확인되자, 두 번째 논란이 제기되었다. 그것은 북한이 과연 핵무기를 완성할 기술적, 재정적 능력이 있는가 하는 것이었다. 많은 국내외 정부와 논객들은 북한의 핵무기 개발 추진이 사실이라 할지라도 기술적, 재정적 장애 때문에 성공하지 못하고 포기될 것이며, 설사 성공하더라도 장구한 세월이 소요될 테니 우려할 필요가 없다는 논리를 폈다.

북한의 장거리미사일 개발과 관련해서도 이들은 추진엔진상의 결함, 핵무기 소형화의 어려움, 재진입 기술의 난해성, 유도장치의 정확성 문제 등을 이유로 북한의 ICBM(대륙간탄도미사일) 개발이 요원함을 주장했다. 이러한 주장들은 원래 의도가 무엇이었던 간에 결과적으로 북한의 핵과 미사일 프로그램에 대한 국제사회의 경각심을 누그러뜨리고 대응강도를 약화시킨

공신들이었다.

2006년 10월 9일 북한이 최초 핵실험을 실시했을 당시, 미국 정부는 이미 수 주일 전부터 핵실험 가능성을 아주 구체적으로 우리 정부에 속속 알려오고 있었고, 북한 외무성은 핵실험 1주일 전에 동 계획을 공식적으로 대외에 발표하기도 했다. 그러나 북한의 핵실험 실시 능력과 정치적 의지에 대해 내심 회의적이었던 중국 정부는 핵실험 바로 전날까지도 핵실험이 절대 없으리라는 믿음을 버리지 않았다.

미국의 오바마 행정부가 북한의 핵개발 작업이 완성되어가던 막바지 몇 년의 중요한 시기에 "전략적 인내"라는 명분하에 거의 아무 조치를 취하지 않고 이를 방치했던 것도 부분적으로는 북한의 능력에 대한 과소평가 때문이었다. 그러나 북한은 2017년 수소탄과 ICBM의 성공적 개발을 통해 그러한 국제사회 일각의 회의적 시각이 틀렸음을 스스로 입증했다.

북한 핵문제를 둘러싼 세 번째 논란은 북한이 제네바합의의 그늘 아래서 핵동결 약속을 어기고 몰래 진행해온 이른바 "HEU 프로그램(고농축우라늄 프로그램)"을 둘러싸고 벌어졌다.

2002년 10월 미 국무부 켈리 동아태차관보가 부시 대통령 특사 자격으로 평양을 방문하여 HEU 프로그램에 대한 북한 측의 공식 시인을 듣고 돌아온 이래, 미국 부시 행정부는 북한의 합의 위반을 이유로 제네바합의에 따른 미국 측 의무의 이행을 거부했고, 북한이 이에 대해 핵동결 파기로 응수함에 따라 제네바합의는 순식간에 공중분해되었다.

북한 외무성의 최고 실세인 강석주 제1부부장은 켈리 특사와 만난 자리에서 "모든 관계부처, 군부, 원자력청 등의 총의"라고 전제하면서, "우리가 HEU 프로그램을 갖고 있는 것이 뭐가 나쁘다는 것인가. 우리는 HEU 프로그램을 추진할 권리가 있고 그보다 더 강력한 무기도 만들게 되어 있다"라는 내용의 서면 발언문을 낭독하고 그 입장을 수차 반복해서 말했다.

북한이 비밀 HEU 프로그램의 존재를 그처럼 쉽게 노골적으로 시인한 것은 전혀 뜻밖의 일이었고 워낙 중대한 사안이었기 때문에, 켈리 대표단은 혹시나 있을 통역상의 오류 가능성을 우려하여 일행 중 한국어를 아는 세 사람이 적은 메모를 서로 대조했고, 그것도 모자라 북한 측 통역의 메모까지 확인했다. 그러나 통역상의 오류는 없었고 강석주가 전달한 메시지는 의심할 바 없이 명확했다.

그럼에도 불구하고 중국 등 북한에 우호적인 국가들과 한국 내 일부 논객들은 그날의 일을 통역상의 오류 또는 제네바합의를 붕괴시키려는 미국의 음모라고 주장했다. 설사 만에 하나 그것이 사실이라 할지라도 HEU 프로그램의 핵심인 원심분리기 제조를 위한 수많은 부품들을 북한이 모두 조달하기는 어려울 것이므로 시설의 완공이 사실상 불가능하리라는 한국 정부 내의 낙관적 평가들도 줄을 이었다.

HEU 프로그램 보유에 따른 제네바합의 파기와 국제적 비난에도 불구하고 별다른 반응을 보이지 않던 북한은 전략상의 실수를 뒤늦게 깨닫고는 거의 4개월이 지난 2003년 1월 28일 처음으로 외무성 대변인 담화를 통해 HEU 프로그램 보유가 사실이 아니라고 부인하기 시작했다.

HEU 문제는 6자회담 과정에서도 한미 양측 대표단 사이의 가장 큰 이견의 대상이었다. 이 때문에 북한 핵문제의 최우선 논의대상이 되었어야 마땅했던 이 중요한 문제는 6자회담 과정에서 거의 거론조차 되지 못했고 어떤 합의문에도 포함되지 못했다. 6자회담에서 채택된 9.19 공동성명, 2.13 합의, 10.3 합의는 모두 사실상 기존의 영변 핵시설만을 대상으로 하는 절름발이 합의였다.

HEU 프로그램의 실재 여부를 둘러싸고 한국사회와 국제사회에서 무려 7년간이나 계속되었던 이 논쟁은 협상 전략상의 논쟁이라기보다는 다분히 북한에 대한 인식과 시각이 깊이 개입된 이념적 논쟁이었다. 이 논쟁은 결국 2009년 북한 자신에 의해 종식되었다. 북한은 HEU 프로그램의 존재를 스스로 세상에 공개함으로써 자신의 우호세력들을 난처하게 만들었다.

북한은 2009년 4월 "경수로 핵연료의 자체 생산"을 구실로 고농축우라늄 생산 방침을 공식 천명한 데 이어, 이듬해인 2010년 11월 영변 핵시설단지를 방문한 헤커Siegfried Hecker 교수 등 미국 과학자 대표단에게 원심분리기centrifuge 2천 개로 구성된 우라늄농축시설을 전격 공개함으로써 이 오랜 논란을 종식시켰다.

이렇게 하여 국제사회로부터 거의 아무런 방해를 받지 않고 완성된 북한의 우라늄농축시설들은 북한의 핵물질 생산을 비약적으로 증가시키고 비밀스러운 핵활동을 보장함으로써, 북한이 2017년 핵개발을 완성시키는 데 결정적인 기여를 하게 되었다.

북한은 이제 '핵보유국'인가?

북한은 핵보유국이 되고자 오랜 세월 총력을 기울여 노력해왔고 이제 그 꿈을 이루었다. 그리고 이제 북한은 미국과 국제사회에 대해 핵보유국임을 자임하고 있다. 이제 우리는 하나의 중요한 질문에 대한 답변을 준비해야만 한다. "북한은 이제 핵보유국인가?"

우리가 세계의 '핵보유국'을 말할 때 NPT 협정상의 핵보유국 5개국과 이스라엘, 인도 , 파키스탄을 꼽는다. 이 세 나라는 핵보유국인가? 그렇다. 왜냐하면 그들은 핵무기를 실제로 보유하고 있기 때문이다. 세상 누구도 그들의 핵보유를 공식적으로 인정하지 않았고 '핵보유국'의 지위를 부여하지도 않았다. 그들 중 일부는 불법적 핵보유의 대가로 국제사회의 제재도 받았다. 그러나 그들은 핵보유국이다. 왜냐하면 그들은 핵무기를 갖고 있기 때문이다.

북한은 이제 핵보유국인가? 인정하고 싶지는 않지만 '그렇다'고 대답할 수밖에 없다. 핵무기를 보유하고 있기 때문이다. 우리도 만일 핵무기를 보유한다면, 다른 나라들이 제재는 할지언정 '핵보유국'이라 부를 것이다.

북한은 물론 NPT 협정상의 핵보유국이 아니다. 그러나 NPT 협정상의 핵보유국이 아닌 이스라엘, 인도, 파키스탄이 핵보유국이라면 북한도 당연히 핵보유국일 수밖에 없다. 북한이 혹시라도 남아공이나 우크라이나처럼 핵무기를 스스로 포기하는 날이 오기 전까지는 엄연한 핵보유국이다.

그래서 이제 우리는 핵보유국이 된 북한과 얼굴을 마주하고 살아갈 준비를 해야 한다. "핵보유를 인정할 수 없다"든가 "사실상의 핵보유국일 뿐"이라든가 하는 언어의 유희로 우리 자신을 속이고 위로해봐야 소용이 없다. 이제 우리는 북한이 핵보유국이 되었다는 불편한 진실을 인정하고, 핵개발 저지의 실패를 솔직히 시인하고, 그에 대처할 방안을 강구해야만 한다. 북한이 핵보유국이 아니라고 강변한다고 해서 해결될 일은 아무것도 없다.

북한은 아직 ICBM의 재진입 기술 등 극복해야 할 과제가 남아 있어 핵무장이 완성된 것이 아니라는 주장도 허망하다. ICBM은 이스라엘도 없고 인도, 파키스탄도 없다. 더욱이 ICBM은 북한이 미국 본토를 공격할 때만 필요한 운반체계라 다른 나라들은 아예 해당사항이 없다.

운반체계 완성이라든가, 재진입 기술이라든가, 다탄두기술, 유도기술, 회피기술 같은 꼬리표들은 과거 관련국 정부와 관변 전문가들이 북한의 핵보유 성공 사실을 부정하고 아직도 비핵화 협상의 희망이 남아 있음을 강변하기 위해 종종 내세우던 명분에 불과했다. 그러나 한국은 2006년 북한의 최초 핵실험으로 이미 북한의 핵위협하에 들어갔고, 일본은 북한 핵탄두가 노동미사일에 적재될 만큼 소형화에 성공한 2017년 9월의 제6차 핵실험으로 이미 북한의 핵공격 사정권에 들어갔다.

그러나 북한이 이미 핵보유국이라는 말은 북한이 주장하는 이른바 "핵보유국 지위"의 인정과는 무관하다. "핵보유국 지위"는 그 용어부터가 허구다. NPT 협정상의 5개 핵보유국 지위 외에 어떠한 핵보유국 지위도 지구상에 존재하지 않는다. 그걸 인정해줄 권한을 가진 나라도 없다. 이스라엘, 인도, 파키스탄 역시 아무런 핵보유국 지위를 누리지 않고 있다.

북한은 이들 세 나라의 경우처럼 국제사회가 북한에 대한 제재를 풀고 핵무기 보유를 하나의 특별한 권리로서 인정해달라는 의미인 듯하나, 그런 권리라는 것은 세상에 없다. 이스라엘과 인도, 파키스탄은 각기 상이한 이유로 제재를 받지 않거나 북한보다 약하게 받았을 뿐, 어떤 지위나 권리를 부여받은 바는 없다.

첫째, 이스라엘은 핵무기를 보유하고 있는 것으로 간주되고 있으나, NPT 협정에 가입해 핵포기를 서약한 적이 없고, 국제법에 어긋나는 핵활동을 한 적도 없으며, 핵실험을 한 적도 없다. 핵무기 보유사실이 노출된 적도 없고 스스로 시인한 적도 없다. 다만 다른 나라들이 이스라엘의 핵무기 보유를 짐작하고 있을 뿐이다. 그러니 국제적 제재를 받을 거리가 하나도 없다.

둘째, 인도는 이스라엘과 마찬가지로 NPT 협정에 가입한 적이 없다. 이 책의 서두에서도 설명했지만, NPT 가입 여부 결정은 주권국가의 권리다. 그래서 NPT에 가입하지 않은 인도는 법적으로 비핵화의 의무가 없었다. 현재 쿠바도 NPT 비회원국이지만 이에 따른 제재는 없다.

인도는 1970년 NPT 협정이 발효된 지 4년 만인 1974년 단 한 번 핵실험을 했고, 그때부터 핵보유국으로 간주되었다. 그 24년 후 인도는 앙숙관계인 파키스탄이 대대적인 핵실험을 준비하자 1998년 이틀에 걸쳐 핵실험(5회)을 실시하고 핵보유국임을 공식 선언했다. 이로 인해 몇 년간 미국, 일본의 개별 경제제재를 받았으나, 비핵화의 의무가 없었으므로 유엔으로부터는 비난결의만 있었을 뿐 제재는 없었다.

셋째, 파키스탄의 경우도 인도와 유사하다. 파키스탄도 처음부터 NPT에 가입하지 않아 비핵화의 의무가 없었다. 인도와 앙숙관계인 파키스탄은 인도가 1998년 핵실험을 실시하자 그 직후 단 이틀에 걸쳐 처음이자 마지막으로 6회의 핵실험을 실시하고 핵보유국임을 선언했다.[9] 파키스탄도 인도와 마찬가지로 몇 년간 미국, 일본의 개별 경제제재를 받았으나, 비핵화의 의무가 없었으므로 유엔으로부터 비난결의만 있었을 뿐 제재는 없었다.

북한은 이와 같은 방식으로 미국과 국제사회가 대북한 제재 해제를 통해 북한의 소위 "핵보유국 지위"를 인정해주기를 요구하고 있지만, 북한의 경우는 이들 세 나라와 차원이 전혀 다르다.

북한은 구소련으로부터 원자력 지원을 받기 위해 자발적으로 NPT에 가입한 후, NPT 상의 혜택을 누리면서 몰래 불법적인 핵개발을 하다 발각되자 IAEA의 핵사찰을 피하기 위해 NPT를 탈퇴했다. 그 이래 25년간 유엔 안보리의 비난과 경고를 무시하고 6차례 핵실험을 실시하고 수없이 많은 미사일 발사로 주변국들을 위협했으며, 유엔 안보리의 만장일치 제재조치를 11년에 걸쳐 10차례나 받았다. 또한 개발한 핵무기와 중장거리 미사일로 주변국과 국제사회에 대한 노골적인 위협을 계속하고 있다.

만일 국제사회가 북한의 핵무장 완성을 불가피한 기정사실로 인정하고 제재를 해제하는 일이 발생한다면, 국제사회는 초미의 관심사인 이란의 핵개발에 반대할 명분을 상실하게 될 것이며, 많은 잠재적 핵보유국들을 고무하는 결과를 초래하게 될 것이다.

---

9 인도는 1998년 5월 11일 43kt, 12kt, 0.2kt의 핵실험을 실시했고, 이어서 이틀 후인 5월 13일 0.5kt, 0.3kt의 핵실험을 추가 실시했다(총 5회). 약 2주일 후인 5월 28일에 파키스탄은 30kt, 12kt 및 1kt 미만 3건의 핵실험을 실시했고, 이어서 이틀 후인 5월 30일 12kt의 핵실험을 실시했다(총 6회).

북한은 왜 핵무기에 집착하는가?

　이제 북한의 핵무장이 현실로 다가온 현시점에서 가장 근본적인 문제로 다시 돌아가보자. 북한은 왜 그리도 핵무기에 집착을 하는 것일까?

　지난날 북한의 핵무장이 요원해 보이고 어떻게든 외교적으로 해결이 되리라는 막연한 낙관주의가 넘쳐나던 시절에 이 문제는 거의 학술적 토론의 범주를 벗어나지 못했다. 그러나 핵무장한 북한이 우리에게 성큼 다가온 지금 이 문제는 한반도의 안보나 우리의 미래와 직결된 심각한 문제로 부상했다.

　북한은 왜 그토록 핵무기에 집착하는가? 그 이유는 ① 국내정치적으로는 3대 세습체제와 김정은의 영도력 공고화, ② 대남전략상으로는 대남 군사적 우위와 남북관계 주도권의 회복, ③ 대미전략상으로는 정치군사적 안전보장과 대미 견제력의 확보로 압축될 수 있다.

　첫째, 북한이 3대에 걸쳐 30여 년간 핵개발을 강행했던 국내정치적 이유는 무엇보다도 북한 내부의 '체제유지' 때문이었다. 핵개발 추진은 북한 내부 체제유지의 가장 중요한 수단 중 하나였다. 핵개발과 이에 수반되는 대외관계 갈등을 통해, 북한 지도자를 '외세에 항거하는 위대한 지도자'로 부각시켜 3대 세습을 합리화하고, 내부결속을 도모하고 충성심을 유지하기 위한 것이었다. 또한 핵무기 개발과 이에 따른 국제사회의 제재를 구실로 북한의 비능률적 체제에 따른 경제파탄을 합리화하고 북한 당국의 경제정책 실패를 외세 탓으로 전가하는 데 편리하게 이용해왔다.

　둘째, 북한이 핵무기에 그토록 집착한 대남전략상의 이유는 한마디로 '대남 군사적 우위의 회복'이었다. 남북한 경제력 격차에 따른 세력불균형과 이로 인해 북한이 상실했던 한반도 문제의 주도권을 핵무장을 통한 군사적 우월성으로 극복하고, 나아가 한반도의 미래 구상에 있어 북한의 주도적 지위를 확보하기 위한 것이었다.

지금은 아무도 기억 못하는 오랜 옛일이 되었지만, 남북한의 1인당 GDP가 사상 처음 역전된 것은 불과 40여 년 전인 1974년이었다. 그때까지 북한은 정치, 외교, 군사, 경제 등 모든 분야에서 남한을 압도했다. 그러던 것이 박정희 대통령의 경제발전 드라이브로 경제력이 제일 먼저 역전되기 시작했고, 1980년대 이후에는 경제력은 물론 군사력 균형까지도 역전되어 현재에 이른 것이다.

따라서 북한이 우월했던 과거의 남북한 세력구도를 복원시키고 한반도의 주도권을 탈환하여 북한 주도의 통일을 달성하는 것은 김일성 이래 북한의 오랜 숙원이었다.

셋째, 북한이 국제사회의 제재에도 불구하고 핵개발을 고수해온 대미전략상의 이유는 대미 핵위협을 통해 미국으로부터 '정치군사적 안전보장'을 확보함과 동시에 한반도 전쟁 재발에 대비해 미국에 대한 '핵 견제력'을 유지하기 위한 것이었다.

김일성은 1962년 쿠바 핵위기 당시 소련이 미국의 핵위협에 무릎 꿇는 모습을 보고 핵무장을 결심했던 것으로 알려져 있다. 어떤 이들은 이를 두고 북한이 미국의 핵위협으로부터 생존하기 위해 핵무장을 결심했다고 미화하기도 한다. 그러나 이는 단지 미국의 위협으로부터 자신을 방어하기 위한 수세적 방어defensive defense만을 목적으로 한 것은 아니었고, 상응하는 핵위협을 통해 미국의 압력을 견제하고 무력화해 자신의 의지를 관철하려는 공세적 방어offensive defense의 의도가 내포된 선택이었다.

수세적 방어와 공세적 방어는 별개의 개념이 아니라 상호 연결된 하나의 개념이다. 사담 후세인이 핵무장에 성공했다면 과연 미국이 이라크를 공격할 수 있었을까 하는 논리로 북한의 핵무장이 불가피한 선택이었음을 옹호하는 견해도 있지만, 과연 그게 전부일까? 만일 후세인이 핵무장에 성공했다면 미국의 공격을 피할 수 있었을지 몰라도, 이라크가 핵무기를 흔들어대며 다시 쿠웨이트 정복에 나서는 것을 견제하기 쉽지 않았을 것이다.

북한도 주변 상황이 여의치 않은 동안에는 핵무기의 '수세적 방어' 개념에 안주하여 미국으로부터의 안전보장에 만족할지 몰라도, 상황이 호전되면 언제라도 그들의 핵무기를 '공세적 방어' 용도로 전환할 수 있다. 이 때문에 많은 한국인들이 북한의 핵무장을 걱정스러운 눈으로 바라보고 있다.

이들이 우려하는 것은 북한이 핵무기를 남한을 향해 발사할 가능성 때문이 아니라, 한반도 전쟁 재발 시 북한이 '공세적 방어' 개념에 입각해 핵위협으로 미군의 참전을 견제하고 부산항을 통한 미군 증원부대의 파견을 봉쇄할 가능성 때문이다. 북한의 이러한 위협 가능성에 대처하기 위한 거의 유일한 수단인 사드(THAAD) 배치에 대해 북한이 그토록 거부반응을 보이고 저지에 총력을 기울인 것을 보면 그것이 단순한 가상 시나리오만은 아닌 것 같다.

앞으로 북한은 당분간 미국으로부터의 '위협'에 대한 억지력 확보에 안도하고 대외관계의 정상화, 제재 해제와 경제문제의 해결에 주력할 전망이다. 그러나 때가 오면 태도를 돌변해 한반도에서의 정치적, 군사적 주도권을 공고히 하기 위한 수순에 돌입할 가능성이 예상된다. 그 과정에서 한국을 대하는 북한의 태도는 점차 고압적으로 변해갈 것이며, 군사적 위협을 통해 한국 정부를 압박하고 경제적 지원을 강요하려는 시도도 점증할 것이다.

북한은 핵포기 의지를 갖고 있는가?

북한의 '핵무력 완성'으로 한반도의 미래는 많은 불확실성과 위기에 직면하고 있다. 그럼에도 불구하고 북한이 마음 구석에 핵을 포기할 의사만 가지고 있다면, 국제사회는 희망을 가지고 북한을 설득하기 위한 끈질긴 노력을 기울여나가야 할 것이다.

그러나 만일 북한이 핵을 포기할 의사를 가지고 있지 않다면, 외교적 협상과 설득을 통한 비핵화 달성에는 한계가 있을 것이다. 따라서 어떤 방법을 통해 북한이 핵포기 결단의 좁은 문으로 들어가도록 압박하고 강요해나갈 것인가 하는 것이 커다란 과제가 될 것이다.

북한은 핵포기 의지를 갖고 있는가? 이것은 제1차 북한 핵위기 당시부터 제기되어온 가장 큰 의문이며, 북한 핵문제에서 가장 중요한 핵심 명제이다. 판단하기 쉽지 않은 사안이기는 하나, 반드시 규명하고 거듭 재확인하면서 넘어가야 할 사안이다.

북한은 핵포기 의지를 갖고 있는가? 이에 대한 객관적이고 정확한 판단을 내리는 것은 매우 중요하다. 왜냐하면 이에 대한 인식과 판단 여하에 따라 핵문제에 대처하는 방식이 전혀 달라질 수밖에 없고, 그릇된 판단에 기초한 정책은 숙명적으로 실패할 수밖에 없기 때문이다. 그러기에 이 문제야말로 모든 이념과 편견과 정치적 고려와 낭만적 희망사항을 배제하고 오직 냉철한 현실인식을 바탕으로 실체적 진실에 입각하여 판단해야 할 사안이다.

북한은 핵포기 의지를 갖고 있는가? 북한은 과거 핵포기 의사를 수차례 표명했다. "핵을 보유할 의사도 능력도 필요도 없다"는 김일성의 호언장담에서 제네바합의와 9.19 공동성명에 이르기까지, 지난 30년간 핵포기 의사의 표명으로 해석될 수 있는 약속은 결코 적지 않았다.

그러나 진정한 핵포기 의지의 표출은 그러한 원론적 의사표명 이상의 무언가를 필요로 한다. 북한이 미국에게 적대시 정책 포기를 행동으로 보여줄 것을 요구하고 있듯이, 북한 역시 핵포기 의지를 행동으로 보여주는 것이 필요하다. 그러나 그러한 행동은 한 번도 없었다.

북한은 핵포기 의지를 갖고 있는가? 1992년의 남북 핵협상, 1994년의 제네바합의, 2002년까지의 제네바합의 이행과 파기, 2003년 이래의 6자회담,

2012년의 미북 2.29 합의와 파기, 6차례의 핵실험과 수많은 미사일 실험들, 10차례의 유엔제재조치 등을 통해 북한이 국제사회에 보여준 행동들을 반추해볼 때, 한 가지 분명한 것은 북한이 핵을 포기할 정치적 의지를 갖고 있다고 추정할 만한 객관적 증거는 한 번도 확인된 적이 없다는 점이다.

북한은 핵포기 의지를 갖고 있는가? 북한은 지난 30년간 안전보장과 체제보장만 이루어지면 미국과의 협상을 통해 핵을 포기할 의사를 갖고 있다고 주장해왔고, 국내외의 많은 사람들이 막연한 희망을 가지고 이러한 북한의 주장에 기대를 걸었다. 그러나 북한은 그러한 모든 요구사항을 반영하여 만들어진 핵합의들을 예외 없이 위반하고 이행을 거부하고 이면에서 비밀 핵활동을 계속함으로써 그러한 주장의 진실성을 스스로 부정했다.

북한은 핵포기 의지를 갖고 있는가? 과거 북한은 1991년 남북 비핵화공동선언을 통해 "핵무기의 시험, 제조, 생산, 접수, 보유, 저장, 배비, 사용을 하지 아니한다"고 약속했다. 김일성은 1994년 카터 전 대통령에게 "핵무기를 개발할 의지도 능력도 필요도 없다"고 약속했고, 1994년의 미북 제네바 합의는 "미국의 경수로 공급 보장을 받는 대로 북한은 흑연로와 관련시설을 동결하며 궁극적으로 해체한다"고 합의했다. 그러나 그중 어느 약속도 지켜지지 않았다.

2005년의 9.19 공동성명은 "조선민주주의인민공화국은 모든 핵무기와 현존하는 핵계획을 포기하고 조속한 시일 내에 핵확산금지조약(NPT)과 국제원자력기구(IAEA)의 안전조치에 복귀할 것을 공약했다"는 그럴싸한 문구를 담고 있다. 그러나 북한은 그 가장 초보적 단계인 신고에 대한 검증을 끝내 거부했다. 검증을 받기에는 숨겨야 할 것이 너무도 많았기 때문이었다.

북한은 핵포기 의지를 갖고 있는가? 2009년과 2013년에 들어와 북한이 재차 핵위기를 조성하면서 미사일 발사, 핵실험 등 급속한 상황악화 조치를 취한 배경을 북한 내부의 권력승계 문제와 연결 지어 편리하게 해석하려는

북한의 비핵화 약속 연혁

비핵화 합의	비핵화 약속 내용	이행 결과
남북 비핵화공동선언 (1991. 12. 31)	"남과 북은 핵무기의 시험, 제조, 생산, 접수, 보유, 저장, 배비, 사용을 하지 아니한다. 남과 북은 핵재처리시설과 우라늄농축시설을 보유하지 않는다."	합의 불이행 (상호사찰 거부)
김일성-카터 면담 (1994. 6. 15)	"북한은 핵무기를 개발할 의지도 능력도 필요도 없다" (김일성의 구두약속)	약속 불이행 (핵개발 계속)
미북 제네바합의 (1994. 10. 21)	"북한은 미국의 경수로 공급 보장을 받는 대로 흑연로감속로와 관련 시설을 동결하며 궁극적으로 해체한다. 북한의 흑연감속로 및 관련 시설의 해체는 경수로 공사가 완공될 때 완료된다."	합의 불이행 (비밀 핵개발)
9.19 공동성명 (2005. 9. 19)	"북한은 모든 핵무기와 현존하는 핵계획을 포기하고 조속한 시일 내에 NPT와 IAEA의 안전조치에 복귀할 것을 공약했다."	합의 불이행 (신고검증 거부)
미북 2.29 합의 (2012. 2. 29)	"미국과 북한 쌍방은 9.19 공동성명 이행 의지를 재확인한다. (중략) 북한은 핵실험과 장거리미사일 발사, 영변의 우라늄농축활동을 임시 중지한다."	합의 불이행 (미사일 발사)
남북 판문점선언 (2018. 4. 27)	"남과 북은 완전한 비핵화를 통해 핵 없는 한반도를 실현한다는 공동의 목표를 확인하였다."	구체적 약속 부재
미북 싱가포르 공동성명 (2018. 6. 12)	"북한은 한반도의 완전한 비핵화를 위해 노력할 것을 약속한다."	구체적 약속 부재
남북 평양공동선언 (2018. 9. 19)	"북측은 미국이 6.12 북미공동성명의 정신에 따라 상응 조치를 취하면 영변 핵시설의 영구적 폐기와 같은 추가적인 조치를 계속 취해나갈 용의가 있음을 표명하였다."	구체적 약속 부재

견해들이 많았다. 과연 김정은은 이미 갖고 있던 핵포기 의지를 권력승계를 위한 내부단속 필요성 때문에 포기했던 것일까? 그렇다면 김정은의 권력기반이 공고해진 2014년 이후에는 핵포기 움직임이 조금이라도 있었어야 했는데, 오히려 그와는 반대로 핵실험과 미사일 실험이 과거 어느 때보다 빈번히 남발되었다.

북한은 핵포기 의지를 갖고 있는가? 2017년 불거진 제3차 북핵위기와 북한의 "핵무력 완성" 선언, 2018년의 남북 판문점선언(4. 27)과 싱가포르 미북 정상회담 공동성명(6. 12), 남북 평양공동선언(9. 19) 등 어디에서도 북한이 핵을 결정적으로 포기하리라고 해석될 만한 구체적 의사 표시는 없었다.

앞의 도표는 1990년대 초 이래 북한이 핵을 포기하겠다고 공약했던 모든 국제적 합의사항의 목록이다. 이 목록을 주의 깊게 살펴보면, 핵포기 합의 문구가 세월이 지남에 따라 지속적으로 구체성이 점차 사라지고 원론적 약속으로 변모되어오다가, 급기야 2018년에 들어와서는 원론적 약속마저도 사라지고 약속의 대상도 이행의 대상도 실종된 애매모호한 문구로 변화되어왔음을 한눈에 알 수 있다.

이는 북한의 핵프로그램이 진전되어감에 따라 북한 당국이 완전한 핵포기 의무를 결정적으로 명시하는 합의 문구의 채택을 어떻게든 저지하기 위해 점점 더 강경한 입장으로 협상에 임했음을 입증하는 기록이다. 이는 또한 북한의 핵개발이 완성되어감에 따라 북한의 핵무기 '불포기' 의지가 지속적으로 강화되어왔음을 말해주는 기록이기도 하다.

제 6 부

북한 핵문제의 미래

싸우다 몰락한 나라는 다시 일어서지만,
비굴하게 굴복한 나라는 멸망하게 된다.

_윈스턴 처칠

1

핵협상의 미래와 숨은 난관들

미국과 북한의 변화된 협상목표

싱가포르 미북정상회담 전후로 핵문제에 관한 대북한 협상은 미국의 손에 맡겨졌다. 한국 정부가 북한 핵문제 해결을 미북 협상에 일임한 것은 1993~1994년 미북 제네바협상 이후 처음 있는 일이었다. 미국과 북한 사이에 협상이 진행되는 동안 한국은 멀찌감치 떨어져 관객석을 지켰다.

그래도 제네바협상 당시에는 한국의 김영삼 정부가 미북 협상 과정을 감시하고 참견하려 무던히 애를 썼다. 그러니 미국에게 완전히 맡긴 것은 아니었다. 비록 사정상 미국에게 대북한 협상을 대행시키고는 있었지만 북한 핵문제의 당사자는 어디까지나 한국이라는 것이 한국 정부의 기본인식이었다. 그 때문에, 미국이 한국 정부와 사전 협의되지 않은 내용의 제네바합의에 가서명하고 추인 요청을 해왔을 때 김영삼 대통령의 분노는 대단했다.

미국과 북한이 북한 핵문제에 관해 갖고 있는 시각과 이해관계에는 협상으로 극복되기 어려운 근본적 차이가 있다. 아마도 그 때문에 2018년의 싱가포르 미북정상회담은 그리도 맥없는 합의밖에 도출하지 못했을 것이고, 폼페이오Mike Pompeo 국무장관의 수차에 걸친 후속협상에서도 예상을 뛰어넘는 파격적 합의를 이루기는 불가능했을 것이다.

만일 미국과 북한의 상이한 이해관계 쌍곡선에서 교차되거나 근접되는 지점이 발견된다면 그 지점에서 극적인 협상 타결이 이루어질 수도 있을 것이다. 그런 의미에서, 이 문제에 관한 미국과 북한의 기본시각과 이해관계를 비교해보는 것은 미북 핵협상의 장래를 유추해보는 데 도움이 될 것이다.

먼저 미북 협상에 임하는 북한의 목표는 무엇인가? 이를 중요도 순으로 열거하자면, **첫 번째 목표**는 두말할 것도 없이 이미 달성한 핵능력을 계속 유지하여 핵보유국으로 남는 것이다. 나아가 인도, 파키스탄과 같은 이른바 "핵보유국 지위"를 확보하는 것이다. 이 목표는 다른 어떤 목표보다 선행한다.

두 번째 목표는 당면한 경제난을 해소하기 위해 국제사회의 대북한 제재를 해제하고 남한의 대규모 경제지원을 끌어들여 피폐한 경제를 회복시키고 김정은의 "핵·경제 병진노선"을 완성하는 것이다. 북한이 제재 해제를 통해 추구하는 가장 중요한 3대 목표는 ① 철광석, 석탄, 수산물, 섬유제품 등 북한의 주력 수출품에 대한 전면수입금지 조치 해제, ② 원유 및 정유제품의 대북한 수출 통제 해제, ③ 대북한 무상원조 및 합작투자, 금융거래 금지의 해제를 통한 한국의 대규모 대북한 경제지원과 투자 재개 등이다.

특히 한국의 대북한 원조(인프라 지원, 식량 지원 등), 투자, 관광 및 위탁가공무역은 북한의 중요한 달러박스였기에 이의 복원은 북한에게 있어 중요한 관심사이다. 통일부 자료에 따르면 1990년대 이래 남한의 대북 송금액과 현물제공 총액은 김영삼 정부 12.2억 달러, 김대중 정부 24.7억 달러, 노무현 정부 43.5억 달러로 급증세를 보이다가, 이명박 정부 19.7억 달러, 박근혜 정부 3.3억 달러로 급감한 바 있다. 당시 북한이 무역을 통해 벌어들이던 외화소득이 연간 10억 달러 수준이었음을 감안할 때 이는 대단한 액수였다.

세 번째 목표는 미국과의 협상을 통해 평화협정, 정전체제 해체, 유엔사 해체, NLL(서해북방한계선) 폐지, 주한미군 철수, 한미동맹 이완 등 오랜 안보현안들을 해결하여 한반도에서 확고한 대남 군사적 우위를 확보하는 것이다. 그리고 이를 통해 북한 주도의 한반도 통일을 실현하는 것이다. 그러한 목표의 달성이 과연 가능할지 여부를 떠나서, 그것이 현시점에서 북한의 변함없는 목표라는 데는 이론의 여지가 없다.

그러면 미국의 협상목표는 무엇인가? 미국이 북한과의 핵협상을 통해 지향하는 첫 번째 목표는 단연 미국의 국가안보를 수호하는 것이다. 북한의 수소탄과 ICBM 개발로 미국이 테러지원국이자 불량국가rogue state인 북한의 직접적인 핵위협에 노출됨에 따라, 이 위협을 제거하고 미국의 안보를 지키는 것이 무엇보다 중요한 목표이다.

이런 면에서 미국의 이해관계는 동아시아의 동맹국인 한국이나 일본의 이해관계와 정확히 일치하지는 않는다. 아마도 북한은 이 틈새를 파고들어 미국과 적절히 타협하려 할 것이다.

미국의 두 번째 목표는 국제 비확산체제의 수호다. 북한이 인도, 파키스탄에 이어 9번째 핵보유국으로 등극하는 것을 막고, 북한의 핵무장이 이란 등 여타 잠재적 핵보유국들을 고무할 가능성을 차단하는 것이다. 아울러 북한의 핵무장으로 인해 한국, 일본, 대만 등 주변국 사이에 핵도미노 현상이 일어나는 것을 막는 것이다.

세 번째 목표는, 북한의 핵보유로 인해 미국의 동맹국인 한국과 일본의 안보가 위태로워지고 주일미군과 주한미군 및 미국인 체류자들이 위험에 처하는 것을 막는 것이다. 여기에는 장차 북한이 핵위협을 통해 미국의 한반도 사태 개입을 봉쇄하면서 한반도에서 재차 군사적 모험을 벌일 가능성에 대한 대처도 포함된다.

한국인의 입장에서는 좀 실망스러울지 모르나, 북한 핵이 한반도 안보에 미치는 영향은 미국에게 있어서는 우선순위가 많이 떨어진다. 그러나 북한의 핵위협에 대한 한국인의 관심도가 미국인의 관심도보다도 오히려 크게 낮은 현실을 감안할 때, 미국 정부를 원망할 수만은 없다. 당사자가 무관심한 일을 남이 신경써주기를 기대할 수는 없지 않은가.

그러면 이처럼 상이한 미국과 북한의 목표를 동시에 충족시키는 합의를 어떻게 도출할 수 있을 것인가? 앞에 기술된 북한의 최우선 목표와 미국의 최우선 목표를 엮어내면 답은 의외로 쉽게 나올 수도 있다. 북한이 ICBM 개발을 현 단계에서 동결하는 대가로 미국이 북한의 핵보유를 일단 용인하되, 제재 해제, 평화협정, 미북 수교 등 북한 측 관심사항들의 해결은 후속협상을 통해 신고, 검증, 해체 등 핵폐기 일정과 연계시키는 방안이다.

이 방안은 일견 그럴싸하나 세 가지 문제점이 있다. 첫째, 핵시설, 핵물질, 핵무기에 대한 검증과 해체를 수용할 가능성이 매우 적은 북한의 기존 입장을 감안할 때, 이러한 합의는 북한의 핵보유를 정당화시키고 기정사실화하는 데 이용만 당할 가능성이 있다. 또한 그로 인해 역설적으로 대북 비핵화 협상은 한 발짝도 더 진전되지 못할지도 모른다. 미북정상회담을 앞두고 한국과 일본의 많은 전문가들은 미국과 북한 사이의 이런 무원칙한 야합을 우려해왔었다.

둘째, 이러한 합의는 필연적으로 이란과 여타 잠재적 핵보유희망국들을 고무할 것이며, 미국은 이란의 핵개발을 강력히 저지할 명분을 잃게 될 것이다. 따라서 이러한 합의는 국제적 핵 비확산의 유지에 관심이 큰 미국 의회와 언론으로부터 적지 않은 비난과 저항에 직면하게 될 것이다.

셋째, 이러한 합의는 국제사회의 대북한 제재조치를 일부 해제하거나 유연성 있게 적용하기를 원하는 북한의 후견국가들도 만족시킬 수 없을 것이다. 왜냐하면 북한이 신고, 검증, 폐기 등 비핵화를 위한 추가조치를 거부할 경우 현재의 대북한 제재조치가 장기화, 영속화될 가능성이 있기 때문이다.

그러나 그렇다고 미국이 이들의 입장을 감안해 제재조치를 조기에 해제할 경우에는 북한의 세 가지 주요 목표 중 첫 번째와 두 번째가 모두 달성되는 결과가 초래되므로, 북한이 비핵화를 위한 추가조치에 동의할 가능성이 현저히 줄어들게 되는 딜레마에 처하게 될 것이다.

'핵무력 완성' 이후의 새로운 과제

　　북한은 2017년 수소탄 핵실험과 화성-15 ICBM 시험발사를 계기로 "핵무력의 완성"을 선언한 데 이어 2018년 5월 각국 언론의 입회하에 풍계리 핵실험장 폭파 행사를 실시했다. 이는 이제 더 이상의 핵실험은 없을 것이라는 대외적 의사 표시였다. 북한은 이미 6차례 핵실험을 실시했고 수소탄 실험까지 성공적으로 마쳤기 때문에 기술적으로도 이제 더 이상의 핵실험은 필요 없다는 것이 공지의 사실이다.

　　북한은 2017년 말까지 핵과 ICBM 개발을 완성하고 2018년부터는 인도, 파키스탄처럼 "핵동결을 통한 평화적 환경조성"으로 "북한의 핵에 대한 면역력을 조성"하여 핵보유를 기정사실화 한다는 전략을 이미 수년 전부터 계획해왔다.[1] 그러한 예측은 그보다 더 일찍부터 각국 학계와 언론에 의해 무수히 제기되어온 터였다.

　　북한이 장기적 계획과 전략에 따라 스스로 핵동결 단계에 진입한 이러한 새로운 상황전개는 그간 국제사회가 북한 핵문제를 다루어온 전통적 방식이 이제 더 이상 유효하지 않음을 말해준다. 과거 대부분의 북한 핵문제 해결방식은 동결 → 신고 → 검증 → 해체 수순의 합의를 추구했다. 1994년의

1　태영호, 『3층 서기실의 암호』(기파랑, 2018), 403쪽.

제네바합의도 그랬고, 2005년의 9.19 공동선언도 그랬고, 2012년의 미북 2.29 합의도 같은 개념으로 협상이 진행되었다.

그러나 그것은 이미 옛날 얘기가 되었다. 과거 북한이 기껏 한 개 또는 두 개 정도의 핵무기를 제조할 핵물질을 보유했을 당시에는 더 이상의 핵물질 추출을 중단시키는 '동결'의 단계가 나름대로 의미가 있었다. '동결'은 북한이 쉽게 합의하고 이행할 수 있는 거의 유일한 단계이기도 했다. 그래서 국제사회는 값비싼 경제적 대가를 지불하고 '동결'을 핵문제 해결의 시발점으로 삼곤 했다.

그러나 북한의 핵개발 완성에 따라 이제 북한의 '핵동결'은 두 가지 이유에서 무의미해졌다. 첫째 이유는, 북한이 이미 수십 개의 핵무기를 보유하고 있는 것으로 추정되는 이상 핵동결은 기존의 핵무기 보유를 정당화하고 북한의 이른바 "핵보유국 지위"를 기정사실화 시켜주는 결과만 초래하게 되기 때문이다. 더욱이 그에 대해 국제사회가 대가까지 지불하는 것은 말이 안 된다.

둘째 이유는, 북한 핵개발 계획의 중추인 우라늄농축시설의 위치와 규모가 베일에 싸여 있는 관계로, 핵동결 합의를 해봐야 동결의 대상도 애매하고 동결의 이행을 감시하는 것도 현실적으로 불가능하기 때문이다.

따라서 앞으로의 대북한 핵협상은 부득이 동결 단계를 생략하고 신고 → 검증 → 해체의 세 단계 수순을 밟을 수밖에 없게 되었다. 싱가포르 미북정상회담 이후 미북 간의 후속협상도 핵시설 신고를 합의 이행의 출발점으로 하고 있는 것으로 알려져 있다.

그러나 미국이 북한으로부터 핵신고를 받는 데 성공한들 그것을 어떻게 검증할지가 큰 문제다. 과거 영변 핵시설의 경우는 미국과 IAEA 등 국제사회가 고도의 감시체제를 유지해온 관계로 북한의 신고에 대한 검증이 여러 방법을 통해 가능했다. 그러나 우라늄농축시설과 핵무기의 경우는 상황이 전혀 다르다. 북한이 각지에 은닉된 여러 개의 우라늄농축시설 중 한두 개를 철저히 숨기고 그로부터 생산된 핵물질과 핵무기까지 은닉할 경우 무슨 방법으로 이를 검증할 수 있을 것인가?

만일 북한이 그 은닉된 우라늄농축시설을 아예 해체해 지하에 매립하는 방법으로 핵물질 추출의 증거를 모두 인멸한다면,[2] 북한은 모든 핵시설, 핵물질, 핵무기를 해체하고도 상당한 양의 핵물질과 핵무기를 계속 은밀히 보유할 수 있을 것이다. 그렇게 되면 북한은 위장된 '완전한 핵포기'의 대가로 대미수교, 주한미군 철수, 제재해제, 경제지원 등 모든 대가를 얻어내고도 여전히 사실상의 핵보유국으로 남는 최악의 결과가 초래될 수 있다.

비핵화 이행의 마지막 단계인 '해체' 단계의 어려움은 그보다 훨씬 더 클 것이다. 그래서 전통적인 방식을 통한 미북 사이의 핵협상이 과연 합의에 도달할 수 있을지, 그리고 그러한 합의가 과연 이행될 수 있을지 매우 의문스러운 상황이다.

핵폐기 과정의 수많은 미로들

1990년대 초 이래 북한 핵문제를 해결하기 위한 협상은 주로 영변의 핵시설에 초점이 맞추어져 왔다. 1991년의 남북핵협상과 1994년의 제네바합의는 물론, 2005년의 9.19 공동성명, 2012년의 미북 2.29 합의 역시 마찬가지였다. 그러나 북한의 2006년 핵실험 이후 폐기해야 할 대상은 무려 네 가지

---

2 북한은 1993년에도 영변 핵시설단지에서 핵물질 추출의 증거를 인멸하기 위해 가장 중요한 증거가 담긴 액체폐기물 저장소 2개를 통째로 지하에 매립해 은닉하려 시도한 전과를 갖고 있다.

로 늘어났다.

이를 비교적 해결이 쉬운 것부터 순서대로 열거하자면, ① 영변 핵시설(플루토늄 생산시설), ② 우라늄농축시설(영변 소재 농축시설 및 여타 은닉된 농축시설들), ③ 핵물질(농축플루토늄 및 농축우라늄), ④ 핵무기 등 4개의 카테고리로 구분된다. 2005년의 9.19 공동성명과 그 부속합의인 2.13/10.3 합의는 그중 첫 항목인 영변 핵시설 해체를 위한 준비운동 정도 단계에 불과했다. 훨씬 많은 난관이 예상되는 나머지 세 카테고리의 폐기 문제는 진정한 논의가 시작조차 되지 못했다.

우라늄농축을 통한 북한의 핵무기 대량 생산과 2017년의 "핵무력 완성"으로 인해 향후 협상에서는 '핵동결' 단계의 설정이 무의미해졌음을 감안할 때, 만일 앞으로 북한과의 비핵화 협상이 제대로 진행된다면 '핵동결' 과정을 생략한 채 대체로 다음과 같은 과정을 거쳐 진행될 것이다.

북한의 핵폐기 과정 세부개념도

영변 핵시설 ⇨	신고	검증	핵심 부분 해체(또는 영구 불능화)	완전 해체
우라늄농축시설 ⇨	신고	검증	핵심 부분 해체(또는 영구 불능화)	완전 해체
핵물질 ⇨	신고	검증	핵물질 국외 반출(농축플루토늄+농축우라늄)	
핵무기 ⇨	신고	검증	핵물질 국외 반출	핵무기 제조시설 해체

├── 가역적 단계 ──┤├── 불가역적 단계 ──────┤

이 도표를 보면 북한의 비핵화를 위해 앞으로 가야 할 길이 얼마나 멀고 험난할 것인지를 쉽게 짐작할 수 있다. 그리고 이들 전 과정을 종래의 협상 방식으로 하나씩 단계적으로 협상하고 이행해나갈 경우 얼마나 많은 세월을 필요로 할 것인지, 또한 협상과정에서 얼마나 많은 반대급부를 제공해야 하고 얼마나 많은 파국의 함정들이 도사리고 있을 것인지 능히 짐작할 수 있다.

위 도표상의 핵폐기 과정 중 가장 중요한 단계는 핵시설 핵심 부분의 해체 또는 영구불능화와 핵물질/핵무기의 국외반출이 될 것이다. 국외로 반출

될 핵물질의 대부분은 은닉된 우라늄농축프로그램을 통해 생산된 핵물질일 것이다. 여기서 '영구불능화'라는 표현은 9.19 공동성명에서와 같은 일시적 불능화를 의미하는 것이 아니고, 핵시설의 핵심부에 콘크리트를 부어 재사용이 영원히 불가능하도록 만드는 등의 조치를 의미하는 것이다.

핵폐기 과정의 복잡성에 비추어볼 때, 설사 북한과 본격적인 핵폐기 협상이 개시된다 하더라도 이의 타결에는 장기간의 세월이 소요될 수도 있다. 북한이 핵을 포기할 진정한 의지를 갖고 있지 않다면 협상은 더욱 어려울 것이다.

핵시설의 '신고'는 그간 각종 합의에서 여러 차례 합의되고 이행된 바 있으나, 이번에는 북한이 은닉한 우라늄농축시설의 신고와 그 시설로부터 몰래 생산한 핵물질의 신고가 응당 포함되어야 하기 때문에 쉽지 않은 협상이 될 것이다.

그다음 단계인 '검증'은 그보다 훨씬 어려운 부분이다. 북한은 지금껏 한 번도 핵신고에 대한 '검증'을 수락한 바가 없다. IAEA의 사찰에 동의한 바는 여러 번 있으나 그 약속을 제대로 이행한 적은 거의 없다.

마지막 단계인 '해체'는 그 앞의 단계와는 차원이 다르게 훨씬 어려운 부분이다. 핵물질을 국외로 반출하는 문제는 1994년의 제네바합의에서도 끝내 합의가 이루어지지 않은 부분이었다. 제네바합의에는 핵물질의 최종적인 처리를 추후 협의한다는 말이 포함되어 있을 뿐, 궁극적 처리를 어찌 할지에 관해서는 아무 언급이 없었다.

북핵 협상의 가장 중요한 핵심이 될 핵폐기 협상의 주요 쟁점은 ① '핵폐기 대상'의 문제, ② '핵폐기 시기'의 문제, ③ '핵폐기 방법론'의 문제 등 세 가지가 될 전망이다.

첫 번째 난제인 **'핵폐기 대상'의 문제**는 그중 가장 어려운 사안이다. 과거 제네바합의 당시에는 협상이 비교적 단순했다. 영변의 핵시설과 이미 추출된 핵무기 1개 분량의 플루토늄만이 협상의 대상이었다. 그래서 핵시설을 동결하여 플루토늄의 추가 생산을 막고, 경수로 완공 시 핵시설 해체와 더불어 이미 생산된 플루토늄을 국외 반출하는 문제가 미국과 북한 간에 협의될 예정이었다.

그러나 이제 영변의 5MW 원자로는 낡고 녹슨 고철 수준의 시설이고 무리하게 풀가동해봐야 연간 6~7kg의 핵물질을 생산할 수 있을 뿐이다. 따라서 앞으로의 핵폐기 협상은 더 이상 낡은 영변 핵시설의 언저리를 한가로이 맴돌아서는 안 될 것이며, 은닉된 우라늄농축시설의 해체와 거기서 생산되는 연간 수백 kg 규모의 농축우라늄 폐기에 가장 높은 우선순위가 부여되어야 할 것이다.

두 번째 난제인 **'핵폐기 시기'의 문제**는 9.19 공동선언 채택 과정에서 이미 장시간 논의된 바 있지만, 미국의 '선핵폐기' 주장과 북한의 '후핵폐기' 주장이 극명하게 대립된 바 있다. 북한은 제재조치의 완전 해제와 미북관계 정상화를 통해 미국의 대북한 적대시정책이 종식되고 경수로 제공까지 이루어져야 핵폐기가 가능하다는 입장이었으며, 그에 더하여 미북 평화협정 체결까지 핵폐기의 선행조건으로 추가했었다.

북한의 이러한 선행조건 주장은 핵폐기에 앞서 최대한의 전리품을 확보하려는 협상전략이라기보다는, 미국이 수용하기 어려운 난제들을 선결요건으로 제기함으로써 핵폐기 개시 시점을 장기간 또는 무한정 지연시키려는 전략이 숨겨져 있었다.

따라서 북한의 요구를 액면 그대로 받아들여 선행조건들에 관한 협상을 시도하는 것은 매우 신중히 생각할 문제다. 특히 한반도 평화협정, 경수로 건설과 같은 장기적 과제를 핵협상과 결부시키는 것은 핵협상을 기약 없이 장기화시키고 북한에게 핵포기 거부의 명분만 만들어주게 될 위험성을 내포하고 있다.

한반도 평화체제 합의에 소요될 수년의 시간과 경수로 건설에 필요한 8~10년의 시간을 감안할 때, 이는 북한이 '핵보유국'으로 존재하는 시기가 그만큼 장기화됨을 의미한다. 그리고 그 선결요건이 완결된다고 해서 북한이 핵폐기 약속을 이행하리라는 보장도 없다. 만일 북한이 진정한 핵포기 의지를 갖고만 있다면 핵폐기의 네 가지 카테고리에 대한 불가역적 폐기 조치를 모두 동시에 이행하는 것도 기술적으로는 아무 문제가 없다.

세 번째 난제는 **'핵폐기 방법론'**의 문제이다. 북한이 설사 위의 네 가지 카테고리의 폐기에 모두 동의한다 하더라도, 이를 구체적으로 이행하는 방법론에서 첨예한 의견 충돌이 예상된다. 이에 관한 합의가 제대로 이루어지지 못할 경우, 합의의 이행이 도중에 중단되고 제네바합의의 전철을 밟게 될 수도 있다.

최대 쟁점은 아마도 핵물질과 핵무기의 국외반출 문제가 될 것이다. 보다 구체적으로 말하자면, ① 핵물질과 핵무기를 핵시설 해체와 동시에 폐기할 것인가, 아니면 추후 별도협상을 통해 논의할 것인가 하는 문제와 ② 보유 중인 핵물질과 핵무기를 국외로 반출할 것인가, 아니면 IAEA 감시하에 북한 내에 보관할 것인가 하는 문제다. 이들 두 쟁점은 핵폐기 협상 전체를 통틀어 가장 어려운 난제가 될 전망이며, 이에 대한 북한의 입장은 북한의 핵포기 의지 여하를 극명하게 보여주는 단서가 될 것이다.

북한은 영변소재 핵시설과 우라늄농축시설만 해체하고 나머지는 어떻게든 포기하지 않고 끝까지 보유하려 할지도 모른다. 또는 그보다 훨씬 전향적으로 임하여, 모든 핵시설과 핵물질을 포기하고 핵무기만은 끝까지 보유하려 할지도 모른다. 북한은 이미 6자회담 과정에서 핵무기 폐기가 협상의 대상이 아니라는 점을 수차 천명한 바 있다.

그중 어느 경우가 되었건, 북한의 완전한 비핵화에는 성공하지 못하고 제재해제, 경제지원, 미북 수교, 평화협정, NLL 폐기 등 반대급부만 제공하는 최악의 상황이 초래될 수 있다. 이러한 위험한 상황의 도래를 방지할 수 있는 방법은 한 가지밖에 없다. 핵시설, 핵물질, 핵무기의 폐기를 동시에 일괄 타결하고 동시에 이행하는 것이다. 만일 그러지 못하고 북한의 협상전술에 말려 이들을 각각 분리 협상하고 분리 이행하는 일이 발생한다면, 북한의 비핵화는 점점 더 요원한 과제가 될 것이다.

숨겨진 늪과 함정들

북한은 6자회담 과정에서 핵포기의 선결요건으로 세 가지 사항을 요구했는데, 경수로 지원, 한반도 평화체제 수립, 그리고 미북관계 정상화가 그것이었다. 그중 일부는 북한과의 핵협상을 더욱 헤어나기 어려운 깊은 늪지대로 인도하여 핵협상의 본질과 목표를 잃어버리게 할 만한 함정들을 내포하고 있었다.

경수로 지원 문제

북한은 핵폐기의 대가로 경수로 제공을 요구하면서 그것이 완공되기 전에는 핵폐기를 할 수 없다는 입장을 고집했다. 그러나 북한의 비핵화를 위해 경수로를 제공한다는 협상개념에는 다음과 같은 몇 가지 함정이 내포되어 있었다.

첫째, 핵폐기의 시기를 경수로 완공 시기와 연계하기로 합의할 경우, 핵폐기의 시기가 8~10년 지체되는 것을 피할 수 없었다. 경수로가 제공되어야 핵을 폐기하겠다는 북한의 오랜 주장은 대북한 에너지 제공이라는 시각에서 보면 얼핏 그럴싸해 보이지만, 여기에는 경수로가 완공될 때까지 핵무기, 핵물질, 핵시설을 그대로 보유하겠다는 의도가 숨어 있었다. 따라서 이는 북한을 '사실상의 핵보유국'으로 장기간 방치하는 첩경이 될 수 있었다.

둘째, 북한이 경수로 완공 후 약속대로 핵폐기를 이행한다 하더라도, 추후 마음먹기에 따라서는 경수로를 이용해 핵무기의 대량생산을 추구할 가능성이 열려 있었다. 앞에서 이미 설명했듯이, 1994년의 미북 제네바합의를 통해 북한에 제공하기로 했던 2000MW 용량의 한국표준형 경수로를 핵개발에 이용할 경우, 약 9개월 만에 최대 300kg의 무기급 농축플루토늄을 생산할 수 있다. 핵무기 제조에 통상 6~8kg의 농축플루토늄이 소요되는 점을 감안할 때, 이는 핵무기 약 40~50개에 해당되는 엄청난 양이다.

평화체제 수립 문제

북한은 2005년 7월 22일 외무성 대변인 성명을 통해, "평화체제 수립은 한반도의 비핵화 목표를 달성하기 위해 반드시 거쳐 가야 할 노정"이라고 규정하고, 미북 평화체제가 수립되면 미국의 대북한 적대시정책과 핵위협도 없어지므로 자연히 한반도의 비핵화로 이어지게 될 것이라고 주장했다.

이것은 북한이 대남정책의 오랜 걸림돌이었던 한미동맹과 주한미군 문제를 미북 평화협정을 통해 해결하겠다는 의지의 표현이기도 했다. 따라서 당시의 미국 부시 대통령은 이에 대한 반대 입장을 명확히 하고, "평화협정을 통해 한국전쟁을 종결하기 위해서는 북한이 먼저 검증가능하게 핵프로그램을 폐기해야 한다"는 입장을 천명했다. 이러한 부시 행정부의 시각은 오바마 행정부에 의해 그대로 승계되었다.

현존하는 한반도 정전협정을 평화협정으로 대체하는 문제는 고도의 법적·군사적 요소가 내포된 민감하고도 어려운 문제였다. 이는 한미동맹 문제, 주한미군 문제, 주한유엔사 문제, 한미 합동군사훈련 문제는 물론, 서해 북방한계선(NLL) 문제까지 관련된 예민한 현안이므로, 국가안보를 담보로 협상해야 할 사안이었다. 따라서 이는 핵협상보다 더 어려운 협상이 될 수도 있었고, 최소한 핵협상의 반대급부나 인센티브 정도로 사용될 부차적인 사안은 아니었다.

북한은 현재 장기간의 시간이 소요될 평화협정 논의의 대안으로서 '종전선언' 채택을 강력히 요구하고 있으나, 북한이 이를 악용할 가능성에 대한 유의와 예방조치가 필요한 것으로 보인다. 2018년의 남북정상회담과 미북정상회담 이후 북한이 비핵화에는 별 관심을 보이지 않으면서 유난히도 집요하게 '종전선언'을 요구하고 있는 것을 보면, 무언가 커다란 노림수가 있으리라는 예측이 가능하다.

아마도 북한은 "종전선언을 통해 한반도 전쟁이 법적으로 종식되었다"는 논리를 내세워 주한유엔사 해체, 정전체제 해체, NLL 폐지, 주한미군 철수, 한미 합동훈련 폐지 등을 강력히 주장하고, 이의 실현을 위한 물리적 압박을 시도하게 될지도 모른다.

그중에서도 특히 NLL은 한국전쟁과 그에 따른 휴전의 산물이므로, 북한은 한반도 전쟁상태의 법적 종식으로 NLL의 존립근거가 원천적으로 사라졌다고 주장하면서 서해에서의 모험적 도전을 재개할 소지가 있다. 유엔해양법에 따라 어느 나라건 평시상태에서는 12해리의 영해와 12해리의 접속수역만 인정되고 그 바깥 부분은 공해로서 모든 국가에 개방된다는 것이 확립된 국제법상의 원칙이기 때문이다.

한반도에 군사적 대치가 실재하는 상황하에서 NLL이 폐지될 경우 수도권 인근 서해안과 서해 5도의 안보에 치명적 위험이 초래될 수 있으므로, 종전선언 이후 그러한 문제가 발생하는 일이 없도록 사전 예방조치가 필요할 것이다.

평화협정은 단지 협정일 뿐이며, 그에 대한 환상은 금물이다. 종전선언 또한 마찬가지다. 교전국들이 전후처리의 일환으로 체결하는 평화협정은 무력대결 종식의 결과로 형성된 실재하는 평화를 문서로 정리한 것일 뿐,

NLL^{Northern Limit Line}, 즉 서해 북방한계선은 1953년 한국전쟁 휴전 당시 유엔군 측이 설정한 해상 휴전선 개념의 선으로서, 한반도의 정전^{armistice} 상태가 장기화됨에 따라 사실상의 남북 간 해상경계선과 같은 역할을 하고 있다. 북한은 NLL의 인정을 거부하면서 수십 년간 이에 지속적으로 도전해오고 있다. 서해에서 남북한 해군 사이에 발생한 두 차례의 연평해전(1999, 2002)과 대청해전(2009), 그리고 천안함 폭침(2010)과 연평도 포격사건(2010)은 북한이 이를 물리적 방법으로 해결하려는 과정에서 발생한 무력충돌이었다.

북한의 주장은 아래 지도에서 보듯이 NLL을 등거리선 원칙에 따라 재획정하자는 것이다. 북한의 주장에 따르면 서해의 광활한 해역이 북한 수역으로 전환되고 백령도, 대청도, 소청도, 연평도 등 4개 섬은 북한 수역 내의 고립된 섬으로 남게 되어 심각한 안보위협에 처하게 된다.

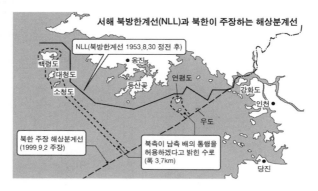

유엔해양법에 따르면 해상경계는 통상 육지로부터의 등거리 원칙을 따르게 되어 있으므로 북한 측 주장은 얼핏 일리가 있는 듯이 보이나, 이는 중대한 허구성을 내포하고 있다. 한반도 평화협정이 체결될 경우, 남북 양측의 영해는 국제법에 따라 폭 12해리(22km)의 좁은 해역이 될 것이므로, 서해 5도는 북한 측 주장처럼 북한 수역 내의 섬이 아니라 북한 영해와 접한 공해상의 섬이 되는 것이 국제법 규정에 부합된다. 서해 5도는 모두 북한 해안으로부터 24해리에 미달되는 거리에 위치하고 있어, 북한 영해(12해리)와 이들 섬의 영해(12해리) 사이에도 중간선 원칙이 적용되기 때문이다.

요컨대, 북한의 NLL 폐지 주장은 한반도 전쟁상태를 전제로 하는 이른바 전쟁수역(50해리, 92km)의 개념을 계속 유지하면서 서해 해상경계 획정에 있어서만 평시국제법을 적용하자는 것이다. 다시 말해서, 북한이 주장하는 해상경계선 재획정은 평화상태의 회복과는 거리가 멀고, 단지 북한이 일방적으로 선포한 전쟁수역이 남쪽으로 대폭 확대됨을 의미하는 데 불과하다. 북한은 한국전쟁 57주년인 2007년 6월 25일 NLL 폐지에 불응하는 한국 정부를 비난하면서, "불은 불로, 미친개는 몽둥이로 다스리는 법"이라는 극한적 표현과 함께 "무자비한 징벌 의지"를 경고했다.

평화협정이 무력대치 상태를 종식시키거나 평화를 창조할 수는 없다. 평화협정이 없어서 한반도에 군사적 대치상황이 존재하는 것도 아니고, 평화협정을 체결한다고 해서 그것이 사라지는 것도 아니다.

미·북한 수교문제

미국과 북한의 수교문제는 그리 생소한 사안은 아니다. 미국 정부는 그간 북핵문제 협상 과정에서 대북한 레버리지의 확보 차원에서 두 차례 북한과의 수교를 진지하게 검토했었으나, 거의 매번 북한 측의 귀책사유로 인해 기회가 무산되곤 했다.

미국이 북한과의 수교에 가장 근접했던 시점은 제2기 클린턴 행정부 말기인 2000년 10월이었다. 당시 임기 만료를 불과 2개월여 앞두고 있던 클린턴 대통령은 북한의 장거리미사일 개발을 막고자, 이를 중단하는 대가로 평양에서 미북정상회담 개최와 더불어 수교를 하는 방안을 추진했다. 이를 위해 당시 올브라이트 국무장관이 미국 국무장관으로서는 사상 처음 평양을 방문하기까지 했다. 그러나 상황을 너무 낙관했던 북한이 미사일 문제에서 강경입장을 고수하여 계획이 무산되었다.

두 번째 기회는 제1기 오바마 행정부 초기인 2009년이었다. 그해 1월 취임한 오바마 대통령은 대북 정책에 대한 "과감한 접근^{bold approach}"을 선거운동 당시부터 천명했었고, 취임과 더불어 이를 행동에 옮길 태세였다. 이는 대북한 수교까지 포함한 획기적 구상이었다. 그러나 오바마 행정부가 미처 자리를 잡기도 전인 2009년 4월 북한이 장거리미사일(은하2호)을 발사하고 5월에는 제2차 핵실험을 실시함에 따라 그 계획은 백지화되었다.

트럼프 행정부도 북한이 비핵화를 이행하면 미북 수교를 단행한다는 전향적인 생각을 가지고 있는 것으로 보이나, 북한의 비핵화가 수교를 할 만한 수준에 도달할 수 있을지는 미지수다. 한 가지 유의할 점은, 북한의 비핵화 과정 중 상당 부분은 북한이 도중에 언제라도 중단하거나 원상복구시킬 수 있는 '가역적reversible' 사안인 반면, 수교는 다분히 '불가역적irreversible' 사안이라는 점이다. 따라서 미북 수교는 북한의 비핵화가 상당 수준의 불가역적 수준에 도달한 이후에 이루어질 필요가 있다.

한편, 미북 수교문제와는 별도로 이와 불가분의 관계를 갖는 사안이 한 가지 있다. 어떤 이유로건 미국이 북한과 수교를 한다면 일본의 수교가 곧 뒤따르게 될 가능성이 크다.

일본 정부는 1990년대 초 대북한 수교를 위해 북한 측과 비밀리에 경협자금 액수까지 합의한 바 있었으나, 북한의 일본인(요코다 메구미) 납북사건이 불거지는 바람에 반대여론에 밀려 계획을 취소한 바 있다. 현재에도 일본이 대북한 수교를 하기 위해서는 납치자 문제의 해결이 필요하나, 이는 여건이 성숙되면 그리 어렵지 않게 해결될 수도 있는 문제다.

일본의 대북한 수교는 약 100억 달러에 달하는 엄청난 액수의 식민통치 배상금이 수반될 전망이어서 북한으로서는 수십 년 전부터 이에 큰 관심을 갖고 있다. 100억 달러면 북한이 처한 경제난을 거의 해결하고 사회간접자본과 기간산업 건설에 요긴하게 쓸 수 있는 거금이다. 한국도 1960년대 박정희 대통령 시대에 이 자금으로 경부고속도로 건설, 포항제철 설립 등 경제성장의 기초를 마련한 바 있었다.

한 가지 유념할 사항은, 북한이 일본과 수교를 하게 될 경우 남북한 관계에는 부정적 영향이 초래될 가능성이 있다는 점이다. 북한이 일본과의 수교를 통해 100억 달러의 원조자금을 제공받게 될 경우, 남북한 관계와 남북경협에 대한 북한의 관심도는 많이 떨어지게 될 것이다. 경우에 따라서는 북한과 일본 간 경제교류가 남북 경제관계를 추월하여 동북아시아 국가들 사이의 역학구도에 큰 변화를 초래할 수도 있다. 따라서 이 문제는 우리가 지속적으로 관심을 두고 주시해나가야 할 중요 사안이다.

2

핵위협의 극복을 위한 과제

국내적 무관심의 극복 필요성

2017년 하반기 북한의 핵개발과 미사일 개발 열기가 몰아치고 이에 대응하는 미국의 강력한 경고가 한반도 정세를 위기 상황으로 몰아가고 있었을 무렵, 북한의 핵위협에 대응하기 위한 여러 방안들이 한국 내에서 활발히 논의되었다. 독자 핵무기를 개발해야 한다는 주장, 미국의 전술핵무기를 재반입해야 한다는 주장 등이 이어졌고, 핵잠수함을 건조해야 한다는 주장까지 제기되었다.

그 후 불과 몇 달 만에 북한의 핵무기 프로그램이 사실상 완성되었으니 응당 이에 대한 경각심이 더 높아져야 정상이었을 텐데, 오히려 북한 핵문제는 사람들의 관심에서 멀어졌다. 2018년 초 북한 고위대표단의 갑작스러운 동계올림픽 참관으로 시작된 북한의 미소작전이 남북정상회담과 미북정상회담을 거치면서 국민들의 뇌리에 깊이 뿌리를 내려, 북한 핵문제는 사람들의 기억 속에서 거의 실종되었다.

심각해지는 북한 핵의 위협에 대해 한국은 실질적인 대응책을 마련하고 있지 못하다. 한국은 확실하게 방어할 수단도, 도발을 방지할 수 있는 확고한 억제 전력도 갖추고 있지 않다. 이러한 상황에도 불구하고 국민들은 국가안보에 대한 위기의식을 크게 느끼지 못하고 있다. 안보불감증이 만연한 상태이며 북한 위협에 대해 실질적 대응도 못하는 것이 현실이다. 북한 핵의 직접적 위협 대상은 한국이다. 그러나 북한 핵의 위협이 증가함에도 한국인의 안보인식은 크게 변화하지 않았다.[3]

북한의 핵위협에 대응하기 위해 한국 정부가 어떤 대응책을 마련하건, 상당한 국내정치적 논란거리가 될 가능성이 크다. 경우에 따라서는 국민들이 적지 않은 불편과 희생을 감내해야 할 수도 있다. 따라서 그러한 정책의 추진은 국민적 관심과 지지가 전제되지 않고서는 추진하기도 어렵고 성공하기도 어렵다.

북한 핵문제의 가장 직접적인 당사자는 한국이다. 북한이 개발한 ICBM(대륙간탄도미사일)은 한반도 유사시 북한이 미국의 대한국 군사지원을 견제하고 무력화시키기 위해 배치하려는 보조적 수단일 뿐이다. 북한 핵의 주된 위협대상은 미국이 아니라 한국이다. 한국은 북한이 남한을 겨냥해 20여 년 전부터 실전배치해둔 1000기 내외의 스커드 미사일과 노동미사일에 의해 이미 북한의 직접적인 핵공격과 핵위협의 사정권에 들어 있다.

그럼에도 불구하고 북한 핵문제에 대한 한국 국민들의 경각심은 생각처럼 높지 않다. 미국인의 80% 이상이 북한 핵문제를 가장 큰 위협이라고 생각하는 반면, 북한의 핵무장에 따른 한국인의 불안감은 30~40%에 불과한 것이 현실이다.[4] 북한 핵문제에 관한 그간의 여론조사 결과에 따르면, 북한

---

3 박지영 & 김선경, 『북핵 대응을 통해서 본 한국인들의 안보의식』(아산정책연구원 이슈브리프, 2017. 1. 26).

의 핵실험 직후에는 한국인들의 불안감이 50~64%로 증가했으나, 곧 평상시의 불안감 수치로 되돌아왔다. 한국인은 북한의 도발에 반응은 하지만 이는 일시적이며 북한 핵으로 인한 안보위협에 무감각한 것이 현실이다.[5]

문화체육관광부가 2018년 7월 31일 발표한 「남북관계에 대한 인식 여론조사」에 따르면, "한반도 평화를 위해 북한의 비핵화가 중요하다"는 의견은 63.8%였다. 나머지 36.2%의 국민은 그렇게 생각하지 않는다는 뜻이다. 북한이 핵과 미사일을 포기하지 않으리라는 견해가 43.2%이고 포기할 것이라는 견해가 33.7%인 것을 보면, 아마도 그 36.2%의 국민은 북한이 핵을 곧 포기할 테니 신경 쓸 것 없다는 낙관론에 젖어 있는 것이 아닌가 생각된다.

이러한 국민들의 인식은 정부의 정책에도 투영되고 있다. 미국은 트럼프 대통령까지 직접 나서서 북한 핵문제의 해결을 위해 동분서주하고 있는 반면, 정작 당사자인 한국 정부는 초연한 자세로 한발 물러서서 남의 집 불구경하듯 하고 있는 형국이다. 한국 정부와 국민들은 이미 오래전에 북한 핵문제의 운전대를 미국과 북한에게 내주고 뒷자리 손님좌석으로 물러앉았다. 앞자리 조수석에는 일본과 중국이 앉아 있다.

우리는 그들이 한국의 시각과 우려를 이해하고 그들 사이의 협상에서 이를 반영해주기를 기대한다. 그러나 우리 스스로가 이 문제에 대해 지대한 관심을 기울이고 행동에 나서는 데는 인색하다. 우리는 누군가 다른 사람들이 우리를 대신해 역할을 수행해주기를 원한다. 그러나 스스로 땀 흘려 그 역할을 수행하려 하지는 않는다. 다른 잡다한 일들로 너무 바쁘기 때문이다.

이처럼 우리 자신의 중요한 문제에 대한 무관심과 불감증이 지속되는 한

4　2018년 3월 5일 자 VOA 보도에 따르면, 2018년 2월 여론조사 시 미국인의 82%가 북한 핵문제를 가장 심각한 위협으로 인식했다. 이는 2013년 여론조사 시 83%와 별 차이가 없었다.

5　2017년 1월 26일 아산정책연구원, 「북핵 대응을 통해서 본 한국인들의 안보의식」 참조.

미국과 북한 사이의 담판에서 한국의 입장과 이해관계가 존중되고 반영되기를 기대하기는 어려울 것이다. 어떤 이유에서건 우리가 북한 핵문제에 앞장서 나서기를 주저하고 관중석에 편히 앉아 응원이나 하기를 선택한다면 이 문제는 절대 해결될 수 없다.

북한 핵문제를 해결하기 위한 우리의 정책은 다른 어느 나라보다도 한국 자신이 북한 핵문제의 '가장 중요하고 직접적인 피해당사자'라는 기본인식에서 출발해야 한다. 우리가 북한 핵문제를 우리 자신의 일로 생각하건 미국과 북한 사이의 현안으로 폄하하건 간에, 북한의 핵무장으로 인해 가장 큰 위험에 노출된 나라는 북한과 등을 맞대고 살아가야 하는 한국이라는 엄연한 사실에는 아무 변화가 없기 때문이다.

아울러, 북한의 ICBM 개발을 핵개발 완성의 척도로 간주하는 듯한 오류에서 벗어나, 이미 한국을 향해 핵탄두를 겨냥하고 있을 가능성이 높은 스커드미사일과 노동미사일에 대해 보다 심각하게 관심을 기울여야 한다. 북한의 ICBM 개발은 단지 미국의 관심사일 뿐이다. 한국에 관한 한 북한의 핵무장은 2006년 최초 핵실험과 동시에 이미 완성되었다.

대북한 핵억지력 확보 문제

북한의 핵개발 완성으로 남북한 사이의 군사적 비대칭성이 심화된 가운데, 이를 극복하기 위한 자체 핵개발, 미국 전술핵무기 재반입 등 한국의 대북한 핵억지력 확보 문제가 활발히 논의되었다. 그런 옵션들이 국민의 지지를 얼마나 받을 수 있는지 여부를 떠나서, 그것이 과연 현실적으로 가능한 일인지, 그리고 북한 핵무기의 위협을 극복하기 위한 효율적 수단이 될 수 있는지에 대한 검토를 해보고자 한다.

이 책의 맨 서두에서 잉카제국을 정복한 피사로와 아즈테카를 정복한 코르테스의 일을 예로 들었듯이, 무기의 현저한 차이는 어떤 방법으로도 극복되기가 어려웠던 것이 역사적 현실이다. 특히 그 무기 먹이사슬의 맨 위를 차지하고 있는 핵무기는 다른 무기들과 워낙 현저한 차이가 있기 때문에 어떤 방법으로도 핵무기에 대해 비핵무기로 군사적 균형을 이룩하는 것은 불가능하다. 더욱이 일반 핵무기의 수백 배 위력을 가진 수소탄의 경우는 더 말할 나위도 없다.

따라서 핵무기에 대한 억지력 확보는 핵무기로 하는 수밖에 없다. 미국이 1945년 핵무기를 개발하자, 동서냉전 시대에 미국의 최대 적국이던 소련이 1949년 두 번째로 핵무장을 했다. 1964년 중국이 핵실험을 하자 중국과 앙숙 관계이던 인도가 1974년 뒤를 이었고, 인도와 앙숙 관계이던 파키스탄도 인도를 견제하기 위해 1998년 핵무장을 했다.

이러한 국제사회의 살벌한 논리에 따르자면 북한의 핵무장에 대응해 한국과 일본이 자체 핵무장을 하는 것이 가장 자연스럽고 당연한 귀결일 것이다. 그러나 그러기에는 국제규범이 너무도 엄정하고 가야 할 길은 너무도 험난하다. 정상적으로는 그 길을 가는 것이 사실상 불가능에 가깝다고 할 수 있다.

만일 한국이 현 국제규범하에서 핵무기를 개발하고자 한다면, 먼저 NPT 협정에서 탈퇴한 후 핵무기용 농축플루토늄이나 고농축우라늄을 생산해야 한다. NPT에서 탈퇴하면 비핵화의 법적 의무가 없어지기 때문이다. 그러나 한국이 일단 NPT 탈퇴를 선언하면 이는 핵개발을 하겠다는 공개적 선언과 마찬가지로서, 그와 동시에 국제사회로부터 모든 핵물질, 핵시설, 핵장비의 수입이 전면 금지되리라는 점을 염두에 두어야 한다.

농축플루토늄은 기존의 원자력발전소를 조금 변칙적으로 운영하여 생성한 폐연료봉spent fuel으로부터 추출할 수 있다. 이 연료봉으로부터 핵무기용 농축플루토늄을 추출해내려면 거대한 재처리시설을 건설해야 한다. 이는 북한의 1990년대 초기 핵개발 방식인데, 이런 작업을 비밀리에 한다는 것은 불가능하다.

그것이 부담스러우면 좀 은밀하고 간단한 방법이 있다. 다량의 원심분리기가 설치된 우라늄농축시설을 비밀리에 건설하여, 한국에서 채광되는 천연우라늄으로부터 핵무기 제조에 필요한 고농축우라늄을 생산하는 것이다. HEU(고농축우라늄) 프로그램이라 불리는 이 방식은 북한이 2000년대 초 이래 채용하고 있는 방식이고, 이란도 현재 이 방식을 통한 핵개발을 추구하고 있는 것으로 의심받고 있다. 과거 남아공과 리비아도 이 방식을 통한 핵무기 개발을 추구했었다.

그러나 어떤 방식을 채택하건, 국제규범에 전면 역행하는 핵무기 개발을 한다는 것은 공개토론하고 공론화하여 추진할 수 있는 일은 결코 아니다. 다른 모든 핵보유국들처럼 정부가 모든 책임을 지고 극비리에 추진해야 성공의 기회가 조금이나마 있는 사안이다. 미국의 사전 양해를 받아 핵무기를 개발한다는 구상은 있을 수 없는 황당한 가설이다.

만일 한국이 NPT 탈퇴를 선언하면 이는 핵무기를 개발하겠다는 명시적 의사표시에 해당되므로, 국제사회의 제재조치가 즉각 세 갈래로 개시될 것이다. 첫째, NPT 협정과 NSG(핵공급국그룹) 규정에 따라 한국에 대한 국제사회의 모든 핵물질, 핵시설, 핵기술의 공급이 즉각 자동적으로 중단될 것이다. 이는 원전 가동을 위한 핵연료의 공급 중단을 의미한다. 미국 외의 다른 핵연료 수출국들도 모두 미국과 쌍무적 원자력협정을 맺고 있어, 핵개발에 나선 한국에 우라늄 핵연료를 공급하지는 못한다.

한국은 원전가동에 필요한 저농축우라늄을 100% 미국 등 핵공급국들로부터 수입하고 있다. 따라서 한국이 보유한 20여 개의 원자력발전소는 핵연료 부족으로 대부분 1~2년 내에 가동이 중지되고 한국은 전체 전력생산량의 30% 이상을 상실하게 될 것이다. 후쿠시마 원전 사태 직후의 일본과 유사한 상황에 처하게 되는 것이다.

둘째, 유엔 안보리의 규탄성명과 더불어 미국, 일본, EU 등으로부터의 개별적 경제제재를 각오해야 한다. 과거 인도와 파키스탄도 미국과 일본으로부터 개별적 경제제재를 받았다. 수출의존도가 유난히 높은 한국의 기업들은 국제사회의 무역제재로 심각한 타격을 입게 될 것이다. 사전에 미국과 교섭하여 핵무기 개발의 양해를 받자는 아이디어도 있으나 미국이 이를 수락할 가능성은 없다.

셋째, 미국으로부터 한국 정부에 대해 엄청난 정치적 압박이 가해질 것이다. 미국은 아마도 한미 동맹조약 해지와 주한미군 철수, 핵우산 철거 및 모든 군사지원 중단을 압박해올 것이다. 박정희 대통령이 1970년대 후반 북한의 남침을 막고자 핵개발을 시도하려 했을 때 미국은 그런 압박을 가해왔고, 한국 정부는 이에 굴복했다.

이러한 이유들 때문에, 한국은 어떤 희생을 치르고라도 대응 핵능력을 구비해야만 할 극한적인 상황에 도달하고 대다수 국민들이 이를 전폭 지지하지 않는 한 독자적인 핵무기 개발에 나서는 것이 현실적으로 쉽지 않을 것이다.

독자적 핵무장이 어렵다면, 미국의 전술핵무기를 주한미군에 다시 배치하는 것은 현실적인 대안이 될 수 있을까? 주한미군 전술핵무기는 북한의 남침 가능성이 우려되던 1960년대부터 배치되어 1980년대에도 150여 기가 배치되어 있었으나, 냉전 종식과 더불어 1991년 미국 부시 행정부의 해외 전술핵무기 전면철수 선언으로 완전 철수했다.

주한미군 전술핵무기의 재배치 문제는 우선 미국의 동의를 전제로 하는 것인데 미국이 이에 동의할지 의문이고, 한국 국내여론의 반응도 미지수다. 순수한 방어목적의 사드(THAAD) 포대 배치조차 어려운 이 땅에 전술핵무기를 반입하는 것이 과연 가능할 것인가? 그것이 북한의 강력한 심리전 공작과 중국의 거센 반발, 국내 특정 정치세력의 반대를 극복하고 국민여론의 지지를 받을 수 있을 것인가?

또한 설사 갖은 고난을 뚫고 전술핵무기가 한국에 재반입된다 하더라도, 파괴력의 차이가 너무도 커서 북한 핵무기에 대한 억지력을 발휘하기는 어렵다. 전술핵무기는 국지적 전투에 사용되는 극소형의 핵무기로서, 핵무기라기보다는 초강력 재래식 폭탄에 가까운 무기다. 전쟁용이 아닌 전투용 무기이기에 '전술핵무기'라 불린다. 따라서 이것으로 북한의 전략핵무기를 견제할 수는 없다. 이는 마치 탱크의 공격에 권총으로 대항하는 것과 마찬가지다.

그보다는 차라리 일본의 요코스카 해군기지처럼 핵무기가 적재된 미국 항공모함이나 핵잠수함의 모항을 한국에 설치하여 미국의 전략핵무기가 한반도에 교대로 상주하는 체제를 갖추는 것이 훨씬 현실적인 대안이 될 수 있을 것이다. 그러나 방어무기인 사드 요격미사일의 배치조차 어려운 이 나라의 정치풍토하에서 우리 정부와 국민이 그런 정치적 결단을 과연 내릴 수 있을 것인가?

북한핵에 대한 대응방안 중 하나로 핵잠수함을 건조하자는 견해도 제시되었으나, 이는 '핵'을 추진연료로 사용하는 무기일 뿐, 대북한 핵억지력과는 무관한 사안이다. 미국과 러시아가 다수의 핵잠수함을 운용하는 이유는 다음 두 가지인데, 한국의 경우는 두 가지 모두 해당사항이 없다.

핵잠수함의 가장 중요한 첫 번째 용도는 적의 감시를 피해 깊은 해저에 다량의 핵무기를 저장해두는 핵무기 비밀저장소의 역할이다. 이는 가상적국의 기습적인 선제 핵공격에 대비하기 위한 조치이다. 미국의 주력 핵잠수함인 오하이오급 핵잠수함에는 트라이던트II 핵미사일 24기가 장착된다. 이 미사일들은 모두 탄두가 8~14개씩 적재된 다탄두미사일(MIRV)인데, 24개의 미사일에 탑재된 핵탄두를 모두 합치면 최대 336개로서, 중국, 영국, 프랑스 등의 핵무기 총수를 능가한다. 이들 탄두는 대부분 수소탄이며, 모두 합치면 히로시마 원폭 1600개에 달하는 가공할 위력이라 한다.

핵잠수함의 두 번째 용도는 해저의 장거리 크루즈미사일 발사기지 역할이다. 미국 핵잠수함 중 일부는 냉전 종식 후 개조되어, 핵미사일 대신 사거리 3000km의 토마호크 미사일을 100기 이상 싣고 다닌다. 이들은 대서양을 건너 지중해나 인도양 해저 깊은 곳에 은신하다가, 명령이 떨어지면 장거리에서 공격목표를 향해 크루즈미사일을 발사한다. 과거 미국의 2003년 이라크 침공, 2011년 리비아 공습 등에 핵잠수함이 이런 용도로 동원되었던 것으로 알려져 있다.

한편, 한국과는 달리 일본은 1980년대부터 미국의 동의하에 초대형의 상업용 우라늄농축시설과 플루토늄재처리시설을 운영하고 있고, 세계에서 가장 많은 양의 농축플루토늄을 비축하고 있다. 일본 원전에 사용할 핵연료를 생산하는 로카쇼무라 재처리시설은 매년 8000kg의 농축플루토늄을 생산할 수 있는데, 이는 핵무기 수백 개분에 해당된다.

이처럼 일본은 언제라도 단시간 내에 대량의 핵무기 제조가 가능한 여건을 구비하고 있다. 아베 일본 총리는 관방 부장관 시절이던 2002년 5월 13일 공개강연에서 "일본이 원자탄을 갖는 것은 헌법상 아무 문제가 없다"면서 "결심만 하면 1주일 이내에 핵무기를 가질 수 있다"고 말한 바 있다. 일본 각의도 2016년 핵무기 보유가 평화헌법 제9조에 저촉되지 않는다는 입장을 천명했다.

그러나 일본 역시 한국과 마찬가지로, 극단적 선택이 불가피한 상황이 도래하지 않는 한 국제사회의 제재와 경제파탄을 무릅쓰고 독자적인 핵무기 개발에 나설 가능성은 매우 적다. 다만 일본의 경우는 핵개발의 결단을 내릴 경우 한국보다 상대적으로 유리한 점이 세 가지 있다. 따라서 극한적 상 미국 「원자력법」의 엄격한 규정에도 불구하고, 일본은 1980년대 중반 미국으로부터 일괄 사전동의를 받아 경수로 연료봉 제조와 고속증식로 연구 등을 위한 상업적 차원의 재처리시설과 우라늄농축시설을 가동하고 있다. 이 때문에 이따금 일본의 핵무장 가능성이 제기되기도 한다.

일본은 현재 연간 재처리용량 900톤에 달하는 2개의 대규모의 재처리시설(도카이, 로카쇼무라)을 보유하고 있고, 경수로 연료봉 생산을 위해 연간 처리능력 약 1500톤의 상업용 우라늄농축시설(로카쇼무라)도 보유하고 있다.

이에 더하여, 일본은 국내 또는 해외에서 재처리한 농축플루토늄을 43.1톤(2006년 기준) 보유하고 있고, 그중 5.7톤을 국내에, 나머지는 영국(15.9톤), 프랑스(21.5톤)에 위탁보관하고 있다.

일본이 보관 중인 플루토늄 5.7톤은 원자로에서 정상적으로 완전 연소된 연료봉으로부터 추출된 까닭에 순도(Pu^{239}의 농도)가 너무 낮아 핵무기 제조는 불가능하다. 그러나 일본은 마음만 먹으면 기존의 상업용 재처리시설과 우라늄농축시설을 이용해 대량의 핵무기용 핵물질을 언제든 새로 대량 생산할 수 있다.

황에 처할 경우 한국보다는 일본이 핵개발을 강행하기 용이한 조건을 갖추고 있다.

첫째, 일본은 마음만 먹으면 새로운 시설의 건설 없이 기존 우라늄농축시설과 플루토늄재처리시설을 이용하여 아마도 수개월 내에 핵무기 제조가 가능하다. 둘째, 일본은 세계에서 가장 많은 양의 플루토늄과 우라늄을 국내에 보관하고 있어, 핵개발로 인해 국제사회의 핵연료 공급이 중단되더라도 국내 원자력발전소의 핵연료를 장기간 자급자족할 수 있다. 셋째, 일본 경제는 무역의존도가 한국보다 훨씬 낮아서 핵개발에 따른 국제사회의 무역제재에 더 잘 견딜 수 있다.

수세적 방어수단으로서의 미사일방어

한국이 북한의 핵위협을 억지하기 위해 자체 핵개발도 전술핵무기 반입도 하지 않는다면, 그 밖에 취할 수 있는 조치는 무엇인가? 비록 북한의 핵무기를 완벽히 견제할 수는 없어도 북한의 평시 핵위협에 대처하고 유사시 실제 핵공격 가능성에도 비교적 효과적으로 대비할 수 있는 방법이 없지는 않다. 그러한 방어수단에는 수세적 방어수단과 공세적 방어수단이 있다.

적국의 핵미사일에 대한 수세적 방어수단으로서 세계적으로 가장 널리 사용되고 있는 것은 미사일방어(MD) 체계다. 이는 미사일로 미사일을 격추시키는 최첨단 방어체계로서, 최근 과학기술의 발전에 따라 정확도가 지속적으로 향상되고 있다. 세계적으로 미국, 러시아, 이스라엘이 최선두에서 수요자 겸 공급자의 위치에 있다. 일본이 그 뒤를 따르고 있고, 미국 미사일방어망의 핵심기술 중 일부는 일본이 보유하고 있다.

한국의 사드 배치에 그토록 반대하던 중국도 여러 곳에 러시아산 S-300을 이용한 저고도 미사일방어망을 설치하고 있고, 2018년 6월에는 "러시아판 사드"라 불리는 고고도 미사일방어 체계 S-400 트리움프 6개 포대를 한반도 인근 산둥반도 등에 배치했다. 중국은 남중국해의 남사군도에 건설 중인 4개 인공섬에도 미사일방어망을 설치 중인 것으로 관측되고 있다.

반면에 한국의 미사일 방어망은 2018년 현재 주한미군의 패트리어트 PAC-3 약 200기와 사드(THAAD) 1개 포대 48기가 전부이고, 2020년부터 136기의 PAC-3가 한국군에 처음 도입될 예정인 것으로 알려졌다.[6] 한국군

---

6 패트리어트 PAC-3 미사일 1개 포대는 8개 발사대에 각 16발의 미사일이 장착되어 총 128기의 요격미사일로 구성된다. THAAD 1개 포대는 6개의 발사대에 각 8발의 미사일이 장착되어 총 48기의 요격미사일로 구성된다.

이 보유한 구형 패트리어트 PAC-2는 요격고도도 낮고 주로 적군 항공기를 요격하기 위한 방공시스템이어서 미사일 요격에는 한계가 있다.

한편, 패트리어트 미사일은 방어반경이 매우 짧아서 그것이 설치된 공군 기지나 시설 인근을 방어하는 역할밖에 하지 못한다. 다시 말해서, 주한미 군에 배치된 PAC-3는 기본적으로 주한미군이 자신을 방어하기 위한 것이며 주변의 다른 도시들을 방어할 수는 없다. 반면에 사드는 반경 200km 내의 모든 지역을 방어할 수 있다. 따라서 2018년 현재 대한민국을 방어하는 미 사일 방어망은 사실상 1개 포대 48기의 사드 미사일밖에 없는 셈이다. 특히 수도 서울은 아무런 보호막이 없이 완전히 벌거벗은 상태다.

1000기에 달하는 북한 중단거리 미사일의 위협을 20여 년 전부터 받고 있고 그에 더하여 새로이 북한 핵미사일의 위협까지 받고 있는 한국의 안보 상황에 비추어볼 때, 이는 대단히 취약한 미사일방어망이며 국가안보 정책 상의 중대한 허점이 아닐 수 없다.

중국이 한반도와 대만을 겨냥하고 동해안에 배치한 S-400 방공시스템은 적국의 항공기는 물론 탄도미사일과 크루즈미사일까지 방어하며, 이 한 개 의 미사일 체계로 저고도 미사일과 고고도 미사일을 모두 한꺼번에 요격할 수 있다는 것이 제조국인 러시아 측의 주장이다.

이 미사일의 사거리는 400km로 사드 미사일(200km)의 두 배다. 중국이 이 미사일을 산둥반도에서 발사하면 한국 서해안 상공까지 날아온다. 또한 S-400의 레이더는 탐지거리가 700km여서 산둥반도에서 한반도를 깊숙이 들여다볼 수 있다. 이에 비해 경북 성주에 설치된 사드는 요격 사거리가 서 울에도 미치지 못하고, 교전 탐지거리가 600km인 사드 레이더로는 겨우 중 국 변경을 탐색할 정도에 불과하다.[7]

7 2018년 8월 17일 자 《중앙일보》, "김민석의 Mr. 밀리터리".

미사일방어(Missile Defense)

구분	요격체 명칭	요격고도	요격방식	속도	추진체	제조사
저고도방어	PAC-3	60m~30km	hit-to-kill	마하5	1단/고체	록히드마틴
	PAC-3 MSE	60m~40km	hit-to-kill	마하5	1단/고체	록히드마틴
고고도방어	THAAD	40~150km	hit-to-kill	마하8	1단/고체	록히드마틴
해상방어	SM-3	70~500km	hit-to-kill	마하10	3단/고체	레이시온
	SM-3 block 2A	70~1500km	hit-to-kill	마하15	3단/고체	레이시온+미쓰비시
외기권방어	GMD	500~2000km	hit-to-kill	마하30	3단/고체	레이시온

한반도 주변국들의 미사일방어는 주로 적국의 핵미사일이 방어 대상이다. 태평양을 중심으로 펼쳐진 미·일·중·러 4개국의 미사일방어는 미국과 일본의 경우 러시아, 중국, 북한의 핵미사일을 방어하기 위해, 러시아의 경우 미국과 중국의 핵미사일을 방어하기 위해 전개되어 있고, 중국 동해안의 S-400 배치는 미국의 핵미사일을 방어하기 위한 것으로 추정된다.

미사일방어의 효시는 미국의 패트리어트 미사일로서, 1991년 걸프전쟁 당시 처음 사용되어 유명세를 떨쳤다. 이라크는 걸프전쟁 기간 중 사우디와 이스라엘에 총 88발의 스커드미사일을 발사했는데, 패트리어트 미사일은 사우디에서 20발을 요격하여 70%의 명중률을 기록했고, 이스라엘에서는 6발을 요격하여 40%의 명중률을 기록한 것으로 조사되었다.

당시 사용된 패트리어트 PAC-2 미사일은 본래 항공기 요격용으로 제작된 것을 스커드미사일 요격에 사용할 수 있도록 급히 개조한 것이어서 요격 성공률이 그리 높지는 않았으나, 실전에서 미사일 요격에 성공한 최초의 사례로서 큰 의미가 있었다.

미사일방어 기술은 그 후 비약적 발전을 이룩하여, ① 저고도 미사일방어 체계인 패트리어트 PAC-3, ② 고고도 미사일방어 체계 THAAD(사드), ③ 그보다 훨씬 높은 고도를 비행하는 중거리미사일과 ICBM을 막기 위한 해상

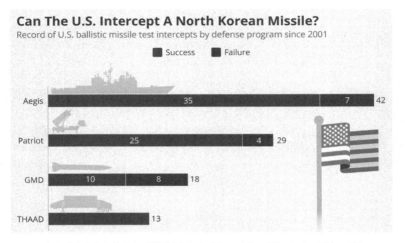

미국 미사일방어 체계의 적중률[2017년 미국 스타티스타(Statista) 연구소 자료]

미사일방어 체계 SM-3, ④ 그보다 더 높은 우주궤도를 날아가는 ICBM을 요격하기 위한 외기권 미사일방어 체계 GMD 등 4단계 시스템이 구축되었다. SM-3와 GMD는 핵미사일 요격 전용의 방어시스템이다.

이들 요격미사일은 과거 걸프전에서 처음 실전 사용된 이래 지난 30년간의 과학기술 발전에 힘입어 최근 수년간의 발사실험에서 매우 높은 요격 성공률을 보이고 있다. 특히 고고도 방어체계인 사드는 2001년부터 2017년까지 총 13회의 시험발사에서 100%의 명중률을 기록하여, 가장 신뢰도가 높은 미사일방어 체계로 손꼽히고 있다.

같은 기간 중 저고도 요격체계인 패트리어트 PAC-3는 86.2%, 해상 이지스함 요격체계인 SM-3는 83.3%의 적중률을 기록했다. 실제 전투에서는 이들 미사일을 두 발씩 동시에 쏘도록 되어 있어, 둘 중 하나라도 적중할 확률은 패트리어트 PAC-3가 98.1%, SM-3가 97.2%에 달한다.

이 중 한국에게 필요한 요격미사일 체계는 PAC-3, THAAD, SM-3이다. 특히 SM-3의 경우, 요격고도가 사드보다 훨씬 높아서 북한이 요격을 피하기 위해 한국을 향해 고각도로 발사하는 핵미사일도 요격할 수 있다. 또한 육상이 아닌 이지스 구축함에 설치되므로 사드 배치 때와 같은 국내적 소동도 피할 수 있다.

이를 한국 이지스함에 설치하려면 척당 5000만 달러 수준의 경비가 소요된다 하는데, 이는 북한이 그간 핵개발과 미사일 개발에 소모한 20~30억 달러의 경비와 비교하면 그리 과도한 금액은 아니다. 또한 한국이 독자 핵무장을 결행할 때 국제사회의 제재로 인해 지불해야 할 고도의 정치적, 경제적 비용과 비교하면 훨씬 저렴한 비용이다.

다만, 한국에 이러한 미사일방어망이 도입될 경우 북한이 천신만고 끝에 구축한 '핵무력'과 이를 근간으로 하는 대남전략이 상당 부분 무력화될 것이므로, 한국의 미사일방어망 구축을 저지하기 위한 북한의 격렬한 위협공세와 대남 여론공작이 예상된다. 그러한 북한의 방해공작을 극복하기 위해서는 무엇보다도 이에 대처하는 정부의 강력한 국가안보 의지가 중요한 관건이 될 것이다.

공세적 방어수단의 모색

수세적 방어수단으로서의 미사일방어는 공세적 방어수단과 결합될 때 더욱 힘을 받을 수 있다. 피동적으로 방어에만 열중한다면 상대방의 도발 의지는 더욱 강해질 수 있다. 따라서 미사일방어를 통해 최소한의 안전보장 수단을 확보함과 동시에 북한이 두려워할 만한 공세적 방어수단을 마련하는 것이 대단히 중요하다.

북한이 중거리 핵미사일을 통해 오키나와, 괌 등의 미군 기지를 위협하고 ICBM을 통해 태평양사령부와 미국 본토를 위협하려 하는 이유는 두 가지이다. 첫째로 미국의 대북한 군사공격에 대한 억지력을 확보하기 위한 것이며, 둘째로 한반도 전쟁 재발 시 대미 핵위협을 통해 미군 증원병력의 한국 파병을 막기 위한 것이다.

북한은 분단 이래로 항상 미군의 개입만 없으면 북한 주도의 무력통일을 이룰 수 있다는 확신을 가졌고, 지금도 그런 환상에서 완전히 벗어나지 못하고 있다. 북한의 핵무기 개발도 부분적으로 그런 환상의 연장선상에 있다.

따라서 북한 지도부가 미군의 개입 없는 남한과의 재래식 군사력 대결에서 절대 승리할 수 없다는 자각에 도달하게 된다면, 나아가 남북한 사이의 재래식 군사력 대결에서 참패하여 남한에 의한 통일이 야기될지도 모른다는 우려를 갖게 된다면, 핵무장에 대한 북한의 집착은 크게 줄어들 수 있을 것이다.

비록 핵무기와 직접 견줄 만하지는 못할 것이나, 북한이 두려워할 만한 분야의 재래식 군사력을 대대적으로 확충하는 공세적 방어수단을 강구함으로써, 북한이 남한과의 군사적 대결을 꿈도 꾸지 못하도록 압도적 군사력을 구축하는 것은 가능할 것이다. 이를 위해서는 북한군이 잘 이해하지 못하는 값비싼 최첨단 수입무기들보다는 오히려 북한과 대칭성을 갖는 재래식 공격무기들을 눈에 띄게 증강하는 것이 더욱 효과적일 것이다.

① 유사시 미국 전략폭격기의 공격력을 대체할 만한 막대한 규모의 국산 탄도미사일과 크루즈미사일의 실전배치(북한이 배치한 1000기 내외의 중단거리 미사일의 2배 이상 규모), ② 개전 초기에 북한 최전방 부대들을 초토화할 만한 압도적 규모의 K-9 자주포, 다연장로켓, ATACMS 전술미사일, 아파치 헬기 등 공격용 무기의 증강 배치, ③ 기갑부대와 기계화부대 비중의 대폭 확대, ④ 최전방 한국군 전투부대 장비의 주한미군 수준으로의 격상 등이 이에 해당될 수 있을 것이다. 값비싼 최첨단 외제무기 도입비용과 비교할 때 그리 큰 예산이 필요하지는 않을 것이다.

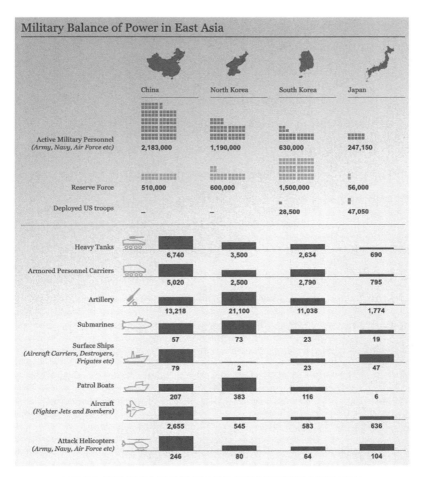

Military Balance of Power in East Asia

	China	North Korea	South Korea	Japan
Active Military Personnel (Army, Navy, Air Force etc)	2,183,000	1,190,000	630,000	247,150
Reserve Force	510,000	600,000	1,500,000	56,000
Deployed US troops	–	–	28,500	47,050
Heavy Tanks	6,740	3,500	2,634	690
Armored Personnel Carriers	5,020	2,500	2,790	795
Artillery	13,218	21,100	11,038	1,774
Submarines	57	73	23	19
Surface Ships (Aircraft Carriers, Destroyers, Frigates etc)	79	2	23	47
Patrol Boats	207	383	116	6
Aircraft (Fighter Jets and Bombers)	2,655	545	583	636
Attack Helicopters (Army, Navy, Air Force etc)	246	80	64	104

동아시아 4개국 군사력 비교[2017년 영국 국제전략문제연구소(IISS) 자료]

2016년 한국『국방백서』에 따르면, 2016년 12월 현재 육군의 주요 전력인 전차는 남한 2400여 대, 북한 4300여 대로 북한이 두 배에 달하고, 다연장로켓과 방사포는 남한이 겨우 200여 문, 북한은 5500여 문으로 비교가 안된다. 잠수함도 남한이 10여 척, 북한이 70여 척으로 양적으로는 북한이 압도적이다. 남한이 우세한 것은 헬기 남한 690대, 북한 290대 정도밖에 없다.

그러나 영국 IISS 자료에 따르면, 헬기마저도 공격용 헬기는 남한 64대, 북한 80대로 북한이 우세하다.[8]

이것을 보면 북한이 지난 반세기 동안 왜 그리도 주한미군을 철수시키려 혈안이 되었던 것인지 이해가 가고도 남는다. 이러한 수적인 열세가 북한으로 하여금 주한미군만 철수하면 핵무기를 안 쓰고도 남한 군대를 능히 제압할 수 있으리라는 환상을 갖게 해왔기 때문일 것이다. 여기에 남한의 2배에 달하는 상비군, 7배의 특수부대 병력, 2배의 중단거리 미사일, 5천 톤의 화학무기까지 합치면 북한이 능히 그런 생각을 하고도 남았을 것이다.

물론 한국군의 무기가 북한보다 질적으로 우수하여 숫자상의 열세를 극복할 수 있다는 위안거리는 있다. 그러나 그나마 한국이 질적 우월성을 갖고 있다는 해군력, 공군력과 정찰능력, 기동훈련은 2018년 9월 19일 평양에서 서명된 「판문점선언 이행을 위한 군사분야 합의서」에 의해 손발이 묶여 그 우월성이 상당 부분 상실될 가능성들이 전문가들에 의해 제기되고 있다.

군사력에 있어서는 질적 우세뿐 아니라 양적인 우세도 매우 중요하다. 질적인 우세가 반드시 승리를 보장하는 것은 아니기 때문이다. 또한 북한 군사력의 양적인 우세가 북한에게 군사적 우월성의 환상을 심어주면서 모험적 군사행동을 고무하고 있는 측면도 간과해서는 안 될 것이다.

과거 서해교전 당시 만일 우리 해군이 북한의 2~3배에 달하는 수의 고속정을 NLL 해역에 내보냈다면 과연 북한군이 먼저 공격을 해올 수 있었을까를 생각하면 이해가 쉬울 것이다. 그 당시 우리 해군이 자랑하던 여러 척의 값비싼 최신 구축함들이 최신 함대함미사일을 장착하고 멀리 남쪽 해상에서 대기 중이었지만, 세 차례의 서해교전에서 아무 역할도 할 수 없었다.

2018년의 「판문점선언 이행을 위한 군사분야 합의서」에 의거하여, 남북

---

8 영국 국제전략문제연구소(IISS), "Military Balance of Power in East Asia"(2017년 5월) 참조.

양측은 비무장지대 내 GP(경계초소)를 11개씩 철수하기로 합의했다. 남북한의 GP 숫자는 북한이 160개, 한국은 60개인데, 11개씩 동수로 철수할 경우 잔여 GP 숫자는 북한군 149개, 한국군 49개로 남북 간의 불균형이 더욱 심화된다. 이것은 종래 한국군이 수적인 균형보다는 질적 우월성 위주로 소수 정예의 GP를 운영해온 결과로서, 질적 우월성에 의존하는 한국 군사력의 문제점을 상징적으로 보여준다.

　한국군이 앞으로 계속 질적 우월성의 환상에 빠져 양적 열세를 간과할 경우, 언젠가는 남북 군축합의의 일환으로 북한의 구식 소련제 전투기와 우리 F-15 전폭기, 고철 수준의 북한 탱크와 우리의 최신 K2 탱크를 동수로 폐기해야 하는 상황이 도래할 수도 있다. 따라서 우리가 "핵보유국" 북한에 대한 군사적 억지력을 보유하기 위해서는 북한과 대칭성을 갖는 재래식 공격무기들을 대폭 증강하여 군사력의 양적 열세를 극복하고 압도적 군사력을 구축하는 것이 매우 긴요한 것으로 판단된다.

3

아직도 희망은 있는가?

안개 속의 미북 핵협상

북한의 제6차 핵실험과 ICBM 시험발사가 이어지고 이에 대응하는 미국의 제재 강화와 군사력 사용 위협이 최고조에 이르렀을 무렵, 북한은 2018년 초 평창 동계올림픽을 계기로 별안간 모든 것을 접고 전방위 미소외교에 돌입했다.

미국은 한국 정부를 통해 전달받은 김정은의 미소를 신뢰하지 않았으나, 다른 선택의 여지가 별로 없었다. 당시 트럼프 행정부는 대북한 군사적 조치를 공언하고 있었으나, 북한의 비밀 핵시설과 핵무기 은닉장소에 대한 정보가 충분치 않았고, 군사행동에 대한 한국 정부의 동의를 받는 것도 기대하기 어려웠기 때문이다. 북한의 제의는 진퇴유곡의 난관에 처한 트럼프 대통령이 '명예롭게' 회군할 기회를 제공해주었다.

더욱이 당시 김정은은 북한이 마치 국제사회의 경제제재와 미국의 군사적 위협에 지쳐 굴복하기라도 한 듯한 모습을 연출했고, 이에 고무된 트럼프 대통령은 최단 기간 내에 북한을 완전히 비핵화시키겠다는 강한 자신감을 거듭 천명했다. 사람들은 이를 거의 믿지 않았지만, 뭔가 기적 같은 뜻밖의 일이 일어날지도 모른다는 일말의 기대를 버리지는 않았다.

그러나 대다수 사람들이 당초 예상했던 대로 2018년 6월의 미북정상회담에서 기적은 일어나지 않았다. 상황이 진행됨에 따라 모든 것이 북한의 각본과 연출에 따라 진행되는 거대한 연극이라는 의혹이 점점 짙어졌고, 사람들이 기대하던 기적 같은 일은 앞으로도 일어나지 않으리라는 것이 점차 명백해졌다. 그 세기적 연극의 주연을 담당하던 트럼프 대통령은 자기가 아닌 김정은이 주연인 것을 뒤늦게 깨닫고는 머쓱해졌다.

싱가포르 정상회담 이후 미북 고위회담이 연이어 개최되었으나 그 상세는 안개 속에 묻혀 있다. 2018년 7월의 ≪요미우리≫ 보도가 안개 속에서 몇 가지 좌표를 알려주었다. 동 보도에 따르면, 미국은 미북정상회담이 열리기 전인 5월 9일 CVID(완전하고 검증가능하고 불가역적인 비핵화) 원칙에 따른 6가지 요구사항을 북한에 전달했다고 한다.

① 북한은 최단기간 내에 핵을 폐기한다. ② CVID를 이행한다는 의사를 국제사회에 천명한다. ③ 모든 핵탄두와 그 보관장소를 공개하고 관련 시설을 해체하며, NPT에 복귀하고 IAEA 전문가의 사찰을 수락한다. ④ 핵탄두, 핵물질, ICBM의 일부를 미북정상회담 후 빠른 시기에 국외로 반출한다. ⑤ 국외반출이 이행되면 미국은 경제제재 완화 등 미북관계 개선 방안을 검토한다. ⑥ 상세한 것은 정상회담 뒤 실무회담에서 논의한다는 내용이었다고 한다.[9]

≪요미우리≫에 따르면 이를 전해들은 김정은 위원장은 "미국의 요구를

---

9 2018년 7월 10일 자 ≪중앙일보≫ 기사 "트럼프, 빈손 방북 폼페이오에 '협상 계속해야 하나' 물었다"에서 재인용.

검토해 정상회담과 실무회담에 반영하겠다"면서, "미국은 우리의 비핵화 의지를 과소평가하거나 의심하지 말라"고 말했다는 것이다.

후속협상 과정에서 폼페이오 국무장관 등 미국 외교관들이 흘린 말들을 종합해보면, 이 《요미우리》 보도는 상당히 사실에 근접한 것으로 추정된다. 만일 미국의 이 요구조항들이 사실이라면 북한은 그들 중 과연 몇 개를 수락할 수 있을까?

원론적 수준의 약속 한두 개 정도는 수용할 수 있을지 모르나 공개, 반출, 해체 등 불가역적 조치까지 수락할 수 있을까? 북한은 미북정상회담 이후에도 핵개발 활동을 계속하고 있음이 IAEA 등에 의해 밝혀지고 있다. 그렇다면 가장 초보적 조치 한두 개조차 받아들이기 어려울지도 모른다. 설사 모든 것을 수락한다고 약속한다 한들 그 합의가 실제로 이행될 수 있을까? 그것은 북한이 진정한 비핵화 의지를 갖고 있지 않는 한 기대하기 어려울 것이다.

실타래처럼 복잡하게 꼬인 북한 핵문제를 정치적으로 일괄타결하여 일거에 해결하려던 시도는 1994년 제네바협상 당시에도 있었고, 2002년 제네바합의가 붕괴된 직후에도 있었고, 2003년 6자회담이 출범한 이후에도 몇 차례 추진되었다. 그러나 그럴싸한 '원칙적인 합의agreement in principle'에도 불구하고 그것을 이행 가능한 세부적 합의로 구체화하는 것은 항상 불가능했다. 악마는 언제나 예외 없이 디테일 속에 숨어 있었다.

북한에게 핵포기를 압박하기 위한 모든 시도들은 북한의 완강한 저항에 밀려 얼마 버티지 못하고 무너졌고, 북한의 비핵화는 항상 동결과 신고의 언저리에서 방황해야 했다. 북한으로서는 협상이 장기화되어도 아무것도 잃을 것이 없어 최선의 결과가 나올 때까지 협상 타결을 최대한 지연시켰던 반면에, 임기 중 단기간 내에 협상을 타결해야 했던 상대측 협상가들은 항상 시간에 쫓겨 불리한 협상을 해야 했다.

그러나 그것이 전부는 아니었다. 지난 세월 대북한 핵협상이 번번이 실패하거나 이행이 좌초되었던 배경에는 보다 근원적인 이유가 있었다. 그것은 핵협상에 임하는 북한 당국의 본심, 즉 '핵포기 의지의 부재' 때문이었다. 북한은 원론적인 비핵화 의사를 반복하면서도 조속한 합의와 합의의 이행을 가로막기 위한 어려운 전제조건과 선결요건들을 끊임없이 제기했다.

6자회담 과정에서도 북한은 평화체제, 경수로, 미북 수교 등 어렵고 많은 시간이 소요되는 선결조건들을 많이 제기했다. 그러한 북한의 태도는 "그것이 이행되면 핵을 포기하겠다"는 의미라기보다는, 다분히 "그것이 모두 이행되기 전까지는 핵을 절대 포기하지 않겠다"는 의미에 불과했다. 9.19 공동성명 이행과정에서 국제사회는 북한이 요구한 모든 어려운 선결요건들을 수락했으나, 그럼에도 불구하고 북한은 결국 합의를 이행하지 않았다.

그것은 어쩌면 당연한 귀결이었다. 그런 종류의 협상은 북한이 반대급부를 대가로 핵을 포기하고자 하는 정치적 의지를 갖고 있을 때에만 비로소 유효하기 때문이다. 그런 의지가 아예 존재하지 않는다면 협상은 성공할 수 없다. 국제사회는 반대급부 제공을 통한 대북한 협상 시도가 무의미하다는 교훈을 오랜 실패의 경험을 통해 터득했다. 그러나 지금 트럼프 행정부는 자신도 모르는 사이에 다시 그 질곡으로 빠져들고 있는 모양새다.

"미국은 우리의 비핵화 의지를 과소평가하거나 의심하지 말라"는 김정은의 말에도 불구하고, 북한이 핵포기를 진정으로 결심했다는 정황은 아직 어디서도 찾아볼 수 없다. 만일 북한이 미국과의 협상에 임하는 기본 의도가 대다수 전문가들의 분석과 같이 핵무기 보유의 기정사실화와 제재조치의 해제라면, 비핵화 협상의 성공은 더욱더 기대할 수 없을 것이다.

세간의 농담에 따르면, 바늘 한 개로 코끼리를 죽일 수 있는 방법이 세 가지가 있다고 한다. 첫째는 한 번 찌르고 죽을 때까지 무한정 기다리는 방법, 둘째는 죽을 때까지 계속 찌르는 방법, 셋째는 코끼리 옆에서 기다리다가

자연사하기 직전에 찌르는 방법이다. 만일 북한이 핵포기 의지를 갖고 있지 않다면, 외교적 협상을 통해 북한의 비핵화를 이룩하려는 국제사회의 노력은 코끼리 죽이기의 두 번째 방법처럼 공허한 노력이 될지도 모른다.

북한의 협상전략과 비핵화의 한계

미북 핵협상이 순조롭게 진행될 경우, 북한은 과연 어느 정도 수준까지 비핵화 조치에 동의하고 이를 이행할 수 있을 것인가? 북한이 동의할 수 있는 최대한의 비핵화 조치는 무엇일까? 북한이 그간 여러 계기를 통해 언급한 내용들과 9.19 남북 평양공동선언 문구를 보면, 북핵 전문가들이 그간 우려해온 사항들이 점차 현실화되고 있는 느낌이다.

2018년 9월의 IAEA 보고서가 확인하고 있듯이, 북한이 핵개발을 중단하려는 움직임은 어디에서도 찾을 수 없고 오히려 그 반대의 증거들만 무성하다.[10] 그런 상황하에서 북한이 어떤 이유에서건(협상타결을 위해서건 제재압력 때문이건) 핵을 일부라도 포기해야 하는 상황에 처한다면, 북한이 취할 용의가 있는 비핵화 조치는 과연 어디까지일까?

그것을 예측하는 것은 매우 어렵고 불확실한 일일 수도 있으나, 그럼에도 불구하고 이는 국제사회가 대북한 핵협상에서 더 이상의 실패를 반복하지 않기 위해 매우 중요하고도 불가결하다.

북한이 핵무기를 완전히 포기할 정치적 의지를 갖고 있지 않는 한, 모든

---

10 국제원자력기구(IAEA)가 2018년 9월 사무총장 연설과 보고서를 통해 공식 발표한 바에 따르면, 북한은 미북 협상이 시작된 이후에도 핵개발 활동을 계속하고 있고 "북한이 핵활동을 중단했다는 아무런 징후도 포착하지 못했다"고 한다.

핵무기와 핵물질 및 은닉된 핵시설(비밀 우라늄농축시설)들의 정확한 위치를 모두 신고하고 국제사회의 검증을 받는다는 것은 현실적으로 상상하기 어려운 일이다. 그러면 북한이 내심 염두에 두고 있는 최대한의 양보선은 어디쯤일까? 그것을 예측하는 것은 무척 어려운 일인 듯하나, 어찌 보면 무척 쉬운 일이기도 하다.

북한의 그간 행태에 비추어볼 때, 북한은 다음 두 가지 카테고리의 시설을 폐기대상으로 제시할 가능성이 크다. 물론 그것은 북한이 원하는 대부분의 반대급부를 미국으로부터 받는다는 전제하에서 가능할 것이다.

첫 번째 폐기 대상은 더 이상 필요가 없거나 다른 시설로 대체가 가능한 시설들이다. **두 번째 폐기 대상**은 이미 공개되어 숨길 수 없고 숨길 필요도 없는 시설들이다. 그 구체적 대상은 무엇일까? 2018년 9월 19일의 「남북 평양 공동선언」 제5조 1, 2항은 이 문제에 관한 북한의 숨겨진 의중을 정확히 수록하고 있다. 아마도 그것이 북한의 최초입장인 동시에 사실상의 최종입장이 될 가능성이 큰 것으로 보인다.

> 5조 1항: 북측은 동창리 엔진시험장과 미사일 발사대를 유관국 전문가들의 참관하에 우선 영구적으로 폐기하기로 하였다.
>
> 5조 2항: 북측은 미국이 6.12 북미공동성명의 정신에 따라 상응조치를 취하면 영변 핵시설의 영구적 폐기와 같은 추가적인 조치를 계속 취해나갈 용의가 있음을 표명하였다.

상기 조항들에 명기된 바와 같이, 북한은 미북 협상에서 제재조치 해제, 미북 수교, 경제지원, 종전선언 등 상당한 반대급부를 전제로 다음 시설들을 폐기하고, 그에 포함되지 않은 핵무기, 핵물질, 비밀 우라늄농축시설들은 계속 보유하려는 복안을 갖고 있을 것으로 추정된다. 물론 협상 과정에서 더 많은 핵시설을 공개하고 폐기할 것을 요구받겠지만 그에 응할 가능성은 매우 적고, 설사 동의하더라도 그 약속의 이행을 기대하기는 어려울 것이다.

첫째, 이동식 발사대 활용 기술이 확보됨에 따라 이제는 용도가 없어진 동창리 엔진시험장과 미사일 발사대는 북한이 이미 파괴한 풍계리 핵실험장과 마찬가지로 언제든 선전용으로 폐기가 가능하다. 그러나 이 시설의 폐기가 북한의 비핵화에 미치는 실질적 영향은 없다. 그것은 북한이 과거 5MW 원자로 냉각탑의 폭파쇼를 실시한 것과 마찬가지로, 단지 국제여론의 주목과 공감을 받기 위한 정치적 쇼일 뿐이다.

둘째, 영변의 5MW 원자로와 플루토늄재처리시설은 이미 매우 노후한 고철 수준에 불과하고, 또한 그보다 처리용량이 훨씬 큰 우라늄농축시설들이 2000년대 초 이래 가동되고 있는 만큼, 영변 핵시설은 북한이 비핵화 선전용으로 언제든 폐기가 가능하다. 다만, 과거 북한이 영변에서 생산된 핵물질의 양을 두 차례 이상 허위로 신고한 바 있어, 폐기 이전에 IAEA의 검증을 받을지 여부는 미지수다.

셋째, 북한이 2010년 스스로 공개한 영변의 우라늄농축시설은 북한이 상당한 반대급부를 전제로 신고하고 폐기할 준비가 되어 있는 것으로 추정된다. 북한은 우라늄농축시설을 비밀리에 운영 중이라는 2002년 이래의 미국 정부 주장을 줄곧 부인해오다가, 2009년 이를 공개적으로 인정한 데 이어 2010년 11월 헤커 박사 등 미국 핵전문가들에게 원심분리기 2000개 규모의 영변 소재 우라늄농축시설을 스스로 공개했다.

2010년 당시 북한이 동 시설을 자진해서 공개한 이유는 나중에 핵협상에서 이를 흥정대상으로 내세우고 나머지 농축시설들은 은닉시키려는 의도를 갖고 있었기 때문인 것으로 추정된다. 북한은 그 외에도 최소 1개 이상의 비밀 우라늄농축시설을 운영 중인 것으로 추정되고 있다. 미국 언론들이 DIA(국방정보국) 자료를 토대로 보도한 바에 따르면, 북한은 평안북도 강성 지

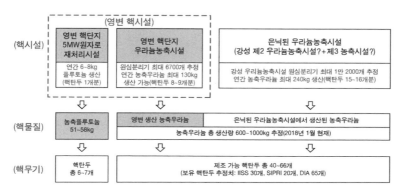

북한의 비핵화 대상 핵시설/핵물질/핵무기

(핵시설)	(영변 핵시설)		은닉된 우라늄농축시설 (강성 제2 우라늄농축시설?+제3 농축시설?)
	영변 핵단지 5MW원자로 재처리시설 연간 6~8kg 플루토늄 생산 (핵탄두 1개분)	**영변 핵단지 우라늄농축시설** 원심분리기 최대 6700개 추정 연간 농축우라늄 최대 130kg 생산 가능(핵탄두 8~9개분)	강성 우라늄농축시설 원심분리기 최대 1만 2000개 추정 연간 농축우라늄 최대 240kg 생산(핵탄두 15~16개분)
(핵물질)	농축플루토늄 51~58kg	영변 생산 농축우라늄	은닉된 우라늄농축시설에서 생산된 농축우라늄
		농축우라늄 총 생산량 600~1000kg 추정(2018년 1월 현재)	
(핵무기)	핵탄두 총 6~7개	제조 가능 핵탄두 총 40~66개 (보유 핵탄두 추정치: IISS 30개, SIPRI 20개, DIA 65개)	

역에 비밀 우라늄농축시설을 가동 중이며, 그 시설규모는 영변의 공개된 농축시설의 2배에 달하는 것으로 추산되고 있다.

넷째, 북한이 영변 핵시설의 전면 검증과 폐기에 동의할 경우, 그곳에서 생산된 농축플루토늄과 고농축우라늄도 폐기의 대상으로 신고하지 않을 수 없을 것이다. 그러나 북한은 이들 중 상당 부분은 6차례에 걸친 핵실험에서 소진되었다고 하면서 소량의 핵물질만 신고할 가능성이 있다. 설사 북한이 영변에서 생산된 모든 농축플루토늄과 고농축우라늄을 성실히 신고한다 해도 대세에 지장은 없다. 그보다 훨씬 많은 양의 고농축우라늄이 비밀 우라늄농축시설에서 매일 추가로 생산되고 있기 때문이다.

그러면 북한이 핵폐기의 흥정 대상으로 내세우려는 위의 네 가지 핵시설과 핵물질이 전체 핵폐기 대상에서 차지하는 비중은 얼마나 될까? 그것을 이해하기 쉽게 그려보면 위의 도표와 같다. 위의 도표 중 색칠된 부분은 북한이 반대급부의 전제하에 폐기에 동의할 가능성이 있는 시설과 물질들이며, 나머지는 협상 거부 또는 합의 불이행이 예상되는 부분들이다.

앞쪽의 도표를 보면 북한이 핵협상의 대가로 폐기할 가능성이 있는 핵시설과 핵물질이 전체 핵폐기 대상에서 차지하는 비중이 얼마나 작은 부분인지 알 수 있다. 북한의 비핵화라는 것은 앞의 도표의 모든 요소가 소멸된 상황을 의미한다. 그중 어느 작은 한 부분이라도 잔존한다면 그것은 '위장된 비핵화'에 불과하며, 상황을 더욱 악화시킬 뿐이다. 그러한 '위장된 비핵화'의 대가로 많은 반대급부를 확보한 북한이 완전한 비핵화를 위해 더 이상의 추가적 핵폐기에 응할 가능성은 매우 희박하기 때문이다.

「남북 평양공동선언」을 통해 북한은 미국의 반대급부를 대가로 '영변 핵시설'을 폐기할 용의를 표명했다. 영변 외의 핵시설 폐기에 대해서는 아무 언급이 없다. 영변의 낡은 5MW 원자로와 재처리시설에서는 연간 핵무기 1개분의 핵물질이 생산될 수 있을 뿐이다. 그것은 북한의 비핵화 과정에서 별 의미가 없는 숫자다. 북한이 영변에서 운영 중인 우라늄농축시설까지 폐기 대상으로 할 경우는 연간 핵무기 9~10개분의 핵물질 생산이 중단된다.

그러나 문제는 그러한 영변의 핵시설들이 모두 폐기된다 하더라도 북한은 다른 은닉된 우라늄농축시설에서 그 두 배를 상회하는 핵물질을 계속 생산할 수 있다는 점이다. 다시 말해서, 영변 핵시설의 전면 폐기는 북한의 연간 핵물질 생산량을 기껏해야 1/3 정도 줄이는 데 불과하다는 점이다. 그뿐 아니라 2018년 1월 현재 이미 생산되어 비축한 핵물질이 600~1000kg에 달하는 것으로 추정되며, 이것만으로도 46~73개의 핵무기 생산이 가능하다.

그런 상황에서 우리는 북한의 영변 핵시설 폐기 약속을 북한의 비핵화 약속으로 간주할 수 있을 것인가? 그에 대한 대답은 부정적이다. 그것은 '위장된 부분적 비핵화'를 의미할 뿐이다.

그러한 북한의 '위장된 부분적 비핵화'는 비핵화가 아예 안 된 것만도 못한 결과를 초래할 수 있다. 만일 수십 개의 핵무기를 보유한 북한에게 '부분적 비핵화'의 대가로 제재조치 해제, 경제지원 제공, 한미동맹 격하 등 반대급부를 제공한다면, 북한의 핵보유 의지는 더욱 공고해질 것이며, 그로 인해 북한의 완전한 비핵화는 점점 더 요원한 꿈이 될 것이다.

향후 북한 핵문제의 네 갈래 길

향후 북한 핵문제의 앞길에는 논리적으로 네 갈래의 길이 있다. 그중 어느 길로 가게 될지는 아무도 모른다. 한 가지 분명한 것은, 북한 핵문제의 일차적 당사자인 한국의 역할은 거기에 없다는 점이다. 한국 정부 스스로가 거기에 직접 관여하기를 원하지 않고 다분히 중재자 내지는 관객으로 남기를 원했기 때문이다. 북한 핵문제의 가장 직접적인 피해당사자가 스스로 개입을 포기함에 따라 이 문제는 가해자인 북한과 국제경찰을 자처하는 미국의 손에 맡겨졌다. 피해자는 없고 피고와 검사만 있는 형국이다.

첫 번째 길은 북한이 오래전부터 가장 선호하는 단계적, 상호주의적 해결 방식이다. 북한이 동결, 신고, 검증 등 비핵화 초기단계 조치를 시차를 두고 단계적으로 이행하면 미국이 그에 상응하는 제재조치 일부 해제, 종전선언, 한미훈련 영구중단, 경제지원 등 상응조치를 취하는 방식이다. 물론 최종단계인 핵시설 해체, 핵무기 국외반출 단계가 되면 제재 전면해제, 미북 수교, 평화협정, 주한미군 감축 또는 철수 등 더욱 큰 대가가 필요할 것이다.

이 방안은 그동안 실패가 여러 차례 입증된 길이고, 궁극적으로 핵폐기에 도달할 가능성이 가장 적은 길이다. 북한은 동결, 신고, 검증 중 어느 단계까지 수용할 수 있을까? 북한이 이미 최소 20~30개의 핵무기를 보유하고 있고 북한 핵시설의 정확한 위치와 핵무기 숫자가 확인되지 않은 상황하에서 신고와 검증이 전제되지 않은 동결은 아무 의미가 없다. 무엇을 동결하는 것인지 대상도 불분명하고 따라서 동결의 이행을 검증하는 것도 불가능하기 때문이다.

북한은 핵실험 중단, 장거리미사일 시험발사 중단, 영변 핵시설의 단계적 폐기 정도로 '위장된 비핵화'를 시작하고 그에 대한 대가를 받아내는 방식의 협상을 추구할 것으로 보이나, 이러한 방식의 합의는 영변 핵시설보다 훨씬 많은 양의 핵물질을 매일 생산하고 있는 은닉된 우라늄농축시설의 지속적 가동을 방치하는 치명적 결함을 내포하고 있다.

그렇다면 북한은 모든 초기단계 핵합의에서 불가결한 요소가 되어야 할 핵시설, 핵물질, 핵무기의 신고를 제대로 할 수 있을까? 그리고 그 신고에 대한 국제사회의 검증을 받아들일 수 있을까?

아마도 그것은 기대하기 어려울 것이다. 과거 북한은 한 번도 정확한 신고를 한 적이 없고, 그에 대한 검증을 수락한 바도 없다. 더욱이 이번 핵신고에는 과거와는 달리 공개된 핵시설과 핵물질뿐 아니라 숨겨진 비밀 우라늄농축시설과 핵무기 저장소까지 포함되어야 하기 때문에, 북한이 전면적 핵신고와 검증을 수락할 가능성은 상상하기 어렵다. 만일 미국이 북한 내 비밀 핵시설의 위치를 모두 알게 될 경우 미국의 선제 군사공격 가능성이 야기될 수 있다는 점을 북한은 응당 우려할 것이기 때문이다.

은닉된 북한 핵시설의 위치에 관한 정확한 정보는 미국의 대북한 군사행동 가능성과 직결된 민감한 사안이다. 최근 ≪워싱턴포스트≫의 우드워드 Bob Woodward 부편집인이 출간한 신간서적 『백악관 안의 트럼프 Fear: Trump in the White House』에 따르면, 트럼프 행정부에 앞서 오바마 행정부도 대북한 공습을 검토한 바 있었으나 그 경우 북한 핵무기와 핵시설의 85%밖에 파괴하지 못한다는 국방부의 보고를 받은 오바마 대통령이 "좌절과 분노를 느끼면서" 선제공격안을 포기했던 것으로 기술되어 있다.

따라서 북한이 핵시설의 전면 신고를 전제로 하는 '검증된 전면 핵동결'을 실시하는 것은 '진정한 핵포기 의지'가 전제되지 않는 한 불가능할 것이다. 북한은 아마도 핵실험 중단과 미사일 시험발사 중단 및 영변의 공개된 핵시설의 부분적, 단계적 폐기만으로 첫 단계를 시작하여, 그 단계에서 제재해제 등 모든 필요한 반대급부를 얻어낸 후 협상을 무기한 표류시키려 할 가능성이 크다. 또는 9.19 공동성명 때처럼 핵시설과 핵물질에 대해 부실신고를 한 후, 그에 대한 국제사회의 검증을 회피하고 거부하려 할 것이다.

그 둘 중 어느 경우가 되건, 북한의 비핵화에는 더 이상 한 발짝도 다가갈 수 없는 상황이 될 것이다. 그렇게 되면 아마도 그것이 미북 협상의 종말이 될 것이고, 북한은 협상결렬 후 그때까지 얻어낸 일부 반대급부들을 향유하면서 '핵보유국'으로서 자족하게 될 것이다. 따라서 이 방식은 미국이 수락해서는 안 되는 협상방식이다.

두 번째 길은 위의 두 가지 방식에 대한 상대측의 뿌리 깊은 의구심을 해소하기 위해 모든 것을 한꺼번에 합의하고 한꺼번에 이행하는 방식이다. 말하자면 미국이 원하는 '선 핵폐기'도 북한이 주장하는 '후 핵폐기'도 아닌 '동시 핵폐기' 방식이다. 기술적 어려움이 없지는 않으나, 정치적 의지만 있다면 그렇게 크게 어려운 것은 아니다.

예컨대 사전합의를 통해 특정한 날짜나 짧은 기간(1~2주일 이내)을 설정한 후, 북한은 신고와 동시에 즉시 검증을 시작하고, 그와 병행하여 신고한 핵시설과 핵무기의 즉각적 폐기 및 국외반출을 실시할 수 있다. 또한 미국은 같은 시점에 제재해제, 경제지원, 종전선언, 한미합동훈련 영구중단, 주한미군 감축 또는 철수 등을 동시에 공식 천명하고 즉각 이행할 수 있다. 북한의 의구심을 해소하기 위해 핵물질과 핵무기의 국외반출은 미국이 아닌 북한의 동맹국 중국으로 하고 IAEA가 이를 감시토록 할 수도 있을 것이다.

북한이 주장하는 '단계적 비핵화' 논리를 옹호하는 일부 논객들은 핵시설 해체에 최소 수년의 시간이 걸린다는 이유로 이러한 동시조치가 불가능하다고 주장하기도 하나, 이는 사실과 다르다. 국제사회의 경험상 핵시설의 '전면 해체'에는 20~30년의 장구한 세월이 소요되는 것이 사실이다. 그러나 정치적 의지만 있다면 북한 핵시설의 '폐기'는 불과 몇 주일 내에도 할 수 있다. 예컨대 체르노빌 원전의 선례처럼 원자로의 노심 등 핵심 부분에 콘크리트를 부어 영구히 불능화하는 방식으로 얼마든지 해결이 가능하다.

미국은 이런 방식의 핵폐기를 거부할 이유가 없을 것이나, 북한은 사정이 다르다. 이런 방식의 파격적 비핵화는 북한의 진정한 핵포기 의지가 전제되어야 합의가 가능할 것이다. 만일 협상을 통해 시간을 벌고 제재 해제와 "핵보유국 권리"를 확보하는 것이 북한의 목표라면, 이러한 방식의 비핵화를 수락할 가능성은 없다.

2018년 6월 싱가포르 정상회담에 앞서 미국은 다분히 이러한 방식의 북한 비핵화를 추구했던 것으로 추정된다. 그러나 사전협상 과정에서 북한의 강한 저항에 직면함에 따라 정상회담에서 아무런 합의를 이룰 수 없었고, 후속협상에서는 점차 초심을 잃고 북한이 주장하는 단계적 접근방식과의 타협을 모색하고 있는 모습이다.

세 번째 길은 북한과의 게임에 지친 미국이 '북한의 비핵화 약속 불이행'을 이유로 협상 결렬을 선언하고 미북정상회담 이전으로 복귀하는 경우다. 이는 미국의 대북한 추가 제재와 군사적 옵션의 부활에 따른 한반도 핵위기의 재개를 의미한다. 이러한 가능성은 이미 미국 의회와 학계를 중심으로 거론되기 시작했다.

트럼프 행정부의 입장에서는 협상에 아무 진전이 없을 경우 이러한 선택이 불가피할 것이고 그 명분도 이미 많이 축적되어 있다. 다만 그 경우 싱가포르 미북정상회담을 '성공적 정상회담'으로 선포한 트럼프 대통령이 실패를 자인해야 하는 국내정치적 어려움이 있다.

그러나 설사 미북 협상이 파국을 맞더라도 미국이 쉽사리 군사적 옵션을 선택할 수는 없을 것이며, 일차적으로는 대북한 경제제재의 대폭 강화에 중점을 두게 될 전망이다. 그간 10차례의 유엔 제재조치를 통해 국제사회의 대북한 제재가 많이 강화되기는 했으나, 그 내용은 ① 북한산 광물, 수산물, 섬유제품 수입금지와 ② 원유, 정제유의 수출상한선 설정, ③ 핵개발 관련 기업과 개인에 대한 개별제재 등으로서, 아직은 부분적 제재의 범주에 머무르고 있다.

이 단계를 넘어서는 전면제재의 옵션은 아직 많이 남아 있고 시작도 되지 않았다. ① 무역 전면금지total trade embargo, ② 외환거래 전면금지, ③ 유류공급 전면금지, ④ 원조 전면금지, ⑤ 투자 전면금지, ⑥ 북한화물 수송 전면금지 등이 가용한 옵션이 될 수 있을 것이다.

물론 이러한 강력한 제재를 선택하려면 중국, 러시아 등 북한 후견국가들의 저항도 클 것이고 이를 관철하는 과정에서 미국이 감내해야 할 비난과 희생도 클 것이다. 그러나 한 가지 확실한 것은, 미국이 이러한 제재조치 강화를 위해 지불해야 할 대가가 아무리 크다 할지라도 미국의 대북한 군사행동이 초래할 위험이나 희생과는 비교가 안 되게 작다는 점이다.

이러한 강력한 대북한 제재조치의 채택은 트럼프 대통령을 대북한 군사조치의 불확실성으로부터 자유롭게 해주고, 국내정치적으로 미국 주류사회의 지지를 확대하는 데도 도움이 될 것이며, 북한이 제재에 견디다 못해 핵을 즉각 포기하는 불가피한 정치적 결단을 내리게 될 가능성도 없지는 않다.

이 때문에 미국은 설사 한반도 핵위기가 재개된다 하더라도 비군사적 제재의 강화에 중점을 둘 전망이다. 이러한 제재강화가 장기간 효과를 보지 못할 경우, 미국은 언젠가 마지막 수단으로 군사력 사용의 옵션으로 다시 눈을 돌리게 될지도 모른다. 그러나 군사적 옵션의 선택은 미국으로서도 생각처럼 쉬운 선택은 아니다.

그 이유는 두 가지다. 첫째로 정상회담과 국무장관 방북을 통해 이미 속내를 많이 드러내 보인 미국이 북한에게 군사적 위협을 재차 들이대는 것이 과연 효과가 있겠는가 하는 의문이 있기 때문이다. 군사적 위협을 통한 치킨게임은 자신의 본래 의도를 상대방에게 철저히 숨기고 공격적 자세를 극대화함으로써 비로소 효험을 볼 수 있는 것인데, 그러기에는 미국과 북한 사이의 '우호적인' 고위급 대화가 그간 너무 많았다.

둘째로, 북한이 미국의 군사적 위협에 끝까지 굴복하지 않을 경우 미국이 군사력 사용을 실행에 옮기는 것이 쉬운 일은 아니기 때문이다. 앞에서도 설명한 바 있듯이, 군사행동의 대상이 될 북한의 핵시설과 핵무기 저장소에 대한 정확한 정보가 불충분하여 군사행동의 성공적 결과를 확신할 수 없는 상황이다. 또한 그러한 군사행동이 대규모 군사적 충돌로 연결될 가능성을 배제할 수 없고, 군사행동에 대한 한국 정부의 동의나 협조를 얻는 것도 기대하기 어려운 것이 현실이다.

네 번째 길은 미국과 북한의 비핵화 협상이 결정적으로 진전도 되지 않고 그렇다고 위기상황이 도래할 만큼 악화되지도 않는 애매한 상황이 장기간 지속되는 상황이다. 이는 현실적으로 가능성이 매우 큰 상황전개 방향이기도 하다. 다만, 그 경우 트럼프 대통령이 그간 강력히 비난해온 오바마 행정부의 '전략적 인내' 정책과 매우 유사한 결과가 초래될 가능성이 있다.

북한은 2018년 초에 각국 언론을 초청하여 핵실험장을 폭파하는 행사를 연출했고, 미국을 자극하지 않기 위해 장거리미사일 시험발사를 잠정 중단했다. 그러나 그 이면에서 다른 모든 핵활동은 활발히 계속되고 있다. 국제원자력기구(IAEA)가 2018년 9월 사무총장 연설과 보고서를 통해 공식 발표한 바에 따르면, 북한은 미북 협상이 시작된 이후에도 핵개발 활동을 계속하고 있고 "북한이 핵활동을 중단했다는 아무런 징후도 포착하지 못했다"는 것이다.[11]

만일 이런 상태가 장기간 지속된다면 북한의 핵보유는 점점 공고하게 기정사실화될 수밖에 없고, 시간이 지남에 따라 대북한 제재조치에도 여기저기 구멍이 뚫려 상당 부분 유명무실하게 될 가능성이 있다. 다시 말해서, 북한이 추구해온 '핵보유국 북한'의 기정사실화와 제재해제가 사실상 모두 실

---

11 2018년 9월 10일 IAEA 이사회에서의 사무총장 연설 및 사무국 보고서 참조.

현되어 인도, 파키스탄에 이은 9번째 핵보유국 탄생이 현실화되는 것이다.

이처럼 진전 없는 협상의 장기화로 '핵보유국 북한'이 기정사실화될 가능성에도 불구하고, 트럼프 대통령이 국내정치적 이유에서 이 길을 선택하기로 결정할 경우 이에 저항하거나 막으려 나설 만한 나라는 현재로서는 눈에 띄지 않는다. 만일 누군가가 트럼프 대통령의 발목을 잡는다면 그것은 아마도 미국 의회나 일본 정부 정도가 고작일 것이다.

만일 그런 상황이 실제로 전개되어 북한의 핵보유가 기정사실화되는 결과가 초래된다면, 이는 1994년의 제네바합의와 2005년의 9.19 공동성명에 이어 북한이 이루어낸 또 하나의 커다란 외교적 승리로 역사에 기록될 것이다. 어쩌면 현재 미북 협상에 임하는 북한 당국의 가장 현실성 있는 목표는 바로 그것인지도 모른다.

지금까지 설명한 네 갈래의 길은 모두 나름대로의 장단점과 동시에 성공과 파국의 요소들을 내포하고 있다. 미국과 북한이 어느 길을 선택하여 어떤 합의를 하게 될지는 아무도 모른다. 그러나 어떤 상황에서도 번복 불가능한 '나쁜 합의'는 절대 있어서는 안 된다. "나쁜 합의는 합의가 없는 것만도 못하다A bad agreement is worse than no agreement"는 말은 외교가의 정설로 통한다. 왜냐하면 나쁜 합의는 미래에 좋은 합의가 생길 가능성마저 봉쇄하기 때문이다.

어느 방식을 택하건 협상을 통해 북한의 비핵화를 결정적으로 실현시키는 결과가 도출된다면 더 바랄 것이 없겠지만, 그것이 어려운 상황이라면 최소한 번복되기 어려운 나쁜 합의bad agreement는 이루지 않도록 해야 할 것이다. 이를 위해서는 두 가지 점에 특별히 유의할 필요가 있다.

첫째, 국제사회의 대북한 제재조치를 조기에 해제함으로써 북한의 핵포기 의지를 더욱 약화시키고 북한의 핵보유를 기정사실화해주는 실책을 저질러서는 안 될 것이다. 대미 협상에서 북한의 최우선 목표가 제재해제를 통해 인도, 파키스탄과 같은 이른바 "핵보유국 권리"를 확보하는 것임을 감안할 때, 제재조치 중 일부라도 조기에 해제된다면 북한이 전면 비핵화를 수락하고 이행할 이유는 그만큼 줄어들게 될 것이기 때문이다.

제재조치가 해제되지 않는 한 시간은 북한 편에 있지 않기 때문에 북한이 협상을 회피하거나 고의로 타결을 지연시키지는 못할 것이다. 설사 협상이 결렬된다 하더라도, 제재조치가 지속되는 한 협상은 추후에 언제라도 더 유리한 조건에서 재개될 수 있을 것이다. 만일 장기간의 제재조치에 따른 경제난으로 북한이 체제의 위기에 직면하게 된다면 북한의 비핵화에 관한 보다 진지한 협상이 시작될 수도 있을 것이다.

그러나 만일 미국이 북한의 부분적이고 형식적인 비핵화 조치의 대가로 제재해제를 조급하게 시작한다면, 그 순간부터 협상은 지연되고 비핵화 합의는 벽에 부딪치게 될 것이다. 9.19 공동성명 이행과정에서 미국이 테러지원국 제재를 해제하기가 무섭게 북한이 협상을 파국으로 몰고 갔듯이 말이다. 다행히 미국 국무부와 재무부는 미북 비핵화 협상에도 불구하고 "최종적이고 완전하게 검증된 비핵화(FFVD final, fully verified denuclearization)를 달성할 때까지 제재가 유지될 것"이라는 입장을 고수하고 있다.

둘째, 북한과의 핵협상 타결을 위해 한반도 안보의 중추를 구성하는 사안들을 섣불리 협상도구로 남용하는 일은 없어야 할 것이다. 설사 북한이 불가역적 비핵화에 동의하고 이를 실제로 일부 이행한다 할지라도, 그 대가로 북한이 지난 반세기 동안 대남전략 차원에서 추구해온 평화협정 체결, NLL 폐지, 주한미군 철수, 한미동맹 해체 등을 충족시켜줄 경우 한반도의 평화는 북한의 비핵화 이전보다 더욱 큰 위험에 직면할 수 있다.

더욱이 이러한 모든 것을 양보하고도 북한의 완전한 비핵화를 확보하지 못해 일부 은닉된 핵물질과 핵무기가 잔존하는 '위장된 비핵화'에 도달하게 될 경우, 한국의 안보에 미칠 파괴적 영향은 더욱 심각할 것이다. 북한의 은닉된 비밀 핵시설과 핵무기 저장소에 관한 미국의 정보력에 한계가 있는 현실을 감안할 때, 그러한 '위장된 비핵화'가 현실화될 가능성은 결코 간과될 수 없다.

따라서 그와 같은 최악의 사태가 도래했을 때 즉각 철회되거나 원상복구될 수 없는 중요한 안보사안들을 대북 핵협상의 흥정거리로 남용하는 것은 최대한 자제하고 조심해야 할 것이다. 만일 그런 실책이 발생한다면, 미국은 과거 북한의 5MW 원자로 냉각탑 폭파쇼에 대한 대가로 대북한 테러지원국 제재를 해제했을 때 치러야 했던 오판의 대가와는 비교도 안 되는 커다란 대가를 지불해야 하는 상황에 직면하게 될 것이다.

미국이 북한과의 협상에서 위의 두 가지 실책을 저지르지만 않는다면, 설사 이번 미북 협상이 실패하더라도 협상은 훗날 언제라도 새롭게 재개될 수 있다. 왜냐하면 북한이 그들의 한반도 전략을 완성하기 위해 미국으로부터 받아내야 할 양보가 아직 많이 남아 있기 때문이다. 그러나 미국의 실책으로 인해 북한이 이번 협상에서 원하는 것들을 상당 부분 얻을 수 있게 된다면 북한은 다시는 협상 테이블로 돌아오지 않을지도 모른다.

대한민국의 미래를 위하여

북한의 핵개발은 어제오늘의 일은 아니다. 30년 전부터 추진되어온 일이고, 2006년의 최초 핵실험으로 북한의 핵무장은 이미 부인할 수 없는 현실이 되었다. 북한이 20년 전부터 남한을 향해 실전배치한 1000개의 탄도미사일에 언젠가 핵탄두가 적재되리라는 상황은 이미 그때부터 예견된 일이었다. 그러니 새삼스럽게 불안해할 일은 아닌지도 모른다.

그러나 현재의 상황은 과거와는 달리 특별히 유의해야 할 이유가 한 가지 있다. 그것은 이제 북한이 "핵무력 완성"을 선언하고 이를 기정사실화하기 위해 스스로 핵과 미사일 동결에 돌입한 만큼, 김정은 정권은 특별한 사유가 없는 한 앞으로 새삼스럽게 국제적 제재를 받을 일을 벌이지는 않을 것으로 보이기 때문이다. 따라서 북한 핵문제가 지금처럼 고도의 국제적 주목을 받는 일도 다시는 없을 것이며, 제재와 협상을 통한 해결의 기회도 어쩌면 이것이 마지막이 될지도 모른다.

앞으로 미북 협상이 어떤 방향으로 진전되어 나갈지는 예측하기 어렵다. 좋은 결과가 나오면 다행이지만, 일이 잘못 진행될 경우 대북 정책의 '성공'에 목말라하는 트럼프 대통령이 북한이 제시한 작은 양보를 침소봉대하여 큰 반대급부를 제공하고 '성공적 협상'으로 역사에 기록하려 할지도 모른다. 또는 그와 정반대로 협상이 파국을 맞아 다시 제재 강화와 군사적 조치가 거론되는 긴박한 정세가 전개될지도 모른다.

만일 협상이 순조롭지 않아 어떤 중요한 선택의 기로에 서게 될 때 미국 정부는 어떤 고려에 따라 선택을 할 것인가? 미국은 동맹국인 한국과 일본의 입장도 물론 고려하기는 할 것이나, 미국의 이해관계에 대한 고려가 무엇보다 선행할 것이다.

1994년 미북 제네바협상에서도 그런 일들이 종종 있었지만, 그래도 그 당시에는 한미 사이에 기본적 신뢰관계가 있어 양국 간의 갈등은 종종 찻잔 속의 태풍으로 지나가곤 했다. 설사 심각한 이견이 있어도 양국은 기본적으로 동일한 가치관을 공유하고 있었기에 이견이 양국관계의 근간을 흔들지는 못했다.

그러나 그것은 이미 오래전의 일이다. 그 후 20여 년간 미국 조야가 바라보는 한국의 정체성은 많이 변했다. 특히 미국 학계에서는 한국이 동맹국인 미국보다 미국의 가상적국인 중국 쪽으로 많이 경사되어 있다는 시각이 대세를 이루고 있다. 이 때문에 헨리 키신저^{Henry Kissinger}나 앨빈 토플러^{Alvin Toffler}

를 포함한 미국의 저명한 학자들과 대다수의 아시아문제 전문가들은 한국이 남북통일 또는 중국패권의 시대가 오면 중국의 영향권에 귀속될 가능성이 크다는 예측을 제기해오고 있다. 한국이 계속 미국 진영에 남으리라는 예측은 거의 없다.

한국의 정체성에 대한 미국 조야의 의구심이 제기되고 있는 이유는 한국이 대북정책과 북핵문제 등 핵심 현안에서 미국과 중국 사이에서 애매한 입장을 취하거나 중국 입장에 편승하는 사례가 점증하고 있기 때문이다. 그런 까닭에 미국이 한국에 대해 갖는 애착과 지정학적 가치는 점차 퇴조하고 있고, 한미동맹과 주한미군도 언젠가는 한국 자신의 선택에 따라 없어지게 될 시한부적 존재로 보는 시각이 늘고 있다.

그러한 시각이 초래된 원인을 야기한 최초의 사건은 노무현 정부 시절 풍미했던 '동북아 균형자론'이었고,[12] 그 클라이맥스는 2015년 9월 2일 박근혜 대통령이 북경 천안문광장에서 개최된 "항일전쟁 및 세계 반파시스트전쟁 승전 70주년 기념열병식"에 유일한 서방 주요국 지도자로서 참석한 일이었다. 시진핑 주석, 푸틴 대통령과 나란히 서서 인민해방군을 열병하는 한국 대통령의 모습을 보면서 미국인들은 깊은 실망과 분노를 느꼈을 것이다.

그런 까닭에 최근 미국은 범세계적인 미국의 1차적 동맹국을 NATO, 캐나다, 호주, 일본으로 상정하고, 미래에 동북아시아에서 미국의 확실한 최전선은 일본이라 생각하고 있는 것으로 알려지고 있다. 일부 학자들은 그 동맹국 리스트에 베트남, 인도까지 추가하는 경우도 있으나, 한국을 포함시

---

12 한국의 노무현 정부가 공개적으로 제기했던 '동북아 균형자론'은 미·일·중·러 4강의 이해가 교차하는 동북아에서 한국이 균형을 잡겠다는 구상이었는데, 이는 궁극적으로 미·중 사이의 균형자가 되겠다는 의미였다. 약소국인 한국이 강대국들 사이에서 균형을 잡겠다는 기발한 구상의 실현가능성 여부는 차치하고라도, 한국이 동맹국인 미국과 중국을 같은 선상에 놓고 견제와 균형을 도모하겠다는 발상에 대해 미국 정부는 경악했다.

키는 학자는 없다.

이것은 미국의 안보정책에서 한반도가 갖는 정치적, 지정학적 중요성이 그만큼 퇴색했음을 의미한다. 또한 미국이 북한과의 비핵화 협상 과정에서 필요 여하에 따라 한미동맹과 주한미군의 현 상황을 급격히 변경하는 결정을 내리는 것이 우리가 생각하는 것보다 훨씬 쉬울 수도 있음을 시사한다.

이러한 한미관계의 중장기적 이상기류는 최근 북한 핵문제와 대북한 정책을 둘러싼 한국과 미국 정부의 엇박자로 인해 균열이 더욱 심화되고 있다. 미국과 유엔 안보리가 북한 핵문제 해결을 위한 대북한 압박 차원에서 단돈 몇 십만, 몇 백만 달러의 북한 유입을 막고자 중국에 대한 제재이행 감시에 부심하고 있는 가운데, 한국 정부는 최소 수백억 달러 규모로 추산되는 대북한 경제원조 사업을 북한과 논의하고 있다. 더욱이 동 사업들은 북한의 비핵화 등 어떤 현안과도 연계되지 않은 별개의 원조사업으로 추진되고 있다.

한국 정부가 실시하려는 북한 철도 및 도로 현대화 사업에 필요한 소요경비는 시티그룹 추산 70.8조 원(643억 달러), 미래에셋대우 추산 112조 원(1018억 달러), 금융위원회 추산 126조 원(1147억 달러, 2014년도 추산액) 등 다양하다.[13] 북한의 평상시 연간 외화소득이 25~30억 달러임을 감안할 때, 이는 북한의 20~40년분 외화소득에 해당되는 천문학적 규모다. 이는 또한 한국 정부가 과거 김대중, 노무현 정부 10년간 북한에 제공한 원조액 22.4억 달러의 30~50배에 달하는 액수다.

이러한 한국 정부의 동향에 대해, 미국 내의 대표적 온건파이자 대화파인 전직관리들마저도 "한국 정부가 남북관계에 지나치게 치중할 경우 한미관계에 균열이 갈 수 있다"고 경고했다. 크리스토퍼 힐Christopher Hill 전

---

13 2018년 4월 29일 〈연합뉴스〉 기사, 동년 9월 11일 〈조선닷컴〉 기사 참조.

정부별 대북 송금 및 현물제공 내역(2017년 2월 기준)

단위: 만 달러

구분	정부차원		민간차원		총계
	현금	현물	현금	현물	
김영삼 정부	-	26,172	93,619	2,236	122,027
김대중 정부	-	52,476	170,455	24,134	247,065
노무현 정부	40	171,621	220,898	43,073	435,632
이명박 정부	-	16,864	167,942	12,839	197,645
박근혜 정부	-	5,985	25,494	2,248	33,727

자료: 통일부.

6자회담 수석대표는 "한국 정부는 유감스럽게도 남북관계를 지나치게 발전시키고 싶어 하는 인상을 주었다"고 지적했고, 갈루치Robert Gallucci 전 국무부 북핵특사는 "한국은 제재에서 후퇴해 북한과의 관여를 늘리려고 하지만, 남북한이 이룬 진전은 한미관계에 균열을 일으킬 위험이 있다"고 경고했다.[14]

미국 언론들은 진보, 보수 할 것 없이 대북한 제재와 남북경협 문제로 한미 양국 간 마찰이 고조되고 있어 양국 간 동맹관계에 갈등과 위기가 초래되고 있음을 연일 보도하고 있다. 평소 한국 문제에 대한 관심이 그리 크지 않았던 영국 ≪파이낸셜타임스(FT)≫도 2018년 10월 21일 자 보도를 통해 "북한에 관한 한미 간 의견차이가 벌어지면서 양국의 70년 동맹관계가 위험에 빠지고 있다"고 깊은 우려를 표시했다.

남북한이 판문점 선언을 통해 2018년 말까지 이행키로 합의한 '종전선언'에 대해서도 미국 정부는 "북한의 비핵화조치 이전 종전선언에 반대"하는 입장을 명확히 하고 있다. 종전선언이 북한에게 유엔사 해체, 정전협정 폐기, NLL(서해북방한계선) 폐지, 한미 합동군사훈련 중단, 주한미군 철수 등을

---

14 2018년 9월 15일 자 ≪조선일보≫ 기사 "북 비핵화 행동 전엔 종전선언 불용" 참조.

요구할 명분을 제공하게 될 개연성 때문이다. 이런 일들이 실제로 발생하게 될 경우, 한국군의 주요 전시(戰時)방어망에 군데군데 구멍을 뚫어놓은 듯한 '9.19 남북군사합의서'와 더불어 대한민국의 안보에 치명적 위험이 초래될 수 있다.

더욱이 과거 종전선언에 대해 무관심하던 북한이 2018년 초반부터 별안간 극도의 집착을 보이고 있는 점을 감안할 때, 북한에게 뭔가 숨겨진 커다란 노림수가 있다는 의혹이 제기되고 있다. 북한은 절대 중요하지 않은 일로 목소리를 높이지 않는다. 반드시 심사숙고를 거쳐 득실을 정확히 계산하고 구체적 목표를 정한 이후에나 이를 제기한다. 그리고 한번 정한 입장은 수십 년이 지나도 바뀌는 일이 거의 없다. 북한이 종전선언을 통해 추구하는 목표가 구체적으로 무엇이건 간에, 그것이 대한민국과 그 국민들에게 좋은 일은 결코 아닐 것이다. 미국이 한국 정부의 종용에도 불구하고 이에 굳이 반대하고 있는 것을 보면 미국은 이미 북한의 수를 모두 읽고 있는지도 모른다.

이러한 가운데 미국과 북한이 핵문제를 둘러싸고 정상회담과 더불어 빈번한 고위급 회담을 갖고 있는 것을 "한반도 긴장완화의 진전"이라고 마냥 환영할 일만은 아니다. 만일 그 협상에서 북한의 진정한 비핵화가 합의된다면, 그 이행과정의 일환으로 주한미군, 한미동맹, 평화체제, NLL 문제, 미북수교 등 예민한 안보사안들이 함께 논의되어, 한반도의 기존 질서를 대폭 개편하는 빅딜이 이루어질 수도 있을 것이다. 그것은 우리가 모르는 사이에 미국과 북한이 마주앉아 우리의 운명을 재단하게 됨을 의미한다.

또는 그와는 반대로 협상이 결렬되어 모든 상황이 싱가포르 미북정상회담 이전으로 되돌아가고 대북한 군사조치가 다시 거론되는 위기상황이 재연될 수도 있다. 그 경우에도 동맹국인 미국의 신뢰를 상실하고 정체성을 의심받는 한국이 거기에 개입할 수 있는 여지는 매우 제한적일 것이다.

그러한 두 가지 경우 외에, 제3의 가능성도 열려 있다. 미국과 북한의 핵협상이 진전도 안 되고 그렇다고 파탄과 위기에 이르지도 않는 애매한 상황이 수년간 지속되는 상황이다. 이는 북한의 핵보유가 인도나 파키스탄의 선례처럼 장기간에 걸쳐 기정사실화됨을 의미하는 것으로서, 북한이 원하는 바이기도 하다. 미국도 북한이 ICBM의 완성을 위한 추가적 미사일 시험발사를 자제하는 한 그런 상황에 어느덧 익숙해질지도 모른다.

그러나 미국의 이해관계와는 달리, 그러한 상황은 우리 대한민국 국민들에게는 심각한 도전이 될 것이다. 그것은 체제나 속성이 하나도 변하지 않고 남한에 대한 인식이나 자세도 변하지 않은 북한이 핵무기를 어깨에 둘러맨 채 장기간 또는 영원히 우리의 이웃으로서 더불어 살게 되는 상황을 의미하기 때문이다.

그런 상황이 도래할 경우, 우리는 변하지도 붕괴하지도 않는 핵보유국 북한과 오랜 세월 공생해나갈 방안을 강구해야만 하는 불편한 진실에 직면하게 될 것이다. 그 시기 남북한의 새로운 역학관계가 어떤 모양새로 전개되건 모든 여건이 과거와는 많이 달라질 것이다. 핵보유국 북한이 남한에게 어떤 압박을 가해올지는 알 수 없지만, 최소한 그곳에 우리가 그간 막연히 꿈꾸어온 '남한 주도의 평화통일'이 설 땅은 없게 될 것이다.

이러한 가능성은 우리가 북한 핵문제의 해결과정에서 보다 큰 용기와 지혜를 가지고 주도적이고 능동적인 역할을 수행할 것을 요구하고 있다. 북한 핵문제의 '최우선 당사자'로서의 한국의 역할은 우리가 피한다고 피해질 일도 아니고 숨는다고 누가 대신해줄 일도 아니다. 우리가 우리 자신의 명운이 걸린 이 중요한 문제에 정면으로 맞서지 못하고 방관자로 남아 대북관계 개선에만 총력을 기울일 경우, 한반도 문제의 해결에 기여하지도 못할 것이고 나아가 북한 핵문제 해결 과정의 일환으로 진행될 한반도의 질서개편 과정에서도 홀로 소외될 수밖에 없게 될 것이다.

2017년 개봉된 영국 영화 「다키스트 아워Darkest Hour」는 나치 독일의 유럽 정복 야욕 앞에 풍전등화의 위기에 몰린 영국의 국가위기를 극복한 윈스턴 처칠Winston Churchill 수상의 일화를 재조명했다. 히틀러의 침략에 정면 대응하기를 주저하면서 "위기의 평화적 해결"이라는 허울 좋은 명분하에 독일과 굴욕적인 평화협상을 갖기를 주장하던 영국 의회 지도자들에게 그는 이런 명언을 남겼다. "싸우다 몰락한 나라는 다시 일어서지만, 비굴하게 굴복한 나라는 멸망하게 된다Nations which go down fighting rise again, and those that surrender tamely are finished."

이는 국난에 처하여 "필사즉생 필생즉사必死則生 必生則死"라는 귀중한 지혜를 남긴 우리 조상의 뜻과도 전적으로 합치된다. 북핵 문제 30년 게임의 종말이 눈앞에 성큼 다가와 있는 현시점에서, 우리 정부와 국민이 가슴에 꼭 새겨야 할 값진 교훈들이다.

북한 핵문제 주요 일지

1955. 12	북한 과학원 핵물리연구실 설립
1956. 3	소련·북한「원자력의 평화적 이용에 관한 협정」체결
1962	북한, 영변 원자력연구소 설립
1963. 6	북한, 소련으로부터 2MW 연구용원자로 IRT-2000 도입
1964. 2	북한, 영변 원자력 연구단지 설립
1965	IRT-2000 연구용원자로 완공, 가동
1974. 9	북한, IAEA 가입
1975. 4. 23	한국, 핵비확산협정(NPT) 가입
1977. 9	북한-IAEA, IRT-2000 원자로 관련「부분안전조치협정」체결
1978. 7. 20	한국 최초 경수로 고리원전 1호기 준공
1979	북한, 영변에 5MW 원자로 건설 개시
1982	미국 정보당국, 북한의 영변 핵시설 건설을 최초 포착
1983	북한, 영변에서 고폭실험 실시 개시
1983. 10. 9	북한, 미얀마 아웅산묘소 폭파사건(전두환 대통령 암살 미수)
1984. 4. 23	북한, Scud-B 미사일 시험발사 성공(사거리 300km)
1985	북한, 50MW 원자로 착공(1995년 완공 계획)
1985. 12	소련·북한「원자력발전소 건설을 위한 경제기술협력 협정」체결
1985. 12	북한, 핵비확산협정(NPT) 가입
1986	북한, 재처리시설 착공(1992년 완공)
1986. 5. 7	북한, Scud-C 미사일 시험발사 성공(사거리 500km)
1986. 10	북한, 5MW 원자로 완공, 가동 개시
1987. 11. 29	북한, 대한항공 여객기 공중폭파(김현희 사건)
1988. 1. 20	미국, 대한항공기 폭파사건 관련 대북한 제재조치(테러지원국 지정 등)
1988. 2. 25	한국, 노태우 정부 출범
1989	북한, 200MW 원자로 착공(1996년 완공 계획)
1989. 1. 21	미국, 부시 행정부 출범
1989. 9. 15	프랑스 상업위성 SPOT 2호, 영변 핵시설 사진 공개
1990. 9. 30	한·소련 수교
1991. 9. 12	IAEA 이사회, 북한의 안전조치협정 서명을 촉구하는 결의안 채택
1991. 9. 17	남북한 유엔 동시가입
1991. 9. 27	부시 미국 대통령, 해외배치 지상 및 해상 전술핵무기 철수 선언
1991. 10. 5	고르바초프 소련 대통령, 전술핵무기 전면 철수 선언

1991. 11. 8	노태우 대통령, 「한반도 비핵화와 평화구축을 위한 선언」 발표
1991. 11. 25	북한 외교부 성명(주한미군 핵무기 철수 시 안전조치협정 서명 천명)
1991. 12. 18	노태우 대통령, 한국 내 핵무기 부재 선언
1991. 12. 25	소련연방 해체, 독립국가연합(CIS) 창설
1991. 12. 26	제1차 판문점 남북 핵협상
1991. 12. 28	제2차 판문점 남북 핵협상
1991. 12. 31	제3차 판문점 남북 핵협상(남북 비핵화공동선언 가서명)
1992	영변 재처리시설 완공
1992. 1. 7	북한 외교부 대변인, 안전조치협정 서명 및 IAEA 핵사찰 수용 발표
1992. 1. 7	한미 양국, 1992년도 팀스피리트 훈련 중단 발표
1992. 1. 20	남북 비핵화공동선언 공식서명
1992. 1. 22	미북 뉴욕 고위급접촉(캔터 국무차관-김용순 당국제부장)
1992. 1. 30	북한-IAEA 안전조치협정 서명(1992. 4. 10 발효)
1992. 2. 19	남북 기본합의서 및 비핵화공동선언 발효(제6차 남북 고위급회담)
1992. 3. 19	남북 핵통제공동위원회(JNCC) 제1차 회의
1992. 4. 10	북한 최고인민회의, IAEA 안전조치협정 비준
1992. 5. 4	북한, IAEA에 최초 보고서 제출(16개 핵시설 신고)
1992. 5. 11~16	IAEA 사무총장 방북(미신고 핵시설에 대한 IAEA 사찰 허용 촉구)
1992. 5. 23~6. 5	제1차 IAEA 대북한 임시핵사찰
1992. 7. 2	부시 대통령, 해외 전술핵무기 철수완료 선언
1992. 7. 10	북한-IAEA 핵사찰보조약정 발효
1992. 7. 7~20	제2차 IAEA 대북한 임시핵사찰(불일치의 증거 최초 포착)
1992. 8. 24	한·중 수교 발표
1992. 8. 29~9. 12	제3차 IAEA 대북한 임시핵사찰(2개 미신고시설 시찰)
1992. 11. 2~14	제4차 IAEA 대북한 임시핵사찰(북한, 미신고시설 재방문 거부)
1992. 12. 14~19	제5차 IAEA 대북한 임시핵사찰
1992. 12. 17	제13차 남북 핵통제공동위원회 회의(이후로 남북 핵협상 단절)
1992. 12. 21	북한, 제9차 남북 고위급회담 일방적 취소(남북 고위급회담 단절)
1992. 12. 22	IAEA, 북한에 2개의 미신고시설 방문 허용 요청
1993. 1. 5	북한, IAEA의 2개 미신고시설 방문 요청 거부
1993. 1. 17~25	IAEA 대표단 방북, 2개 미신고시설 방문 허가 요청(북한, NPT 탈퇴 경고)
1993. 1. 20	미국, 클린턴 행정부 출범
1993. 1. 26~2. 6	제6차 IAEA 대북한 임시사찰(북한, 미신고시설 방문 요청 거부)
1993. 2. 10	IAEA, 북한에 특별사찰 요구 서한 발송
1993. 2. 15	북한, 특별사찰 수락불가 회신
1993. 2. 25	한국, 김영삼 정부 출범
1993. 2. 25	IAEA 이사회, 대북한 결의(2개 미신고시설에 대한 특별사찰 요구)
1993. 3. 9~18	1993년도 팀스피리트 훈련 실시

1993. 3. 12	북한, NPT 탈퇴성명 발표
1993. 3. 18	IAEA 특별이사회, 대북한 결의(3. 31까지 특별사찰 수용 요구)
1993. 4. 1	IAEA 특별이사회, 북한의 안전조치협정 불이행을 유엔 안보리에 회부키로 결의
1993. 4. 1	NPT 기탁국(미·영·러) 공동성명 발표(북한의 NPT 탈퇴 철회 및 핵사찰 수용 촉구)
1993. 4. 8	유엔 안보리, 북한 핵문제 관련 의장성명 채택(NPT 회원국들의 의무 이행 촉구)
1993. 5. 8~16	제7차 IAEA 대북한 임시핵사찰
1993. 5. 11	유엔 안보리, 대북한 결의 825호 채택(NPT 탈퇴 재고 및 안전조치 이행 촉구)
1993. 5. 17~21	미북 고위급회담을 위한 뉴욕 예비 접촉
1993. 5. 29	북한, 노동미사일 시험발사 성공(사거리 1000~1300km, 탄두중량 700kg)
1993. 6. 2~11	제1단계 미북회담(뉴욕) 개최(북한의 NPT 탈퇴 효력정지 합의)
1993. 7. 14~19	제2단계 미북회담(제네바) 개최
1993. 8. 3~10	IAEA 사찰단 방북(북한의 방해로 사찰 실패)
1993. 8. 31~9. 4	북한-IAEA 평양 협의(북한의 거부반응으로 사찰방식 합의 실패)
1993. 9. 21~24	IAEA 이사회, 대북한 결의 채택(핵사찰 수용 촉구)
1993. 10. 1	IAEA 총회, 대북한 결의 채택(북한의 안전조치 이행 촉구)
1993. 11. 1	유엔 총회, 북한의 대IAEA 협조 촉구 결의 채택(찬성 140, 반대 1, 기권 1)
1994. 1. 7~25	안전조치 유지를 위한 북한-IAEA 실무협의
1994. 2. 15	북한-IAEA 협상 타결(북한, IAEA가 필요로 하는 모든 사찰활동 수락)
1994. 3. 10	IAEA, "방사화학실험실에 대한 북한의 사찰 거부로 핵물질 전용여부 확인 불능" 발표
1994. 3. 19	특사교환을 위한 제4차 남북 실무접촉(북한의 "불바다" 위협 발언으로 결렬)
1994. 3. 21	IAEA 특별이사회, 대북한 결의 채택(모든 IAEA 사찰의 즉각 수용 촉구)
1994. 3. 21	박길연 주유엔 북한대사, 안보리 제재결의 채택 시 전쟁선포로 간주한다고 경고
1994. 3. 21	한국 안보관계장관회의, 패트리어트 미사일 배치 및 팀스피리트 훈련 준비 결정
1994. 3. 21	한미 양국, 패트리어트 미사일 배치 합의, 발표
1994. 3. 22	한국군 특별경계강화령 발동
1994. 3. 23	주중 북한대사, 미국이 대북 압력을 중단하지 않을 경우 한반도 전쟁 재발 경고
1994. 3. 24	IAEA 사무총장, 대북한 핵사찰 결과를 안보리에 보고
1994. 3. 24	러시아, 북한 핵문제 해결을 위한 8자회담 제의(6개국+유엔+IAEA)
1994. 3. 31	유엔 안보리 의장성명 채택(북한의 IAEA 핵사찰 수용 촉구)
1994. 4. 28	북한, 평화협정 체결을 위한 미북 협상 제의(외교부 성명)
1994. 5. 4	북한, 5MW 원자로 연료봉 무단인출 개시

1994. 5. 17	IAEA 사찰단, 방사화학실험실 등 사찰 실시
1994. 5. 27	IAEA 사무총장, 유엔 안보리에 "5MW 원자로 연료봉의 추후 계측 가능성 상실" 보고
1994. 6. 3	강석주 북한 외교부 부부장, 대북한 경제제재 채택 시 선전포고로 간주한다고 발표
1994. 6. 10	IAEA 이사회, 대북한 제재결의 채택(의료 분야를 제외한 대북한 기술협력 중단)
1994. 6. 13	북한 외교부 대변인, IAEA 탈퇴 선언
1994. 6. 15~18	카터 전 대통령 방북(김일성 면담)
1994. 7. 8	제3단계 1차 미북회담(제네바)
1994. 7. 8	김일성 사망
1994. 8. 5~12	제3단계 2차 미북회담(제네바)
1994. 8. 15	김영삼 대통령, 북한이 핵투명성 보장 시 경수로 지원용의 천명(8.15 경축사)
1994. 9. 23~10. 17	제3단계 3차 미북회담(제네바)
1994. 10. 17	미북 제네바합의 문안 타결
1994. 10. 20	클린턴 대통령, 북한에 경수로 건설 보장서한 송부
1994. 10. 21	미북 제네바합의Agreed Framework 서명
1995. 1. 15	미국, 북한에 대체에너지(중유) 제공 개시
1995. 1. 21	미국, 대북한 경제제재 일부완화 발표
1995. 3. 9	KEDO(한반도에너지개발기구) 창설(뉴욕)
1995. 3. 25~4. 20	미북 제1차 경수로 전문가회담(베를린)(원자로 노형문제 등 이견으로 결렬)
1996. 4. 5	북한, 비무장지대 무효화 선언(판문점 중화기 반입 등 무력시위)
1995. 5. 19~6. 13	미북 제2차 경수로 전문가회담(쿠알라룸푸르)(한국표준형 경수로 건설 합의)
1995. 8. 15~22	제1차 KEDO 부지조사단 파견(신포)
1995. 12. 15	KEDO-북한 경수로공급협정 서명
1996	북한, 노동미사일 실전배치
1996. 9. 18	북한 잠수함 강릉 침투사건(KEDO, 3개월간 경수로 부지조사 작업 중단)
1996. 9. 23	북한-IAEA 실무협의(북한, 과거 핵활동 규명을 위한 핵사찰 거부)
1996. 10. 29	유엔총회, 북한의 IAEA 안전조치협정 이행 촉구 결의
1996. 12. 29	북한, 강릉 잠수함 침투사건 관련 사과성명 발표
1997. 5. 31	북한, 서해상에서 크루즈미사일 시험발사 성공
1997. 8. 19	신포 경수로 부지공사 착공
1997. 10. 31	북한, 5MW 원자로 폐연료봉 8000개 봉인 완료
1998. 2. 25	한국, 김대중 정부 출범
1998. 8. 31	북한, 대포동1호 미사일 시험발사
1998. 11. 9	KEDO 집행이사회, 경수로 재원분담 합의
1999	북한, 파키스탄으로부터 우라늄농축기술 및 원심분리기 샘플 도입
1999. 5. 20~24	미국 대표단, 제1차 금창리 지하 의혹시설 방문

1999. 5. 25~28	페리 대북정책조정관 방북
1999. 6. 6~15	남북한 해군 제1차 연평해전
1999. 9. 17	미국, 대북한 경제제재 완화 발표
2000. 2. 3	신포 경수로 본공사 착공
2000. 3. 23	북한, 「서해 5개 섬 통항질서」 공포(서해 5도 출입 2개 항로 지정)
2000. 5. 24~25	미국 대표단 제2차 금창리 지하 의혹시설 방문
2000. 6. 13~15	제1차 남북정상회담(평양, 6.15 남북공동성명 채택)
2000. 6. 19	미국, 대북한 제재조치 대폭 완화 발표(미사일 모라토리엄에 대한 반대급부)
2000. 10. 23~25	올브라이트 미 국무장관 북한 방문
2001. 1. 20	미국, 제1기 부시 행정부 출범
2002. 1. 19	부시 대통령, 국정연설에서 북한을 '악의 축^{axis of evil}'으로 지칭
2002. 9. 17	고이즈미 일본 총리, 제1차 방북(일북 평양선언 채택)
2002. 6. 29	남북한 해군 제2차 연평해전(한국군 6명 사망, 18명 부상)
2002. 7. 31	미국, 미북 외교장관 회담 시(브루나이) 북한의 고농축우라늄(HEU) 프로그램 의혹 제기
2002. 10. 3~5	제임스 켈리 미 정부 특사 방북(북한, HEU 프로그램 보유 시인)
2002. 10. 15	일본인 납북자 5명 일본 귀환
2002. 10. 17	미국, 북한의 HEU 프로그램 시인 사실 발표
2002. 10. 27	한·미·일 3국 정상, 북한의 HEU 프로그램 폐기 촉구(3국 정상회담 공동발표문)
2002. 11. 14	KEDO 집행이사회, 대북한 중유공급 중단 발표
2002. 12. 12	북한, 핵동결 해제 선언(외무성 대변인 담화)
2002. 12. 21	북한, 5MW 원자로 동결 해제(12. 23 방사화학실험실, 12. 24 핵연료공장 동결 해제)
2002. 12. 26	북한, IAEA 사찰관 3명 추방 통보
2003. 1. 10	북한, NPT 탈퇴 선언(정부성명)
2003. 1. 27~29	임동원 대통령특사 방북, 김대중 대통령 친서 전달
2003. 1. 28	북한 외무성 대변인, 북한의 HEU 프로그램 보유 의혹을 부인하는 담화 발표
2003. 2. 25	한국, 노무현 정부 출범
2003. 2. 26	북한, 5MW 원자로 재가동
2003. 4. 18	북한 외무성 대변인, 8000개 연료봉 재처리가 마무리 단계라고 언급(조선중앙통신)
2003. 4. 23~25	북한 핵문제에 관한 북·미·중 3자회담(베이징)
2003. 5. 25	북한, 북핵문제 해결을 위한 6자회담 수용 천명
2003. 6. 12	대량파괴무기 확산방지구상(PSI) 창설회의(마드리드, 11개국 참가)
2003. 8. 27~29	제1차 6자회담(베이징)
2003. 10. 3	북한, 연료봉 8000개 재처리 완료 발표(외무성 대변인)
2003. 11	북한, 경수로 부지 내 건설장비 및 물자 반출 금지

2003. 12. 1	KEDO, 금호지구 경수로공사 1년간 잠정 중단
2004. 2. 2	파키스탄 정부, 칸A. Q. Khan 박사의 대북한 우라늄농축기술 및 장비 제공사실 발표
2004. 2. 25~28	제2차 6자회담(베이징)
2004. 5. 22	고이즈미 일본 총리, 제2차 방북
2004. 6. 23~26	제3차 6자회담(베이징)
2004. 11. 26	KEDO, 경수로 공사중단 1년 추가연장
2005. 1. 18	라이스 국무장관 내정자, 인준청문회에서 북한을 "폭정의 전초기지"로 거명
2005. 1. 20	미국, 제2기 부시 행정부 출범
2005. 2. 10	북한, 핵무기 보유 공식발표 및 6자회담 중단 선언(외무성 성명)
2005. 5. 11	북한, 5MW 원자로에서 연료봉 8000개 인출완료 발표(외무성대변인 성명)
2005. 7	북한, 8000개 연료봉 재처리 완료(농축플루토늄 10~14kg 추출)
2005. 7. 12	한국, 경수로사업 종결방침 및 200만kW 대북송전 구상 발표
2005. 7. 26~8. 7	제4차 6자회담 1단계 회의
2005. 9. 13~19	제4차 6자회담 2단계 회의(9.19 공동성명 합의, 발표)
2005. 9. 16	미국, 마카오 BDABanco Delta Asia를 "돈세탁 주요 우려기관"으로 공시
2005. 11. 9~11	제5차 6자회담 1단계 회의
2005. 11. 22	KEDO 집행이사회, 경수로사업 종결 및 청산절차 개시 결의
2006. 1. 8	신포지구 경수로 공사 인력 철수 완료
2006. 5. 31	KEDO, 경수로 공사 공식 종결
2006. 7. 5	북한, 대포동2호 미사일 시험발사(함경북도 무수단리)
2006. 7. 5	일본, 북한의 미사일 발사에 따른 대북한 제재조치 발표
2006. 7. 15	유엔 안보리, 대북한 규탄 결의 1695호 채택(미사일 시험발사 규탄)
2006. 9. 30	미 의회, 「북한 비확산법」 만장일치 채택
2006. 10. 3	북한, 핵실험 실시 방침 천명(외무성 성명)
2006. 10. 6	유엔 안보리, 북한의 핵실험 계획에 대해 경고하는 의장성명 채택
2006. 10. 9	북한, 최초 핵실험 실시(10:35, 함경북도 길주군 풍계리)
2006. 10. 14	유엔 안보리, 제1차 대북한 제재결의 1718호 채택(WMD 관련 무기금수, 사치품 수출 금지)
2006. 10. 31	북·미·중 베이징 3자회동(6자회담 재개 합의)
2006. 11. 28	북·미·중 제2차 베이징 3자회동
2006. 12. 18~22	제5차 6자회담 2단계 회의
2006. 12. 19~20	BDA 금융제재 문제에 관한 미북회담(베이징)
2007. 1. 16~18	미북 베를린회담(힐 차관보-김계관 부상)
2007. 2. 8~13	제5차 6자회담 3단계 회의
2007. 2. 13	9.19 공동성명 이행을 위한 초기단계 조치 합의(2.13 합의)
2007. 3. 18	미국, BDA 북한자금 전액반환 방침 발표
2007. 4. 25	북한, 인민군창건기념일 퍼레이드에서 신형 중거리미사일 공개

2007. 6. 25	북한, BDA 예치금 전액 수령완료 확인 및 2.13 합의 이행방침 천명(외무성 대변인)
2007. 7. 13	북한, 유엔이 참여하는 미북 군사회담 제의(판문점대표부 담화)
2007. 7. 14	북한, 2.13 합의에 의거, 영변 5MW 원자로 등 핵시설 동결
2007. 7. 18~20	제6차 6자회담 1단계 회의
2007. 9. 6	이스라엘, 시리아 알키바르 원자로 건설현장 공습(건설현장 북한 핵기술자들 사망)
2007. 9. 27~10. 3	제6차 6자회담 2단계 회의(「9.19 공동성명 이행을 위한 제2단계 조치」 합의)
2007. 10. 2~4	제2차 남북정상회담(「10.4 남북관계 발전과 평화번영을 위한 선언」 채택)
2007. 11. 6	미·일 합동 SM-3 미사일 요격실험 성공
2007. 12. 3~5	힐 동아태차관보 방북(제2단계 조치 이행에 관한 부시 대통령 친서 전달)
2007. 12. 18	일본 해상자위대, SM-3 미사일 요격실험 성공
2008. 2. 25	한국 이명박 정부 출범
2008. 3. 28	북한, HEU 프로그램 보유 및 시리아와의 핵협력 의혹 부인(외교부대변인 담화)
2008. 4. 24	미국, 북한-시리아 핵협력 정보 공개
2008. 5. 8	북한, 미국 정부대표단에게 1만 8000페이지 분량의 핵시설 운영자료 제공
2008. 6. 26	북한, 중국 정부에 핵시설·핵물질 신고서 제출
2008. 6. 27	북한, 영변 5MW 원자로 냉각탑 폭파(불능화조치의 일환)
2008. 7. 10~12	6자회담 수석대표 회의(베이징)
2008. 7. 11	금강산 관광객 피격사망 사건 발생
2008. 7. 23	6자 외교장관회담 개최(싱가포르)
2008. 8. 11	미국, 대북한 테러지원국 지정 해제 발효 보류조치
2008. 8. 14	북한, 핵시설 불능화조치 중단
2008. 9. 3	북한, 영변 핵시설 복구작업 개시
2008. 9. 24	북한, 재처리시설 봉인 및 감시장비 제거 완료
2008. 10. 2	미·북한 핵시설신고 검증협상 타결(힐 차관보 방북)
2008. 10. 11	미국, 대북한 테러지원국 지정 해제 발표
2008. 11. 12	북한, 핵신고 검증을 위한 시료채취 거부입장 천명(외무성 성명)
2008. 12. 1	북한, 남북 간 육로통행 제한 및 직통전화 단절 조치(12.1 조치)
2008. 12. 8~10	6자회담 수석대표회의(베이징)
2009. 1. 20	미국 제1기 오바마 행정부 출범
2009. 1. 30	북한, 정치·군사적 긴장완화 및 NLL 관련 모든 남북합의 무효화 선언(조평통 성명)
2009. 3. 17	북한, 두만강 유역에서 미국 여기자 2명을 불법월경 혐의로 체포
2009. 3. 30	북한, 개성공단 근무 현대아산 직원 1명 억류
2009. 4. 5	북한, 장거리로켓(은하2호/광명성2호) 시험발사
2009. 4. 13	유엔 안보리, 북한의 장거리로켓 발사를 규탄하는 의장성명 채택

2009. 4. 14	북한, 6자회담 거부, 핵시설 원상복구, 연료봉 재처리 방침 발표(외무성 성명)
2009. 4. 16	북한, 영변 주재 IAEA 감시요원 추방
2009. 4. 25	북한, 폐연료봉 재처리 개시 발표
2009. 4. 29	북한, 핵실험, ICBM 발사, 경수로연료 자체생산 방침 발표(외무성 성명)
2009. 5. 25	북한, 제2차 핵실험 실시(함경북도 길주군)
2009. 5. 26	한국, PSI 전면참여 선언(95번째 참여국)
2009. 5. 27	북한 인민군대표부, 한국의 PSI 참여 비난성명 발표
2009. 6. 12	유엔 안보리, 제2차 대북한 제재결의 1874호 채택(무기금수, 북한출입 선박의 화물검색, 금융거래 금지 및 자산동결, 무상원조 및 무역관련 공적지원 금지)
2009. 6. 13	북한, 안보리 제재결의 1874호 비난 및 우라늄농축 착수 방침 발표(외무성 성명)
2009. 8. 4	클린턴 전 대통령 방북, 김정일 면담 및 미국 여기자 2명 석방 귀환
2009. 8. 13	북한, 3. 30 억류된 개성공단 현대아산 직원 석방
2009. 11. 3	조선중앙통신, 연료봉 8000개의 재처리를 8월 말 완료했다고 보도
2009. 11. 10	대청도 인근에서 북한의 도발로 남북 해군 간 무력충돌 발생(대청해전)
2009. 12. 21	북한, NLL 지역을 평시 해상사격구역으로 선포
2010. 3. 26	해군 초계함 천안함, 백령도 인근에서 북한 어뢰에 피격 침몰(46명 전사)
2010. 4. 23	북한, 금강산지구 내 정부 소유시설 몰수 및 관리인원 추방 방침 발표
2010. 5. 3~7	김정일 방중(베이징-다롄-톈진)
2010. 5. 20	한국, 천안함 사건 조사결과 발표
2010. 5. 24	한국, 천안함 사건 관련 대북한 제재조치 발표(남북교역 중단, 심리전 재개 등)
2010. 7. 9	유엔 안보리, 천안함 사건 관련 의장성명 발표
2010. 8. 30	미국, 대북한 추가 제재조치 발표
2010. 9. 28	김정일, 김정은을 당 중앙군사위 부위원장 겸 인민군 대장에 임명, 후계체제 공식화(제3차 노동당 대표자회의)
2010. 11. 12	북한, 방북 중인 미국 핵전문가들에게 영변에 건설 중인 우라늄농축시설(원심분리기 2000개)과 경수로(25~30MW) 공개
2010. 11. 23	북한, 연평도 포격도발(군인 2명, 민간인 2명 사망)
2011. 4	북핵문제 관련 제1차 미북 고위급회담
2011. 8. 22	북한, 금강산 관광지구 남측 재산 몰수 및 관리인원 추방
2011. 10	북핵문제 관련 제2차 미북 고위급회담
2011. 12. 17	김정일, 심근경색으로 사망
2011. 12. 29	김정은, 북한군 최고사령관 추대
2012. 2. 29	북핵문제 관련 제3차 미북 고위급회담 / 미·북한 2.29 합의: 핵실험/미사일 발사/우라늄농축 중단, IAEA 감시단 입북허용 등 비핵화 사전조치 대가로 식량 24만 톤 제공
2012. 4. 11	김정은 권력승계(노동당 제1비서, 중앙군사위 위원장 취임)

2012. 4. 13	김정은, 국방위 제1위원장 취임(권력승계 완성)
2012. 4. 13	북한, "핵보유국"이 명기된 개정헌법 채택
2012. 4. 13	북한, 제3차 장거리미사일 시험발사(은하3호) 실패
2012. 4. 17	북한, 「미·북한 2.29 합의」 백지화 선언(4.13 미사일 시험발사에 따른 미국의 식량지원 중단조치에 반발)
2012. 12. 12	북한, 제4차 장거리미사일 시험발사, 궤도진입 성공
2013. 1. 20	미국 제2기 오바마 행정부 출범
2013. 1. 22	유엔 안보리, 제3차 대북한 제재결의 2087호 채택(제재대상 일부 확대)
2013. 2. 12	북한, 제3차 핵실험 실시
2013. 2. 25	한국, 박근혜 정부 출범
2013. 3. 7	유엔 안보리, 제4차 대북한 제재결의 2094호 채택(북한의 핵/미사일 개발용 물자/자금 차단조치, 금융제재, 화물검색, 선박/항공기 차단 등)
2013. 3. 31	북한, "경제·핵무력 병진노선" 채택(노동당 중앙위 전체회의)
2013. 4. 2	북한, 영변 5MW 원자로 재가동 선언(2013년 8월 재가동 개시)
2013. 4. 5	북한, 한반도 전쟁위기를 이유로 평양주재 외국공관 철수 권고
2013. 4. 8	북한, 개성공단 가동 중단 및 북한노동자 철수 통보
2013. 5. 3	개성공단 남측인원 전원 철수완료
2013. 9. 16	개성공단 재가동
2013. 12. 12	장성택 북한 노동당 행정부장 처형
2014. 3. 28	박근혜 대통령, 드레스덴 선언(평화통일기반 구축 위한 3대 제안)
2014. 10. 4	북한 대표단, 인천 아시안게임 폐막식 참석(황병서 군 총정치국장, 최룡해 정치국 상무위원, 김양건 노동당 대남비서)
2015. 5. 1	한국 정부, 민간 및 지자체의 남북교류활성화 방안 발표
2015. 8. 22~25	판문점 남북 고위급 접촉
2016. 1. 6	북한, 제4차 핵실험 실시
2016. 2. 7	북한, 광명성호 로켓 발사 성공(지구궤도 진입)
2016. 2. 10	한국, 개성공단 가동 전면중단 발표(북한 핵실험 대응조치)
2016. 3. 2	유엔 안보리, 제5차 대북한 제재결의 2270호 채택(모든 북한화물의 의무적 검색, 광물수입 금지, 은행지점 설치 금지)
2016. 4. 23	북한, SLBM 북극성-1 시험발사(30km 비행)
2016. 6. 22	북한, IRBM 화성-10 제6차 시험발사 성공(고각 400km 비행)
2016. 7. 8	한국, 사드(THAAD) 배치방침 발표
2016. 8. 24	북한, SLBM 북극성-1 시험발사 성공(고각 500km 비행)
2016. 9. 9	북한, 제5차 핵실험 실시
2016. 11. 30	유엔 안보리, 제6차 대북한 제재결의 2321호 채택(북한산 광물수입 제한 확대, 대북한 과기협력 금지, 북한공관/직원 은행계좌 제한, 북한 내 외국 금융기관/계좌 폐쇄 등)
2016. 12. 9	한국 국회, 박근혜 대통령 탄핵안 가결

2017. 1. 20	미국 트럼프 행정부 출범
2017. 2. 12	북한, 제1차 IRBM 북극성-2 시험발사 성공(고각 500km 비행)
2017. 2. 13	북한 요원, 쿠알라룸푸르 공항에서 김정남 암살
2017. 4. 5	북한, 제2차 IRBM 북극성-2(추정) 시험발사(60여km 비행)
2017. 5. 10	문재인 정부 출범
2017. 5. 14	북한, 제1차 IRBM 화성-12 시험발사 성공(고각 700km 비행)
2017. 5. 21	북한, 제3차 IRBM 북극성-2 시험발사 성공(고각 500여km 비행)
2017. 6. 2	유엔 안보리, 제7차 대북한 제재결의 2356호 채택(자산동결 및 해외여행 제한 확대)
2017. 7. 4	북한, 제1차 ICBM 화성-14 시험발사 성공
2017. 7. 28	북한, 제2차 ICBM 화성-14 시험발사 성공
2017. 7. 27	미국 의회, 북한·러시아·이란 제재법안 가결(원유 수출, 북한 노동자 고용, 북한선박 운항 금지)
2017. 8. 5	유엔 안보리 제8차 대북한 제재결의 2371호 채택(북한산 석탄, 철, 철광석·수산물 전면 수입금지, 신규 북한노동자 고용 중단)
2017. 8. 8	트럼프 대통령, 대북한 "화염과 분노fire and fury" 경고
2017. 8. 29	북한, 제2차 IRBM 화성-12 시험발사 성공(일본상공 통과)
2017. 9. 3	북한, 제6차 핵실험 실시(탄두소형화 성공 및 100kt 수소탄 실험)
2017. 9. 11	유엔 안보리, 제9차 대북한 제재결의 2375호 채택(정유제품 연간 공급을 200만 배럴로 제한(약 30% 차단), 북한산 섬유제품 수입 전면금지)
2017. 9. 15	북한, 제3차 IRBM 화성-12 시험발사 성공(일본상공 통과)
2017. 9. 19	트럼프 대통령, 유엔총회 연설에서 "북한 완전파괴" 경고
2017. 9. 21	김정은 국무위원장, 트럼프 비난성명("개 짖는 소리", "반드시 불로 다스릴 것")
2017. 9. 21	트럼프 대통령, 광범위한 대북한 제재 행정명령(북한과 무역, 금융거래 하는 개인, 기업, 금융기관에 대한 세컨더리 보이콧secondary boycott)
2017. 11. 20	미국, 북한을 테러지원국으로 재지정
2017. 11. 29	북한, 제1차 ICBM 화성-15 시험발사 성공(사거리 1만 3000km) 및 "국가 핵무력 완성" 선언
2017. 12. 5~8	제프리 펠트만Jeffrey Feltman 유엔 정치담당 사무차장 평양 방문
2017. 12. 22	유엔 안보리, 제10차 대북한 제재결의 2397호 채택(원유 연간 공급상한선 400만 배럴, 정유제품 공급상한선 50만 배럴, 북한 노동자 24개월 내 귀환)
2018. 2. 9	김영남 최고인민회의 상임위원장, 김여정 당중앙위 제1부부장, 평창올림픽 개막식 참석(김정은의 방북 초청장 전달)
2018. 2. 25	북한 김영철 통전부장, 리선권 조평통위원장, 평창동계올림픽 폐막식 참석
2018. 3. 5	정의용 특사 방북, 김정은 면담(4월 판문점 남북정상회담 합의)
2018. 3. 9	정의용 특사, 트럼프 대통령에게 김정은의 미북정상회담 제안 전달
2018. 3. 26~27	김정은 제1차 방중(베이징)
2018. 3. 31~4. 1	폼페이오 미국 국무장관 제1차 방북

2018. 4. 23	한국군, 대북한 확성기방송 중단
2018. 4. 27	제1차 판문점 남북정상회담(「4.27 판문점선언」 발표)
2018. 5. 7~8	김정은 제2차 방중(다롄)
2018. 5. 9	폼페이오 미국 국무장관 제2차 방북
2018. 5. 24	북한, 풍계리 핵실험장 2, 3, 4갱도 폭파
2018. 5. 26	제2차 판문점 남북정상회담(통일각)
2018. 6. 12	싱가포르 미북정상회담(트럼프-김정은)
2018. 6. 19~20	김정은 제3차 방중(베이징)
2018. 7. 6~7	폼페이오 미국 국무장관 제3차 방북
2018. 8. 23	미국 국무부, 스티브 비건 대북정책특별대표 임명
2018. 9. 18~20	문재인 대통령 평양 방문 (「9.19 평양공동선언」 발표)
2018. 9. 19	「판문점 선언의 이행을 위한 군사분야 합의서」 서명
2018. 10. 17	폼페이오 미국 국무장관 제4차 방북

부록 2

북한 핵문제 관련 주요 합의문

1. 「한반도의 비핵화에 관한 남북공동선언」(1991년)
2. 「미·북한 제네바합의」(1994년)
3. 「제4차 6자회담 공동성명(9.19 공동성명)」(2005년)
4. 「미·북한 고위급회담 합의사항(2.29 합의)」(2012년)
5. 「미·북한 싱가포르 정상회담 공동성명」(2018년)
6. 「남북 평양공동선언」(2018년)

1. 「한반도의 비핵화에 관한 남북공동선언」(1991년)
South-North Joint Declaration of the Denuclearization of the Korean Peninsula

남과 북은 한반도를 비핵화함으로써 핵전쟁위험을 제거하고 우리나라의 평화와 평화통일에 유리한 조건과 환경을 조성하며 아시아와 세계의 평화와 안전에 이바지하기 위하여 다음과 같이 선언한다.

1. 남과 북은 핵무기의 실험, 제조, 생산, 접수, 보유, 저장, 배비, 사용을 하지 아니한다.
2. 남과 북은 핵에너지를 오직 평화적 목적에만 이용한다.
3. 남과 북은 핵재처리시설과 우라늄농축시설을 보유하지 아니한다.
4. 남과 북은 한반도의 비핵화를 검증하기 위하여 상대측이 선정하고 쌍방이 합의하는 대상들에 대하여 남북 핵통제공동위원회가 규정하는 절차와 방법으로 사찰을 실시한다.
5. 남과 북은 이 공동선언의 이행을 위하여 공동선언이 발효된 후 1개월 안에 남북 핵통제공동위원회를 구성, 운영한다.
6. 이 공동선언은 남과 북이 각기 발효에 필요한 절차를 거쳐 그 문본을 교환한 날부터 효력을 발생한다.

1991년 12월 31일

2. 「미·북한 제네바합의」(1994년)

Agreed Framework between the United States of America and the Democratic People's Republic of Korea

미합중국 대표단과 조선민주주의인민공화국 대표단은 1994년 9월 23일부터 10월 21일까지 제네바에서 한반도 핵문제의 전반적 해결을 위한 협상을 가졌다.

양측은 비핵화된 한반도의 평화와 안전을 확보하기 위해서는 1994년 8월 12일 미국과 북한 간의 합의 발표문에 포함된 목표의 달성과 1993년 6월 11일 미국과 북한 간 공동발표문상의 원칙의 준수가 중요함을 재확인했다. 양측은 핵문제 해결을 위해 다음과 같은 조치들을 취하기로 결정했다.

1. 양측은 북한의 흑연감속 원자로 및 관련시설을 경수로 원자로 발전소로 대체하기 위해 협력한다.

   1) 미국 대통령의 1994년 10월 20일 자 보장서한에 의거하여, 미국은 2003년을 목표시한으로 총 발전용량 약 2000MWe의 경수로를 북한에 제공하기 위한 조치를 주선할 책임을 진다.

      - 미국은 북한에 제공할 경수로의 재정조달 및 공급을 담당할 국제 컨소시엄을 미국의 주도하에 구성한다. 미국은 동 국제 컨소시엄을 대표하여 경수로 사업을 위한 북한과의 주접촉선 역할을 수행한다.

      - 미국은 국제 컨소시엄을 대표하여 본 합의문 서명 후 6개월 내에 북한과 경수로 제공을 위한 공급계약을 체결할 수 있도록 최선의 노력을 경주한다. 계약 관련 협의는 본 합의문 서명 후 가능한 조속한 시일 내 개시한다.

      - 필요에 따라, 미국과 북한은 핵에너지의 평화적 이용 분야에 있어서의 협력을 위한 양자협정을 체결한다.

   2) 1994년 10월 20일 자 대체에너지 제공 관련 미국의 보장서한에 의거, 미국은 국제 컨소시엄을 대표하여 북한의 흑연감속 원자로 동결에 따라 상실될 에너지를 첫 번째 경수로 완공 시까지 보전하기 위한 조치를 주선한다.

      - 대체에너지는 난방과 전력생산을 위해 중유로 공급된다.

- 중유의 공급은 본 합의문 서명 후 3개월 내 개시되고 양측 간 합의된 공급일정에 따라 연간 50만 톤 규모까지 공급된다.
3) 경수로 및 대체에너지 제공에 대한 보장서한 접수 즉시 북한은 흑연감속 원자로 및 관련 시설을 동결하고, 궁극적으로 이를 해체한다.
  - 북한의 흑연감속 원자로 및 관련 시설의 동결은 본 합의문 서명 후 1개월 내에 완전 이행된다. 동 1개월 동안 및 전체 동결 기간 중 IAEA가 이러한 동결상태를 감시하는 것이 허용되며, 이를 위해 북한은 IAEA에 대해 전적인 협력을 제공한다.
  - 북한의 흑연감속 원자로 및 관련 시설의 해체는 경수로 사업이 완료될 때 완료된다.
  - 미국과 북한은 5MWe 실험용 원자로에서 추출된 폐연료봉을 경수로 건설기간 동안 안전하게 보관하고, 북한 내에서 재처리하지 않는 안전한 방법으로 동 연료가 처리될 수 있는 방안을 강구하기 위해 상호 협력한다.
4) 본 합의 후 가능한 조속한 시일 내에 미국과 북한의 전문가들은 두 종류의 전문가 협의를 가진다.
  - 한쪽의 협의에서 전문가들은 대체에너지와 흑연감속 원자로의 경수로로의 대체와 관련된 문제를 협의한다.
  - 다른 한쪽의 협의에서 전문가들은 폐연료봉의 보관 및 궁극적 처리를 위한 구체적 조치를 협의한다.

2. 양측은 정치적, 경제적 관계의 완전 정상화를 추구한다.
  1) 합의 후 3개월 내에 양측은 통신 및 금융거래에 대한 제한을 완화시켜 나간다.
  2) 양측은 전문가급 협의를 통해 영사 및 여타 기술적 문제가 해결된 후에 쌍방 수도에 연락사무소를 개설한다.
  3) 미국과 북한은 상호 관심사항에 대한 진전이 이루어짐에 따라 양국 관계를 대사급으로까지 격상시켜 나간다.

3. 양측은 핵이 없는 한반도의 평화와 안전을 위해 함께 노력한다.

   1) 미국은 북한에 대한 핵무기 불위협 또는 불사용에 관한 공식 보장을 제공한다.

   2) 북한은 한반도 비핵화공동선언을 이행하기 위한 조치를 일관성 있게 취한다.

   3) 본 합의문이 대화를 촉진하는 분위기를 조성해 나가는 데 도움을 줌에 따라 북한은 남북대화에 착수한다.

4. 양측은 국제적 핵비확산 체제 강화를 위해 함께 노력한다.

   1) 북한은 핵비확산조약(NPT) 당사국으로 잔류하며 동 조약상의 안전조치 협정 이행을 허용한다.

   2) 경수로 제공을 위한 공급계약 체결 즉시, 동결 대상이 아닌 시설에 대하여 북한과 IAEA 간 안전조치 협정에 따라 임시사찰 및 일반사찰이 재개된다. 안전조치의 연속성을 위해 IAEA가 요청하는 사찰은 경수로 공급계약 체결 시까지 동결 대상이 아닌 시설에서 계속된다.

   3) 경수로사업의 중요 부분이 완료될 때, 그러나 주요 핵심부품의 인도 이전에, 북한은 북한 내 모든 핵물질에 관한 최초보고서의 정확성과 완전성을 검증하는 것과 관련하여 IAEA와의 협의를 거쳐 IAEA가 필요하다고 판단하는 모든 조치를 취하는 것을 포함하여 IAEA 안전조치협정(INFCRC/403)을 완전히 이행한다.

1994년 10월 21일

3. 「제4차 6자회담 공동성명(9.19 공동성명)」(2005년)

Joint Statement of the Fourth Round of the Six-Party Talks

제4차 6자회담이 베이징에서 중화인민공화국, 조선민주주의인민공화국, 일본, 대한민국, 러시아연방, 미합중국이 참석한 가운데 2005년 7월 26일부터 8월 7일까지 그리고 9월 13일부터 19일까지 개최되었다.

우다웨이 중화인민공화국 외교부 부부장, 김계관 조선민주주의인민공화국 외무성 부상, 사사에 켄이치로 일본 외무성 아시아대양주 국장, 송민순 대한민국 외교통상부 차관보, 알렉세예프 러시아 외무부 차관, 그리고 크리스토퍼 힐 미합중국 국무부 동아태차관보가 각 대표단의 수석대표로 동 회담에 참석했다. 우다웨이 부부장은 동 회담의 의장을 맡았다.

한반도와 동북아시아 전반의 평화와 안정이라는 대의를 위해, 6자는 상호 존중과 평등의 정신하에, 지난 3회에 걸친 회담에서 이루어진 공동의 이해를 기반으로, 한반도의 비핵화에 대해 진지하면서도 실질적인 회담을 가졌으며, 이러한 맥락에서 다음과 같이 합의했다.

1. 6자는 6자회담의 목표가 한반도의 검증 가능한 비핵화를 평화적인 방법으로 달성하는 것임을 만장일치로 재확인했다.

    조선민주주의인민공화국은 모든 핵무기와 현존하는 핵계획을 포기하고 조속한 시일 내에 핵확산금지조약(NPT)과 국제원자력기구(IAEA)의 안전조치에 복귀할 것을 공약했다.

    미합중국은 한반도에 핵무기를 갖고 있지 않으며, 핵무기 또는 재래식 무기로 조선민주주의인민공화국을 공격 또는 침공할 의사가 없다는 것을 확인했다.

    대한민국은 자국 영토 내에 핵무기가 존재하지 않는다는 것을 확인하면서, 1992년도 「한반도의 비핵화에 관한 남북공동선언」에 따라, 핵무기를 접수 또는 배비하지 않겠다는 공약을 재확인했다.

    1992년도 「한반도의 비핵화에 관한 남북공동선언」은 준수, 이행되어야 한다.

    조선민주주의인민공화국은 핵에너지의 평화적 이용에 관한 권리를 가지고 있다고 밝혔다. 여타 당사국들은 이에 대한 존중을 표명했고, 적절한 시기에 조선민주주의인민공화국에 대한 경수로 제공 문제에 대해 논의하는 데 동의했다.

2. 6자는 상호 관계에 있어 국제연합헌장의 목적과 원칙 및 국제관계에서 인정된 규범을 준수할 것을 약속했다.

　조선민주주의인민공화국과 미합중국은 상호 주권을 존중하고, 평화적으로 공존하며, 각자의 정책에 따라 관계정상화를 위한 조치를 취할 것을 약속했다.

　조선민주주의인민공화국과 일본은 평양선언에 따라, 불행했던 과거와 현안사항의 해결을 기초로 하여 관계 정상화를 위한 조치를 취할 것을 약속했다.

3. 6자는 에너지, 교역 및 투자 분야에서의 경제협력을 양자 및 다자적으로 증진시킬 것을 약속했다.

　중화인민공화국, 일본, 대한민국, 러시아연방 및 미합중국은 조선민주주의인민공화국에 대해 에너지 지원을 제공할 용의를 표명했다.

　대한민국은 조선민주주의인민공화국에 대한 2백만 킬로와트의 전력공급에 관한 2005년 7월 12일 자 제안을 재확인했다.

4. 6자는 동북아시아의 항구적인 평화와 안정을 위해 공동 노력할 것을 공약했다.

　직접 관련된 당사국들은 적절한 별도 포럼에서 한반도의 항구적 평화체제에 관한 협상을 가질 것이다.

　6자는 동북아시아에서의 안보협력 증진을 위한 방안과 수단을 모색하기로 합의했다.

5. 6자는 '공약 대 공약', '행동 대 행동' 원칙에 입각하여 단계적 방식으로 상기 합의의 이행을 위해 상호 조율된 조치를 취할 것을 합의했다.

6. 6자는 제5차 6자회담을 11월 초 북경에서 협의를 통해 결정되는 일자에 개최하기로 합의했다.

2005년 9월 19일

4. 「미·북한 고위급회담 합의사항(2.29 합의)」(2012년)

Press Statement by the Spokesman of the DPRK Foreign Ministry on the Result of US-DPRK High Level Talks

1. 미·북한 쌍방은 9.19 공동성명 이행의지를 재확인하고, 평화협정이 체결되기 전까지 정전협정이 한반도의 평화와 안정을 위한 초석으로 된다는 것을 인정하였다.

2. 쌍방은 또한 미·북한 관계를 개선하기 위한 노력의 일환으로 일련의 신뢰조성 조치들을 동시에 취하기로 합의하였다.

3. 미국은 북한을 더 이상 적대시하지 않으며 자주권 존중과 평등의 정신에서 쌍무관계를 개선할 준비가 되어 있다는 것을 재확인하였다.

4. 미국은 문화, 교육, 체육 등 여러 분야에서 인적교류를 확대하는 조치들을 취할 의사를 표명하였다.

5. 미국은 북한에 24만 톤의 식량을 제공하고 추가적인 식량지원을 실현하기 위해 노력하기로 하였으며, 쌍방은 이를 위한 실무적 조치들을 즉시 취하기로 하였다.

6. 미국은 대북한 제재가 인민생활 등 민수분야를 겨냥하지 않는다는 것을 명백히 하였다.

7. 6자회담이 재개되면 북한에 대한 제재해제와 경수로제공 문제를 우선적으로 논의하게 될 것이다.

8. 쌍방은 대화와 협상의 방법으로 한반도의 평화와 안정을 보장하고 미·북한 관계를 개선하며 비핵화를 실현해 나가는 것이 각측의 이익에 부합된다는 것을 확인하고 회담을 계속해 나가기로 하였다.

9. 북한은 미국의 요청에 따라 미·북한 고위급회담에 긍정적인 분위기를 유지하기 위하여 결실 있는 회담이 진행되는 기간 핵실험과 장거리미사일 발사, 영변의 우라늄농축활동을 임시 중지하고, 우라늄농축활동의 임시 중지에 대한 국제원자력기구의 감시를 허용하기로 하였다.

2012년 2월 29일

5. 「미·북한 싱가포르 정상회담 공동성명」(2018년)

Joint Statement of President Donald Trump of the U.S.A. and Chairman Kim Jong Un of the DPRK at the Singapore Summit

도널드 트럼프 미국 대통령과 김정은 북한 국무위원장은 2018년 6월 12일 싱가포르에서 역사적인 첫 정상회담을 열었다.

트럼프 대통령과 김정은 위원장은 미국-북한의 새로운 관계 설정과 관련된 문제들과 한반도의 항구적이며 공고한 평화체제 구축에 대해 포괄적이고 깊이 있고 진지한 의견을 교환했다. 트럼프 대통령은 북한에 안전 보장을 제공하기로 약속했고, 김정은 위원장은 한반도의 완전한 비핵화에 대한 그의 확고하고 흔들림 없는 약속을 재확인했다.

미국-북한의 새로운 관계 구축은 한반도와 세계의 평화와 번영에 기여할 것이라는 점을 확신하고, 상호신뢰 형성이 한반도의 비핵화를 촉진시킬 수 있다고 인식하면서, 트럼프 대통령과 김정은 위원장은 다음과 같이 선언한다.

1. 미국과 북한은 평화와 번영을 위한 두 나라 국민들의 열망에 따라 새로운 양국관계를 수립하기로 약속한다.
2. 미국과 북한은 한반도에서 지속적이고 안정적인 평화체제를 구축하기 위한 노력에 동참할 것이다.
3. 북한은 2018년 4월 27일의 판문점 선언을 재확인하면서, 한반도의 완전한 비핵화를 위해 노력할 것을 약속한다.
4. 미국과 북한은 신원이 이미 확인된 전쟁포로와 실종자(POW/MIA) 유해의 즉각적인 송환을 포함한 유해 수습을 약속한다.

2018년 6월 12일

6. 「남북 평양공동선언」(2018년) 제5조

대한민국 문재인 대통령과 조선민주주의인민공화국 김정은 국무위원장은 2018년 9월 18일부터 20일까지 평양에서 남북정상회담을 진행하였다.

양 정상은 역사적인 판문점선언 이후 남북 당국 간 긴밀한 대화와 소통, 다방면적 민간교류와 협력이 진행되고, 군사적 긴장완화를 위한 획기적인 조치들이 취해지는 등 훌륭한 성과들이 있었다고 평가하였다.

양 정상은 민족자주와 민족자결의 원칙을 재확인하고, 남북관계를 민족적 화해와 협력, 확고한 평화와 공동번영을 위해 일관되고 지속적으로 발전시켜 나가기로 하였으며, 현재의 남북관계 발전을 통일로 이어갈 것을 바라는 온 겨레의 지향과 여망을 정책적으로 실현하기 위하여 노력해 나가기로 하였다.

양 정상은 판문점선언을 철저히 이행하여 남북관계를 새로운 높은 단계로 진전시켜 나가기 위한 제반 문제들과 실천적 대책들을 허심탄회하고 심도 있게 논의하였으며, 이번 평양정상회담이 중요한 역사적 전기가 될 것이라는 데 인식을 같이하고 다음과 같이 선언하였다.

(1~4항, 6항 생략)

5. 남과 북은 한반도를 핵무기와 핵위협이 없는 평화의 터전으로 만들어 나가야 하며 이를 위해 필요한 실질적인 진전을 조속히 이루어 나가야 한다는 데 인식을 같이 하였다.

① 북측은 동창리 엔진시험장과 미사일 발사대를 유관국 전문가들의 참관 하에 우선 영구적으로 폐기하기로 하였다.

② 북측은 미국이 6.12 북미공동성명의 정신에 따라 상응조치를 취하면 영변 핵시설의 영구적 폐기와 같은 추가적인 조치를 계속 취해 나갈 용의가 있음을 표명하였다.

③ 남과 북은 한반도의 완전한 비핵화를 추진해 나가는 과정에서 함께 긴밀히 협력해 나가기로 하였다.

2018년 9월 19일

찾아보기

지은이 **이용준**

충북 진천에서 출생하여 경기고와 서울대 외교학과를 졸업했다.

1979년 외교부 유엔국과 북미국에서 외교관 생활을 시작했고, 1991년부터 청와대 남북핵-협상 담당관, 주미국 대사관 북핵문제 담당관, KEDO-북한 경수로협상 대표, 북미1과장, 청와대 NSC 정책조정부장, KEDO 사무국 정책국장, 외교부 북핵외교기획단장, 6자회담 차석대표, 북핵담당대사, 외교차관보 등을 거치면서 북한 핵문제와 오랜 인연을 맺었다.

『베트남, 잊혀진 전쟁의 상흔』(2003, 2014 개정판), 『북한핵, 새로운 게임의 법칙』(2004 서울, 2005 도쿄), 『게임의 종말: 북핵 협상 20년의 허상과 진실, 그리고 그 이후』(2010 서울, 2015 도쿄)를 출간한 바 있다.

한울아카데미 2119

북핵 30년의 허상과 진실
한반도 핵게임의 종말

ⓒ 이용준, 2018

지은이 | 이용준
펴낸이 | 김종수
펴낸곳 | 한울엠플러스(주)
편집책임 | 배유진

초판 1쇄 인쇄 | 2018년 11월 23일
초판 1쇄 발행 | 2018년 12월 7일

주소 | 10881 경기도 파주시 광인사길 153 한울시소빌딩 3층
전화 | 031-955-0655
팩스 | 031-955-0656
홈페이지 | www.hanulmplus.kr
등록번호 | 제406-2015-000143호

Printed in Korea.
ISBN 978-89-460-7119-3 03340 (양장)
ISBN 978-89-460-6571-0 03340 (반양장)

* 책값은 겉표지에 표시되어 있습니다.